课堂之道

GAOXIAO
KETANG ZHIDAO

《高效课堂之道》编委会

主　编：李　睿
副主编：岳大辉　李　蓉
委　员：赵启顺　陈永洪　席筠梅　陈正琼
　　　　苟文飞　郑小敏　杨　杰　陈　森
　　　　敬启戡　熊华杰　白友兵　颜宇宁
　　　　岳鹏程　王小明　马洪德　缪　旭
　　　　魏军龙　刘光泽　华坤明　王　著
　　　　宋泽顺　王爱慧　冉瑞琴　刘兴琼
　　　　蒲芝斌

四川大学出版社
SICHUAN UNIVERSITY PRESS

项目策划：蒋姗姗
责任编辑：蒋姗姗
责任校对：庄　溢
封面设计：墨创文化
责任印制：王　炜

图书在版编目（CIP）数据

高效课堂之道 / 李睿主编 . — 成都 ：四川大学出
版社，2021.5（2023.9 重印）
　　（名师教育丛书）
　　ISBN 978-7-5690-3636-7

　　Ⅰ . ①高… Ⅱ . ①李… Ⅲ . ①课堂教学－教学研究
Ⅳ . ① G424.21

中国版本图书馆 CIP 数据核字（2020）第 146714 号

书名　高效课堂之道

主　　编　李　睿
出　　版　四川大学出版社
地　　址　成都市一环路南一段 24 号（610065）
发　　行　四川大学出版社
书　　号　ISBN 978-7-5690-3636-7
印前制作　四川胜翔数码印务设计有限公司
印　　刷　永清县晔盛亚胶印有限公司
成品尺寸　170mm×240mm
印　　张　28
字　　数　546 千字
版　　次　2021 年 5 月第 1 版
印　　次　2023 年 9 月第 2 次印刷
定　　价　98.00 元

◆ 读者邮购本书，请与本社发行科联系。
　　电话：(028)85408408/(028)85401670/
　　(028)86408023　邮政编码：610065
◆ 本社图书如有印装质量问题，请寄回出版社调换。
◆ 网址：http://press.scu.edu.cn

四川大学出版社
微信公众号

序　高效课堂之道

课堂改变，学校才会改变；课堂高效，教育才会高效；课堂优质，学生才会卓越；课堂创新，学生才会创造；课堂进步，教师才会成长。

"教育是一场马拉松，不能只顾眼前的苟且，看得远才能赢得最后的胜利"。可见，学校的办学理念、办学思想、教育水平、管理质量，最终要落实、落地、落细在课堂教学改革之中。

审视课堂教学，有负效、无效、低效、有效和高效之分，有效是针对无效、低效甚至负效而言的。纵观传统课堂，在对学生基础知识的培养上不乏有许多可取之处，但其所培养出来的学生出现高分低能，甚至高分无能现象却是不争的事实。究其主要原因是传统课堂教学更多停留在"教师讲，学生听；教师写，学生记；教师考，学生背"的"一言堂""满堂灌""填鸭式"教学状态；教师教学观念陈旧，教学方法呆板单一；学生主体意识淡漠，学习被动缺乏自信；课堂沉闷"千课一面"，信息单向缺乏互动。从今天课改的角度看，传统的课堂大多是低效、无效，甚至负效的，与培养学生核心素养的要求极不适应，必须加以改革。

随着基础教育课程改革的深入推进，特别是陈宝生部长提出"课堂革命"以来，课堂教学大有改观，已进入有效教学阶段。但是，教学效益亟须大力提升，教学目标还需与核心素养有机对接，课堂结构还需创新，教学方式有待转变，教学手段还需革新，教学方法有待整合……也就是说，课堂教学必须迈向高效境界。

我们认为，高效课堂属于有效教学的范畴，是相对于负效课堂、无效课堂、低效课堂而言的，是有效教学的高级阶段。高效课堂必须有理念、有方法，有操作经验，有可供遵循的实践范式。《高效课堂之道》一书就是对高效课堂理念之道、探索之道、实践之道、研究之道做全面介绍。

阆中市人民政府教育督导委员会办公室保宁责任区受阆中市教科体局委

1

托，对片区 24 所中小学、幼儿园进行管理与督导。多年以来，我们始终坚持以主体教育理论为指导，以改变课堂教学中学生学习方式及教师教学行为为研究内容，通过群策群力，深入探讨了"现代教育理念如何与课堂教学实践相结合"的问题，为区域性、大面积构建高效课堂提供了可供选择操作的做法与经验。

作为一个区域教育的负责人，我始终把"积极推进课堂教学改革，构建高效课堂，努力提升教学质量"作为教育督导工作的重心。我带头并组织学校领导及管理干部全面学习义务教育各学科的课程标准，认真研究新课改理论，再集钱梦龙、于漪、魏书生、于永正、窦桂梅、华应龙、吴正宪等教育大师之课堂教学之精髓，提出了高效课堂教学"三个三"理念与操作范式，即突出与核心素养有机对接的"三维目标"（知识与能力、过程与方法、情感态度与价值观）的达成；抓好"三个关键"（先学后导、顺学而导的教学结构，促进学生自主、合作、探究学习的教学方式，现代与传统相结合的教学手段）；教学方法强化"三为主"（教师为主导、学生为主体、训练为主线）。我主持制定了《保宁片区高效课堂教学评价表》。我们认为：抓课改要抓实质、抓精髓、求实效，避免只求形式而不顾学科特点的千篇一律的死板模式，切实改变流于形式的表演式教学。

我们坚持把科研工作作为推动课改、构建高效课堂的突破口。指导学校把握课堂教学改革精髓，把课堂教学中实实在在的过程与方法、手段与应用的研究作为基础，纳入国家级、省级"大课题"研究。为了继续发挥教育科研的引领作用，我们制定了《阆中市保宁片区教育科研考核办法》，严格规定大课题研究实行两个程序：先申报，再实施或先实施再总结申报，确保课题研究取得实效、具有传播推广和深化研究的价值。近年来，阆师附小的省级课题《乡土美术课程资源开发与研究》，城北小学的省级课题《小学科技教育的时效性活动体系研究》，都通过第二程序完成，取得了实实在在的效果。在加强大课题研究的同时，我们把针对性强、见效快的"小课题研究"列为了教研工作的重点。仅 2018 年一年，片区申报小课题研究 236 个，结题的 128 个中有 14 项获得南充市科研成果一、二等奖。小课题研究解决了教育教学中的具体问题，被老师们称为"教育教学改革的润滑剂、小阀门、加油站"。

"带着问题找思路、搞改革"是我们一贯的工作方法。我们常思考，都说高效课堂效率高，多媒体运用于教学直观性强，但是，为什么许多老师上课还是一支粉笔、一本教材和教案，仍习惯于"满堂灌"呢？通过调查后发现，中老年教师对课件制作与使用缺少学习，应用难度大；青年教师任课多，时间紧，制作课件耗时多；高效课堂对教师学科素养及教学基本功要求更高，而老师们培训时偏重理论，具体方法了解少。

对此，保宁责任区迅速做出决定，要求各校组织精通电脑技术的老师搜集全国特级或优秀教师的现成课件供老师们参考，并指导老师们原创课件。各校将上述课件纳入学校的"教育教学资源库"，供各科老师选择使用。同时，我们把现代教育技术的应用纳入教研工作的主要内容，破解教学手段单一陈旧的发展瓶颈。通过持续不断的努力，片区现代教育技术在教研教学中的应用已成常态。

建立"全国特级（优秀）教师教学资源库"，是我们近年的一个梦想。但苦于平台建设的诸多困难与资源的知识产权保护限制，梦想一直未实现。一个偶然的机会，我们把清华大学附小校长、全国特级教师窦桂梅讲课实录的链接发到微信群里，竟有一位精通电脑软件的老师通过交费合法下载。我们立即安排责任区负责教研的同志建立起"保宁片区教研教改交流 QQ 群"。有了 QQ 群，特级（优秀）教师课堂教学实录、优秀微课、课件、特级教师讲座视频等就有了供教师们观摩学习的平台。特级教师讲课实录成为学校教研活动现成的"示范课"。现在，"保宁片区教研教改交流 QQ 群"已经吸引了各校教研人员、教改积极分子 700 多人参与讨论交流。这个平台成功地把全国特级（名优）教师请进本地，有效解决了老师们外出学习缺时间、缺经费的困难。我们决心把共享 QQ 群资源作为教研教改的一件大事来抓。

······

为了把高效课堂向纵深推进，为了把我们的经验甚或教训就教于各位同仁，对高效课堂的成果进行集中展示，让更多致力于教育教学改革的教育同仁分享教研教改成果，今天，我们结集出版《高效课堂之道》一书。我们以为，这是一次"课改聚会"，是一次"课堂检阅"，是一次"教育宣誓"，更是一次"美丽的遇见"。

为了付诸实施，早出成果，在提出全书的构思框架后，我和我的同事们分线分专题进行思考、研究、归纳、写稿，奠定了本书稿的雏形。为了得到理想的效果，我们成立"专班"，反复斟酌、认真讨论，然后开始艰辛地组稿、统稿、审稿、改稿，深居简出，一遍两遍三遍······

在本书编写过程中，我们责任区所督导的学校提供了大量生动的实践案例。限于篇幅，对很多老师撰写的案例我们只能忍痛割爱。对此，在表达谢意和敬意的同时，我们还要对很多朋友、同事、同仁表示歉意。

　　本书在编写过程中，参阅了大量的研究成果，在此，向他们表示感谢。

　　感谢为此书出版付出心血和智慧的所有朋友。对于书中的不足和问题，我们热诚期待读者朋友的批评指正。

　　是为序。

岳大辉
2018 年教师节于阆中古城

目　录

第一章　基本理念

第一节　高效课堂再思考：咬定青山不放松

课堂改变，学校才会改变；课堂高效，教育才会高效；课堂优质，学生才会卓越；课堂创新，学生才会创造；课堂进步，教师才会成长。

"教育是一场马拉松，不能只顾眼前的苟且，看得远才能赢得最后的胜利"。学校的办学理念、办学思想、教育水平、管理质量，最终要落实、落地、细化在学校课堂教学改革之中。课堂教学改革是学校教育的重要活动，它集中体现了学校的办学理念和思想，是实现学校办学目标的重要途径；反过来，课堂教学改革能有效推进办学理念的深化与落实，能促进师生整体素质提升，促进学校发展，提升办学水平。

可见，课堂是教育思想、教育文化、教育资源集中的地方，是整个学校教育功能的集中体现。教师工作的主阵地在课堂，学生学习的主渠道在课堂，学校办学理念、办学思想、治校水平的集中体现处也在课堂，实施素质教育的主战场、主阵地、主渠道同样在课堂。

随着课改的不断深入，一些课堂教学问题逐渐显露了出来。师生在课堂上的教学状态令人担忧，整个教学过程缺乏足够的活力，学生不愿学、被动学，教师满堂灌、填鸭式教学仍然不同程度地存在，个别学科存在放羊式教学，故教学效果还有待提升，教学目标还需与核心素养有机对接，课堂结构还需创新，教学方式有待转变，教学手段还需革新，教学方法有待整合……总之，目前一些课堂还算不上高效课堂。

课堂是学校教育的主阵地，也是决定教育改革最后能否取得成功的决战场。学校要实现内涵发展，最核心的竞争力就在课堂。要想在应试的大环境下实现教育的理想，就必须以课堂教学改革为突破口，尽可能地提高课堂教学效率，让教师"教得有效"，让学生"学得愉快""考得满意""发展充分"，高效课堂理应成为我们每一位教师和教育工作者"咬定青山不放松"、孜孜不倦的追求。

一、对高效课堂的再认识

多年来一成不变的传统课堂已经影响到教育教学质量的提升，影响到学生的快乐健康成长。构建高效课堂，在"聚焦主业、提升质量"，大力实施课堂改革的今天，是很有必要且迫在眉睫的。

（一）高效课堂要敢于对一刀切的模式说"不"

课堂改革需要包容的胸怀。学校有学情、班级有班情、老师有师情、学生有生情，更何况教育有其自身的规律性和不确定性，因而课堂也充满着很多变数。再好的鞋子也只有合适的脚才能穿，再好的衣服也只有合适的身体才能穿，再好的教学模式只有适合学情、班情、师情、生情才有效。教无定法，对于教学模式绝不能搞"一刀切"，在一个区域整齐划一地推进同一种模式肯定不能得到最好的效果。如果不切实际地将教学模式固化，必然会导致教师对教学模式的过度依赖，必然会束缚和伤害教师在教育教学活动中的主动性和创造性，必然会影响个性化教学的探索以及学生个性化的成长与发展，也必然会带来相应的困难和阻力。

（二）高效课堂要敢于对学生过重的课业负担说"不"

实践发现，学生过重的课业负担是全面推进素质教育的最大障碍，它挫伤了学生学习的积极性，使学生丧失了学习动力。学习成了一种学生不得不完成的被动的苦差事。在大环境及社会大机制基本不变的情况下，如何"减负"是摆在中小学校教师面前的难题。

而开展高效课堂教学是减轻学生过重的课业负担的最有效的方法。通过高效的目标设计、高效的导学过程、科学的资源整合，让学生学得轻松、学得愉悦、学得高效，后劲十足；让教师教得从容、教得自信、教得高效，幸福满满。因此，在教学的主阵地——课堂上下功夫，开展高效课堂教学，可有效减轻学生过重的课业负担，让学生全面发展，提高他们的综合素质，从而使素质教育向着健康有序的方向发展，这是每位教师、教育工作者的不二选择和最佳选择。

（三）高效课堂要敢于对板书少、激励少说"不"

教育信息化的迅猛发展促进了现代教育技术的飞速进步，现代教育技术手段不断融入课堂内外的教育教学活动，它既激发了学生的学习兴趣，又有利于学生对教学内容的理解、掌握及运用，极大地提高了课堂教学质量。然而，有部分教师认为先进的教育技术是万能的，过分依赖先进的教育技术而忽视了个人教育理念的更新和专业素养的提高；忽视了传统板书突出教材精华、提纲挈领的作用；忽视了板书让学生一抬头便对当节课的重点、难点一目了然，使其看得明白、记得扼要、学得精当，有画龙点睛的作用。有的老师说自己不喜欢写板书。但是对于中小学的学生来说，很多知识是抽象的，如果将之板书出来会直观很多，就会更加容易被接受。对于思维慢的学生，抄写的过程也是思考的过程。一般来说，学生的手和思维都赶不上老师的嘴，而老师所讲的知识只能给学生带来瞬间记忆。所谓瞬间记忆，是听过很容易忘记的，那么效果就没有了。对于学困生来说，每一节课都有几个知识点跟不上，日积月累，他们就会越落越远，于是，两极分化的现象就产生了。另外，教师长久使用这种方法，培养出来的学生一般都是"口强手弱"，解决实际问题的能力欠佳。

由于教师工作头绪多、压力大，其忙于上课，忽视了对学生的激励；课堂安排太过紧凑，课堂容量大、密度大，教师完成教学任务心切，忽视了对学生的激励；有的教师课堂驾驭水平欠缺，一不小心就错过了激励学生的绝好机会；即便是有激励，要么形式单一，要么不及时，不能及时有效地增强学生的学习动力、信心和热情，鼓励他们向更高的目标奋进。更有甚者，一些教师深信"良药苦口利于病，忠言逆耳利于行"，由于"望生成龙""盼生成凤"心切，习惯于进行课堂批评。如果老师以挑剔的眼光看学生，你的学生就可能会生活在你的怒气之下，这样的学生是不幸的。教师想要激发学生的兴趣，创造和谐的学习气氛，就必须学会激励。激励性评价是教师的一项非常关键的职业能力。

高效课堂教学的表现是高效益、高效果、高效率。其特征是课堂气氛活跃、参与度高，学生学习主动，相同的时间内收获更多。教师在板书设计、赏识激励方面，引导学生学得主动、学得能动、学得生动，使其学习积极性得到充分调动，使学生的表达能力，归纳、概括能力，独立思考能力以及书写能力得到培养，让学生都具有阳光的心态、积极向上的品格。因此，每位教师都必须注重板书、注重赏识激励。

二、对高效课堂的再定位

什么样的课堂才是高效课堂？专家有专家的观点，学者有学者的见解，我们需要在教育教学实践中去准确定位、科学研判、不懈追求。高效课堂的构建，其着力点既有宏观的，也有微观的；既有管理层面的，也有实践层面的，需要我们灵性感悟、执着探索、不言放弃。

（一）高效课堂必须突出三维目标

课堂教学目标是高效课堂的灵魂，是教师组织导学活动的基础和前提，教师只有在开展课堂导学活动前，设计出比较全面、细化的教学目标，在课堂实践中做到心中时时有教学目标，才能克服教学的随意性、片面性，甚至是碎片化。

可以毫不夸张地说，教学目标的设计，决定着整个教学活动的方向，直接关系到课堂教学的效果和学生的发展。教学目标必须依据新课程标准，教材和学生的学习习惯、身心特点，以及核心素养等因素来制定。教学目标是指在教学过程中，通过教师和学生的双边活动预期要达到的学习结果和标准。新课程标准强调三维目标，强调课堂教学目标要把知识与技能、过程与方法、情感态度与价值观有机统一起来，使学生在获得知识、技能的同时，学会学习，形成正确的价值观和人生观。

"以人的发展为本"是新课程标准和高效课堂的核心理念。学生发展核心素养，主要指学生应具备的能够适应终身发展和社会发展需要的必备品格和关键能力；核心素养是连接宏观教育理念、培养目标与具体教育教学实践的中间环节。教学目标、教学理念通过核心素养这一中介，可以转化为教育教学实践可参照的、教育工作者易于理解的具体要求，明确学生应具备的品格和关键能力，因此，高效课堂的教学目标应以促进学生的发展与进步为宗旨。这就要求教师在设计教学目标时做到以下三点：一要具体化，将之细化为认知领域、技能领域、情感领域要达到的各项目标，这样才能避免过分强调知识性目标的错误，达到新课程标准和高效课堂的要求；二要实际化，应在了解学生的实际能力水平和特点的基础上，合理地确定教学重点，以便教师在课堂教学中抓住重点、突出重点，集中力量解决重点，从而提高课堂教学效率；三要分层化，每位学生都是特殊的个体，教师只有承认他们所体现出的个体差异，并将之作为一种资源来开发，才能在教学目标的设计上体现出合理的层次性，使每位学生学有所得、学有所获、学有所长。

（二）高效课堂必须抓住三个关键

变则通，通则灵，通则达，通则久，通则快。法国作家巴尔扎克曾说过，一切事物的趋于完善，都是来自适当的改革。我们的课堂要超越、要完善、要提升、要有效、要高效，必须要创新、要转变、要革新。

1. 创新课堂结构

学生受自身知识与能力的局限，对某些事物认识不全，理解不深，研究不透，"为师之道，贵在引导"，教师本质即在于引导，教师是学生的"导"师，故教师要设身处地地"指导""引导""疏导""领导"，让学生真正进入学习状态。教师在学生的"困惑"处点拨，在"争论"处指引，在"好奇"处助兴，在"批判"处助力，在"深刻"处启发，在"留白"处琢磨，唯有坚持这样的"先学后导""顺学而导"，才能使整个课堂成为预设的有机结合体，动静相宜、丰富多彩、恰到好处，才能使学生学得主动、学得从容、学得自信、学得阳光。学生在课堂上所学的知识，若干年后，很多都会被淡忘，唯有"先学后导""顺学而导"带给他们的主动和自信，会一直流淌在他们的血液中，成为他们取之不尽、用之不竭、受益终身的精神财富。

2. 转变教学方式

2018年高考后，据《中国青年报》报道，"部编本"语文教材总主编温儒敏在一次北大举行的写作大赛启动仪式上抛出了一句"耸人听闻"的话，让在场的来自全国各地的语文教师吓了一跳："高考命题方式正在进行很大的改革，而且在悄悄地改。"阅读速度需要提升，以前卷面阅读内容大概有7000字，现在是9000字，将来可能增加到1万字；阅读题量也增加了，2018年的题量，即考生要做完的题的体量，比2017年悄悄增加了5‰～8‰。因此，别再说什么为应付考试而没时间阅读！现在的孩子不阅读，根本应付不了考试！因此，在阅读教学上，必须倡导自主阅读、合作阅读、分享阅读、探究阅读、助推阅读，让自主阅读成为学生的习惯。对于所有学科来说，"自主合作探究"的学习方式必须得到提倡，唯有这样，学生才能进入主动学习、生动学习、能动学习、合作学习、探究学习、发展学习的良好状态。学生学习方式的转变与教师的引导和影响有直接的关系。这种引导和影响，表现在教师要改变对自身的认识和对学生的认识，也就是说教师必须积极转变教学方式，从而引导学生转变学习方式。积极转变教学方式，要求教师把自己定位为学生学习的组织者、引导者和合作者，要做到换位思考、揭示思维过程，鼓励尝试、促进潜能开发，就地取材、促进情感融入，提供空间、促进探究发展，提倡互助、实行合作学习，指导学法、形成问题意识，活用教材、激活课程资源，转变角色、引领自主探究，边做边学、促进科学探究等，从而促进学生知识与技能、过程与方法、情感态度与价值观的整体发展。同时，每个学生都乐于接受他人的赞赏，因此，积极转变教学方式，还要求教师必须确立新的教学观，做善良之人。善良是开在人性上的高贵之花，对学生善良，就是给学生发展、成长的机会。你若善良，课堂就一定温暖、温馨。用善良的心看待学生、看待课堂，收获的将会是课堂的精彩。教师善良就是在课堂上把机会还给学生，让学生表现、表演、表达，从而得到大家的认可。学生都有进步的愿望，让学生独立承担学习知识、研究教材、总结规律的任务，使学生拥有创新超越的意识，让学生自己去实践相关知识的拓展、延伸。

3. 革新教学手段

教学手段是师生在教学中相互传递信息的工具、媒介或设备。我们要提高教育教学质量、提高课堂教学效率，就必须革新教学手段。在信息技术高速发展的今天，我们可以高效使用的先进教学手段，就是现代教育技术。高效课堂所要求的教学手段革新，也离不开现代教育技术的支撑。

实践证明，在教学中利用现代教育技术可以集图、文、声、像于一体，为教师和学生提供丰富的教育教学资源。合理运用现代教育技术手段能激发学生的学习兴趣，增加信息强度，增大信息密度；能调动学生多种感官，使其自主参与学习，促进学生全面发展、主动发展；能化抽象为具体，促进形象思维向抽象思维过渡，为培养学生创新能力、优化课堂教学、构建高效课堂奠定基础。

（三）高效课堂必须注重教学方法

"让教育找到回家的路，就要让课堂回归教师主导、学生主体、训练主线的原生态课堂"。实施新课程标准，构建高效课堂，关键在教师，教师的主导作用是发挥学生主体作用的前提。教师的主导作用的实质在于培养学生的主体性，教会学生学习，调动学生学习的积极性、主动性，使学生产生浓厚的学习兴趣和强烈的学习动机。这就要求教师必须不断对照新理念反思自己的教学行为，不断改进自己的教学方法和学生的学习方式，如此才能使学生在课堂上较好地实现知识的学习、能力的发展以及综合素质的提高，使老师打造真正意义上的高效课堂。

以教师为主导、学生为主体的教学方法，其实质也是高效课堂教学活动的两个主要方面，是矛盾对立统一的两个方面。矛盾的两个方面共同作用，推动事物向前发展。在高效课堂教学中，教师的指导是为了更好地发挥学生的主体作用；教师正确地"导"，学生主动地"学"是实现教学目标的主要途径，两者是和谐统一的。教师的主导作用与学生的主体作用是互为条件、辩证统一的，即主导是对主体的主导，而主体则是在主导作用下的主体。

以训练为主线的教学方法，实质上是高效课堂倡导的教师主导、学生主体的载体，因此，高效课堂必须以训练为主线。教师的主导作用、学生的主体作用就是在师生互动、生生互动的实践、操作、练习中实现的。训练是教师主导作用与学生主体作用有机结合的载体和途径。在训练中，教师的主导作用发挥得越充分，就越能调动学生学习的积极性和主动性；而学生的主体作用发挥得越充分，就越能体现教师的主导作用。两者在训练中有机结合、相辅相成，有利于全面提高教学质量，提高学生的素质。

因此，以教师为主导、学生为主体、训练为主线的"三为主"教学方法，既是教学方法的落实，更是教育观念的转变。教师在进入导学过程之前，首先应确认学生的主体地位，确认学生是有独立人格、主观能动性和自我发展潜能的主体。在这个前提下，教师又定位了自己的角色，应"指导"而不是"灌输"，应"引导"而不是"迁就"。教师因势利导，顺着学生个性发展之"势"，指导、引导、辅助、启发。教师"导"之有方，学生"学"之得法，学生就真正成为认识的主体、认知的主体、学习的主体、发展的主体，这表明教师很好地发挥了"导的艺术"。而"导的艺术"就是在训练活动中得到充分发挥、尽情演绎的。

综上，"三个三"的得出顺理成章、水到渠成，它既是高效课堂的理念，也是高效课堂教学的实践操作范式，即突出"三维目标"（知识与技能、过程与方法、情感态度与价值观），抓住"三个关键"（创新教学结构、转变教学方式、革新教学手段），落实"三为主"（教师主导、学生主体、训练主线），这是高效课堂行动的先导。在其引领下，课堂教学改革、高效课堂之路才走得顺畅、一路高歌。

有了"三个三"的引领，高效课堂从此变得更加民主。那就是，在课堂上，师生是平等的，也是互相尊重的。教师的责任在于组织课堂、生成课堂，进而将课堂变为学生的学堂。教师更加包容、更加宽容、更加虚心，不仅师生可以互动，还可以实现生生互动、生机（多媒体等现代教育技术）互动。学习的方式方面，可以采用分组讨论、个体自学或师生互答。学生置身于民主的氛围中，就有了幸福的体验、快乐的体验，其人格尊严得到满足，自身价值得以实现。

有了"三个三"的引领，高效课堂从此变得更加灵动。那就是，课堂是鲜活、灵动的，是师生共同成长的舞台。问题是获得新知识的开始，讨论是思想的交流与碰撞。热烈讨论，彼此交流，发表各自的看法，在这种情况下，学生思维就会活跃起来，往往能找出多种答案，甚至是创新性地发现解题的方法或答案，并从中获得成功的喜悦。教学在师生平等对话中进行，"对话"渗透到教学的每个环节中，对实验观察不同的"提问"，对公示定律法则运用的"追问"，对不同操作方法的探讨。和谐的对话会调动学生已有的知识储备、经验储备，学生的思维一旦被激活，他们就愿意多角度、多层次地整合、运用信息，表达自己有独创性的见解，使其原有的认知结构得以重组与重构，学生间思想与思想碰撞、情感与情感交融，课堂散发出灵动的气息，师生在灵动的课堂中能享受教学、享受学习，快乐无边。

有了"三个三"的引领，高效课堂从此变得更富智慧。那就是，教师争先恐后开展"互联网+"智慧课堂研究，将"菁优网大数据平台""希沃授课助手""班级优化大师"等引入课堂，让智慧唤醒课堂，让智慧引领教师的专业成长。如此，教师语言更富智慧，教师导学更富智慧，学生探究更富智慧，家校共育更富智慧，"我参与，我快乐，我自信，我成长"成为学生的智慧心语，智慧相伴、教学相长。这是时代的呼唤，是教师专业成长的需要，是课堂教学焕发生机与活力的契机，也是新时代教育教学改革的重大使命，是构建高效课堂的必然选择。

有了"三个三"的引领，高效课堂从此变得更有个性。"教学有法，教无定法，贵在得法"，不同学科有不同的教学个性，同一学科也有不同的教学范式，要让课堂教学方法百花齐放、异彩纷呈，让课堂焕发出生命的活力和个性化张力。"没有个性，就没有人才；没有教学个性，就没有课堂的生命"。教师给予学生知识，培养学生能力，提升学生道德品质，给学生素质发展提供良好的空间与氛围。课堂教学中教师把满足学生的基本情感、需求放在首位，掌握课堂教学的主动权，在引导上更"实"，在训练上更"活"，在方法上更"趣"，采用活动体验型、创设情境型、问题探究型、自主学习型等方法，凸显各自的个性。教师应突破教室狭小空间，把课堂延伸到实验室、图书馆、运动场，延伸到社区、农村，延伸到现实生活的方方面面，延伸到相关领域的新知识、新技术，让学生走出课堂，使其个性天赋得到尽情发挥。

有了"三个三"的引领，高效课堂从此变得更加幸福。那就是，师生关系和谐，师生精神饱满；教师真正相信学生、解放学生、利用学生、发展学生，学生敢问，敢说，敢讨论，敢上讲台，积极主动，争先恐后，紧张活泼，读、说、议、评、写、算贯穿始终；孩子们的心思和精力自然而然地被用在自主合作探究上，他们会忘记时间的流逝，不知疲倦地听下去、看下去、记下去、学下去，并且感觉时间过得很快；学生思维不会受到限制，他们能在课堂上自由地发挥，自由自在地呼吸，自由自在地成长；能让学生看到可喜的成果，体验到成功的喜悦，感受到成长的快乐；能帮助每位学生获得幸福体验，提升幸福境界，发展幸福能力。

有了"三个三"的引领，教育教学质量进一步提升。那就是，堂堂清，步步清，课课清；大众化的知识，全体学，深化的知识，个体学；采取分层施教、因材施教、因生施策，关注个性差异；规章制度更加健全，教育教学管理更加务实；实施集体备课、城乡结对、联合教研，更加注重优势互补；实行课堂督查、常规督导，更加关注教学细节；开展教学竞赛、观课议课、教学反思、课题研究，使教学更加接地气；举办校园文化建设、读书活动，更加注重人文氛围营造，最终实现学生综合素质得到提升、教师专业水平快速提高、教学质量连年攀升的目标。

有了"三个三"的引领，教师可远离职业倦怠。那就是，教师不断学习，"学而不厌，诲人不倦"，"苟日新，日日新，又日新"。教师每日通过学习更新自己的知识，坚持不懈，养成良好的学习习惯，每天每个时刻都成为更好的自己，每天每个时刻都与学生进行生命对话，每天每个时刻都与学生共同成长。教师永远保持一种昂扬的职业状态，远离职业倦怠。读书成了最好的学习方式，成了一个教师应有的姿态，成了一个教师最美的情影。除了做好常规工作，教师应随时拿起一本书，在阅读中思考教育的本义与本真，在阅读中琢磨教育的行进方向，在阅读中摸索教育的改变之道，在阅读中探寻教育的另一些可能，读以致用，尽力让教育变得温馨而美好！

我们期待着，通过实施"三个三"引领的高效课堂教学，使幸福从此溢满师生的心房。

第二节　与核心素养有机对接的三维目标：高效课堂的航向

教育的一切改革，最终要以促进人的发展为指导思想。"面向全体学生，促进全面发展"，应当成为教育工作者的基本信念。要把培养学生应具备的、能够适应其终身发展和社会发展需要的必备品格和关键能力贯穿于教育教学改革的始终，永葆初心，一以贯之。笔者历来坚持这样一个观点，那就是，课程改革的核心环节是课程实施，课程实施的基本路径则是教学，而课堂教学永远是整个改革体系的主渠道、主阵地、主战场。在课堂里的教师和学生不只是在教和学，他们还在感受课堂中生命的涌动和成长，学生只有在这样的课堂中才能获得多方面的满足和发展，教师的劳动才会闪现出创造的光辉和人性的魅力。衡量一堂课成功与否，不仅在于教师讲得是否精彩，更在于学生学得是否主动。因此，高效课堂教学应关注学生在课堂上的学习过程，让所有学生的身心作为生命共同体参与其中，让课堂充满人文关怀，成为养育人性的殿堂。学生是学习的主人，只有学生自主充分参与了学习，才会学得扎实、学得有效。

要学得扎实、学得有效、学得高效，必须科学合理地确立教学目标，这是前提、基础和灵魂。因为，一个教育人有了目标，就有了方向、有了激情、有了动力。就如一个人在夜晚的大草原上行走时一样，只要天空中有了北斗星，哪怕天再黑，路途再怎么遥远，总会有一种执着的信念在支撑和引领他，使他信心满满地坚持走下去，走过最黑的草原，走过最远的路。目标就是"预期"，是"想要达到的标准、境界、理想"的"预期"，而教学目标就是教学活动的主体在具体的教学活动中期望达到的结果和标准。教学目标是教学活动的中心，在课堂教学中主导教与学的方法与过程，它也是教与学的出发点和归宿，更是教师实施教学的指南针，是学生学习的引路石。因此，深化课堂教学改革、构建高效课堂，首要的任务是教学目标的制定与落实。

从"双基"到"三维目标"，再到"核心素养"，这通常被表述为发展与超越的进程。但要看到，"双基"与"三维目标"的关系和"三维目标"与"核心素养"的关系存在不同。前者是转折性的关系，彼此冲突；后者是递进式的关系，两者有着高度的内部一致性。中国教育学会副会长、国家督学张绪培认为："在三维目标基础上提出核心素养，这是对三维目标的发展和深化。核心素养更直指教育的真实目的，那就是育人。核心素养具有中国特色，包括了能力、品格。核心素养的提出，对教学下一步的发展，有了更明确的指向。"因此，核心素养对三维目标的发展和超越，主要表现在课程改革的进一步"深化"方面，但"超越"并非"超出"，核心素养并非因此就可以替代三维目标。现在，似乎存在这样的认识，认为有了核心素养就可以淡化甚至不用再谈三维目标了，这显然是个误解。

三维目标和核心素养到底是怎样的关系呢？简单地说，传统观念比较重视"双基"，即基础知识与基本技能，后来人们觉得"双基"不完整，便提出三维目标。从"双基"到三维目标，再到核心素养，这是从教书走向育人这一过程的不同阶段。用简单的比喻来说，"双基"是课程目标 1.0 版，三维目标是 2.0 版，核心素养就是 3.0 版。最近，教育部组织了 260 多位专家修订普通高中课程标准，就是以学科核心素养为纲，编制课程标准，包括学业质量的标准，当然，也包括基于课程标准的教学与评价。

三维目标作为新的课程理念，主张课程回归真正的知识，回归真实的知识学习。对三维目标的质疑，主要是基于旧的知识观，即知识是客观的、对象化的；一切知识都是人的知识，没有人也就无所谓知识；知识一经产生，就很难逃脱客观化的命运，这是人类保存、传播知识的策略。但知识的实践主体终究是人。教育与学习，就是要促进知识"返乡"，赋予知识本当有的"人称性质"，进而使学习进入知识发生状态。这就是三维目标作为课程观的本质所在。三维目标是一个整体，用三个维度表述只是分析性的方式，其中任何一个维度都包含着其他两个维度。从分析者的角度看，知识与技能维度，与对象化的、单向度的"双基"不同，呈现为三维目标的"固体"状态，蕴含着其他两个维度"引而不发，跃如也"的势能；过程与方法维度，呈现为三维目标的"液体"状态，表现为学生学习知识时思考与行动的状态；情感、态度和价值观维度，呈现为三维目标的"气体"状态，表现为蕴含在学生学习行为中的"身体—心理""感性—理性"交融的精神元素。

关于"核心素养"，《中国学生发展核心素养（征求意见稿）》对其的表述为"学生应具备的，能够适应终身发展和社会发展需要的必备品格和关键能力"。这个定义兼具了"品格"与"能力"两方面。汉语的"素养"由"素""养"两个词素组成，其意义具有独特的教育价值和课程价值，实现"人"与"教育"的交融并落实于"人"。我们应看到汉语"素养"一词自身表达的精准性和丰富性。厦门双十中学校长陈文强说过："素养是教化的结果，是自身努力、环境影响的结果，由训练和实践而习得的思想、品性、知识、技巧和能力。其中，尤其能促进人生命成长、人生发展，可提升、可进阶的就是核心素养。"

"素养"是知识与技能（当然不仅于此）的内化状态与水平，有着鲜明的具身性和整体性。其与三维目标的价值追求高度一致。从课程改革、高效课堂构建的工作推进来看，核心素养是三维目标的深化、具体化。从概念外延看，三维目标宽于核心素养，因为除了核心素养，其还涉及很多非核心素养。从概念内涵看，核心素养倾向于"内在"，即教育内容内在于人的状态与水平；三维目标倾向于"内化"，即教育内容内化的机制，两者共同给予学习行为以及受教育者素质结构性、整体性阐释。这样，面对有人提出的"有了核心素养是否就不提三维目标"的疑问，就很好回答了：一方面，要形成核心素养，离不开三维目标；另一方面，因为"素养"的内在性，当它朝向未来学习时就能激发出三维目标的势能，朝着更加丰饶的核心素养发展。

核心素养主要包含以下四大方面：能判断会选择，能理解会反思，能包容会合作，能自律会自主。作为基础教育，必须实现两大目标：一是如何使正确的价值判断、价值选择融合在课程建设和课程实施过程中，进而形成教书育人、立德树人的强大合力；二是在落实课程目标的过程中，如何真正保障学生的身心健康，并为学生走向社会、面对未来培育适应其终身发展的核心素养。要实现这两大目标，笔者认为应做到：让核心素养有机对接三维目标，"知识与技能"是基础，"过程与方法"是桥梁，"情感态度与价值观"是升华，这三者是一个有机的统一体，学生是在学习知识的过程中掌握方法，形成能力，并产生一定的情感体验；脱离了知识目标，能力和情感就成了无源之水、无本之术；而脱离了能力与情感目标，知识也就成了僵化的、毫无生气的、没有实际价值的知识。作为教育工作者，必须责无旁贷地构建起有"知"有"法"、有"智"有"德"的体系。

一、目标设计存在的问题

笔者经过调研发现，教师在教学中都会遇到教学目标的设计问题，课堂教学目标对教学有着非常重要的意义。但是，这一项每位教师都习以为常的事务，却没有得到应有的重视。以至于，不管在教学目标的设计、实施还是完善上都存在一定程度的虚假、夸大、不着边际的现象，这不仅不利于课堂高效教学的实现，而且也不能有效实现师生身心健康发展。

笔者认为，必须解决教学目标设计存在的问题，使其走向真实、生态、高效。不论是学习目标还是教学目标，教师在设计时，其内容及要求应是教学与学习合一的。核心素养对接的三维目标，一定是"学习目标"而不是"教学目标"。由于教学活动可以从多个层面来观照，则相对应的教学目标就也有多个层次。一般来讲，可以从课程、学年、学期、单元、课时等层面来考察教学活动，因此与之对应，教学目标就体现在课程目标、学年目标、学期目标、单元目标、课时目标等多个层次上。若搞不清楚层次，就会带来很多麻烦。而学习目标是针对学生的具体学习而言的，当然应是课时学习目标。因此，学习目标的设计显然要求具体、明确、可观察、可测量、可评价。

设计、规划、制定学习目标，是教师课前设计导学案的第一要务和基本前提，是一堂课学习的灵魂所在。它对于教师选择教学内容和教学策略有着重要的指导作用，也是对教学成败和学生学习质量进行评价的依据和标准。可以这样说，有什么样的目标就有什么样的教学，有什么样的教学就有什么样的学习，有什么样的学习就有什么样的学习效果。尤其是在构建高效课堂上，对学习目标的设计要求更高，因为它直接被用于引导每一位学生独立自主地、合作式地开展学习活动，目标的制定是否科学合理直接影响学生的学习效果。过去的教师制定教学目标，往往流于形式，只为应付检查，使之成为不得不放在教案里的"摆设"，而且多是不加分析地从过去的教学大纲、教参或者现成的教案集里"复制"抄袭的。而以往的资料里的目标，已经远远不符合新课程标准、高效课堂的要求。正是这些客观因素的影响，加上教师主观上不重视目标设计，故产生了很多问题并导致了一些误区。

（一）目标设计空洞，缺乏实施的具体载体和途径

高效课堂的教学过程，应该是在与核心素养对接的三维目标指引下的精神生产活动。三维目标的制定，不只是宏观地阐述知识与技能、过程与方法、情感态度与价值观等，还要在新课程标准的指导下，就学习内容的教与学的目标，从认知性学习目标、技能性学习目标和体验性学习目标等方面进行分解，阐述依托内容、载体实现这些目标的途径与方法。可以这样说，目标解得越具体，教学活动安排就越科学，操作性就越强，课堂也就越高效。

需要指出的是，强调目标的具体化，绝不是孤立地对待每一个教学目标，而是要把达成目标的理念贯穿于具体的教学活动中，使它们相辅相成、相互促进。在任何教学活动中，三维目标始终都是一个有机统一的整体，既相对独立，又互相补充。教学活动的过程，其实就是学生习得知识与技能的过程，同时也是学生形成方法、发展能力和确立情感态度与价值观的过程。

现实实践中，有的目标设计大而空，没有操作性，不少教师在陈述教学目标时，喜欢使用诸如"提高""灵活""了解""掌握""培养""引导"等词语，其意义很难把握。因为这些词语属于表述内部心理活动的术语，而心理活动根本无法直接观察，故对这些词的理解会存在很大差异。如果教师用这些词语、术语表述教学目标，就会使教学目标变得笼统、含混、抽象，根本无法被实施和测量，这会使得目标的设计流于形式，甚至形同虚设。

 案 例

《我们周围的空气》原教学目标：

1. 知识与技能目标

（1）学生了解空气的主要成分。

（2）学生了解氧气、氮气、稀有气体的主要物理性质和用途。

（3）学生初步认识纯净物、混合物的概念，能区分一些常见的纯净物和混合物。

2. 过程与方法

（1）学生了解空气的组成。

（2）学生了解混合物和纯净物的概念。

（3）学生学会防止空气污染的一些简单方法。

3. 情感态度与价值观

（1）学生初步了解空气污染给人类带来的严重危害。

(2) 学生知道空气是一种宝贵的自然资源。

(3) 学生养成关注环境、热爱自然的情感。

【点评】从实践新课程标准、落实高效课堂新理念的要求来看，该教师制定的教学目标全面体现了《义务教育化学新课程标准（2011 版）》的有关精神，不仅关注了知识与技能方面的要求，同时还关注了过程与方法、情感态度与价值观方面的要求。然而，从具体的教学实践活动来看，除知识与技能的目标有较明确的指向性和较强的操作性外，其他两个目标都显得比较空洞，缺乏实施的具体载体和途径。例如，在过程与方法的教学目标中，应怎样让学生了解空气的组成？显然，教材中"测定空气里氧气含量"的实验是达成这一目标的重要载体，教师在实验中引导学生进行动手操作、观察实验、分析现象等活动是达成这一目标的重要途径和方法。又如，在情感态度与价值观的教学目标中，应怎样让学生知道空气是一种宝贵的自然资源？显然，该教案也缺乏具体实施的载体和途径。

同时，化学学科核心素养要求必须让学生习得物质及其变化的知识，因为物质及其变化是化学研究的基本问题。这一问题的解决，强调运用实验、假说、模型、分类等方法，通过以化学实验为主的多种探究活动开展物质及其变化的研究，并从元素的宏观层面认识物质及其变化的规律，从粒子的微观层面揭示物质及其变化的本质。因此，化学学科的基本问题、问题解决的方法途径及其应建立的基本认识，必须在"宏观辨识与微观探析""变化观念与平衡思想""证据推理与模型认识""实验探究与创新意识"的化学学科核心素养上得到很好的体现。

 案 例

对《我们周围的空气》原教学目标第 2 点和第 3 点修订后的新学习目标：

2. 过程与方法

(1) 学生通过对"测定空气里氧气含量"实验的操作、观察与分析，了解空气的组成。

(2) 学生通过对空气、氧气等几种常见物质的比较，了解混合物和纯净物的概念。

(3) 学生通过对空气污染情况的调查，知道污染空气的途径及污染的危害，学会防止空气污染的一些简单方法。

3. 情感态度与价值观

（1）学生组织开展以空气污染为主题的调查研究活动，初步了解空气污染给人类带来的严重危害。

（2）学生通过了解空气中各成分的用途，知道空气是一种宝贵的自然资源。

（3）学生通过网络、QQ、微信、微博、广播、电视、报纸等途径收集本地的空气质量日报，培养关注环境、热爱自然的情感。

【点评】对过程与方法、情感态度与价值观目标做了修改后，新的学习目标中，载体、途径、方法更明确了，可操作性更强了，对教学实践的指导意义也就更大了。

（二）误把目的当目标

这是一个目标层次的问题，即把教育方针或教育目的当成课时目标，或者把课程目标当成课时目标，或者含糊其词、难以评价，甚至无法评价。例如，陶冶学生高尚情操；把立德树人作为教育的根本任务，培养德智体美全面发展的社会主义建设者和接班人；遵循教书育人规律、遵循学生成长规律，以学生为主体，以教师为主导，创新育人模式，培育和践行社会主义核心价值观，不断提高学生思想水平、政治觉悟、道德品质、文化素养，让学生成为德才兼备、全面发展的人才；坚持教育为社会主义现代化建设服务、为人民服务；全面实施素质教育，努力办好人民满意的教育；让学生全面发展；培养具有创新精神和实践能力的人才；培养积极乐观的态度、勇于克服困难的精神和团队意识；使学生了解安全运动的重要性；培养自主、合作、探究学习的能力；提高学生写作技能；提高学生语文素养；提高教师专业发展水平；等等。

学习《国务院关于印发国家教育事业发展"十三五"规划的通知》、十八大后党和政府制定的教育方针、新课程标准、《全面深化新时代教师队伍建设改革的意见》等，可以看出，目标有一定的层次性，其实还可以往上推及教育方针或教育目的，这是国家层面的目标。教育目的的具体化是课程标准，而课程标准的具体化就是教学目标，教学目标之下又分为学年、学期、单元、主题目标，最底层的一级，也是最接地气的、落到关键点的一级，即课时目标。

因此，把教育方针或教育目的或课程标准放进课堂里，课堂是不可能装得下的，即使装得下，也都成了难以落实的大话、套话，对教师的教学引导、学生的学习没有任何的指导意义。

（三）目标维度缺失，设计不全面

三维目标不是三个目标，而是一个问题的三个方面，三者是和谐、有机统一的整体；但是，在具体教学实践中，存在着偏重于认知目标，忽视能力和情感目标的落实，表现为在新课改实施初期，一味追求课堂的热闹，一味突出学科整合，一味追求手段翻新，课堂上出现了学科本位缺失的闹剧，语文课不像语文课，反倒像品德课，数学课不像数学课，反倒像美术课，思品课不像思品课，反倒像语文课，等等。这些就是忽视了基础知识和基本技能的掌握，而结果是一节课下来，学生连基本的知识都没有学会。此外，还有教师把三维目标理解成三个目标，所以其设计、完成知识与技能的目标后再附加了一个情感态度与价值观的目标，在具体实施时，就是教师讲完知识后，让学生发挥一番，算是体现新课程标准的理念。"情感态度与价值观"显然成了"穿靴戴帽"，这些情况非常普遍。

 案 例

《济南的冬天》的学习目标：

1. 学生正确认读 3 个生字，掌握 5 个教材要求学生会写的生字，理解"响晴""温晴""安适""贮蓄""澄清"等词语的意思。

2. 学生仔细揣摩文章语言，体会作者生动准确、清新自然的语言特点。

【点评】上例中的目标都是在对知识的了解和理解层面上的单一维度的目标，远远不符合三维目标的设计要求。

按照新课程标准要求，学习目标要体现知识与技能、过程与方法、情感态度与价值观的三维目标；而传统教学过于重视"双基"、忽视过程、不讲方法、只求结果，忽视了人的主体性存在及需要。三维目标的确立，对学生的学习目的从价值方面进行了重新定位，走上了以人的发展为本的大道。如何理解三维目标，特别是与核心素养对接的三维目标呢？通俗地讲，三维目标中知识与技能目标可以被理解为"学会"，过程与方法目标可以被理解为"会学"，情感态度与价值观的目标可以被理解为"巧学""乐学""善学""好学""想学"，从"学会"到"会学"，再到"巧学""乐学""善学""好学""想学"，甚至"活学""博学"，实际上基本诠释了核心素养理念下三维目标的落地生根。如今，社会还大力提倡创造性学习，就是学生在教师的指导下，将已有知识进行重新组织而获得新的具有一定价值的学习结果的过程，它有两个显著的特征——新

颖性和价值性。创造性学习的结果不是原有知识经验和方法的简单复刻，而是发散性思维和集中性思维相结合的智慧活动的产物，培养学生创造性学习的最好途径和手段应该而且必须是日常课堂教学活动。

（四）目标设计主体混乱，指向不明

高效课堂理念告诉我们，课堂教学的行为主体是学习者，行为目标描述的应该是学生。但我们在实践中发现，目前存在着行为主体错位的现象。比如，很多老师用"引导学生……""教给学生……""使学生……""让学生……""培养学生……""提高学生……"等来陈述目标，是不妥当的。比如："使学生了解作者及其代表作，让学生把握文章要点，让学生更好地理解读好书、多读书、读书好。在读书探究中，培养自己广泛的阅读兴趣，扩大阅读面，增加阅读量。"这两句话中，第一句的行为主体是教师，第二句的行为主体是学生。再比如："掌握常见酸碱盐的俗称、化学式、物理性质和化学性质；通过复习形成知识网络，找到解决问题的方法和技巧，培养学生分析问题、解决问题的能力。"这两句也是出现了主体混乱问题，第一句的行为主体是学生，第二句的行为主体不是学生而是教师。这是教师在设计学习目标时常犯的错误。规范的行为目标表述的开头应该是"学生……"，即使这在书面上可以省略，但是在思想上务必牢记，因为合适的目标应是针对特定的学习者的。

（五）目标行为动词使用不当

案 例

《中彩那天》原教学目标：

1. 学生掌握本课的生字、新词，了解课文内容，掌握首尾照应的表达方式。

2. 学生能联系上下文理解课文重点句子，提高分析、理解能力。

3. 学生懂得做人讲诚信的道理。

【点评】诸如"了解""掌握""理解""认识""培养""激发""提高""学习"等动词，在设计具体目标时使用频率非常高，这些都是过去的大纲、教材中常用的，但是这些动词都缺乏对质和量的具体规定，故评价时难以操作。

由于目标行为动词的使用不当，导致难以评价教学，使得教学目标设计空洞，这个问题的确是相对复杂一些，所以现象更普遍。比如，"了解"到什么程度才是了解？具体是指能"说出"还是能"辨认""复述""识别""背诵""回忆""选出""举例"？又比如，"培养"是指"养成"还是"形成"或者"具有"？

《中彩那天》修改以后的学习目标：

1. 学生会认、会写、会用本课"维""财""属""货""驰""赠"等10个生字。能说出课文的主要内容。能结合课文说明首尾照应的表达方式。

2. 学生正确、流利地朗读课文，能读出主人公的心理感受。能抓住描写人物的句子，说清父亲是怎样讲诚信的。

【点评】这样改就能更加明确生字教学的任务，以及在了解课文内容方面的重点，更加明确本课要掌握的知识与技能。同时，本学习目标考虑到了学生的知识和思维基础。

所以，必须引导教师静下心来，多去研读课标，最好能做到把课标中各学段的学习目标贴到教学材料上，常读常背诵，常看常对照，实现对其的理解和灵活运用。这些动词也许一下子难以记全，但不去记、不去读、不去研、不去用、不去想、不去反复的话，则会一错再错。

（六）目标陈述不规范

目标陈述不规范现在教师始终把学生置于被动地位，只能做出接受或者不接受的决定。这是由于教师未掌握目标陈述技巧而造成的，通常表现为只有结果性陈述，而缺少行为条件，目标达成度不明确、效果较差。另外，有的目标则本就无法规范陈述，如表演性的、首创性的活动，往往在活动之前，无法预见其结果、效益，这些只有等到活动结束之后才能知道。因此，有时只需用概括性的行为动词和对所创设的探索活动情景的描述来表明教学意图，但是，在实践中，有的教师画蛇添足、弄巧成拙。这类问题具有普遍性。上面提到的案例或多或少都存在这样的问题，或者说在传统教学目标（过去叫教学目的）的陈述中，几乎都存在目标陈述不规范的情况，这主要是其与现行课程标准要求的根本性差异造成的。

仔细分析上述问题，有的是传统教学观念造成的，有的是经验主义的结果。在新课程改革、深化高效课堂理念的今天，教学的理念、教材、学生、环境、信息等都发生了翻天覆地的变化，面对传统的教学内容，我们又该如何拟定切实的学习目标，实施促进全体学生全面发展、个性发展的教学呢？

二、三维目标的设计策略

教学目标的切实合理与否直接影响课堂教学的效率，切实的教学目标是实现课堂高效的前提。应该说，教师应更好地理解和掌握三维目标的内涵、陈述与叙述方式，更好地把各学科核心素养要求与三维目标有机融合，将更多的功夫花在吃透课程标准、悉心钻研教材、深入了解学生上，每节课前把这些功夫做足了，真正切实的三维目标就会水到渠成。

（一）吃透课程标准，找准落脚点

课程标准是教材编写、课堂教学、考试命题、教学评估的关键依据，是教材的编写者、教学的实施者、教学效果的评价者共同的根本遵循。因此，课程标准是我们制定课堂教学目标的重要蓝本。

制定教学目标，要充分考虑课标的落脚点。课标是一个标杆，而教材则是达到这个标杆的载体。教学目标的制定要紧紧扣住课程标准。如《语文新课程标准最新修订版》提出的语文新课程理念，是在对传统语文教学经验的总结的基础之上，根据现代语文教学的要求提出来的。它体现了语文课程人文性与工具性的统一，思想性与审美性的统一，强调了学生在语文学习中的主体地位，凸显了现代社会对语文能力的新要求，突出了语文课程的实践性本质，为教学工作的开展提供了理论依据。制定教学目标，要充分考虑语文素养的全面性，"语文素养包括语文能力和语文知识、语言积累、思想情感、思维品质、审美情趣、学习方法、学习习惯等多个方面"。又如《数学课程标准（2011 版）》颁布以来，以更科学、更严谨的态度引领着数学教师用最先进的教学理念教书育人。该课标的总目标、学段目标以及教学目标的行为动词的应用都更为清晰、准确。再如《初中思想品德课程标准（2014 版）》颁布以来，该课程标准以情感、态度、价值观目标为首，兼顾能力目标、知识目标，紧扣学生品德心理结构，适应学生认知、情感、行为三者为主体的综合发展阶段。该课标要求教学目标的制定要明确认知是"导向"而非"主导"，更应注重情感与行为的发展。这一点，已为我国各级学校道德教育多年来的经验与教训所印证。又如《初中英语课程标准（2016 版）》确立的总体目标是培养学生初步的综合语言运用能力，并通过英语学习促进学生的心智发展，提高学生的综合人文素养等核心素养。在教学目标的制定方面，要求从语言技能、语言知识、情感态度、学习策略和文化意识等方面考虑整体发展，唯有这样，才能体现出英语学习的工具性、人文性，也才有利于发展学生的语言运用能力、思维能力，从而全面提高学生的综合人文素养。

作为教师，大家都知道，好的教学目标是上好一堂课的前提，是保证课堂教学质量与效率的关键。因为教学目标指出了教学的主攻方向，规定了一节课的教学内容、重点难点、学习层次水平，影响着教学策略的选择以及教学的深度、广度等。它是教学活动的灵魂，制约着教学活动的全过程。布卢姆说过："有效的教学始于准确地知道期望达到的目标。"如果教学目标正确、科学、合理，就会引导出有效的教学，否则就会导致出无效、低效甚至负效的教学。教学目标可以被看作教学活动的"第一要素"，所以能够准确、科学、全面地制定教学目标成为教师首要的、必备的教学技能。那么，如何吃透课程标准，找准落脚点呢？

前面已谈到，教学目标的制定要注重科学合理。这种科学合理来源于广泛全面的涉猎。比如有的老师准备一课的教学内容时，仅仅采用这一课时的视角，这样很容易把教学目标制定得过高或者过低。若目标过高，教学中学生会因为教师要求太高而做不到，这样会造成教师费力，学生乏力，出现揠苗助长的现象，这无异于摧残学生的学习兴趣；而若目标过低，学生在课堂中吃不饱，长此以往，学生的思维得不到应有的发展，就像小树苗在生长的关键期没有获得足够的营养而很难长成参天大树，学习对其便成了枯燥乏味的事情。其实课程标准已经对各学段的教学目标有了清晰的定位，教师的任务主要是对学段目标进行分解，要读懂课程标准中的目标并且能够将之分解到每节课上。

教师如何科学、全面地确定每节课的教学目标，笔者认为应该有以下几个环节：

第一个环节：读懂课标中所确定的教学目标。教师备每一节课时，要充分了解课程标准中的总体目标、学段目标、单元的教学目标，不仅要读懂，还要弄清楚、读透彻，真正做到烂熟于胸。

案 例

四川省阆中市实验小学体育教师、南充市骨干教师李淑执教"大王叫我来巡山"一课，根据《义务教育体育与健康课程标准》提出的"体育与健康课程是一门以身体练习为主要手段，以学习体育与健康知识、技能和方法为主要内容，以增进学生健康、培养学生终身体育意识为主要目标的必修课程"，确定了以下三维目标：

1. 学生在游戏中初步学习双脚前后站立、双手举在头上向前抛球的动作。

2. 学生在游戏情境活动中进行多种玩球方法的练习，提高协调能力和灵敏度，发展体能。

3. 学生在仔细听教师讲解、大胆展示本领、模仿"大猩猩"带着问题进行抛球练习、积极思考踊跃回答并展示自己、从自身和别人的练习中发现问题等方面形成积极参加体育活动的态度和行为，在游戏活动中建立和谐的人际关系，培养积极进取的精神和竞争意识。

【点评】体育课的核心素养要求："调整学生的心理平衡，提高学生的心理健康水平，促进体育教学目标与学生心理健康目标和谐统一，使学生身心能得到健康成长，增强自身的社会适应能力。"执教者这样的目标设计，与核心素养紧密对接，体现了学科特点。其根据目标设计的学生活动方案，有利于启发学生思维，培养学生的想象力，提供尝试性练习的机会，让学生创造发明出自己喜爱的练习方法，提高参与的积极性。在各种玩法中主要练习向上、向前的抛球动作，效果很好。该课荣获南充市中小学体育与健康教学竞赛一等奖。

第二个环节：把终极目标分解成时段目标。教学目标是外显于教学设计中的一组静态的文字，更是内隐于教师胸中的一把动态的标尺。没有目的地随意调整是不可取的，但是我们可以依据教材内容和学生个体差异，把最终要达成的目标分解成具有可操作性的一个个小目标。这样可积跬步而至千里，集小流而成江海。如果教师能将所有远大的目标都进行分解，那么，目标的达成就更为容易。时段目标对于一节课来说还是太笼统、太宽泛，这就要求教师能够根据教材内容、学生情况等多种因素把时段目标转化为具体的课时目标。

《数学课程标准（2011版）》总目标里提到了"学会独立思考，体会数学的基本思想和思维方式"，可以看出，这就是一个终极目标（小学阶段的终极目标），而在人教版五年级上册"组合图形面积"的教学目标中有着具体化的描述，如第二条："探索组合图形面积的计算方法，体会转化、推理、化难为易等数学思想在解决问题中的作用，进一步发展空间观念。"

 案　例

四川省阆中市实验小学教师、阆中市小学数学学科专家组成员廖亚东执教"平行四边形的面积"，其三维目标设计与导学活动思路如下：

《数学课程标准（2011版）》总目标提出，"注重数学思想方法的渗透，注重数学思维的发展"，廖老师具体从三方面对之细化：

一是通过具体的情境提出计算平行四边形面积的问题。

二是动手操作，自主探索寻求解决问题的方法。

三是以多种探索方法为基础，归纳计算平行四边形面积的基本方法。

为此，执教者根据数学课程标准和学科素养要求，制定出三维目标。

三维教学目标

1. 学生掌握平行四边形的面积公式，能准确计算平行四边形的面积。

2. 学生通过数、剪、拼等动手操作活动，探索平行四边形面积计算公式的推导过程，体会转化的数学思想，发展空间观念。

3. 学生在探究活动中培养分析、综合、抽象、概括和解决实际问题的能力；在解决实际问题的过程中，感受数学与生活的联系，培养数学应用意识。

【点评】 数学核心素养包括数学抽象、逻辑推理、数学建模、数学运算、直观想象、数据分析六个方面。执教者充分细化教学目标，该三维目标既符合新课程标准，又与学科素养有机对接。在导学活动中，利用知识迁移及剪、移、拼的实际操作来分解教学难点，引导学生理解平行四边形与长方形的等积转化；通过剪、移、拼找出平行四边形底和高与长方形长和宽的关系，把握面积始终不变的特点；发挥多媒体优势，促进多项互动生成，归纳出平行四边形面积公式。采用"创设情境→提出问题→大胆猜想→动手实验→合情推理→验证猜想→总结公式→运用公式、回归生活"的方式开展教学活动，效果非常好。该节课荣获南充市小学数学课堂教学竞赛一等奖。

第三个环节：结合学情、教情将教学目标有机地呈现出来。教学目标是师生通过教学活动预期达到的结果或目的。因此，不考虑教情、学情的教学目标，是无本之木、无水之源。教师制定教学目标时，重点要考虑学生已知什么、未知什么，这样才能精准了解学生的最近发展区，其制定的教学目标才能以生为本、实事求是、取得实效。

案 例

四川省阆中市实验小学美术教师、阆中市骨干教师师平执教小学美术第 7 册第 15 课"生活日用品的联想"，根据学生实际情况，确定了与核心素养紧密对接的三维目标。

1. 知识与技能

（1）知识：学生根据生活日用品的不同外形展开联想，初步了解联想的方法。

（2）技能：学生通过联想绘画的方法，提高自己的观察能力和大胆想象的能力，激发自己的创作热情。

2. 过程与方法

学生通过观察发现各种生活日用品的"化妆秘诀"，开展为拖把姑娘设计造型的游戏，激发学习兴趣，学到自主探究联想的方法；在教师引导课件演示、欣赏、展示等活动中，感受联想的奇妙，在创作和评价中体会创新的乐趣。

3. 情感态度与价值观

学生感受丰富的联想和大胆的表现给人带来的乐趣，养成关注生活、热爱生活的习惯，形成在平凡中创造美好生活的品质。

【点评】"美术课程需要解决的是训练孩子们独特的思维方法。这一思维方法只能从无数创造（包括艺术作品）中获得。当学生能够在小学、初中、高中的美术课程里，将自己积淀的美术思维方法用于他的其他课程学习和日常生活处理问题的方法时，当他们能够基本做到艺术化生存的时候，那么，核心素养的目标才算是真正地达成了。"喜欢观察、喜欢画画、喜欢创作、喜欢探讨、喜欢合作，这是孩子的特点，执教者抓住了这些特点，设计出与核心素养紧密对接的三维目标，导学过程教学活动活泼生动，效果很好。该节课荣获南充市中小学美术教师课堂竞赛一等奖。

不同层级教学目标不同，即使是同一内容，不同学段的目标也各异。以语文学科为例，《语文课程标准》的阶段目标从识字与写字、阅读、习作、口语交际4个方面提出要求，对每个学段都有明确要求，而且就同一教学内容，在不同的学段其目标要求也不相同，所以教师在制定教学目标时一定要关注这一点。就阅读教学而言，低年级注重字词和朗读；高年级更注重的是理解思想内容，学习表达方法的运用，读写结合。如：对于小学二年级语文课，我们制定教学目标时考虑的重点是对生字、词的理解和识记，用生字组词，理解生词的意思，能够流利地读课文，能说出短文的大致意思；可是到了高年级，同样是阅读课文，我们在制定教学目标时除了字词的理解外，把重点放在课文思想内容的理解上，要求学生抓住重点词语、句子，理解文章所表达的含义，理清作者的思路和写作顺序、表达方式及写作意图，以及学习课文后有什么感悟体会。对比一下，我们不难发现，学段不同，在教学目标制定上差异很大。教师只有注意到这一点，才能使教学主次分明、重点突出。教师这样引领学生，时间长了，其就能感悟到学习的重点项，学习也有了规划。我们必须认真研读课程标准、吃透课程标准，找准三维目标的落脚点，从而厘清上位目标和下位目标的关系，构建纵向目标体系。

　　教学目标也不是一成不变的。教学目标分为：理想的目标、现实的目标、达成的目标。何为理想的目标？即课程标准所制定的目标，包括总体目标与具体目标。现实的目标是教师所理解的并根据现实情况确定的教学目标。达成的目标是学生学习之后取得的实际效果，取决于教师的教学实施和学生的认知水平与情感因素。教师要做的就是努力地缩短理想的目标与达成的目标的差距。在理想的目标与现实的目标之间有一个区间，这个区间是大是小，取决于教师的教学理念、教师的课堂结构、教师的教学方式、教师的教学方法、教学环境、学生的实际表现、信息技术设备等因素。这就要求我们的教学目标的设定不能是"死"的，而应是"活"的，是灵活的。这种灵活来源于教学目标的层次性：

　　初级目标是全体学生必须达成的刚性目标，即学生掌握教材中最基础的知识，具有初步技能，基本完成课堂教学任务。

　　中级目标是中等以上学生达成的能力目标，即学生能较好地掌握基础知识和基本技能，能够独立完成练习，有基本的解决问题策略，对学习有信心。

　　高级目标则是一部分学生能进一步拓宽学习的视野，发展思维，提高能力，从而实现学习能力的提升和情感的激发以及良好道德品质的形成。

　　教学时，要按由低到高、由浅入深、由单一到综合的顺序，安排教师教学和学生活动的层次。这样既保证了教学目标的科学合理，又体现了目标的灵活性。

　　以下是四川省阆中市保宁教育督导责任区部分数学骨干教师经过研究后，制定的三维目标：

案　例

四川省阆中市城东小学杨晓雪制定的"口算乘法"三维目标：

1. 知识与技能

（1）学生理解和掌握多位数乘一位数的口算方法，能够正确地进行口算。

（2）学生进一步形成计算能力、迁移类推的能力和归纳概括的能力。

2. 过程与方法

学生通过了解多位数乘一位数的口算方法的形成过程，体验计算方法的多样性。

3. 情感态度与价值观

（1）学生感受数学与生活的密切关系，进一步激发学习兴趣。

（2）学生初步建立时间观念，养成珍惜时间、合理安排时间的好习惯。

四川省阆中市滕王阁小学张存高制定的"口算除法"三维目标：

1. 知识与技能

（1）学生在理解的基础上，掌握用整十数除商是一位数的口算、估算方法。

（2）学生形成类推迁移的能力和抽象概括的能力。

2. 过程与方法

（1）学生在具体探索过程中，了解并掌握用整十数除商是一位数的口算、估算方法。

（2）学生在探索学习过程中，通过观察，发现规律，发展思维。

3. 情感态度与价值观

学生在数学活动中获得成功的体验，进一步增强对数学学习的兴趣和信心，初步形成探究问题的意识和习惯。

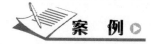

四川省阆中师范附属实验小学何国锋制定的"分数除以整数"三维目标：

1. 知识与技能

学生涂一涂、画一画、算一算等活动中理解分数除以整数的实际意义；探索分数除以整数的几种计算方法，能优化并选择合适的方法正确地进行计算。

2. 过程与方法

学生结合具体的问题情境，经历分数除法计算方法的探究、推导过程，运用转化的思想领会计算方法的由来。

3. 情感态度与价值观

学生在数学学习过程中体验算法多样化、个性化的数学课程改革精神，形成灵活、合理选择算法的能力。

四川省阆中市实验小学宋毓制定的"有余数的除法"三维目标：

1. 知识与技能

（1）学生通过参加分草莓活动，初步理解余数及有余数除法的意义，并用除法算式表示出来。

（2）学生通过摆正方形，巩固有余数除法中各部分的含义相关知识，并通过观察、比较探索余数和除数的关系，理解余数比除数小的道理。

2. 过程与方法

学生通过操作、观察、小组交流等活动体会数学知识的产生、形成与发展的过程。

3. 情感态度与价值观

学生在学习的过程中激发学习兴趣，感受数学与生活的密切联系，形成合作意识及主动探索的精神。

案 例

四川省阆中市城北小学蒲丽君制定的"植树问题——两端要栽"三维目标：

1. 知识与技能

学生掌握植树棵数和间隔数之间的关系，尝试应用植树问题的模型解决一些相关的实际问题。

2. 过程与方法

学生经历将实际问题抽象为植树问题模型的过程，在探究的过程中形成数学应用意识和解决实际问题的能力。

3. 情感态度与价值观

学生感受数学与生活的密切联系，体验数学思想方法在解决问题中的应用，感悟构建数学模型是解决实际问题的重要方法之一。

案 例

四川省阆中市民族小学罗芳制定的"四边形的认识"三维目标：

1. 知识与技能

（1）学生直观感知四边形，能从多种图形中辨认出四边形。

（2）学生通过摸、画、拼、数等的活动，建立四边形的空间观念，形成观察比较、抽象概括的能力。

2. 过程与方法

学生经历四边形的抽象过程，体验抽象概括的思维方法。

3. 情感态度与价值观

学生感受数学与生活的联系以及数学知识的内在美，陶冶热爱数学的情操。

案　例

四川省阆中市多维外国语学校孔令晶制定的"数学广角——集合"三维目标：

1. 知识与技能

（1）学生适度亲历集合思想方法的形成过程，初步理解集合知识的意义。

（2）学生借助直观图理解集合图中每一部分的含义，通过语言描述和对计算方法的掌握，能解决简单的重复问题。

2. 过程与方法

学生通过观察、操作、实验、交流、猜测等活动，在合作学习中感知集合图形成过程，体会集合图的优点，能直观看出重复部分，解决生活中的问题。

3. 情感态度与价值观

学生体验个体与小组合作探究相结合的学习过程，养成勤动脑、乐思考、巧运用的学习习惯，同时在这个过程中感受数学与生活的密切联系，体会数学的价值。

案　例

四川省阆中市保宁中学王凤鸣制定的"公式法因式分解（一）"三维目标：

1. 知识与技能

（1）学生能说出平方差公式的特点。

（2）学生能较熟练地应用平方差公式分解因式。

2. 过程与方法

（1）学生在运用平方差公式进行因式分解的同时形成观察、比较、判断能力和运算能力，在用不同方法分解因式的过程中，提高综合运用知识的能力。

（2）学生进一步体验"整体"思想，形成"换元"意识。

3. 情感态度与价值观

学生形成观察、联想的能力，进一步养成耐心细致的品质。

总之，目标多维翔实并不代表课堂就能精致高效。教学目标只有集精准、简明、实用、灵活为一体，化繁为简，返璞归真，才能真正体现其自身的价值，为教学所用。

（二）认真钻研教材，找准联系点

如果说认真研读课程标准、吃透课程标准的目的是找准三维目标的落脚点，厘清上位目标和下位目标间的关系，构建纵向目标体系的话，那么，认真钻研教材的目的就是找准三维目标的联系点，厘清同位目标间的关系，构建横向目标体系。

通过研读课程标准，厘清上位目标和下位目标的关系，就是厘清不同层级教学目标的关系。上位目标决定下位目标，在确定教学目标时，教师必须清楚它的上位目标，才能明确下位目标的基本定位，所以，必须自上而下确立不同层级的教学目标。而厘清同位目标间的关系，就是厘清同一层次教学目标间的关系。教材是依据其内在关系整合的系统整体，教材的每一个层面在横向上都存在相互依存、密不可分的关系，厘清同位目标间的关系，构建横向目标体系是制定科学合理的立体教学目标的另一个十分重要的方面，认真钻研教材是这项工作的路径。

第一，把握同一层级的不同单元（章节）的教学目标之间的关系。首先，要通览所授学科学段（学期）教材，明确学段（学期）教材教学目标间的关系。例如，通过对七至九年级《思想品德》教材进行通读和研究，就会明确教材以生活主题为模块的编写方式，编写者统筹设计教材结构，把心理、道德、法律、国情等方面的内容整合为有机整体，对学生进行心理、道德、法律、国情等教育，有效地促进学生的发展。这样，教师就能胸怀全局、收放自如地投入到教学中。其次，研读同一层次不同单元（章节）教材内容，明确单元（章节）教学目标间的关系。例如，八年级《思想品德》（上册）第四单元包括第七至第十课。第七课教育学生懂礼貌、讲礼仪；第八课教育学生能竞争、善合作；第九课教育学生能宽容、懂尊重、讲平等、善体谅；第十课教育学生为人诚实守信。这四课共同引导学生探索交往的品德和艺术，形成了一个有机整体。最后，教师应对不同课时的教材内容认真钻研，明确课时目标间的关系。例如，八年级《思想品德》（上册）第十课包括两框（两课时），第一课时引导学生体会、感受和理解诚信的重要性，第二课时引导学生探究怎样才能做一个诚信的人。第一课时是第二课时的前提和基础，第二课时是第一课时的升华和归宿。明确了这些，教师在教学中就会成竹在胸，有的放矢。

第二，把握同一层次的不同单元（章节）的三维教学目标。新课改以促进学生发展、全面提高学生素质为宗旨，确立了知识与技能、过程与方法、情感态度与价值观三位一体的三维教学目标。三维教学目标就像立体图形必须由三维坐标来确定、描述和探索一样，它符合人的全面发展的要求，它的确立也是新课改和高效课堂教学的一个突出特点。这一层级的教学目标是课程标准的下位目标，教师要深钻细研教材，深层次挖掘每一课时三维教学目标，明确知识与技能目标是什么，过程与方法目标是什么，情感态度与价值观目标是什么，它们之间是以什么为载体而整合成了统一整体，并且要从具体内容、学生与情境等出发，既重视知识目标，又重视能力目标，以及情感态度与价值观目标。如此可做到主次得当，使各目标各得其所，达到理想的整合状态。但是也不能完全机械地、教条地照搬上位目标的格式。

案 例

四川省阆中市实验小学教科室主任、南充市骨干教师刘敏执教"清晨，谁在为我们忙碌"的三维目标设计。

对学生进行劳动教育的相关内容，在各年级的"品德与生活、品德与社会和初中的思想品德课中均有涉及，教科版三年级下册第四单元《谢谢你，家乡的劳动者》安排了4个活动主题，"清晨，谁在为我们忙碌"是第一个活动主题，包含了3个课时："走在上学路上""看不见的手""小棉袄找妈妈"等。"清晨，谁在为我们忙碌"教材内容以清晨为切入点，引出不同的劳动场面，让学生观察身边不同劳动者的辛勤劳动，感受劳动给人们的生活带来的方便以及劳动者的辛苦。教材设计了一幅完整的背景图，图中呈现出了学生观察到的所有的"点"，涉及与学生生活息息相关的一些行业。这些"点"的设计，为师生提供了一个很好的"引子"。刘敏老师以学生为主体，以学生发展为主旨，创新性地设计三维目标，紧密对接核心素养，组织开展教学活动，取得了实效。在四川省思品课竞赛中，荣获二等奖。

三维目标：

1. 学生在教师创设的生活情境中，感受家乡、社区的劳动者为我们付出的辛勤劳动，知道我们美好的生活源于他们的辛勤劳动，进而尊重劳动者。

2. 学生认真观察，并随时收集周边信息，能清楚明白地讲述自己的所见、所闻、所感。

3. 学生了解与自己的生活息息相关的产品的生产、销售等过程，知道任何物品都是来之不易的，懂得珍惜劳动成果。

【点评】执教者制定的三维目标，符合《品德与社会课程标准（2011版）》指出的课程性质"品德与社会课程是在小学中高年级开设的一门以学生生活为基础、以学生良好品德形成为核心、促进学生社会性发展的综合课程"，充分体现了品德与社会课程的核心素养，即人文素养，一是突出"人"，关心人，关心人现实的生存状态，关心人未来的发展空间；二是突出"文"，即文明和文化，关注人类文明的延续和发展。

第三，把握同一层次的不同单元（章节）的教学重点、难点和关键。在每一单元（章节）的知识中都有一些重要的或主要的内容，这就是教学的重点；也有一些学生难懂、费解和不易掌握的内容，这就是教学的难点；也有学好单元（章节）内容的最佳突破口或起决定性作用的内容，这就是教学的关键。教师必须潜心钻研教材，深入透彻地理解教材的精神实质、内在联系、纵向关系，科学把握教学的重点、难点和关键，使它们相互之间不挤不占、恰到好处。

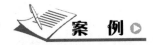

案 例

四川省阆中市滕王阁小学艺体室主任、南充市骨干教师田小娜执教"川剧变脸"的三维目标设计。

教材分析

"川剧变脸"是一节综合、探索类型的课。本课要让学生了解川剧及川剧变脸的基本常识，学习脸谱的设计与制作。知识容量大，教学难度高。

执教者认真钻研教材，提出了以下三维目标：

教学目标

1. 显性内容与目标

（1）应知：学生了解川剧及川剧变脸的基本常识，学习脸谱的设计与制作。

（2）应会：学生体验参与学习和主动学习的快乐，初步掌握脸谱基本的设计、制作方法，并尝试进行变脸游戏。

2. 隐性内容与目标

学生通过积极参与设计制作脸谱、开展变脸游戏活动，形成创新能力、动手操作能力、合作学习能力，激发自己对美术的兴趣和对传统文化的热爱。

教学重点

1. 脸谱基本的设计、制作方法

2. 编创独特的表演方法

教学难点

脸谱的设计。

教学关键

采用故事、游戏、探究、创作、展示活动等方式，激发兴趣、突出重点、突破难点。

学习材料

彩笔、油画棒、彩色纸、剪刀、胶带等。

【点评】执教者钻研出重点、难点，分析出教学关键所在。因此，其在目标指引下开展的导学活动，充分体现了以学生为主体思想，始终贯穿自主合作探究学习方式，效果很好。该堂课荣获阆中市课堂竞赛一等奖、南充市课堂竞赛一等奖、四川省课堂竞赛二等奖。

总之，教师应通过研读课程标准，厘清上位目标和下位目标间的关系，形成纵向目标体系；通过钻研教材，厘清同位目标间的关系，形成横向目标体系。只有构建出纵横交错的网状立体教学目标，才能有效地促进学生的发展，全面提高学生的综合素质，切实有效地实施高效课堂教学。

（三）深入了解学生，找准其需求点

波利亚曾说："教师讲什么不重要，学生想什么比这重要一千倍。"高效课堂强调学生是主体，准确地了解学情，找准学生的需求点，是制定三维目标、实施高效课堂教学的重要前提。

学生是学习的主体，是教师工作的对象。教师的一切教学工作，都是围绕着学生进行的。了解和研究学生，是教师的一项基础性工作。知人，才能善教；善教，须先知人。教师只有全面、深入地了解学生，才能从实际出发确定教学目标，有的放矢地开展教学工作。特级教师薛法根老师提出的"三不教"（学生已经读懂的，不教；学生自己能学懂的，不教；教了也不懂的，暂时不教。）值得我们借鉴。

那么教师应深入了解学生的哪些情况呢？包括：学生学习新知识的条件和基础，是否具备；学生到底掌握了哪些被要求掌握的知识，有多少学生没有掌握。哪些知识学生可以自己学会。哪些知识需要教师引导点拨。哪些内容可以作为亮点出现。学生学习的基本情况，如语文学科，包含学生对语文基础知识的掌握情况、听说读写能力水平及层次、智力发展状况、生活积累和经验、对语文课哪些内容最感兴趣、喜欢怎样的教学方法、课外爱读什么书及已经读过什么书、课外语文活动的情况等，要进行了解。对他们的生理状况也要了解，

主要是了解学生的年龄特征、生理表现、体质状况等生理指标，特别是正处于"青春期""多变期"的学生，他们的性格爱好、习惯等最易受外界影响，他们想尽力表现、完善自己，又处处显得力不从心，所以上课时，他们对老师的提问既不主动举手，又不甘心沉默，大多东张西望，持观望态度，而作为教师，对此必须了解。对心理方面的情况也要了解，应了解学生学习的目的倾向性、情感动机、兴趣爱好等，如初中阶段，学生的语文学习还处于感性阶段，喜欢以个人的好恶进行有选择性的阅读学习，大多对古文表现出反感，喜欢读散文与小说，普遍认为学古文没有意思，更没用处，古文离他们所处的时代太遥远，他们宁可读网络小说，也不阅读《西游记》《水浒传》《红楼梦》《三国演义》，以致会出现学生的作文教师看不懂的情况。因此，教师必须要了解学生的需求。教师只有对学生有了相当准确、深刻的了解，才能制定出切实可行的目标，从而真正实现因材施教、因人而异、因生而变、因生施策。对于数学知识的学习，是一个在旧知识的基础上对信息进行再加工，形成新的知识的过程。学生已有的知识、经验对新知识的学习有着重要的作用。学生在学习新知识时往往会在新旧知识结构的连接处产生困惑，从而影响自己的学习效果。所以，数学课教师也必须深入了解学生，找准其核心需求点，制定切实的教学目标，并开展切合实际的导学活动。近年来，随着教学改革的不断深入，学生的英语水平亟待提高，根据笔者对区域内学校班级进行随机问卷调查的结果来看，60％左右的学生的对英语缺乏兴趣；80％左右的学生英语属中下等水平，英语基础相对薄弱；85％左右的学生认为自己拼读和记忆单词能力较差。这些不利因素给教学带来诸多困难。面对新时代出现的新问题，作为英语教师也必须认真深入了解学生、读懂学生、研究学生，找准学生核心需求点，研究制定合乎实际的教学目标，开展有效的导学活动。

可以说，所有学科的教学，都必须先深入了解学生、研究学生、掌握学生、钻研学生的需求，然后制定出可行教学目标，并组织开展高效的导学活动。了解学生的方法有哪些呢？主要可采取作业、测试、问卷调查或个别谈话等方式，这是很好的教学经验。了解学生的方式方法很多，也非常灵活。因此，教师要学会多条腿走路，多渠道、多角度、多方面了解学生的情况。以下为三个主要方法：

一是观察法。观察的形式可分为自然状态的观察和特定条件下的观察。应根据观察的内容来确定观察的形式。自然状态下的观察，是一种在自然条件下，随时随地对学生的动作、神态、学习情况等进行有目的地观察。特定条件下的观察，比如文科科目，教师可在课堂上、课外活动中或其他特定场合中对学生进行观察，对于观察获得的第一手资料，应随时记录下来，并将有价值的信息分门别类进行整理，填写记有学生学习情况的观察卡片，以便有针对性地对学生进行学习指导；又如理科科目，教师可通过创设情境，引导学生观察、操作、实验、体验，从而了解学生。

案　例

四川省阆中市城北小学教导主任、阆中市骨干教师赵华北执教"长方形和正方形的面积计算"，引导学生观察、操作、体验，落实三维目标。

1. 激活起点能力：面积单位认识

（1）学生用彩色卡纸制作边长为 1 分米的正方形卡片若干，观察认识 1 平方分米。

（2）学生画边长为 1 厘米的小正方形，观察并用大拇指指甲与之实现重合。

（3）4 个同学用手臂围成边长为 1 米的正方形，让其他同学站在中间，体验 1 平方米的地面最多可以站 13 个小朋友。

2. 步步为营的问题链，逐层落实三维目标

（1）通过使能目标①达成教学目标①：会用 1 平方分米、1 平方厘米去密铺并测量物体表面积大小。

师：今年数学节，同学们观察了大家制作的精美的年历、数独棋。老师提个问题：你们大胆估计一下，这张年历的面积可能是多少？

师：观察并数一数，一共 12 张小正方形，所以这张年历的面积是……

师：年历与数独棋相比较，它们的面积有的大、有的小，凭你们的经验，请大胆猜测，长方形的面积可能与它的什么有关系？

（2）达成使能目标②：能通过操作活动，推导出长方形面积计算公式。

体现教学目标②：在探究过程中，能有条理地探究，并把思考结果表达出来。

师：长方形的面积与它的长与宽有什么关系呢？

师引导观察，形成板书。

师：任意用几个 1 平方分米的正方形拼成不同的长方形，操作、填表。

1）学生以小组为单位操作、汇报。

2）教师启发学生思考。

3）教师引导学生得出：长方形的面积＝长×宽。

（3）达成终点目标：能正确计算长方形面积。

体现教学目标③：每个人在活动中体验成功，增强自信心。

【点评】"使能目标的作用是促进教学目标的最终实现。"赵华北老师充分引导学生观察、操作、体验，并在此基础上，对学生做了充分了解，以"使能目标"为"扶梯"，一步一步地落实预设的"三维目标"：会用1平方分米、1平方厘米去密铺并测量物体表面积大小；在探究过程中，能有条理地探究，并把思考结果表达出来；每个人在活动中体验成功，增强自信心。从这个三维目标可以看出，一是切实落实了学生主体地位，站在学生角度思考；二是实现了与数学核心素养紧密对接，落实了"发展学生数感、符号意识、空间观念等数学能力和数学意识"。

二是提问法。其一，课堂提问。这既是一种教学方法，也是教师了解学生、制定科学合理的教学目标的一条重要途径。有经验的教师，通过课堂提问能够获得学生学习的诸多方面的情况，如学习内容的预习、掌握情况，知识基础，能力状况，智力水平，学习态度，等等。其二，课下交谈提问。这是一种了解学生内心活动的极好方式。它不拘形式，气氛更为轻松融洽，容易缩短师生距离，让学生产生信任感，使其在无拘无束的状态下向教师敞开心扉。教师应有热情、真诚的态度和亲切的语言。教师要尊重学生，把自己摆在与学生平等地位上，消除学生的顾虑；语言诚恳，注意倾听，不指责教训，不随意打断学生的话；讲究自己的仪表、风度，示学生以尽可能亲善的形象，以得到学生更多的信任和尊敬。

 **案　例** ◎

四川省阆中师范附属实验小学副教导主任、南充市骨干教师马艳萍执教"爸爸妈妈，我爱你们"的三维目标设计。

执教者根据班会课特点和相关核心素养要求，由学生对"孩子们，你们知道是谁给予了我们生命？又是谁养育我们长大成人？"问题的回答，充分了解学生各方面基础，拟定出科学合理的三维目标

1. 活动目标：

（1）学生了解父母之爱，体验亲情的无私和伟大，懂得为什么要感恩父母。

（2）学生学会如何理解父母、尊敬父母、体谅关心父母，从现在做起，从点滴做起，以实际行动来回报父母。

2. 相关活动准备：

准备班会相关资料，搜集相关的文章、情景剧、电视纪录片、歌曲、课

件，主持人准备串联词。

【点评】执教者根据学生回答问题的实际情况，结合核心素养、课程标准制定出符合实际的、科学合理的三维教学目标。其在目标指引下开展的导学活动，充分体现了以学生为主体，效果很好。该堂课荣获四川省课堂教学竞赛二等奖。

三是预先了解法。课前，教师可事先了解学生对于即将学习的内容有什么问题。这样，教师就可以在教学设计时把怎样引导学生解决问题考虑进去，使教学目标更具针对性。布置预习，是事先了解学生学习情况的主要方法。学生根据个人的阅读习惯、阅读经验、阅读基础、学习习惯、学习基础来完成预习任务。在这样的阅读、学习过程中，每个人有着各不相同的阅读、学习障碍。教师应让学生把这些问题记录在预习本上，再收起来进行汇总，重新审视教学目标，对教学目标、教学流程进行合理设计、修改，从而找到一个符合大多数学生实际需求、学习策略的导学案。这样做的目的在于，最大程度节约教学时间，提高课堂教学效率，这是高效课堂的要义。

 **案　例** ◎

四川省阆中市保宁中学教师、阆中市骨干教师徐玲在教授《应有格物致知精神》一文时，估计到学生会有不少问题。由于该文写成的年代距今较远，执教者作为年轻教师，也有不少地方不太清楚，但是其事先做好了准备，查阅资料、与同事相互探讨，并以教师之困度学生之困。于是，执教者布置学生事先预习，提出阅读时遇到的问题、障碍。学生提出了许多问题，执教者把学生提出的问题进行归结、梳理，整理出 4 个有代表性的问题，其中同学张提出的"作者所说的格物致知的意义是什么？"同学王提出的"传统的中国教育为什么不强调真正的'格'？"同学刘提出的"《大学》里的格物致知和丁教授讲的格物致知目的一样吗？"等问题，对于执教者深入钻研课文，确立三维目标，进行有针对性的备课，确实大有帮助。执教者在充分摸底、梳理的基础上，拟订出符合实际的三维目标：

1. 学生了解"格物致知"的真正含义及其对于学习科学知识的重要性，从整体上把握文章内容。

2. 学生理解本文从正反两方面运用列事实和讲道理相结合的论证方法。

3. 学生结合自身学习实际，积极争取做一名注重实践、有开拓精神的人。

在合作探究中，围绕 4 个问题开展讨论交流，突出重点，突破难点，达成三维目标。

学生前后座四人一组讨论交流，然后各组选一名代表做总结发言，全班交流。

【点评】执教者的三维目标就是在充分预习的基础上拟定的，符合学情，导学活动的开展有效地实现了目标、对接了核心素养、落实了课程标准，润物无声，功到自然成。

除以上三种方法外，方法还有很多，教师可灵活处理，针对不同学生采取不同的方法，以便收到理想的效果。在了解了学生实际情况后，教师一定要结合学情，甚至可以和学生共同谋划三维目标，从而让教学目标更加接近学生学习实际。例如，在语文课上，教师可以安排整体感知、自主质疑这样的环节，就是要发挥学生的主体地位、主观能动性，让学生质疑，以便筛选出适宜学生的教学目标。另外，教师有意识地结合教学内容，有针对性地解决一两个典型问题，更能提高学生学习效果，使其实现学习目标，提高其学习质量。

明白了目标设计存在的问题，清楚了目标设计的基本策略，我们还要清楚地认识到，素养是教不出来的，靠我讲你听获得的只能是知识，至多形成一些技能而已。如果我们把课程目标锁定在核心素养上，就必须从根本上创新课堂结构、转变教学方式、革新教学手段，从根本上落实教师主导、学生主体、训练主线。

首先，我们要把传统的教学目标转化为师生共同的学习目标。过去的教学目标往往被写在备课本上，甚至只存在于老师心里，有个别老师会把它写在黑板上，但学生并不了然。只有将之转换为学生明白的道理、方便理解的方式、可操作可评估的标准，进而成为得到学生确认、有意愿去挑战的目标，才可能让学生这个学习的主体真正自主学习，因为他清楚了自己要到哪里去，走的每一步是否是对的，以及需要做哪些调整。

其次，在此基础上，我们要把所有有利于教学内容的学习资源全部交给学生。过去，我们总是把一些学生不易获取的"撒手锏"揣到自己的口袋里，不到关键时刻不出手，一旦出手，立马招来学生的赞叹和佩服，让他们知道老师的"厉害"，让他们得出一个结论"离开老师不行"。如今，要摒弃这样的路径依赖并非易事。

再次，我们还要帮助学生高效学习，给学生提供学习工具，这更是一项全新的工作。在特定的学习单元里，我们既不可一味让学生大海里捞针，也不宜让学生一步登天。教师的教学新智慧要体现在如何给学生提供资源线索，如何合理划定探究范围，如何为学习方式、节奏和进度不同的学生搭建不同的攀登阶梯。

最后，要想转变学生的学习方式，必须转变教师的教学方式。这给教师带来的最大挑战是，每个学生的学习变得不同了，学生的学习内容到学习路径、学习进度，由百花齐放变得"不可收拾"。这也恰恰是教师的最大财富。因为，在这样的各不相同的学习过程中，每位学生都充分表达了自己的需求。教师若能在学生的学习过程中，很自然地、快速地了解学生，因材施教，学生的个性成长将迅猛异常。

更让我们欣慰的是，一旦把学习变成学生自己的事，他们之间的沟通、合作、争论、妥协、创新就不可避免，跨学科综合学习、探究性学习、合作学习等方式也层出不穷。从做题到做事，从解题到解决问题，成为每一天学生课堂学习的常态，与核心素养有机对接的三维目标就会落地生根、水到渠成。

第三节 课堂结构的创新：高效课堂的关键之一

所谓教学结构，是教师在一定教学思想、教学理念指导下，为完成既定的教学目标，对构成教学的诸要素（教材、学生、教师）设计的比较固定的组合方式及运作流程，是实施教学的途径和一整套方法论体系。课堂教学结构设计不是将这些要素简单和孤立地叠加，而是要对每一要素进行功能分配，规划由哪个要素实施哪些教学活动，同时还要对各要素之间彼此配合、相互联系、相互作用的结构功能进行整体设计。因此，它是依照一定的教学思想和教学理念来组织教学活动的一体化设计过程。可见，教学结构有两大主要特点，一是整体性或整合性。这体现在对各种教学要素的整合上，其中最重要的是对教材的知识结构与学生的认知结构的整合。教材的知识结构具有隐蔽性，它往往以潜在的形式存在于教材内容中，需要教师通过研究、挖掘、开发和整理，才能使之系统化、结构化；学生的认知结构具有多样性，由于每个学生的生活环境、活动范围、认知风格、认知水平、认知方式各不相同，对同一事物的认识和感受也不会完全相同，这就使得学生的认知结构具有多样性。课堂教学结构是实现教材的知识结构向学生的认知结构转化的中介、桥梁和纽带。当教材的知识结构不适合学生的认知水平时，教师就要用一定的课堂教学结构对教材的知识结构进行改造，使之成为适合学生认知水平的范式；当学生的认知结构不能契合教材的知识结构时，教师就要不断优化课堂教学结构，不断调适学生的认知结构，使其更为有效地契合教材的知识结构。二是动态性。课堂教学结构是一个动态的开放系统，随着教学要素的变化，它也随之不断地调整、充实、发展和创新。

可以看出，一旦学生认知结构、教材知识结构和课堂教学结构形成内在的协调统一、和谐一致的关系，就能促使课堂高效。

通过广泛调研，我们发现：有不少课堂教学结构设计不合理，究其原因有两个方面。一是教师不按照学生认知结构的建构过程、身心发展规律设计，导致教学不到位，教材的知识结构和学生的认知结构变成了互不联系的两种结构，难以实现教材知识结构向学生认知结构的转化，从而造成课堂教学结构与教材的知识结构、学生的认知结构相互间关系严重失调。二是缺乏设计技术。一些年轻教师不熟悉教学结构的设计原理和方法，在教学中要么千篇一律地照本宣科，把教材的知识结构硬灌给学生，要么机械地、教条地照搬其他教师的课堂教学结构，这势必造成课堂教学结构与教材的知识结构、学生的认知结构之间的不协调。在这种情况下，课堂教学结构实际上失去了协调教材知识结构与学生认知结构的作用，教师只是教材知识结构简单的转述者和知识信息的传递者，而不是学生认知结构建构的促进者、引领者。

基于以上认识，笔者所在责任区经过实践与探索，坚持"先学后导、顺学而导"课堂教学结构。这一结构，是一种实践的结晶与升华，它融静态名词性词组"高效的教学"和动态动词性词组"高效地教学"于一体，是既追求教学目标达成又注重教学过程高效的一种双向互动的教学要求。经过实践证明，这一结构是成功的。

一、"想学"是"先学"的灵魂

"先学后导、顺学而导"的基础是先学。所谓"先学"，就是开始上课时，教师或用多媒体课件展示，或用小黑板展示，或口头述说，简要、准确地提示教学目标，激发学生的学习动机；之后，提出明确的自学要求，包括自学什么内容、用多长时间、如何检测等，并指导学生自主学习的方法。

"先学"，不是让学生泛泛地、单纯地看书，而是让其在教师指导下自主学习，必须落实"'想'比'会'更重要"的对学生学习评价的观念，即认识到学生只有失误而没有错误，让他们养成想思考、想说话、想学习的习惯比追求让他们会思考、会说话、会学习的结果更重要。"想"是"会"的前提、基础和保持兴趣的驱动力，没有"想"，"会"就无从谈起，即使一时间"会"了，那也是短时间内迫于教师压力的"会"，这种"会"是不能持久的，兴许隔夜就烟消云散了。只有让学生真正地"想"，其兴趣得到了充分激发，就会显现出学习的好习惯、韧劲和克服困难的耐性，"会"就水到渠成、功到自然成了。

在"想"的基础上,教师应提出学习目标,明确自学要求。教师完成学前指导后,让学生带着思考题在规定时间内自主学习相关的内容,并完成检测性练习。每节课,教师要保证学生有10~15分钟的自学时间。

 案 例

四川省阆中市民族小学教师、阆中市小学英语学科专家组成员刘蕾,执教"Foreign Language Teaching and Research Press Module 5 Decisions Unit 1: It's big and light"一课,其对"先学"部分是这样处理的:

T:Hi, boys and girls, nice to meet you!

Ss:……

T:First, Let's have fun! (PPT展示图片,播放音乐)

Yo, yo, check it out, everybody listen now, I say boys, you say cool.

Boys-cool, boys-cool, boys, boys, boys-cool!

Hey hey, come on girls, I say girls, you say nice.

Girls-nice, girls-nice, girls girls girls-nice!

Yo yo, everybody~I say class, you say yeath.

Class-yeath, class-yeath, class, class, yeath yeath yeath.

T:You did a very good job, now I'll introduce some stars. (PPT展示"跑男"图片)

T:Do you like them?

Ss:……

T:so today we are running man, so you are team 1. (翻开黑板上的跑男照片分组)

T:let's look at our task, our target is……our slogan is:we are family. (与生一起)

T:Now let's look at our old friends.

【点评】在导学新知识前,执教者设计出两个小小的互动环节,激起学生"想学"的欲望:rap节奏感强,适合学生好动的个性,用rap热身,使学生活力十足,对这节课充满了好奇;用很火的娱乐节目"跑男"来分组,让学生更加热爱课堂、积极性更高,再加上使用跑男口号,充分调动了所有学生的积极性。该节课荣获南充市英语课堂教学竞赛一等奖。

教师和学生一起准备课本、问题导读单、导学案、问题训练单、字词典、

相关材料、现代教育技术设备等。学生利用这些材料进行自学、自练和自评作业。自学的方式多种多样、灵活多变，比如看例题、读课文、看注释、做实验、发现疑难做记号、做与例题类似的习题等。

在学生自主学习时，教师通过巡回辅导、个别询问，特别是抽读、板演、练习等形式进行调查，最大限度地了解学生自主学习中的疑难问题，对带有倾向性的问题进行分析，为"后导"做好准备。在学生自学时，教师应巡视、询问，发现问题要记下来，但不能讲话，不能干扰学生的自主学习。"课堂应是向未知方向挺进的旅程，随时都可能发现意外的通道和美丽的风景，并不是一切都必须遵循固定线路而没有激情的行程。"正如叶澜教授所言，课堂上会有很多预设外的情况，教师若能敏锐地发现问题的价值，不拘泥于预设并能智慧地处理好预设与新情况的关系，多层次、全方位、多角度地与学生、文本互动对话，抓住新情况，顺势而导，课堂定会焕发灵动的光彩。

案 例

"蹲下身子"，顺学而导：尊重儿童文化，激活言语思维

四川省阆中市城北小学语文教师、阆中市小学语文学科专家组成员苟欣执教"阳光"一课，在教授"阳光是大家的，谁也捉不住阳光"一段时，她感慨地说："是啊，阳光是公正无私的，它给予每个人一样的温暖，谁也无法捉住它，占为己有。"话音刚落，黄钇滔嘀咕了一句："我可以捉住阳光。"执教者不以为然，以为这小家伙又想哗众取宠，便不理他。"我可以捉住阳光。"同样的声音再次从教室角落传来。老师转身瞅了他一眼，他正专心致志，若有所思。"黄钇滔，你来说说怎样捉住阳光。"老师故意着重强调了"捉住"。"老师，我爷爷家有一个太阳能热水器，利用它，可以捉住阳光。"教室里爆发出一阵笑声。"我家还有太阳能蓄电池呢，也可以捉住阳光。""我乡下奶奶家有太阳灶，可以捉住阳光来做饭。"……孩子们七嘴八舌。是啊，这就是儿童文化，只有儿童独有的思维才能迸发出这样奇妙的句子，何不让他们美美地创作一番？"对，你们说得很有道理，我们来把课文修改一下，好吗？"孩子们兴致高涨。"你们刚才说的都是科学家发明的工具，因此我们把课文改为'科学家能捉住阳光，阳光是科学家的'。""妈妈晒被子时捉住阳光，阳光是妈妈的。""我在阳台上晒得暖烘烘的，我捉住了阳光，阳光是我的。""小苗在阳光下长高了，小苗捉住了阳光，阳光是小苗的。""小花狗在阳光下把淋湿的毛发晒干

了，小花狗捉住了阳光，阳光是小花狗的。"……孩子们在愉悦的言说中领会了阳光的宝贵、伟大，苟欣老师也为他们的灵动所折服了。

【点评】教师的教育和教学引导，抛开技术层面内容，最核心的就是摒弃成人的固有思维，以儿童的视角来看世界，正视儿童所提出的具有个性生命价值的问题。为此，苟欣老师开发学生思维资源，用学生的眼光来审视教学内容，设身处地地想学生所想、疑学生所疑，适当地"蹲下身来看学生"，变传统的"加法思维"为"减法思维"，更好地优化了教学内容。在课堂上，教师以学定教、顺学而导，尊重儿童文化，发现亮点，及时对之关注和引导，并予以放大，让所有孩子结合自身对生活独有的体验，个性化表达自己的理解。同时，教师还及时对其观点进行梳理并加以提炼，让学生的智慧得以开发，情感得以碰撞，视界得以敞亮，也更好地提升了思维品质的发展。

二、合作是"导"的内核

"先学"完成之后，就进入"后导"环节。所谓"后导"，就是教师针对学生自主学习中暴露出来的问题及做练习中出现的失误，引导学生讨论、解决疑难问题；引导学生通过习题强化训练，运用已有知识解决实际问题，深化理解其所学知识。教师只做评定、补充和更正；学生当堂独立完成相关作业。师生互动，共同提高。使课堂教学的过程转变为学生自学、探索、实践的过程，教师只起解惑、释疑的作用。

"先学后导"中的"导"字，不是老师一味地教、不厌其烦地讲，而是老师针对学生所读课文、所答问题、所做习题做出评判，对个别读得不好的、答得不对的、不会做的再行指导。如语文课上，让学生自读课文，自己分析课文；数学课上，让学生自学例题，自己做习题；理化课上，让学生一边看书，一边做实验，不需要教师过多讲解和演示。

常言"告诉我，我会忘记，给我看，我会记住。让我参与，我会理解"，这很有道理。因此，"后导"也不是教师漫无目的地导，而是在学生充分自学后，教师有目的地导，形成师生、生生之间互动学习的课堂氛围。其具体环节为：在学生自学过程中，教师通过巡视，准确掌握学生自学情况。自学结束后，教师发动学生分组合作讨论、质疑、交流，自行解决自学过程中暴露出的问题。要做到让学生该合作才合作，坚决摈弃流于形式、只图表面热闹、毫无实质意义的合作。通过有意义的合作，达到从"兵教兵""兵练兵""兵带兵"最终走向"兵教官""官教兵"的目的，实现真正意义上的教学相长、互学互长。同时教师应引导学生进行课堂练习，可以将习题分为必做题、选做题和思考题，着重让学生通过做一定量的练习题，培养自己应用所学知识解决实际问题的能力，把刚学到的知识转化为能力，从而也强化了自己对所学重难点的理解和掌握。这一环节时间一般不少于15分钟。

课堂教学中，教师的"导"和学生的"学"都处于发展变化之中，教师应密切关注学生的反馈，做到"顺学而导"，通过观察、提问、讨论、练习等，收集教学反馈信息，特别是课堂生成的意外之处，可能会是精彩之处。一旦发现学生的认知结构与教材的知识结构不协调，教师应该及时调整自己的"导"，以适应学生的"学"，这是优化课堂教学结构的重要一环。

案 例

关注"意外发现"，顺学而导：挖掘学习潜力

四川省阆中市城北小学语文教师、阆中市小学语文学科专家组成员苟欣执教三年级上册古诗《夜书所见》（萧萧梧叶送寒声，江上秋风动客情。知有儿童挑促织，夜深篱落一灯明），执教者让学生自主学习后分享自己的学习成果。

师：谁来说说自己理解了哪句诗？

生：老师，我觉得这首诗的后两句应该调换一下位置，"夜深篱落一灯明，知有儿童挑促织"。

师：为什么呀？

生：因为这句诗的大意是："诗人看到了篱笆下的灯火，才知道有儿童在那儿捉蟋蟀。"

师：你真是个爱思考的孩子，你给同学们提出了一个很有价值的问题。谁知道为什么作者要写成"知有儿童挑促织，夜深篱落一灯明"呢？

（学生沉默）

师：孩子们好好读读这首诗，再读读调整顺序后的诗，看看有什么发现？

（学生读）

生：原来的诗很顺口。

师：是啊，为什么感觉顺口呢？请孩子们认真观察每句诗最后一个字的音节的韵母，你会发现什么？

生：第二、等四句诗的最后一个字的韵母都是"ing"。

师：你真会观察！诗歌很讲究"押韵"，就是把同韵母的字有规律地放在诗句的句尾，单句可以不押韵，双句一定要押韵。这首诗的韵脚就是"ing"。

所以作者调换了诗句顺序，这样读起来顺口又悦耳，有谐和之美。孩子们，让我们一起读读，体会体会。

（学生读）

师：孩子们，其实很多作者为了让诗读起来朗朗上口，都会调整句子顺序或词语顺序，但是我们在理解诗意的时候应调整过来。课下，大家去搜集这样的古诗，我们再交流、体会。

第二天课上，好多孩子把搜集到的古诗进行分享，如《游园不值》中的"应怜屐齿印苍苔，小扣柴扉久不开"，作者是因为"小扣柴扉久不开"才猜度"应怜屐齿印苍苔"；《春晓》韵脚为"ao"，所以作者把"处处闻鸟啼"调整为"处处闻啼鸟"；《登鹳雀楼》中"欲穷千里目"是对"目欲穷千里"的调整等。这样，学生对古诗的学习兴趣也有了提高。

【点评】"顺学而导"，捕捉"亮点"，激活学生思维，耐心地等待学生自主的探寻，才会有意外的收获。教授这首诗时，执教者本没有设计有关古诗"押韵"的教学内容，但课堂上学生的质疑却让她有了"无心插柳"的教学资源，便顺势引导，使学生对古诗的语言风格有了初步认识。在交流互动、动态生成的教学过程中，学生获得的信息大多处于原初状态，零星又模糊，这就需要教师善于捕捉一些预料之外的、稍纵即逝的信息，并巧妙点拨，使学生的心灵始终处于探究状态。

三、因果关系是"先学后导、顺学而导"的内在关系

课堂教学结构是指一堂课的各基本组成部分间的相互联系与相互作用，以及安排的顺序与时间分配等。构成课堂教学结构的基本要素是教师、学生、教学信息、教学媒体等。在构成课堂教学结构的过程中，各个要素的基本功能表现为：教学信息是教学内容及相关要求的反映；教学媒体是教学信息的载体和学习的工具；教师既是教学过程的设计师，也是学习过程的指导者；学生是学习活动的主人。因此，要真正理解"先学后导、顺学而导"，就必须弄清"导"和"学"两者之间的关系。

首先，"先学"是"后导"的原因、基础和前提。学生通过自学完成阅读和对基础知识、基本技能的学习。如语文课的初读、细读、品读，生字词读写记，体会语法修辞等；数学课的读懂教材，理解线式、图式、格式表达的意思等，都是让学生亲身感悟知识的产生和发展过程。同时，在学生自主学习文本的基础上，由教师指导其参阅与文本内容有关联的课外读物、材料，使其了解社会、历史背景，以便更好地学习教材，从而掌握基本知识，初步发展基本能

力，并发现问题、提出质疑。这样，学生在自学的过程中不仅学会了知识，更重要的是学会了学习，其"学习力"得到了很大程度的提升，具备了"可持续发展"的条件和能力。

案 例

四川省阆中市博树回族乡中心学校副校长、阆中市骨干教师蒲洪波执教"实施可持续发展战略"一课中的"可持续发展"内容，引导学生先自学教材87页，并思考：

1. 什么是可持续发展？

2. 为什么要实施可持续发展战略？

3. 怎样实施可持续发展？

在此基础上，合作总结，展示成果，深化拓展。

【点评】学生先学，其实质就是以学生为主体，引导学生自觉主动学习，为进一步深入探究奠定基础。如此，"了解我国严峻的资源现状，实施保护环境的基本国策和可持续发展战略，努力建设资源节约型、环境友好型社会，推动生态文明建设"的目标便自然而然地渗透入学生的思想。

其次，"后导"是对"先学"的巩固、发展和提高。其是学生自学环节的延续和深化，是实现课堂良好效果的保证。在自学的基础上，师生之间、生生之间都应进行良好的互动学习。教师对学生解决不了的问题，可做出通俗有效的解释，对学生疑惑困难处，教师要加以点拨，甚至激情引导，以加深学生对知识的理解；学生则通过相关的习题训练，运用所学过的知识解决实际问题，强化了自己对课堂重点、难点的理解和掌握，发展自己分析问题和解决问题的能力。

案 例

四川省阆中师范附属实验小学教师、阆中市小学数学学科专家组成员杨小雷在教授"红花5朵，黄花比红花多3朵，黄花有多少朵？"这道例题时，他是这样做的：先让学生根据题意在第一行摆5朵红花（用三角形或者圆片等学具代替），然后引导学生发现问题："第二行的黄花怎么摆？"学生操作后再交流："先摆出和红花一样多的黄花5朵，再摆出比红花多出的3朵。"这样，使学生通过手摆、眼看的方式，在操作中看出黄花要多些。接着，执教者再顺势引导学生叙述:"黄花要多些,黄花可以分成两部分,一部分是和红花一样多的 5 朵,另一部分是比红花多的 3 朵。求黄花多少朵,就是求这两部分的和。"

【点评】这样执教者"顺学而导",学生的动作思维转化为具体的形象思维,最后再引导其表述此题的思考过程,总结、归纳、理解这类题的方法,将具体形象思维转化为抽象逻辑思维。学具的使用促进了学生的思维能力的发展。

四、自主合作探究是"先学后导、顺学而导"教学的关键

在不同教学思想、教学理念的指导下构建的课堂结构的形式是不同的。如 20 世纪 90 年代以前,以行为主义的学习理论和教学理论为基础,以教为中心的教学结构是教学中的主要模式;20 世纪 90 年代以后,以建构主义的学习理论和教学理论为基础,以学为中心的教学结构是教学中的主要模式,这反映出教育民主化的趋势。这说明教育思想、教育观念的转变会导致教学结构的深刻变革,从而引起教学过程的根本改变。因此,教学结构设计的根本任务就是建构一种学生主体作用被充分体现、教师主导作用得以充分发挥、现代教育技术的功能优势被充分利用、教学内容被完整学习和准确把握的新型教学范式。"先学后导、顺学而导"的课堂教学结构范式就是新型的教学范式,是值得推广的成果。

前文已经解析了"先学后导、顺学而导"的内涵,也明确了"先学"和"后导"的关系。这里再解析"先学后导"教学。所谓"先学后导、顺学而导"是指在教学过程中先通过学生带着问题自学文本、当堂抽读或做检测性练习发现问题、提出疑问,再通过教师的引导、点拨,促进学生解决问题,从而巩固其所学知识,发展其能力的课堂教学范式,关键在于引导学生自主、合作、探究学习。

提倡自主学习,并不是放任自流、不管不问的放羊式教学。我们认为,课堂教学的全过程,离不开教师的引导点拨。学生的自学离不开教师的"导",学生的解决问题离不开"导",学生的巩固提高离不开"导"。教师应从"一线"退到"二线",从教学权威位置退到师生平等地位中的首席,由演员升格为导演,为学生自学、思考、讨论、答疑当好"参谋"、搞好策划,创造条件尽可能地让学生"有为",而自己显性上变得"无为"。这种"无为"不是放羊式的"慵懒无为",恰好相反,应是激情引入、相机点拨,这实质上是教师在课堂上的"敢于担当、敢于作为、履职尽责",让学生由被动的接受变为主动的建构,真正成为课堂学习的主人。

 **案 例**

四川省阆中市文成镇中心学校副校长、南充市骨干教师蒲正仁执教"'蒸汽时代'的来临"一课，让学生阅读教材 89 至 90 页，自主学习。教师巡视、指导并提出要求：阅读内容包括小字部分、插图，画出重点内容，同桌之间可以讨论，并思考、归纳：

1. 工业革命中的重要发明创造

（1）系列纺织机械的发明（珍妮纺纱机）。

（教师指导学生看书，了解一系列纺织机械的发明情况，并理解纺纱与织布是如何相互促进的。）

（2）改良蒸汽机的成功研制（瓦特）。

（教师强调瓦特改良蒸汽机的意义，改良蒸汽机是动力之源；改良蒸汽机的广泛应用极大地促进了大工厂生产的发展，从此，人类进入了"蒸汽时代"。）

（3）火车和轮船的发明。

（教师指导学生看书，举出火车、轮船的发明者和第一辆火车的名称，理解蒸汽机的发明与火车、轮船的发明之间的联系，了解火车、轮船发明的重大意义。）

2. 工业革命的完成

（教师引导学生学习工业革命完成的时间，理解工业革命完成的标志。）

3. 工业革命的影响

（学生观看 PPT 图片、视频，感受大机器生产的场景、速度与效益，感受人们生产、出行等的巨大变化。）

（教师引导学生主要从三方面总结、理解工业革命的重大影响。）

【点评】执教者设计自主学习，坚持以学生为主体、训练活动为主线，这期间，其不停地引导、指导、强调、巡视、辅导，使学生学得积极投入。

"导"有讲究，奥妙无穷，关键在于调动、培养学生合作探究学习能力和习惯，打破课堂的沉寂，使课堂充满活力，始终有着阳光积极欢快的气氛。学生会的不导，对于学生不会的，尽量让学生自行合作探究解决；教师少讲精讲，只作点拨性的引导。教师绝不能就题论题，或只给出答案，而应寻找规律，真正让学生知其然且知其所以然。具体方法方面，可让已掌握知识的学生先讲，如果学生讲对了，教师肯定，不再重复；若其讲得不完整，达不到要求，则教师补充；若其讲错了，教师则更正。

 案　例 ◗

"体态律动、场景再现"使教师的"导"熠熠生辉

四川省阆中师范附属实验小学音乐教师、阆中市艺体学科教学专家组成员王小菊在音乐教学实践中发现，音乐欣赏课沉闷、凝重，缺乏热情和活力。针对这一情况，王老师在音乐欣赏课中大胆地加上"体态律动、场景再现"这一项，使得课堂气氛更加浓郁、活跃、生动，让音乐作品在学生心中开花结果。如上欣赏课"扬鞭催马运粮忙"时，在学生聆听结束后，她又引导学生将身体作为一种"乐器"，以小组为单位随着音乐自由大胆地表现自己；让他们分组讨论、各自扮演取得大丰收的农民，去展示送粮的 3 个不同的场景。学生热情高涨，通过走、跳、跑、唱、吆喝、推车、挑担子等动作表现他们所听到的音乐，一幅描绘丰收以后的农民驾着满载粮食的大车喜气洋洋地向国家交公粮的画面被展现得淋漓尽致。

【点评】执教者以有趣的"导"法，激发了学生学习音乐的兴趣，最大限度地发展了学生的创造力和想象力，充分调动了学生感受音乐的能动性，使执教者的音乐课堂华丽转变为孩子们幸福的乐园。

"导"的奥妙更在于让学生分组展示、提升，使学生相互协作、共同成长。一组展示时，其他同学务必认真聆听，并及时整理听后感，达到相互学习、相互促进、相互提高的目的，切忌表面上的热热闹闹，实质上的恹恹欲睡。一是通过小组成员的汇报，让每个学生敢于、乐于、善于把自己的学习心得展示给大家，培养自主学习的自豪感，锻炼个体的自信心，进一步奠定自学的自信心，发展个性。二是通过展示，能充分地体现各个小组成员之间的互帮互学情况，体现合作的意义，凝聚团队精神。三是通过小组展示，教师能够快捷、准确地了解学情，从而真正做到以学定教、顺学而导，导得及时、导得精妙、导得出神入化、导得精彩高效。

"导"的主要任务是为学生纠正错误、释疑解惑。

案 例

四川省阆中市博树回族乡中心学校骨干教师何林华执教《老王》一课片段:

师:我有个疑惑,大家讨论讨论:老李怎么知道老王临死一天前去了杨绛家呢?

生1:老王去时,与老李有交流。

生2:老王行动不便,可能是老李送他去的。

生3:老王行动不便,好香油大鸡蛋是托老李买的。

师:老李对老王的帮助,文中哪里有提到?

生4:(读课文)"开始几个月他还能扶病到我家来,以后只好托他同院的老李来代他传话了。"

师:非常好。现在假设你是老王,杨绛一家很关心你,知道自己不久人世,便带了香油和鸡蛋去感谢他们,我扮老李,我们之间模拟一场对话。

(模拟对话)

师:老王啊,您出来啦?

生4:出来啦。

师:您这是去哪?

生4:去给杨先生送香油。

师:老王啊,杨先生家住那么高,您身体这么差,就别去了,我帮您把香油和鸡蛋送去得了,可以吗?

生4:这人世间最让我留恋的,就是他们一家人了。

师:您这么想念他们,我让杨先生来看您就是了。

生4:唉……杨先生一家对我那么好,我该……该做点什么。

师:很好。对话之后,你有什么样的感觉?

生4:老王对杨绛一家十分感激,像亲人一样,想把最好的东西送给他们。

师:送香油、鸡蛋的时候,老王想表达什么?

生4:报恩。

师:报恩需要回报吗?可香油和鸡蛋换来了钱,这像一场交易。在我国北方,有一种叫"辞路"的风俗(PPT显示:辞路),人将死时,就要去自己亲人好友处走动,做最后告别,不能带心结上路。你觉得老王这个心结解开了吗?

生4：没完全解开。

【点评】这是一节富有挑战性的课。挑战性体现在问题的设计上："老李怎么知道老王临死一天前去了杨绛家呢？"文本中没有现成答案，要运用想象力去填补文本留白。困难处在于：今天的学生，生活优裕，对如今十分常见的香油、鸡蛋在当时为什么弥足珍贵这一点难以理解，其生活阅历也导致他们不理解临终者对亲情的依赖。这是时代与生活阅历造成的阅读障碍。教师恰当补充当时物质贫乏、辞路风俗相关知识，对处于困惑状态的学生极具启发意义。教师的引导极为灵活，也非常巧妙，及时地激发学生阅读期待，给学生以获得更高的阅读体验的暗示，让他们挑战自我，将他们带入一种高峰体验之中，从而化解了难题。这节课在片区深化课堂教学改革观摩会上备受好评。

随着教学实践、教育观念、教学理念和教学理论的发展，"先学后导、顺学而导"的课堂教学结构范式会不断得到深化与发展，新的课堂教学结构也会应运而生，这需要教育工作者不断创新，设计和尝试运用新的教学结构范式。成功的教学，应该使教材的知识结构、学生的认知结构与课堂的教学结构三者紧密结合、协调统一、和谐一致、有机融合，应该体现为通过教师设计和构建被优化的课堂教学结构，有效地协调教材的知识结构与学生的认知结构之间的关系，有效地促进教材的知识结构转化为学生的认知结构，达到高效课堂的理想境界。

作为教育工作者，我们有理由坚信，在向高效课堂教学深水区挺进的探索实践中，"先学后导、顺学而导"理念必将孕育更多的智慧型教师，建构更多的智慧型课堂，孵化更多的智慧型学生，真正使课堂教学焕发出生机与活力。广大教师将在这条路上不断探索、不断实践、不断思考、不断完善！

第四节　教学方式的转变：高效课堂的关键之二

正如大家所知的，素养是教不出来的，靠我讲你听获得的只能是知识，至多形成一些技能而已。如果我们要把课程目标锁定在核心素养上，就必须从根本上改变教学方式。

学习方式的转变促成教学方式的转变，这是课程改革和高效课堂的显著特征。笔者认为，改变原有的单纯接受式的学习方式，形成旨在充分调动、发挥学生主体性的新型学习方式，是深化课堂教学改革的核心任务，也是高效课堂教学的时代命题。

49

一、确立新的学习方式，是高效课堂的必然要求

传统的学习方式以被动学习、接受性学习为主要特征，学生丧失了主体性，从而使学习异化为一种外在于学生的控制力量，并导致人的主体性、主动性、能动性都不能得到充分发挥。基础教育课程改革关注学生在学习过程中的主体地位，要求提升学生的创新意识和实践能力，培养学生的合作精神，关注学生的人文底蕴、科学精神、健康生活、责任担当、实践创新等素养。

学习方式是学生的学习行为，也与教师的教学行为有着最为直接和密切的联系，因此，在转变学习方式的同时也要努力转变教师的教学方式。虽说在新课程理念下，学习方式和教学方式已有了明显、广泛而深刻的变化，但从核心理念出发，倡导自主学习、合作学习和探究学习应该是学习方式转变的最为关键的内容和要求。

自主学习、合作学习、探究学习并不是孤立存在的，而是相互联系、相辅相成的，它们与"以学生为主体、教师为主导、训练为主线"也是一脉相承、相得益彰的，都是在核心素养引领下的三维目标的具体实践、操作、内化。合作是在自主学习基础上的合作，没有充分的自学，没有真正的理解，又怎能质疑？没有疑问，探究何以存在？没有探究，就根本不需要合作。在学生合作学习的过程中，教师要主动参与各个小组的合作，这时，教师的角色非常关键，学生的认识虽然肤浅，但是很符合学生的实际情况，教师深奥的观点不一定能被学生接受，所以教师需要站在学生的立场，以学生为主体，把自己置身于学生的合作中，去参与、引领、指导、点拨。这也是教师向学生学习，实现教学相长的过程。另外，参与合作时，教师也能起到"画龙点睛""雪中送炭"的作用。学生在合作时，常常会出现僵局，出现棘手的问题，无法找到突破口，这时，教师主动参与，结合自己的教学经验，可引导学生找到解决问题的办法。

（一）自主学习

《中国学生发展核心素养》指出：要促进学生自主发展，使其能自主学习，具有终身学习的意识和能力等。未来学家也指出：未来社会的"文盲"，并不是指目不识丁的人，而是指那些不善于掌握学习方法、不会自主学习的人。俗话说："授之以鱼，不若授之以渔。"通过调研，我们发现一个不争的现实，那就是教师告诉学生"是什么"，学生会照单全收，但不知其"为什么"；而教师告诉学生"为什么"，学生可以有所领悟，但最重要的从"是什么"到"为什

么""怎样做"的思维过程却被忽略了。坚持让学生自主学习，即使学生自得自悟的能力还不够全面，但这对提高其解决问题的能力有着不可估量的意义。

学习课改理论后，我们知道，自主学习关注学习者的主体性和能动性，是由学生自主而不是受他人支配的学习方式。我国学者余文森指出，自主学习的重要含义就是主动学习。主动性是自主学习的基本品质，它在学生学习活动中表现为"我要学"。"我要学"是学生对学习的一种内在需要。学生学习的内在需要包括以下内容：第一，其表现为学习责任。要明白学习是谁的事儿及谁应当对学生的学习承担责任。中共中央、国务院《关于全面深化新时代教师队伍建设改革的意见》明确指出，"公办中小学教师要切实履行作为国家公职人员的义务，强化国家责任、政治责任、社会责任和教育责任"。这样，前面两个问题的答案很明确，教师当然应该对学生的学习负责。高度负责是一种类似"天下兴亡，匹夫有责"的使命感，是一种主动负责、敢于负责的态度。因此，教师有高度责任心是成为"四有好老师"的首要条件，是教书育人时对学生敢于负责、主动负责的使命感和态度。责任心往往可以弥补教师能力上的差距，也可以通过教师传递给每一位学生。但是，如果学生意识不到学习的责任，不能把学习跟自己的生活、生命、成长、发展有机联系起来，这种学习就不是自主学习。只有当学习的责任真正地从教师身上转移到学生身上，学生自觉地承担起学习的责任时，学生的学习才是一种真正的自主学习。第二，其表现为学习兴趣。学生有了学习兴趣，那么学习活动对他来说就不是一种负担，而是一种享受、一种愉悦的体验。这样，学生会越学越想学、越学越爱学，有兴趣的学习会事半功倍。相反，如果学生对学习不感兴趣，情况就大相径庭了，学生在受逼迫的状态下被动地学习，其学习效果肯定事倍功半。第三，自主学习也是一种元认知监控的学习。自主学习要求学生对为什么学习、能否学习、学习什么、怎样学习等问题有自觉的认识和反应，它突出表现在学生对学习的自我计划、自我调整、自我指导和自我强化上。即在开展学习活动之前，学生能够自己确定学习目标、制订学习计划、选择学习方法、搜集学习资源、做好学习准备；在学习活动中，能够对自己的学习过程、学习状态、学习行为进行自我观察、自我审视、自我调节；在学习活动之后，能够对自己的学习效果进行自我检查、自我小结、自我评价和自我补救。培养学生对学习的自我意识和自我监控，并使其养成习惯，是促进学生自主学习的重要因素。自主学习与由他人支配的学习是对立的，自主学习能够引导、促使学生积极主动地完成学习任务，因此，从由他人支配的学习转变为自主学习是课程改革、构建高效课堂的必然要求。

（二）合作学习

德国有这么一句名言："一个人的努力是加法，一个团队的努力是乘法。"合作学习是指学生以小组为单位进行学习的方式。小组合作学习的主要活动是小组成员进行的合作学习活动，它需要先拟定一个小组学习目标，然后开展学生活动，学习完成后对小组总体表现进行评价。合作学习的展开方式，往往是在自学的基础上进行小组、全班交流。合作学习对学生的学习和认知有积极意义。第一，合作学习能够培养学生的创造意识、合作意识、竞争意识和团队意识。在合作学习过程中，强调小组中每个成员都要积极参与到学习活动中，并且每个成员都带有极大的热情。学习任务由大家共同分担，大家集思广益，各抒己见，人人都尽其所能，这样问题就变得容易被解决了。它为每位学生参与学习提供良好的教学氛围，为发展学生的合作品质、提高学生的综合素质以及终身学习的能力打下坚实的基础。小组合作学习是同学之间互帮互学、彼此交流知识的过程，也是互爱互助、相互沟通感情的过程。它使每一位成员都融入集体中，增强了集体意识。它不仅将学生个体间的学习竞争关系改变为"组内合作""组间竞争"的关系，还将传统教学中的师生之间的单向或双向交流改变为师生之间、生生之间、生机（媒体技术）之间的多向交流，因此学生有了更多的机会发表自己的看法。它为学生提供了一个较为轻松、自由的学习环境，提高了学生的思维能力，而且还使学生的课内学习延伸到课外，使他们在参与学习的活动中得到愉悦的情感体验。这样的学习气氛显得轻松、活泼而又有凝聚力，有利于学生顺利完成学习任务，有利于师生间的有效沟通，有利于学生间的彼此了解，有利于学生相互帮助、相互支持、相互鼓励，从而促成他们亲密融洽的人际关系的建立，进而培养他们的合作能力和团队精神。学生在合作学习中学会合作的方法、技巧，就能学会在学习生活当中相互合作、共同促进，从而营造一个良好的可持续发展的合作氛围，为今后的合作打下坚实的基础。第二，合作学习能够促进学生及时不断反思。学生通过聆听外部的表述及与他人交流而促进自我反思。合作学习过程中的交流与协作，能够让学生清楚地看到各种观念的优越性与不足之处，帮助学生对不同观念进行比较鉴别。第三，合作学习有利于学生之间的交流沟通。学生们背景不同、经历不同，对事物的看法也不一样，即不同的人看到的是事物的不同方面。通过合作学习的方式，可以让学生有更多的机会表达自己的想法，分享彼此的观点。第四，合作学习有利于培养学生的自学能力。合作学习把学生由旁观者变为参与者。它要求那些已经掌握某种知识和技能的学生把知识和技能分享给其他成员。作为讲授者的学生，为了教得更清楚、透彻，必须对所学的材料进行认真的阅读和分析；其他学生也希望在课堂上表现出色，因此他们会做好预习工作。学生的学习积极性提高了，其自学能力自然就提高了。第五，合作学习能够促进教学质量的提高。笔者认为，"聚焦主业、提升质量"的重点必须在课堂，而在课堂教学中采用小组合作学习的方式，形成师生、生生之间的全方位、多层次、多角度的交流范式，可使小组中每个人都有机会发表自己的观点与看法，也乐于倾听他人的意见，使学生感受到学习是一件愉快的事情，这样，可满足学生的心理需要，促进学生智力因素和非智力因素的和谐发展，最终达到学生从想学、愿学、勤学，到要学、爱学、会学、乐学，再到活学、博学，从而有效地提升教学质量。学生互教是合作学习的重要形式，当学生在学习环境中作为讲课者，他就必须透彻理解自己要讲授的知识和技能，所以，要求学生互教就会起到促进深度学习的作用。在互教中，学生必须思考怎样才能获得对自己所教内容的最佳理解，会愈加珍惜上好一堂课所需的劳动和技能，同时，它对提升学生在公共场合的演讲能力也有积极影响。开展互教活动时，学生需要把教学内容以简洁明了、通俗易懂的方式传达给他人，也需要在公共场合站在同龄人面前发言，这与职场中的情形如出一辙。

（三）探究学习

《中国学生发展核心素养》指出：学生要勇于探究，即具有好奇心和想象力；能不畏困难，有坚持不懈的探索精神；能大胆尝试，积极寻求有效的问题解决方法等。学习过程中，除了被动接受知识外，还存在大量的发现与探究等认识活动。新课程改革要求转变学习方式，就是要学生摒弃单一的被动接受式的学习方式，凸显学习过程之中的发现、探究等认识活动，使学习过程更多地成为学生发现问题、提出问题、分析问题、解决问题的过程，倡导探究学习方式。余文森认为，探究学习是最重要的发现性学习，其本质体现在以下 3 个方面。第一是问题性。问题是发现性学习的起点和主线，也是发现性学习的归宿。发现性学习是以问题为中心的学习，问题是这种学习方式的核心，能否提出对学生具有挑战性和吸引力的问题并使学生产生问题意识，是进行发现性学习的关键。第二是过程性。接受性学习关注的是结论，发现性学习关注的则是过程。现代教育心理学研究指出，学生的学习过程和科学家的探索过程在本质上是一样的，都是一个发现问题、分析问题、解决问题的过程。这个过程的特征是在暴露学生各种疑问、困难、障碍、困惑和矛盾的同时，也在展示学生的聪明才智、独特个性和创新成果。正因为如此，发现性学习强调过程，强调学生探求新知的经历和获得新知的体验。第三是开放性。接受性学习是一种封闭式的学习，其特点是学习目标单一化、学习过程程式化、学习评价标准化；发现性学习则是一种开放性的学习，其特点是学习目标整体化、学习过程个性化、学习评价多元化。发现性学习注重知识，更注重能力，注重认知，也注重情感体验，其目标具有开放性；发现性学习强调富有个性的学习活动过程，关注学生在这一过程中获得的丰富多彩的学习体验和他们个性化的创造性表现，其过程具有开放性；发现性学习的评价强调多元价值取向，不仅允许解决问题可以有不同的答案，而且鼓励学生独辟蹊径，其评价具有开放性。探究学习是重要的发现性学习，它是体现学习的真正价值，实现有意义的学习的一种重要的学习方式，因此倡导探究学习是新课程改革的一个基本要求，也是笔者所在区域打造高效课堂的长期工作重点。

二、教师要确立新的教学观，积极转变教学方式，从而引导学生转变学习方式

学生学习方式的转变与教师的引导和影响有直接的关系。这种引导和影响首先表现在教师要改变对自身的认识和对学生的认识。在新课程改革和高效课堂教学中，教师应积极把自己定位为学生学习的组织者、引导者和合作者，而不以权威自居、居高临下、盛气凌人。其次，教师要确立新的教学观，积极转变教学方式。此前，许多教师认为教学就是"讲课""教课""授课"，就是把书本知识教授给学生。在这种教学观指导下，教学信息被教师单向传递给学生，教师与学生的关系成为传递信息者与被动接收信息者的关系。这样是把教师的教视为主动的活动，而把学生的学视为被动的活动。这种传统的教学模式忽视了教师和学生在互动过程中对知识的建构及动态生成，导致知识和技能的生成性在机械重复的"传递—接受"中隐退。再次，传统的教学忽视了学生的生活经验和亲身体验。在传统教学中，人们一贯的认识是，教学一定是教师向学生讲解某种知识、技能，然后学生对之进行掌握与操练，从而实现识记与运用。事实上，教学作为人的一种社会活动，它必然产生于教师和学生的生活中，它首先是教师和学生日常生活的一部分；但传统教学过于强调学校与教室中的"教学"行为，忽视了教师和学生的生活世界中产生的教学的建构。在教学实践中，教师往往长于对知识、技能的讲解和演示，而拙于对学生的引导和疏通；而现代的教育，要求学生不应只是无条件接受教师或书本传授的知识，而应积极主动建构，并将知识纳入自己的经验世界。传统教学过于注重学生对既定知识、技能的掌握，忽视了学生创新精神和实践能力的培养；而现代教育则要求两者并重。因此，教师只有转变自己的教学观和教学方式，才能真正促进学生学习方式的转变，使学生真正成为学习的主人。

（一）换位思考，揭示思维过程，促进学生思维能力提高

换位思考的本质就是为自己也为别人，理解别人、支持别人、帮助别人、发展别人、提升别人，同时也快乐自己。在课堂上，在师生之间，教师站在学生立场思考非常必要。而传统的课堂教学中，教师考虑过多的是自己怎么上这节课，如何在 45 分钟（小学 40 分钟，实行长短课相结合的课堂还有其他时长）内完成教学任务。而高效课堂教学中，教师必须换位思考，站在学生立场思考，以学生为主体，树立"学生视角"，把自己当成学生，想一想：如果我是学生，我会遇到什么问题？遇到问题后，又该怎样思考？如何分析？这样做，对教师的"导"和学生的"学"都是有促进作用的，尤其对学生思维能力的训练大有裨益。

案　例

四川省阆中市特教校教师、阆中市骨干教师刘梦羽执教"学校　教室"的导学活动片段：

师（手语）：同学们，我们现在在什么地方上课？

生（手语）：教室（看PPT）。

师（手语）：对，我们在教室里上课，我们说"这是教室"。（展示PPT）齐做3遍。

师（手语）：同学们，这张图片是哪里？

生：办公室。

师（手语）：对，是办公室，我们老师的办公室在哪里？

生：在那边。

师（手语）：哦，在那边，我们说"那是办公室"。（展示PPT齐做3遍。）

师（手语）：教室和办公室，我们说"这是教室，那是办公室"。（展示PPT，齐做3遍，再点名做。）

师（手语）：同学们，老师今天带来了两种水果，一种在这里面，老师请几个同学来摸一摸，猜猜是什么？（请3个同学上来摸一摸，师分别问生1、2、3这是什么？他们都说是苹果。那我们看看究竟是什么？同学们真聪明，都说对了。那这是什么？这是苹果，出示PPT，让学生齐做三遍，再点名做）

师（手语）：老师今天带来的另一种水果藏在了教室里，请同学们找一找，它在哪里，是什么？

生（手语）：在那里。

师（手语）：对，在那里，那是什么？

生：那是橘子。

师（手语）：对，那是橘子（出示PPT）。

师（手语）：苹果和橘子，用句式"这是……那是"应该怎么表达，老师现在请同学把这个句子补充完整，同学们看他补充得对不对？（表示鼓励）（出示PPT，齐完成句子，再点名做）

师（手语）：下面我们一起做一做这两个句子。（请同学做一做）

【点评】特殊教育学校的教育对象存在特殊性，其在学习方面存在很多缺陷，故教学活动的开展存在很多障碍。执教者应在尊重青少年成长学习共同点的基础上尽可能地满足特殊学生的个性需求，尊重、爱护每一位学生，帮助其走出心理误区，使其积极、阳光、正确地去面对学习和生活中的压力；还要尽可能地为特殊教育对象营造较好的学习环境。该节课荣获南充市特殊教育课堂教学竞赛一等奖。

（二）鼓励尝试，激发学生学习兴趣，促进学生潜能开发

人的潜能是无穷尽的，因此，大家就应该想想，既然每个人都拥有很大的潜能，就应当想办法开发它。在学习的过程中，学生是学习的主体，因而教师在教学时必须面向全体，使课堂上人人参与，不要只限于优生。在师生互答时，应考虑后进生的感受；在表演的过程中，教师只进行引导，将其他权利交给学生，大胆地放手，让他们试着合作探究。教师可以走下讲台，让学生充当老师，比如在生字教学中，鼓励学生上台，带领学生一起学习，如此不但能使课堂气氛活跃，同时，学生们也会有存在感、成功感、成就感、幸福感，这会增强他们学习的信心，让他们认识到，只要努力，他们也可以做老师。比如教授"狼和小羊"一课时，教师可以准备好狼和小羊的头饰，然后把学生们分成若干个小组，让他们分工协作，走上讲台表演。这样不仅会增加学生们的积极性，同时也会让他们感到特别快乐、特别幸福。于是，自然地，学生由被动到主动，理解了狼和小羊的言行，从而加深了对课文内容的理解。这样的方式不仅培养了学生的想象力和表演能力，还提升了教学效果。教师轻松，学生开心。

案 例

四川省阆中市城北小学骨干教师、阆中市两届青年教师教学技能竞赛一等

奖获得者唐丽华执教《秋天的雨》的"拓展延伸，歌唱秋天"环节，学生活动
过程如下：

师：秋天是美丽、迷人的，让我们沿着秋天的足迹，以自己的方式去寻找
秋天，感受秋天，歌唱秋天。

1. 喜欢诵读的学生，找些赞美秋天的诗文进行诵读。

2. 喜欢写诗的学生，试着写一首赞美秋天的小诗。

3. 喜欢画画的学生，用你七彩的画笔描出秋天的一处景物。

4. 喜欢舞蹈的学生，编一组舞蹈表现秋天的美。

【点评】充分发挥学生的主体性，引导学生诵读全文、探究感悟。尊重学
生的个体差异，鼓励学生有自己的独特感受。让学生做课堂的主人，使学生时
时感到我会说、我会写、我会画、我会学。激起学生喜爱秋天、赞美秋天的情
感，实现工具性和人文性的和谐统一。

（三）就地取材，创设问题情境，促进学生学习情感的融入

"一个好的问题情境，能愉悦学生身心，唤起学生已有的经验，激发学生
的学习兴趣，引起学生的思考。"新课程改革、构建高效课堂，其中一个很重
要的方面就是创设问题情境，改善学生的学习状态，关注学生的情感态度与价
值观，关注学生的能力发展。所以，在教学中，要善于创设充满趣味的问题情
境，创设与现实生活相联系的生活情境，激发学生的学习兴趣。尽量做到对于
所有知识的教学，都从学生实际出发，以他们熟悉或感兴趣的问题情境引入学
习主题，并开展学习活动。

 案 例

四川省阆中师范附属实验小学美术高级教师刘天珍执教"我来写个龙"的
"回顾我们阆中春节的习俗活动——舞龙，欣赏导入新课"情境导学活动片段：

1. 龙文化深入人们的生活。

师：春节是我们中华民族传统的节日，过春节在我们阆中有哪些热闹精彩
的活动？比如张飞巡城、划旱船、民俗表演、舞龙，其中舞龙尤其精彩热闹。
我们观看一下视频（舞龙表演播放，出示课题"我来写个龙"）。精彩吗？

师：今天我们也来学舞龙，我们舞龙的道具是……

学生：斗笔。

师：我们要舞的可是具有挑战性的书法龙。

2. 中国古代的龙文化：中华民族的图腾，祖先想象创造出来的虚拟的神物（视频播放，让学生欣赏理解）。

师：龙是中华民族的象征，我们常常把自己称为……

学生："龙的传人"。

师：龙的形象随处可见。大家去北京故宫，就会看到故宫里有很多龙饰图案，你们知道里面有多少条龙吗？据记载，故宫建筑里里外外装饰了一万多条龙。游故宫一定要去看看九龙壁（播放视频：故宫的九龙壁），看，这就是九龙壁，壁照上白、蓝、紫、黄等9条飞龙舞动翻腾、威风凛然。其实我们的身边也不乏龙的形象，有龙纹的衣服、佩饰、瓷瓶，端午节时很多地方会赛龙舟（视频：人们身上的龙佩饰；视频：端午节的龙舟）。

【点评】执教者富有生活趣味的问题情境的创设，为学生进一步合作探究做了铺垫。通过问题情境创设，学生初步了解中国深厚的龙文化，体会龙的精神；结合观察，认识龙形的变化，理解龙字多种多样的写法；体验龙字的各种写法，初步了解中国汉字的演变过程，体会中国汉字的丰富变化和独特魅力，培养自己的书法兴趣，激发热爱我们自己的语言文字、热爱传统文化的情感。该堂课荣获南充市书法课教学竞赛特等奖。

（四）提供空间，使学生自主学习，促进学生探究能力发展

"学生是学习的主人，教师是学生学习的合作者、引导者和参与者。"学生不经历亲身探索和发现的过程而想把学到的知识变成自己的真知，那是不可能的，纯粹是异想天开。所以，在高效课堂教学中，学生要有充分进行活动的时间和空间，在自主学习、亲身实践中解除困惑，在亲身体验和探究中认识问题、解决问题，理解和掌握基本知识、技能和方法，实现由"学会"到"会学""想学""乐学""巧学""活学""博学"转变。

案　例

四川省阆中市城东小学教导主任、南充市骨干教师郑元强执教科学课"摆"导学活动片段：

学生自主学习，完成第二、第三个实验。

学生在教师引导下完成第一个实验后，对实验方法、实验手段、实验过程已有所了解，所以教师放手让学生独立完成第二、第三个实验，并将每次的数据记录在实验单上，再汇总数据填在黑板上的汇总表内。

最后，学生独立分析数据，得出两个小结论：摆的快慢与摆锤重量无关、

摆的快慢与摆角大小无关；并得出总结论：摆的快慢只与摆线长短有关。

【点评】给学生充足的时间、空间，放手让学生进行实验，自主探究，激发学生兴趣，引导学生积极主动发现问题。如此，培养了学生动手实践能力，提高了其科学素养。该堂课荣获南充市科学课教学竞赛一等奖。

（五）提倡互助，开展合作学习，促进全体学生全面发展

在传统课堂教学中，学生正襟危坐，面对教师，聆听教诲。学生在活动自由度上受到约束和限制，其思维能力和交流能力得不到重视，形成了"愿听不愿说""愿记不愿议"的局面。何谈个性发展？高效课堂倡导合作学习，是指学生在小组或班级团队中为了完成共同的任务，有明确责任分工的互助性学习，合作在必要处、合作在必需处、合作在恰当处、合作在精当处。要摈弃流于形式、浮于表面的合作学习，教师应把大量的课堂学习时间交给学生，使他们有机会相互切磋、共同提高。在这一过程中，学生的主体性得到充分体现，产生探究和求知的欲望及积极性；教师在活动中真正实现了促进、参与、引领、检查、督促的作用。在合作学习中，学生的参与是积极的，思维是活跃的、学习收获的快乐是无限的，不同层次的学生都会在"最近发展区"得到有效发展。

案 例

四川省阆中市石子中心学校骨干教师宋伟执教"二力平衡"的合作探究活动片段：

做一做：学生分组实验，研究二力平衡的条件。

学生把小车放在水平桌面上，分别向挂在两端的托盘里加减砝码。

步骤1：在托盘上放入钩码，则作用在小车上的两个力方向相反且在同一条直线上。看一看，在什么情况下硬纸板处于平衡状态？在什么情况下小车不能实现平衡？

步骤2：把小车调转一定角度，使小车受到的两个拉力相同且不在一条直线上，两个力大小相等方向相反。松手后，看一看小车能保持平衡吗？

观察、小结：两辆小车被绑在一起处于平衡状态，用剪刀将两个小车分开，钩码和其中一辆小车会向两侧掉下，这说明两个力作用在同一物体上。

教师提出问题：观察、分析、总结：什么条件下小车能静止？学生讨论并进行归纳总结。

【点评】执教者改变过分强调知识传授的倾向，转而合作探究，让学生在体验科学探究的过程中学习科学研究方法，培养其正确的科学态度和探索精神，以及学以致用的实践能力和创新意识，提升其物理学习的兴趣，效果很好。该节课荣获片区课堂教学竞赛一等奖。

（六）给予学生学习方法的指导

不难发现，在当前国内外的课程与教学改革中，一些新的学习活动不断涌现。这些学习活动采用的是一些不同于传统的教学方式，都致力于发挥学生的自主性，为学生提供多样化的学习机会，引导学生自主地进行探究与发现。新的学习活动和方式是由新的学习理念和学习内容决定的，许多国家在课程改革中，通过改变课程内容而改变着课程的呈现形式和学习方式。这些方式、方法或学习活动有很多。

教师进行学法指导，要帮助学生认清各学科的特点，特别是各年级学生的语言、思维变化和课堂容量的变化。要培养学生良好的学习习惯，良好的学习习惯包括：多质疑、勤思考、好动手、重归纳、注重应用。学生在学习的过程中，要把教师传授的知识转化为自己的特殊语言，并永久记在自己的脑海中。另外，还要保证每天有足够的自主学习时间，以便拓宽自己的知识面，培养自己的再学习能力。学习方法有很多，如课前要预习，提倡合作预习；课中合作探究，提高听课的针对性和实效性；课后做好复习和小结，避免遗忘，如系统小结是学生通过积极思考，实现全面、系统、深刻地掌握知识和发展认识能力的重要环节，小结要在系统复习的基础上进行，以教材为依据，参照笔记与自己搜集的资料，通过分析、比较、综合、类比、概括，揭示知识间的内在联系，以达到对所学知识融会贯通的目的。

教师进行学法指导，要鼓励学生敢于提出问题，万万不可因为问题简单、"古怪"而不耐烦，更不要因为问题难以回答而恼羞成怒；待有较多学生敢于提出问题之后，再引导他们变得善于提出问题，即不提出诸如"这道题怎么做？""这个英文单词是什么意思？"之类太过简单的问题，而是鼓励他们提出经过自己思考之后还不能解决的、百思不得其解的问题；对于学习积极性较高的学生，更要鼓励他们提出与教师、与教材的观点不同的做法、不同的理解、不同的方法。敢于提出问题，敢于与教师讨论甚至争辩，这是学生求异思维水平提高的表现，而这种思维和意识是形成创新精神的基础。学生若不提问题，应该说，是课堂教学、教育工作、教师的极大失误。

在此基础上，教师要主动质疑，促进学生思考。为了使学生逐步做到敢于提出问题、会提出问题，教师可以通过课堂教学或社团活动进行质疑，在引导学生深入学习的同时，给他们做出如何提出问题、提出什么样的有效问题的示范。

四川省阆中市保宁中学教师、阆中市骨干教师唐燕执教"三角形的内角"的导学活动片段：

探究交流，要求：

1. 独立思考后，各小组在组长带领下高效完成任务（汇报各自的想法，小组内交流，每组2号同学为组内其他同学"答疑解惑"）。

2. 选择一位成员结合图形叙述证明过程。

3.5分钟后进行成果展示。

【点评】执教者通过设置或由学生自主提出带有启发性和思考性的问题，教给学生学习方法，引导学生思考讨论，让学生亲身体验知识的产生过程，激发学生探求知识的欲望，使学生始终处于主动探索问题的积极状态，使其获取新知识水到渠成。该堂课荣获片区课堂教学竞赛一等奖。

（七）活用教材

构建高效课堂要求教师"用教材教"，而非"教教材"。教材是课堂教学的依据，教师要想教得好，使学生受益，还得善于使用教材。教师要创造性地使用教材，要深入钻研课程标准，把握教材内容的实质，根据学科特点、教学目标及学生学习实际，科学地使用教材，灵活地驾驭教材，这样才能提高课堂教学效果，促进学生各种能力的发展。教师要在使用教材的过程中融入自己的科学精神和智慧，要对教材进行重组和整合，选取更好的内容对教材进行深加工，设计出丰富多彩的课堂教学活动，充分有效地将教材的知识激活，形成有教学个性的教学资源。教师要做到既有能力把问题简单地阐述清楚，又有能力引导学生去探索、自主学习。

四川省阆中市城东小学教师、南充市骨干教师张英实施《城南旧事》全书阅读教学活动片段：

"写读书感悟——收获":

师：著名教育家叶圣陶先生曾经这样评价《城南旧事》：这是作者林海音的传记式小说，写了5个故事。文字朴实温馨，故事生动起伏。读她，仿佛自己也置身于20世纪20年代的北京。仿佛自己就是一个孩子，看北京、看大人、看周遭的幸与不幸。而她带给我更多的却是感悟。这恐怕是一本好书的最高境界——不仅让读者丰富了视野，还令读者有所感悟。我怀念起我的童年，怀念我生活的那个年代、那个小镇、那时的喜怒哀乐。那些在我童年时留在我记忆的往事，如今不也是我的城南旧事？感谢《城南旧事》，给我一次回味当年的机会。

1. 写感悟卡片（随手写，可以是对某一片段的感悟也可以是对整本书的感悟）。

2. 把你刚才的阅读收获用格言的形式写下来（谢谢您又为阅读的花园增添了一朵美丽的小花）。

【点评】执教者活用《城南旧事》，将阅读、写作有机融合，实现对教材读本的深加工，真心与学生交流读书方法，引导学生学会读书、学会思考、学会写作，使课堂充满智慧。该堂课荣获阆中市课堂教学竞赛一等奖。

（八）教师角色转变

面对构建高效课堂的相关要求，教师必须转变角色，确认自己新的教学身份，要成为学生学习活动的组织者、引导者、参与者、点拨者。这就要求教师必须为学生提供充分、充足的自主合作探究的时间和空间，这种自主合作探究的时间和空间是重要的学习资源。教师要引导学生，引导的特点应是含而不露、指而不明、开而不达、引而不发。引导、点拨、参与、组织的相关内容不仅包括方法和思维，也包括做人的价值。其实，这就是一种启迪，当学生迷路时，教师不轻易地告诉他方向，而是引导他辨明方向；这就是一种激励，当学生登山畏惧时，教师不是拖着他走，而是激发他内在的精神力量，催生他朝巅峰奋进的动力，给予他不断向上攀登的勇气、信心和力量。

 案 例

四川省阆中师范附属实验小学教师、阆中市骨干教师冯丹执教"面具"的导学活动片段。

展示表演：

学生分享自己的学习成果，并相互评价，共同提高。

讨论探究：

1. 讨论探究面具的造型特点。

学生欣赏了解面具上的不同表情表达的不同情感，并与真人表情进行对比，认识面具造型特点——夸张与变形。

2. 讨论探究面具的五官设计。

教师引导、示范，以画眼睛为例子，使学生进一步理解夸张、变形的含义，并能运用夸张与变形的造型方法去设计面具的五官。

3. 讨论探究面具色彩的特点。

【点评】执教者转变角色，强调学生在学习过程中的主体地位，不仅将学生视为教学的主体，更切实地将他们看作教学过程的平等参与者、合作者。该堂课荣获片区教学竞赛特等奖、阆中市课堂教学竞赛一等奖。

（九）"做中学"活动

"做中学"的内涵在于"我听了，我忘了；我看了，我记住了；我做了，我明白了"。该活动不仅让学生学到具体的知识，更重要的是让学生会使用自己学到的知识。该活动的主要特征是让所有学生有机会亲历探索大自然奥秘的过程，引导他们针对某种科学现象进行观察、提问、设想、实验、表达、交流，体验科学探究的过程、学习基础性的科学知识、培养初步的科学探究能力。这是一种从小就培养孩子们的科学态度、科学精神、科学思想和科学思维的方法，可使学生初步形成科学的世界观，促进他们全面发展，成长为高素质的人才。

 案 例

四川省阆中市保宁教育督导责任区科学课、信息技术课综合中心教研组研究出"做中学"活动范式，经过实践，收到了实效。

一是让孩子们观察生活中的某一个现象，从中发现问题，提出假设并进行实验。二是在整个活动中让孩子们及时表达自己对现象的观察、提出的假设、得出的结论，并与同伴进行讨论。三是在同一个主题下，教师充分尊重并使学生发挥自己的主体性，引导学生把活动分为若干阶段，循序渐进地开展活动。四是整体设计整个"做中学"活动方案，使每项活动间都有内在的联系。五是让孩子们每人准备一个实验记录本，用他们自己的语言记录活动的整个过程。六是活动主要目标是让孩子们逐步掌握科学知识和操作技术，同时学会用口头

和书面语言进行表达。

【点评】学生在做的过程中，会遇到一些自己意想不到的问题，而有了这些问题，才能不断促使学生思考这些问题怎么解决，并通过学生自己思考、同学间相互讨论及教师及时点拨找到解决问题的方法，如此反复循环，最终解决一系列问题，进而达到契合核心素养的三维教学目标；在做的过程中，当学生遇到问题时，就会主动向老师或者同学请教，从而实现师生之间、同伴之间的相互学习、沟通交流，这种学习习惯一旦养成，必会使学生受益终生。

转变教学方式不是孤立的，它与"先学后导、顺学而导"的课堂结构以及教学手段的革新构成了构建高效课堂的 3 个关键，这 3 个关键构成和谐统一的有机体，三者之间相互依存、相互促进、相互作用、相互影响，彼此包含、相互融合，使教和学相辅相成、相得益彰，使课堂迈入高效境界。

第五节　教学手段的革新：高效课堂的关键之三

人类文明经历了原始社会、农耕时代、工业时代、信息时代和智能时代。如今，智能时代背景下的教学环境体现出无边界、地点和时间不固定的特点。目前，正是从用信息技术优化教育教学过程逐渐转向用信息技术推动教育系统变革的关键期。因为信息技术在社会各个领域已得到了广泛应用，特别是人工智能、大数据、区块链等技术迅猛发展，将继续深刻改变人才需求状况和教育形态。智能环境不仅改变了教与学的方式，而且已经开始深入影响教育的理念、文化和生态。当今主要发达国家均已意识到新形势下教育变革势在必行，从国家层面发布教育创新战略，设计教育改革发展蓝图，积极探索新模式、开发新产品、推进新技术支持的教育教学创新。我国已发布《新一代人工智能发展规划》，强调发展智能教育，主动应对新技术浪潮带来的新机遇和新挑战。这说明，现代教育技术随着信息技术的快速发展，正在影响和改变着人们的思想、观念、学习、生活，甚至思维方式，并带来了严峻的挑战。它有力地推动着教育改革和发展，已经成为全面推行课程改革、构建高效课堂的基础条件、重要途径和有力支撑，而且起着越来越重要的作用。

现代教育技术与课堂教学相融合，是我国当前基础教育改革进程中的一个热点，而实现课堂高效，则是教育技术与课堂融合的最终目的。

一、高效课堂需要现代教育技术作支撑

高效课堂的构建，要求转变教育观念、革新教学手段、创新教学结构、转换教师角色，而其重要的支撑，就是现代教育技术。

（一）高效课堂要求的教育观念转变，需要现代教育技术作支撑

从课程概念来讲，无论从哪个角度阐释，都离不开人的发展。要关注学习者的个体经验，就须实现学习者的全面发展，从强调学科内容到学习者的经验和体验；从强调目标、计划到强调过程的价值；从强调教材的单方面因素到强调教师、学生、教材、环境、现代教育技术设备设施等因素的整合；从只强调对学生产生影响的显性课程到强调对学生产生熏陶作用的隐性课程与显性课程并重；从只强调国家课程到强调国家课程、地方课程与校本课程的整合。这些，足以说明教育观念的转变是实施现代教育技术、信息技术与课程整合的一个重要条件。它要求教师必须改变旧有的学科观念，不要人为地在信息技术课程与其他学科之间划定界线，要将其他学科的知识有效地融入信息技术课程之中，以提高教学效率，让学生具备不断更新知识、创造新知识的能力。教师必须改变旧有的教材观。在信息技术与课程整合的过程中，当前的教材内容不可避免地要被不断丰富和更新。因此，在此过程中，教师要消除各模块之间的界线，根据当前信息技术的发展状况和信息技术课程的目标以及学生的特点，结合其他学科的知识设置相关的课程内容，并且按照课程难度的大小安排学习顺序和课时。教师必须改变旧有的教学观。相较于传统的教学模式，无论是教师的"教"还是学生的"学"都发生了很大的改变，教学模式由以教师为中心转向以学生为主体，教师由拥有绝对权威的支配者、控制者转变为学生学习的指导者、促进者、参与者、合作者、引领者、见证者。

我们在关注教育观念的转变需要现代教育技术作支撑的同时，也应该清醒地认识到教育观念的转变对运用现代教育技术的积极促进作用。教师通过接受培训，可真正理解、内化现代教育技术和现代教育理念的融合：一是从以"教"为中心转向以"学"为中心、以"训练"为主线；二是从追求"多快"转变追求"好省"。这就促使老师们运用现代教育技术不断制作或者改创大量课件，并能站在学生角度，使"教件"转变为"学件"，促进学生主动地"学"，让教师教得轻松、教得自如，学生学得快乐、学得活泼。一旦教师感受到现代教育技术带来的甜头，便会激起对运用现代教育技术的热情，从而形成良性循环。这样，自然就不会出现网上闲聊、上网炒股、玩电子游戏的不良

现象。

（二）高效课堂要求的教学手段革新，需要现代教育技术作支撑

教学手段是指师生间相互传递信息的工具、媒体或设备。在信息技术高速发展的今天，我们可以有效利用的先进教学手段就是现代教育技术。现代教育技术在呈现教学内容、创设教学情境、调动学生多种感官以及使学生的学习更加直观、形象、生动等方面具有其独到的作用，而且可增加教学容量，提供丰富的教学资源，减轻师生的课堂负担，对实现课堂高效起到很大的辅助作用。

以一些学校已经开启的智慧课堂为例，老师只需在平板上轻轻一点，教室大屏就会显示出本课要求掌握的重难点内容；在详细讲解课文时，老师可用手在平板上直接书写，随时进行课件编辑，然后用一键同屏功能展示给学生们；老师和往常一样，走下讲台，边书写、边讲解、边查看学生的学习情况，组织学生进行生生互动、师生互动、生机互动，提升学生的课堂上的注意力；在教学过程中，老师可以设置抢答环节，让课堂活跃起来，使害羞的孩子也能被课堂气氛所感染，时不时按下抢答键。可见，这样的课堂不再是老师的"一言堂"，也不再是优等生的专场。开启智慧课堂，是迟早的事情，我们必须要求教师充分利用现有的现代教育技术进行课堂教学，实现课堂高效。

（三）高效课堂要求的教学结构创新，需要现代教育技术作支撑

本书所推崇的"先学后导、顺学而导"的教学结构，强调学生在教学中的主体地位，注重调动学生的主动性、积极性、能动性，其目的是要实现学生、教师的整体协调发展。而要运用好、实施好"先学后导、顺学而导"的教学结构，就离不开现代教育技术。这是因为，通过对现代教育技术的运用，可以为学生创造一个随时能激发其创造性思维的、与教学内容实现有机融合的学习环境。现代教育技术可以引导学生根据自己的兴趣爱好，结合自己的知识能力水平，选择相适应的自主学习方式，为教师的引导做好充分准备。在"先学"过程中，学生如遇到疑难困惑，可以通过计算机网络直接查询相关知识，尽快解决问题；通过运用现代教育技术呈现一定的状态、环境、情境，有助于培养学生对问题的探索精神以及反应能力；通过现代教育技术，可以让教师根据学生的学情设计不同的导学流程、程序、结构，真正做到因材施教、因生施导、先学后导、顺学而导，而这正是传统课堂教学所缺少的；通过运用现代教育技术，还可以让教师根据反馈系统提供的反馈信息调整教学结构，优化教学程序，学生可以根据反馈的信息了解自己的学习情况，分析自己学习中的成败得失，从而改进学习方法，改进学习流程，适度调整学习目标。

例如，教育大数据平台菁优网，让各学科教师可以免费使用该网站的海量题库、组卷系统和其他相关功能。菁优网提供的海量题库，每日都会进行更新，收录了全国各地历届中考题、高考题、期中期末考试考题，甚至连各校月考题都有涉及；该网收录的每道题目均附有细致入微的解析，并提供试卷下载、在线作业等各种服务；同时该网站提供在线免费测试，教师可选择试卷让学生进行自主学习、自我测评；用户还可根据网站的"试卷分析"寻找出题动向。该网站可被运用于在课堂中以及家庭作业的布置与批改上，对教师课堂教学、家长协同辅导是有很大帮助的。

再如，免费作业盒子小学版也很实用。它将"老师布置、批阅作业—学生完成、订正作业—家长监督学生"这一场景互联网化，并通过采用适合低年级学生特点的游戏化的学习方式，让孩子喜欢上学习，能有效解决传统教学模式中存在的纸质作业效果差、题海战术枯燥无味、老师工作量大且效率低、家长监督孩子成本过高等问题，也可以被用于课堂中的自主学习、课堂检测等环节。

再如，班级优化大师软件，它是由希沃自主研发的管理学生课堂行为的软件，可以调动班级的学习氛围，并带来游戏化的师生互动体验；能实现多元化点评学生，捕捉学生闪光点；还能自动生成报表，实时同步到云端，让家长、老师都可查看。它是专为教学设计的大小屏互动软件，教师使用它可轻松实现顺学而导、课堂高效。

（四）高效课堂要求的教师角色转换，需要现代教育技术作支撑

"以学生为主体、教师为主导"，这是高效课堂对师生关系的精准定位。根据这一定位，教师应该从"知识的传授者"转为"学法指导者"，从"知识的独白者"转为"知识的对话者"，从"知识的教授者"转为"知识的研究者"，从"知识的复制者"转为"知识的建构者"，从"知识的支配者"转为"知识的促进者"，从"知识的控制者"转为"知识的引导者"，教给学生有效的学习方法，以激发学生的内在学习动力，激励学生为班级、小组荣誉而努力，培养学生的集体荣誉感，强化学生的竞争与合作意识。教师要想完成这些角色的成功转换，就更需要现代教育技术的支撑、保障。因为，要构建"学生主体、教师主导"的师生关系，教师必须充分利用现代教育技术，转变教育观念，革新教学手段，创新教学结构，转变教学方式，改革教学方法，强化学生的感性认识，促进学生认知的不断深化，从而提高课堂教学效率。

二、在现代教育技术与教学过程的深度融合中存在的问题

可以这样说，由于信息技术的高速发展，课堂教学已经享受到了其红利。现代教育技术与课堂经过整合，形成了新的课堂教学结构，激发了学生学习兴趣，提高了课堂教学效率、效果。国家也明确提出要强化现代教育技术与各个学科的整合，《国家中长期教育改革和发展规划纲要（2010—2020 年)》《教育信息化"十三五"规划》等文件明确指出，在课堂中运用现代教育技术应该成为评价新时代教师的一项重要标准。作为提高课堂教学效率、构建高效课堂的有效途径，现代教育技术充分调动人们的视听器官，图文并茂，生动直观，能给学生带来身临其境的感受，提高学生的学习兴趣；同时，互动平台能让学生及时反馈，有利于教师进行个别指导，有利于学生之间小组合作，这些都超越了传统课堂教学，有其独到的优势，获得了教育系统内外的认可。特别是《教育信息化 2.0 行动计划》颁布以来，明确宣告教育信息化 2.0 赋能新时代教育系统变革，目前正是从信息技术优化教育教学过程，逐渐转变为教育系统变革的关键期。教育变革主要表现为学与教的方式的变革，但是这尚不能很好地满足教学需求，亟须人们探索新型学与教的模式。由十大信息技术支持的创新教学模式，包括远程专递课堂、网络空间教学、异地同步教学、双主教学模式、翻转教学、校园在线课程、基于设计的学习、引导式移动探究学习、协同知识建构、能力导向式学习，正在悄然改变学与教的方式。教育变革的基本特征是线上线下、校园内外的边界日趋模糊，朝着开放学习和教育系统重构方向发展。教育信息化作为教育系统变革的内生力量，将承担支撑引领教育现代化发展，推动教育理念更新、模式变革、体系重构的重任。作为教育工作者，必须与时俱进，从深入思考学校与社会发展的关系入手，分析社会发展的规律和趋势，着眼于教育范式的改变、高效课堂的打造。随着社会由工业时代向信息化时代迈进，教育目的也从大众教学、分类教育转向实现学生的知识学习、技能掌握、情感态度与价值观的形成及个性化发展。但是，通过调研，我们发现，在现代教育技术与教学过程的深度融合中存在以下 3 个方面的问题。

（一）学校方面的问题

一是硬件资源使用率不高。现今的学校，在国家义务教育均衡发展的背景下，都普及了多媒体教学设备，"三通两平台"（宽带网络校校通、优质资源班班通、网络学习空间人人通，建设教育资源公共服务平台、教育管理公共服务平台）建设全部实现。但是在 4 个新突破方面还存在很大缺失，即教育信息化

基础设施建设新突破、优质数字教育资源共建共享新突破、信息技术与教育教学深度融合新突破、教育信息化科学发展机制新突破。也就是说，在一些班级中，这些耗资不菲的媒体设备形同虚设，或师生只是使用了最简单的功能，并没有充分发挥其作用、功效。二是软件开发的数量不足、质量不高。由于一线教师缺乏软件开发的能力，而专门从事软件开发的技术员又不太懂得教学软件应该遵循的教育教学规律，因此，就出现了一些粗制滥造的软件充斥市场、校园，对教学没有起到应有的帮助。

（二）教师方面的问题

教师在教学过程中应是引导者、组织者、参与者、示范者、合作者，因此教师对教育技术工具的操作能力是影响学生学习的关键因素。但事实表明，在这方面，很多教师存在着一定的问题。一是教育技术理论的缺乏。一些教师只注重对教育技术工具的运用，而忽视了理论的学习。由于这些教师缺乏教学系统、教育学、心理学、教育传播学、教学设计等方面的理论知识，所以只是进行了教育技术手段简单机械的堆砌而已，难以实现课堂高效。二是媒体技术运用情况差。一些教师对媒体功能缺乏全面深刻认识，只是懂得简单、肤浅的操作，而不会使用更为强大的功能，这就妨碍了教学媒体在课堂上大放异彩。三是导学案设计能力有待提高。导学案的设计能力是利用现代教育技术实现高效课堂的基础能力，教学手段再高超、再现代，也不如好的设计理念。一些教师对导学案设计理论与技术不熟悉，不知道如何精心设计导学案，还有的教师对优化三维目标、运用教育技术感到束手无策，那么即使其有再高超的技术手段，也无从下手。

（三）学生方面的问题

在教学过程中，强调学生的"学"，因此教师要创造好的条件，引导学生主动探究问题，进而掌握知识与技能，促进情感态度与价值观的自然形成。但是在探究的过程中，也会出现这样那样的问题。一是因学习者的身心不够成熟而导致教育技术的误用。为了能够激发学生的学习兴趣，技术开发者绞尽脑汁，研发出一些吸引学生的软件，如游戏、聊天工具，这些本来是为方便师生交流而研制的软件，反而成了学生娱乐的工具。二是学生所具备的能力影响到教育技术的运用。现代教育技术，特别是信息技术囊括了很多资源，为学生自主、合作、探究提供了优质平台，但是由于受到学生现有能力的制约，这些资源没有起到应有的作用，甚至有时技术手段方面的问题还会浪费学生时间和精力，打乱学生原有的学习计划而使其失去方向。

三、现代教育技术与高效课堂深度融合策略

（一）对现代教育技术的运用，必须着眼于学生主体作用的发挥

发挥学生主体作用的关键点是培养学生的自主学习能力，它不仅是人的全面发展的重要途径，也是高效课堂转变学习方式的内在要求，更是信息化社会发展的迫切需要。自主学习能力是一个人诸多能力中的基础能力，是提升其他能力的前提条件。而现代教育技术为学生自主学习能力的提升提供了最大可能。现代教育技术已经渗透入教学的各个方面，改变了传统的教学活动，为自主学习的开展创造了有利条件，提供了更好的路径和方法、途径和策略。如现代教育技术特别是智能信息手段，能够跨越时空，让学生按照自己的爱好选择学习时间、地点、内容，为学生发挥自主性提供了时间和空间，使教学环境真正体现了无边界、任意地点和任意时间的特点。又如，现代教育技术能够将单一的表现手法转变为多种表现手法，它不仅可以再现事物的形状、大小、色彩等外部特征，而且可以揭示它们的内部特征，更能有效地展示事物或事件的发展过程，改善人们认知事物发展过程的途径和方法。利用这些技术，教师可以创设良好的自主学习环境，充分点燃学生的思维火花，激发学生智慧的激情，发挥学生的主动性，引导学生主动地积极参与、完成学习。

 **案 例**

四川省阆中市保宁教育督导责任区小学语文中心教研组研究认为：希沃授课助手软件、创先泰克教育云高清直播共享平台拥有丰富多彩的免费视频资源，一方面可以开拓学生的视野，另一方面能让学生易于理解相关内容。教师可以将之推荐给学生及家长下载使用。如在教授人教版小学语文五年级上册《火烧赤壁》一文前，他们进行了集体备课、联合教研，建议教师可在家校共育QQ群、微信群中发布信息，要求家长上网搜索《三国演义》电视剧，让学生提前收看，课前，由班委会组织学生观看《火烧赤壁》精彩片段，之后，再让学生自主学习课文。如此，学生探究学习的兴趣就会变得十分浓厚，理解课文自然轻松自如，其主体作用得到充分发挥，积极性得到有效调动。

案 例

四川省阆中市保宁教育督导责任区小学语文中心教研组研究认为：教师恰当的导语，学生精彩的表演，学生自己组织的丰富多彩的活动，可以极大地激发学生学习语文的兴趣。换言之，教师只有根据学生的实际情况创设情境，才能真正激发学生学习语文的兴趣。例如，为指导学生学习"主动句""被字句""把字句"三者之间的互换，教师可以提前让学生自己利用信息技术网络手段下载并观赏"川剧变脸"的视频，并在课上播放精彩的片段，让学生明白："无论怎样变，表演者都没有变，只是因为表演者技术高超，才让我们欣赏到如此精彩的表演。"在充分发挥学生主体作用的基础上，教师引入学习主题：无论句式如何变化，句子的意思都不能变。

【点评】 以上两则案例充分体现了高效课堂"三个三"理论：学生是学习的主体，只有让学生主动地参与教学活动，才会使课堂有效、高效。而如何利用集文字、声音、图像、动画、影像于一体的现代教育技术，来优化课堂教学，如何利用它那色彩鲜艳的动态视频、生动逼真的音响效果、灵活便捷的交互手段充分调动学生多种感官参与学习活动，促进学生自主有效地学习，这一直受到老师们的关注。案例中的方法经过实践，取得了实效，学生语文素养得到明显提升，该片区学生语文综合素质评定一直名列全市第一。

（二）对现代教育技术的运用，必须着眼于教师主导作用的发挥

在现代教育技术的应用中，教师的主导作用可以体现在两个方面。一方面，现代教育技术大大减轻了教师的负担，将他们从封闭的教学空间中解放出来，让他们可以把更多的时间和精力用于钻研教材、钻研教法、钻研学情，对学生实施有针对性的个别辅导，及时解决学生在学习中遇到的各种问题，指导学生利用各种资源进行学习。教师逐渐成为学生学习和利用信息技术解决问题的督促者、辅导者、引领者。另一方面，教师应把课堂还给学生，把班级还给学生，把创造还给学生，把发展还给学生，把主动还给学生，让学生站在课堂最中央、课程最中央，让学生成为课堂的主人，让教室充满民主、和谐、平等的气息，让课堂充满灵动的诗意，让课堂充满智慧的挑战，让课堂成为学生成长的乐园、教师成长的殿堂，积极构建与新时代教育改革发展相适应、充满人文情怀、闪耀智慧光芒、洋溢着成长气息的课堂。教师要在现代教育技术的应用中充分发挥主导作用，不仅树立正确的教育观念和教育思想，还要不断学

习、经常"充电"，关注学科前沿动态，熟悉最新技术，掌握最新知识，积极投身课堂教学改革，努力促进学生发展。

案　例

四川省阆中市保宁教育督导责任区小学数学中心教研组研究认为：数学课以其思维的抽象性、理论的严谨性、应用的广泛性而不同于其他学科。数学教师必须发挥主导作用，创作微课，重现教学情境。教师可事先结合教学知识点制作好微课，再利用网络将之传给学生、家长，由家长督促学生学习，或者引导学生自学。如导学"平行四边形的面积"时，教师使用一部手机、一支笔、一张白纸，制作了一个微课"平行四边形的面积"，并引导学生进行分享，引起学生极大兴趣。又如教授"圆柱的体积"时，教师在已有课件"圆柱的体积"的基础上，用 DV 录制了微课"圆柱的体积"，并通过 QQ 将之发送到学生家长的手机上。经过实践，家长反馈非常好：学生可以根据自己的情况反复学习了！纷纷建议教师多制作微课，并发给他们。后来，教师又使用电脑的录屏软件，边操作课件边讲解，并用电脑软件"会声会影"插入字幕、图片等元素，制作了更高清且可以在手机、电脑、智能电视机上播放的微课。制成后，教师通过 QQ 将之发送给学生或家长，或将之拷贝到 U 盘上，让学生拿回家在电脑、智能电视机上观看学习。

【点评】这种方式发挥了教师的主导作用，让学生实现了翻转学习、移动学习，很容易让学生突破难点，达成学习目标，从而有效巩固所学知识；实现了家校共育，调动了家长、教师、学生的积极性。该方式操作性强，值得推广。

（三）对现代教育技术的运用，必须因课制宜，做到适时、适量、适当、规范、高效

什么样的课上采用什么样的技术手段，是教师课前必须钻研、预想的。若教授有些教学内容使用传统教学方式，或用传统教学方式加上投影、幻灯片等电教手段就能取得良好效果，不必采用多媒体手段，那么，教师就不用兴师动众把多媒体硬拉上场；若传统教学方式不能有效突出重点、突破难点，必须使用多媒体手段，那么，教师就必须设计多媒体使用环节。

　　四川省阆中市保宁教育督导责任区初中数学中心教研组研究认为：计算机技术、网络技术、多媒体技术等现代教育技术对于学生的数学思想与方法的掌握、数学思维能力的培养与课堂教学质量的提高有着重要的推动作用，必须将之用在刀刃处、用在恰当时。在教授"二次函数"时，关于"函数中的二次项系数 a 取不同值时的性质进行讨论，描点做出不同的图像"这一教学点，教师教授起来费事又费力。经集体备课、联合教研，他们建议在课件中设计出以下程序：输入不同的 a 值，计算机自动生成相应的图像，如此，就可以快速、准确地解决问题。

　　【点评】优美的图片、滚动的文字、动听的音乐、动态的画面这些都是初中生所喜欢、感兴趣的，它们可以吸引学生的注意力，从而使学生在最短的时间内进入最佳的学习与思维状态，收到事半功倍的教学效果。

　　尽管现代教育技术的应用在高效课堂建设中极为重要。但是，如果我们在课堂教学中，只凭着自己的想象，过多、过乱、过滥地盲目使用现代教育技术，不但不能使其诸多优势得到发挥，而且会产生负效应，起到副作用，这既是不科学、不负责的教学态度，也是对现代教育技术的一种亵渎。因此，教师应根据课堂教学的需要，根据教授学科内容的需要，根据学生情感的需要，充分把握使用现代教育技术的具体时间和地点，使用手段和方式，使用的"量"和"度"，力求规范高效、恰到好处。

　　1. 用在新课切入时

　　布鲁纳说过："学习的最好刺激是对学习材料的兴趣。"对于一个新知识点的学习，如果有一个好的开始，可以说就成功了一半。作为教师，既要充分发挥自身主导作用，又要激发学生的求知欲，调动学生的积极性、主动性。多媒体教学恰能以其直观、形象、鲜明的声、色、像手段，使教学情境变得生动、活泼、栩栩如生，能激发学生学习动机，引起他们对所学内容的关注和兴趣，使他们产生一种渴望学习的冲动。

　　四川省阆中市保宁教育督导责任区初中语文中心教研组研究《背影》一文教学方法时，经集体备课、联合教研，他们建议采取这样的新课导入方式：教

师播放优美动听的音乐，先以多媒体展示动画视频《游子吟》，然后是精心设计的导语：同学们，父母爱子女之心，无微不至，父母爱子女之事，可写的成千上万。我们熟悉的唐朝诗人孟郊的《游子吟》，就把母亲对即将远行的儿子的种种复杂微妙的感情全部凝聚在"临行密密缝"这个行为上。世间的情有千万种，只有爱最崇高；世间的爱有千万种，唯有父母之爱最无私。时间的长河可以带走一切，但带不走父母的爱。它已深入我们的骨髓，融入我们的血液。这爱留在我们的心中，时刻温暖着我们的生命。

【点评】上述案例中于新课切入时设计的学生活动，使学生成为课堂学习中的真正"主体"。这样，一下子扣住了学生的心弦，使他们的思维、兴趣集中到教师所设置的情境中。如此，充分调动了学生的学习积极性，使其体验了人间真情。该方式收到了良好的教学效果。

2. 用在建构知识网络时

建构主义认为："知识不光靠教师传授获得，而是学生在一定情境，即社会文化背景下，借助他人（包括教师和学习伙伴）的帮助，利用必要的学习资料，通过意义建构的方式获得。"基于这种观点，建构主义特别重视学习环境的设计。对于学生来说，其本身的知识水平和理解能力都还处在比较低级的阶段，对新知识的理解和掌握往往达不到老师的预期。这时，如果运用多媒体教学手段，创设学生感知的过程，把学生的听觉、视觉等一同调动起来，促进其心理内化，加深其对重难点的理解，可达到其他教学手段达不到的效果。

案 例

四川省阆中市保宁教育督导责任区小学数学中心教研组经过集体备课、联合教研，建议教师在教授"圆的认识"时，制作米老鼠和唐老鸭进行骑车比赛的动画视频，先展示米老鼠骑三角形车轮，唐老鸭骑正方形车轮的比赛，它们虽然想方设法想让车子前进，但车子就是不动，其滑稽样让同学们哈哈大笑。第二场比赛，展示米老鼠骑轴心不在圆心的车子而颠簸不已，唐老鸭骑轴心在圆心的车子平稳行驶的场面。接着教师引导学生自己提出相关数学问题，然后小组合作解答。

【点评】这样的方式拉近了数学与生活的距离，不但使学生感受到学习数学的作用，对数学有了一种亲切感；也感受到数学与生活同在，并不神秘，还大大激发了学生大胆探索解决数学问题的兴趣。

3. 用在情景体味时

教师应通过创设情景，使多媒体发挥最佳功能。如在进行观察时，利用不同颜色对人的视觉刺激程度的不同，来提醒学生应注意之处；在需要模仿、练习的环节，可创设供学生仿真、学习的"虚拟现实"的情景；利用不同文字、图片的对比展示，提高学生分析、解决问题的能力；运用动画来帮助学生理解"演变"和"操作"过程；利用模拟的声音、鲜亮的图画来营造氛围，带给学生积极的情感体验等。

利用现代教育技术创设情景，可以让文本人物、情景再现，让历史重现，能够集动画、视频、文字、声音于一体，演示各种实验。与传统方式相比，这种教学方式在视觉上效果更好，使学生更容易记住学习内容，能提高学生对新知识强烈的求知欲和学习的兴趣，使其轻松愉快地学习，从而实现教学效果的优化。

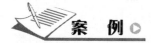 案 例

四川省阆中市保宁教育督导责任区小学语文中心教研组研究认为：古诗词是诗人用以抒发感情的，而感情一定要借由形象构成一种意境，然后借助语言文字表达出来。对于古诗中的情景，如果只依靠教师语言的描述是不够的，只有通过现代教育技术将场景再现，才可使之变得对于学生而言具体可见。经过集体备课、联合教研，他们仔细分析《望庐山瀑布》一诗，认为其写的是诗人远望瀑布时所见的壮丽景象，歌颂了祖国的河山，把美好的想象与现实的景物极其自然地结合在一起。针对教学，他们建议让学生观看录像。录像中瀑布从山顶上飞流而下，水珠逆溅、水雾蒸腾，阳光一照，呈现出一派迷迷蒙蒙的紫色。陡峭的山崖，长垂的瀑布，飞溅的水珠，庐山瀑布的全貌便呈现在学生的眼前。通过具体情景、景色、景象的欣赏，学生对"紫烟""挂""飞"等词的意思有了感性的理解，深深地体会到诗句虽短，诗人却把瀑布的气势写到了极致，真是诗中有画、画中有诗。由此激发学生热爱古诗、热爱祖国壮丽河山的情感。

【点评】教学媒体能把有关景色、景象呈现给学生。这是学生获取知识的前提和基础。它能激发学生的学习兴趣，并使这种兴趣持续存在于整个教学活动过程中。这种良好的学习情景正是教师所追求的。

4. 用在思维失语时

学生在学习新知的过程中，常被某些表面的东西所迷惑，不容易理解和掌

握一些复杂的知识，其思维容易出现障碍，发生"失语"现象。此时教师若在教学中充分发挥多媒体教学手段的优势，及时点拨提示，尽可能地使学生产生发散性思维，帮助其少走弯路，提高其理解能力。

案　例

　　四川省阆中市保宁教育督导责任区初中理综中心教研组研究认为：在教学中运用现代教育技术来展示一些微观和抽象的物理实验和理论，比如用动画和视频的形式把一些学生看不到的、不好理解的、容易"失语"的过程给演示出来，可让学生看得真真切切、学得实实在在。这样一来，学生的理解程度必然加深，其学习效果自然就大幅度提高了。经过集体备课，联合教研，他们建议教师在教授"光的折射之海市蜃楼的成因"时，在网上搜一段真正的海市蜃楼的视频给学生观看，使其看后兴趣一下子就被提起来，然后用动画的形式把海市蜃楼的成因展示出来，让学生轻松地理解这个知识点。

　　又如教授"电学中的电流、电压、电阻和力学中的浮力"等重难点内容，他们认为很多学生学过之后只是了解现象，而不知道其中原理，因此建议教师通过播放直观形象的动画或者视频，使学生对这些物理现象和理论不再疑惑，让本来难以理解的知识变得简单明了，成功地突破教学难点。再如他们建议教师在讲解"眼睛与眼镜"这一节时，利用动画模拟近视眼和远视眼的形成原因和矫正原理，让学生一目了然，不至于"失语"。这样，不仅课堂的氛围很好，教学效果也比过去的单纯讲解的效果提高很多，实现事半功倍。

　　【点评】用现代教育技术特别是信息技术辅助实验教学，是物理教学的重要形式和手段，其在教学引入、突破难点、形象展示方面的优势是传统教学无法比拟的。教师要深入研究和积极实践，合理地将现代教育技术引入传统的物理教学方法中。

　　（四）多媒体课件与传统教学手段、板书有机结合，实现良好的师生互动、生生互动、生机互动

　　有的教师在用多媒体课件上课时，一上课就忙着点击鼠标，导致学生观看屏幕上的文字、影像等的时间非常短暂，印象并不深刻，很多学生根本来不及思考问题，难以理解教师讲述的内容。于是教师成了"快速放映员"，学生成了"休闲的观众"，一堂课下来，学生仿佛看了一场自己并不感兴趣的电影。这样的教学忽视了教师的主导作用和学生的主体作用，即教师只自顾自操作着

电脑播放 PPT，而学生的关注点始终在屏幕上，忽视了教师的言传身教。这阻断了师生之间的交流，因此教学效果很不理想。

笔者认为，现代教育技术和传统教学手段有着各自的优缺点，高效课堂教学要求现代教育技术与传统教学手段相结合，两者实现优势互补，使教师的导学案编写能力、讲课技巧等逐步提升，使师生课堂互动等方面进一步完善，从而实现课堂高效。

 **案 例**

四川省阆中市保宁教育督导责任区小学数学中心教研组研究认为：传统教学手段的最大优点在于其有利于师生情感的交流；而现代教育技术更直观、更形象、更生动，信息量更大，有利于激发学生兴趣。高效课堂教学必须发挥两者的优势，使两者相辅相成。他们建议教师在教授"角的初步认识"时，课前把学校的操场拍摄下来，做成课件，让学生在熟悉的环境中找到"角"，这样一来，激发了学生的学习兴趣，也为后面的学习打下了基础。在讲解角的大小与什么有关的时候，教师先让学生动手操作，用纸板或其他学具制作活动角，然后结合课件，让学生感知两组角重合后的变化，最后，引导学生自己说出结论：角的大小与两条边张开的大小有关，与两条边的长短无关。

【点评】上述案例充分发挥了现代教育技术和传统教学手段各自的优点，使之为课堂服务，效果很好。

有的教师在使用多媒体课件上课时很少写板书，导致学生记不全笔记，严重影响了学生的学习积极性。实践证明，板书作为一种传统的教学手段，仍然有它存在的必要性。因为教师的板书是和其讲解同步的，且板书可停留很长时间，便于学生记笔记。教师边讲边写、边讲边画、边讲边启发学生，既有言传，也有身教，有利于师生互动、交流，从而增强师生之间的感情。板书不仅能反映教师的书写、逻辑思维和整体把握教学的能力，还可以体现教师的治学态度。因此，板书的优势不能被忽视，板书不能被抛弃，不能被束之高阁。

总之，教师必须充分利用现代教育技术进行课堂教学，实现现代教育技术与课堂教学的深度融合。但是，要做到现代教育技术与传统教学方式合理结合，充分发挥各自优势，如此才能让现代教育技术更好地服务于课堂教学，进而达到最佳的教学效果，也就是高效课堂的理想境界。

第六节 "三为主"教学方法：高效课堂的真谛

新课程大力提倡的自主、合作、探究学习方式，能充分调动、发挥学生的主体性、能动性，有利于学生综合素养的提升，为学生终身学习培养技能、奠定基础。自主、合作、探究学习方式的形成，必须借助创新性的教学方法，实践、研究证明，"以教师为主导、学生为主体、训练为主线"的教学方法，是新型的教学方法，能有效促成学生学习方式的转变，这也是深化课堂教学改革、构建高效课堂的真谛。

以教师为主导、以学生为主体，实际上也是高效课堂教学活动的两个主要方面，是矛盾对立统一的两个方面，两个方面共同作用，推动构建高效课堂向前发展。在高效课堂教学中，教师的主导是为了更好地发挥学生的主体作用。教师正确地导，学生主动地学，是实现教学目标的主要途径，两者是和谐统一的。在课堂教学中，教师是教学活动的设计者，始终是矛盾的主要方面，这就决定了教师的主导地位。而对学生来讲，其是学习的主体，应在教师的指导、帮助下进行学习，掌握基本知识、技术、技能、技巧等。由此可见，教师的主导作用与学生的主体作用是互为条件、辩证统一的，即主导是对主体的主导，而主体则是主导作用下的主体。

在实践中，许多教师没有正确理解二者的关系，将二者对立起来，认为要强调学生的主体地位，就得放弃老师的主导作用，以至于把一堂课上成了放羊式的课，教师完全放任不管学生的学习，学生的学习也处于混乱状态，学习的效果很差；或者认为要发挥教师的主导作用，就要树立教师的绝对权威，课堂僵化，教师讲得唾沫乱飞，学生学得恹恹欲睡，气氛沉闷，没有一点活力，这些观点都是错误的。应正确处理主导与主体的关系，不应把教师的主导作用与学生的主体作用完全对立起来，它们并不是非此即彼的关系。不能因强调学生的主体作用就过分放纵学生，忽视教师的主导作用，而是要注意教学相长，使教师与学生在宽松、和谐、民主、包容的教学环境中密切配合、共同提高。

高效课堂倡导的教师主导、学生主体的载体是训练，因此，构建高效课堂必须以训练为主线。教师的主导作用、学生的主体作用就是在师生互动、生生互动、生机互动的实践、练习中实现的。常言道，"授之以鱼，不如授之以渔"。要贯穿训练教学过程的始终，训练使学生能记忆理解所学知识；训练使学生提高分析问题、解决问题的能力；训练使学生提高概括能力、阅读能力、比较能力；训练使学生掌握基本知识、技术、技能、技巧；训练使学生形成高尚的道德情操和健康的审美情趣。在教学中，教师的主导作用发挥得越充分，就越能激发学生学习的积极性和主动性；而学生的主体地位越明确，就越能体现教师的主导作用。两者相辅相成，有利于全面提高教学质量，提高学生的素质。

钱梦龙先生曾经这样表述："学生为主体"是教学的根本立足点和出发点，着眼于"会学"；"教师为主导"则是把教师的作用定位于"导"，着眼于教师的"善导"。学生的"会学"和教师的"善导"在教学过程中是互动的，比如一个训练的过程——"训"就是教师的引导、指导，"练"就是学生的实践、操作，"训练"是教学过程中师生互动的基本形态。可以这样说，教学过程就是一个训练过程，就是教师、学生、技术手段在训练中的互动过程。在构建高效课堂的今天，"三为主"教学方法，仍然发挥着重要作用。

一、"教师主导"的内涵及其在教学实践中的运用策略

叶圣陶先生说过："教师之为教不在于全盘授予，而在于相机诱导。"而教师之导有诱导、引导、疏导、指导之分。善于诱导，变苦学为乐学；巧于引导，变死学为活学；妙于疏导，变难学为易学；精于指导，变学会为会学。这些处理得当的"导"都会提升学生学习的效果和学习的质量。叶圣陶先生还说过："所谓教师之主导作用，盖在善于引导启迪，俾学生自奋其力，自致其知，非谓教师滔滔讲说，学生默默聆听。"我们再追溯到 2500 多年前孔子关于启发式教学的精辟论述"不愤不启，不悱不发"，以及《学记》中所讲的"道而弗牵，强而弗抑，开而弗达，道而弗牵则和，强而弗抑则易，开而弗达则思，和易以思，可谓善喻矣"，意思是说教师要引导学生而不要牵着学生走，要鼓励学生而不要压抑他们，要为学生指明学习之径，而不是代替学生做出结论。引而弗牵，师生关系才能融洽、亲切；强而弗抑，学生学习时才会感到容易；开而弗达，学生才会真正开动脑筋思考。教师做到这些就可以说是善于诱导了。古人的教诲，言简意赅的言语比起后来者绕来绕去的"迷糊"理论更通俗易懂，其教育思想更具有历史的普适性，直到现在，这些思想依然放射出跨越时空的光辉。

可见，教师的主导作用，就是体现在教师要引导学生正确地学习，教会学生合理的学习方法，注重对学生能力的培养，对学生的全面发展进行规划和引导。落实在具体教学中，就需要转变传统的以教师为中心的教学方法，使教师由知识技能的传授者、教学的"主演＋导演＋演员"、"传道授业解惑"的知识传递者、学生学习的仲裁者，转变为学生知识建构、个性发展的引导者和促

进者。

作为引导者，教师的课前准备（即备课）必须认真仔细。教师要根据教学目标、教学内容、学生实际等，编制设计出每堂课的程序结构、实施方案，人们常说的导学案。教师要在上课前对整节课有个大概的构思，做到胸有成竹。教学方法的运用、教学思路的设计、知识技能的掌握以及对教材的理解能力、驾驭能力都能在导学案和教学过程中得到体现。特别是教师要精心设计问题情境，创造丰富的教学情境，引导学生质疑、探究、发现，促进良好学习氛围的形成，激发学生学习动机，培养其学习兴趣，充分调动学生学习的积极性。

案 例

阆中师范附属实验小学副校长、南充市学科带头人田春龙在参与高段社团小组"阆中古城交通现状调查与思考"科技实践活动中，要求学生星期五下午4点50分骑自行车经阆中古城牌坊到阆中中学，5点10分在阆中中学门口集合。事实上，阆中中学位于古城区西边，该时段为学生放学的时间，学生像潮水般涌上街头，加上街上游客很多，人们只能肩并肩地行走，又怎能骑自行车呢？执教者虽是步行，但在途中超过了所有骑车的同学，并按时到达，而骑车的同学都迟到了近10分钟。当他们赶到后，除了因迟到向老师致歉外，个个都流露出了委屈的神情，看到同学们既抱歉又委屈的样子，执教者告诉他们："难道你们没有注意到我们研究的课题就是古城交通现状吗？难道你们对老师的安排就没有一点质疑吗？"听完老师的话，学生紧张的心情放松了，并纷纷议论起来，其中一位学生举手说："老师，通过实地走一走、看一看、动一动、观察观察、体验体验，我认为你今天对出行的安排有问题，你为什么不让我们走路前往目的地呢？"另一位同学说："老师，我认为阆中中学的学生出入学校应该改道……"

【点评】就这样，在教师的引导下，学生探究的热情被点燃了，思维活跃起来了，提出的问题更多了，敢于质疑的能力得到了明显提高。该科技实践活动获阆中市科技进步奖，在四川省青少年科技创新大赛中获三等奖。

作为引导者，教师要注意教学的生成性。教师在教学过程中要注意引导学生掌握正确的学习方法。教师的教法服务于学生的学法，教师的教要符合学生学的规律，其主导作用要为促进学生主体作用的发挥服务。为了使学生身心都得到全面发展，教师要根据学生的个体差异合理地安排教学内容，使学生通过学习都能实现相应的进步。同时教师应讲究对学习方法的指导，注重教会学生理论与实践相结合的学习方法；另外也可通过引入其他学科知识与技能，培养学生自学能力。在上每一堂新课前，要让学生有目的地充分自学、尝试练习，从自学中发现问题，从自学中得到提高。教师的教学方式一定要服务于学生的学习方式，不能限制学生思考的方向，应强调理解而不是死记硬背，引导学生主动地、富有个性地学习。学问学问，顾名思义，是边学边问、边问边学，"学"贵在"问"，"一堂好课应当越讲问题越多"，教学过程应当是"从提出有答案的问题开始，到提出无答案的问题结束"。

案　例

四川省阆中市石子中心学校教导主任、南充市骨干教师、阆中市优秀中心教研组长曹文志执教九年级下册"反比例函数的图像和性质"时设计了以下"小"问题：

点 P 是反比例函数 $y=12/x$ 的像象上的一点，过点 P 分别向 x 轴、y 轴作垂线段 PA、PB，垂足分别为 A、B。则矩形 $OAPB$ 的面积为_____。

对于这个"小"问题，学生很快得出答案，但是，学生还迅速提出了很多预设以外的更深层次的问题，如"若点 P 开始运动，$OPAB$ 的面积会发生变化吗？"等。执教者静听学生提问，没有打断他们，而是顺势作了以下拓展：

拓展一：若点 P 在反比例函数 $y=12/x$ 的图像上运动，则矩形 $OAPB$ 的面积会变化吗？为什么？

根据原题和拓展一可以得出结论：反比例函数 $y=k/x$ 图像上任意取一点分别向两坐标轴作垂线，则两垂线与坐标轴所围成的矩形的面积为_____。

拓展二：点 P 是函数 $y=k/x$ 图像上的一点，过点 P 作 x 轴的垂线段 PA，垂足为 A，若△OAP 的面积为4，那么该函数的解析式是_____。

拓展三：点 P、C 是函数 $y=1/x$（$x>0$）图像上的任意两点，过点 P 作 x 轴的垂线段 PA，垂足为 A，过点 C 作 x 轴的垂线段 CD，垂足为 D，连接 OC 交 PA 于 E，则 $S△OAP$ 与 S 梯形 $CEAD$ 的大小关系是_____。

【点评】对于一些"小问题"，教师没有让学生浅尝辄止，而是引导学生在深刻理解题意的基础上生成一些更深层次的问题。这样，便能实现讲一题通一类，提高学生综合运用知识能力。该案例于2017年11月30日在四川省阆中市保宁片区"教研教改交流群"被公开分享，得到一致认可。

作为引导者，教师还应该指导学生充分利用课程资源，走出教科书、走出课堂、走出学校，走向生活、走向社会、走向大自然，在社会的大环境里学习、探索、求知。2005 年，钱学森感慨"为什么我们的学校总是培养不出杰出人才"，这是著名的"钱学森之问"。多年以来，中国教育界都在苦苦思索寻求"钱学森之问"的答案。"钱学森之问"对中国来说其实是一个"千古之问"，这"千古之问"告诫我们：脱离学生生活的知识是死的知识，若知识没有变成解决实际问题的能力，则只能说是"知道"。我们今天也在力求使教给学生的内容联系生活实际，但是这种与生活的联系仅仅是一种书本上的联系，学生缺乏对知识的实践、体验。传统教学中从概念到概念、从知识到知识的学习是不得已的选择，因此，我们必须引导学生走向生活、亲近自然，在社会中学习、探究。

作为促进者，教师必须给学生心理上的支持，采用多种适当的方式，给予学生心理上的安全感和精神上的鼓励，使学生的思维更加活跃，探索热情更加高涨。

作为促进者，教师必须做到及时反馈、激励肯定、赏识尊重，让学生充分享受成功的喜悦，同时指导学生对学习过程和结果进行评价，培养其自我实践和反思的能力。

 **案 例** ◯

四川省阆中市清泉中心学校教导主任张松执教"《世说新语》两则"时，鼓励学生 4 人组成一组，并在各小组设发言人，让大家运用智慧，根据课文注释，用自己的话进行翻译，且尽量不让学生有畏难情绪，以激发学生的积极性、主动性。结果，每个小组的学生在翻译时，都能用自己的语言表述文意。虽然有的不够流畅，但是老师还是会予以鼓励，如一同学在翻译"未若柳絮因风起"时说"不如柳絮被风吹起飘荡那样好"，另一同学在翻译"元方入门不顾"时说"元方走进门里不回头了"，等等，对于学生的这些翻译，老师予以纠正后都及时表示鼓励、肯定。老师说："很好，同学们说得真好。大家不用老师教，自学能力很强。"七年级学生刚入初中，很喜欢受表扬，一只只小手举得老高，没有发言的同学撅着小嘴巴，因此老师尽量让更多的学生发言，激发更多学生的积极性。很快，课文翻译这一环节就愉快地结束了，但老师注意到还有几个同学一直在当听众，不肯举手发言，或许是没有发言的机会，于是说了一句："下次，给你们这几位同学机会哟！"

【点评】执教者在课堂教学中时刻关注学生，肯定学生的优点和长处，始终让学生在"我是好孩子"的心态中学习、求知。

作为促进者，教师要引导学生积极运用创造性思维，引导学生实现个性发展。"没有个性就没有生命"，高效课堂尤其重视个性发展，重视每个学生的兴趣爱好和特长的培养。个性的核心是创造性，要培养学生的独立意识，使其有自己的创见，就要因材施教。一把钥匙开一把锁，我们在教学方法的选择上、练习的布置上要依据教材、学生的实际而定，不要让我们的学生来适应我们的教育，而要让我们的教育去适应我们的学生。教师在教学中要保护学生创造性思维的火花，珍惜学生的独立见解，鼓励学生质疑问难。陶行知说过："惟独从心里发出来的，才能达到心的深处。"奥地利教育家贝尔纳也曾强调："没有情感的教育不会成为成功的教育；没有情感的课堂不是成功的课堂。"因此，教师要尊重学生的人格，如提倡"七嘴八舌"和"流水发言"，充分信任学生，给学生提供发表不同见解的机会，激活学生的生活积累，引导、鼓励和督促学生表达自己的感受和体会；对学困生和潜能生更要关注，多与他们沟通，不挖苦、不歧视、不抛弃、不放弃，用真情关心、爱护他们，使他们真正感受到老师的爱，减轻他们因学业成绩不理想而造成的精神上的沉重压力，善于发现他们的闪光点，以促其建立自信，变"要我学"为"我要学"，在自信心与自主意识的驱动下，掌握学习的主动权，在广阔的时空中，展示个性、寻求发展、获得成功。所以，教师要重视营造民主、愉悦、平等、自由、和谐的教学氛围，做学生个性发展的促进者，让每位学生在民主的氛围中都得到尊重，都有发言权，使其积极进取，进而发挥自己的聪明才智。

 案　例

钱梦龙先生执教《故乡》一文，学生突然提出一个与课文主旨毫不相干的问题：跳鱼怎么会有青蛙似的两只脚呢？当时，钱梦龙老师是这样应对的：

师：是啊，鱼怎么会有脚呢？

生：有！

师：什么鱼啊？

生：（笑）娃娃鱼。

师：啊，你真是见多识广！我想跳鱼也有两只脚，可我没有看到过。你们看到过吗？

生：（齐）没有。

师：可是闰土就知道这种跳鱼，这说明了什么？

生：说明少年闰土见多识广，他"心里有无穷无尽的稀奇的事，都是我往常的朋友所不知道的"。

【感悟】面对学生突如其来的提问，钱梦龙先生充分发挥了教师的主导作用，有的放矢，从而收到了很好的效果。在课堂上，有些学生会提出一些古怪且与教学内容无关的问题，这时，教师不必急于回答，可以将问题抛给学生，通过引导，巧妙地把学生又拉回到课堂来。

课堂的理想状态是"畅"。球王贝利曾说过这么一段话：一个裁判的高明与否，不在于他在一场球赛中出了多少张牌，而在于他能否让比赛顺利、流畅地进行。教学亦然，看一位教师教学技能成熟与否，关键在于他能否将一堂课流畅地进行。这里的"流畅"不是指课堂的波澜不惊、顺利无阻，而是指他能在课堂呈现的"惊涛骇浪"中从容不迫地"乘风破浪"，这就需要教师充分发挥教学智慧。教学智慧表现在对课堂生成信息的倾听、整理、转化、运用上。若教师能有效使用教学信息，必定能让课堂化堵为疏、化险为夷，使课堂教学朝积极、有效的方向发展。这样，课堂会显得很"畅"，甚至能不断出现教学的精彩点和高潮。

案 例

四川省阆中市多维外国语学校教科室主任郑元强执教"元、角、分计算"一课，在教学接近尾声时，于活动中买了橡皮鸟的小朋友回到座位上，开始使劲地捏了起来。一时间，课堂上"鸟声"四起，而老师已经说了3遍"不要捏了"，可是，有的孩子依然捏着皮鸟。终于下课了，老师说："你们使劲捏吧。""鸟声"又响了起来……

【点评】案例中，执教者成了学生个性发展的促进者。如果能把这个促进者的角色落实到底，课堂也许会更加精彩、更加充满活力。试想：当孩子拿着橡皮鸟使劲捏个不停的时候，可不可以给孩子一点时间，让孩子一边捏一边计数，或让别的孩子也参与计数，这不也是在上进行计算的教学课吗？这样的因势利导，让孩子"捏"得愉快、自由，在快乐中学习；否则，孩子们表面上迫于教师的权威，停止了"捏"的动作，但是，他们手上还是紧紧拿着橡皮鸟，心里挂牵着橡皮鸟，总在想下课后可以无所顾忌地"捏"，那就是人在曹营心在汉了。

作为促进者，教师要精心设计训练活动。不同平常的教学环节，独具匠心的技巧设计，不仅能使学生爱学、乐学，而且可以让学生化知识为能力，收到事半功倍的效果。因此，在教学训练中，教师要精心设计，采用行之有效的方法和技巧，使学生把握要领，提高自己听、读、说、写、算的能力。为了使学生更好地领悟和运用技巧，教师要抓住训练中的点点滴滴加以归纳、综合、提炼，并在总结中引入科学的思维方法。

四川省阆中市保宁中学骨干教师席莉玫执教"一次函数"时，按梯度设计了以下一些训练活动：

1. 自主学习

（1）请写出下列问题中的函数关系式（先独立完成，再小组交流）

1）有人发现，在 20~25℃时蟋蟀每分钟鸣叫次数 c 与温度 t（单位：℃）有关，即 c 的值约是 t 的 7 倍与 35 的差。

2）一种计算成年人标准体重 G（单位：千克）的方法是，以厘米为单位量出其身高值 h，再减常数 105，所得的差是 G 的值。

3）某城市的市内电话的月收费为 y（单位：元），包括：月租 22 元，拨打电话 x 分钟的计时费（按 0.1 元/分钟收取）。

4）把一个长 10cm、宽 5cm 的长方形的长减少 x cm，其宽不变，长方形的面积 y（单位：cm^2）随 x 值的变化而变化。

2. 探究交流

（1）探究一：一次函数的概念

1）以上 4 个函数中，变量的系数、次数有什么共同特点？

2）如果用 y 表示函数，用 x 表示自变量，k 为自变量的倍数，b 为常数项，能不能用一个式子表达函数关系？

总结：一次函数的概念

一般的，形如 $y=kx+b$（k、b 是常数，$k \neq 0$）的函数，叫作一次函数。

特别，当 b=0 时，$y=kx+b$ 即 $y=kx$（常数 $k \neq 0$），所以正比例函数是一种特殊的一次函数。

练习：下列函数关系式中，那些是一次函数？哪些是正比例函数？

$$y=-x-4 \quad y=2\pi x \quad y=x^2 \quad y=\frac{1}{x}$$

$$y=5-4x+1 \quad 3x+2y=8 \quad y=kx+8$$

（2）探究二：一次函数的应用

已知函数 $y=(m+1)x+(m-1)$，当 m 取什么值时，y 是 x 的一次函数？当 m 取什么值时，y 是 x 的正比例函数？

【点评】上述案例中，每一组问题都是呈逐步递进的结构，上一个问题的解决为下一个问题的解决打开了一扇窗户。如此，使教学循序渐进，收到了很好的教学效果。该课在片区课堂教学竞赛中获得好评。

总之，肯定教师的主导作用并不意味否定学生在教学中的主体地位，学生的主体性是衡量教师主导作用发挥充分与否的重要标准。离开了学生的主体性，教师的主导作用就失去了主要内涵，失去了对象和归宿。那种只强调教师的主导作用并以此否定学生主体性的教师中心论显然是错误的。高效课堂强调人的发展，在人的潜能发展为人的现实素质的过程中起着中介的作用。教师只有在这个中介里，充当好引导者、促进者，才能达到高效课堂的目标：人的生动活泼、充分自由的发展。

二、"学生主体"的内涵及其在教学实践中的运用策略

主体性是现代教育最突出的特征。学生是教育的主体、教学的主体，更是学习的主体。主体性具体体现在学生的自主性、主动性、能动性、创造性等方面，这几项是确立学生主体性的依据和衡量标志。高效课堂强调要以学生发展为中心，重视学生的主体地位，确立学生在课堂学习中的主体地位。学生的学习是由智力因素和非智力因素共同作用而完成的，非智力因素包括学习的动机、情感、兴趣、意志等，这些因素能对学生的学习起到积极的促进作用，对学生主体性的发挥起着积极作用。受传统教学思想的影响，学生被置于客体地位，以致在教学观念、内容、方法乃至组织形式上都存在着阻碍学生主体性发展的弊端。传统的教学模式是以教师为中心的、以教材为中心，忽视学生非智力因素的作用，学生往往是被动地接受学习。这种思想在教学中的表现主要是：忽视学生的个体需求、忽视学生的个体差异、忽视因材施教。在这种模式下，学生的学习缺乏主观能动性，其学习兴趣很难被调动起来，其创造性思维被抑制，其个性得不到张扬，最终导致学生的片面发展。所以必须确立学生的主体地位，尊重学生的情感和需要，注重发挥学生学习的积极性和学习潜能，提高学生的学习能力，促进学生的全面发展。教师的"教"是为学生的"学"服务的。也就是说，如果不能很好地确立学生的主体地位，那么学生的全面发展在教学中势必得不到有效的落实。因此，具体到导学案构思、教学过程的设计上，必须立足于使每个学生更有效地学习来进行构思、设计。导学案、教学过程的构思、设计要从"学生主体，教师主导，训练主线，创新主旨"的基本原则出发，切实做到"诚心诚意把学生当主人，严肃严格地进行基本训练"。

要实现这个基本原则和要求，教师必须成为教学活动的参与者和组织者。

发挥学生的主体作用，要求教师必须作为参与者出现。新课程改革和高效课堂构建要求教师从居高临下、注重表演的传授者变为与学生共同建构教学过程的参与者。作为参与者，教师必须打破"教师中心"，切实以学生为主体，构建民主、平等、合作的教学生态，创设和谐的学习氛围。在这种条件下，学生自由表达和自主探究性学习才可能成为现实。教师要放下"师道尊严"的架子，从居高临下的权威者转变为与学生平等的共同参与者，和学生一道去探索真理的奥秘，与学生分享他们的感情和想法。教师不能只顾自己"导演"和"主演"，而应该把学生尊为"主人"。教师应自觉改变传统教学中"我讲你听"的教学模式。那种认为教师讲授得越充分、越精细就越好的思想必须纠正；那种认为学生只是被动听、做笔记，整个课堂越安静、越能跟着教师思维走就越好的观念必须转变。教师应尊重学生的个性，每一点进步和每一次闪光。

作为参与者，教师必须做一个谦虚的倾听者。全国课程专业委员会秘书长任长松在《探究式学习的18个原则》中提出了一个非常重要的教育理念——"倾听着的教育"，他认为"教育过程是教育者和受教育者相互倾听和应答的过程"，而在教育过程中"倾听不仅是一种工作手段更是教师的道德责任"。倾听，即全身心地听对方的意见和感受。通过倾听，教师可以感受学生生命的存在。作为传授者的教师，习惯于做"说话者"，他做了许多应该由学生做的事，由此丧失了倾听的机能；而作为参与者的教师，有时应该是个"沉默者"，"沉默是金"，教师的沉默，可以给学生留更多的空间和余地。教师要学会倾听学生的需求，倾听学生的情感，倾听学生的思想，倾听学生间的差异和区别，倾听学生与他人之间的关系。

新课程理念下的高效课堂教学，让教师从主宰课堂的位置上退了下来，让学生成为课堂的主体。教师只有善于关注、倾听学生，适时调整自己的教学行为，才有可能扮演好自身应扮演的角色。善于倾听是教师应有的品质，它意味着平等与尊重、专注与警觉、鉴赏与学习、执着和冷静、参与和体验；善于倾听，善于捕捉信息，善于抓住教育的切入点，是新时代教师最重要的基本功。建立以听觉为基础的交往模式，可以使教师了解学生的需要；可以使学生感受到被接纳，体会到自我的存在；可以使学生得到支持，体会到参与的喜悦；可以使教师发现学生的潜能；可以使学生在平等、理解的氛围中发挥创造性。倾听是师生平等交往的前提。高效课堂需要建立以听觉为基础的交往模式。

善于倾听重点在于教师要倾听学生发言背后的思想；他在想什么，为什么会这样想？他回答不上来，为什么回答不上来？即使学生说错了，教师也要分析一下他为什么错了，找出病因，对症下药。

案 例

对于一年级小朋友来说，教师善于倾听、及时应变显得尤为重要。四川省阆中市实验小学教科室主任、南充市骨干教师刘敏执教"两位数减一位数（退位）"时，抛出问题"52－8＝？"，并让孩子们先观察个位2减8能不能直接减。孩子们都明白2不能减8，教师马上抛出问题"不够减，怎么办？"于是，同学们沸腾起来，有的站起来，有的坐在那里吼起来，有的围成一团窃窃私语，提出"一个一个地减""把8分成4个2""把8分成2和6""把52分成5个10"等观点。执教者本以为通过小组合作探究，自己再细心引导就能取得很好的效果，但通过学生发言可以看出，虽然学生讨论表面上很热闹，但是大部分学生对于"算理"都不太明白。执教者静静地倾听每位学生的发言，然后，仔细思考一定要营造一种他们感兴趣的语言环境把"算理"描述出来。于是其用了这样一种方法，问："如果你们的铅笔没带够怎么办？"学生马上做出反应："借！"教师继续追问："2减8不够，它可以去借吗？"学生立即明白"当个位不够减时可以去借"。此时，执教者装出一副无奈的样子问："2应该找谁借？是找它的队友借呢还是找对手借呢？"学生马上明白"有困难找队友"。通过找队友完成计算，学生逐步明白"当个位不够减时向十位借"。至于借的是1个"1"还是1个"10"，学生理解起来相当困难。为了帮助孩子们理解，执教者便给十位和个位分别取了一个"小名"，个位叫作"个小弟"，十位叫作"十大叔"。然后执教者给他们讲了这样一则故事：一天，"个小弟"遇上了困难来找"十大叔"帮忙，"十大叔"特别热心大方地说："好吧，我手头很宽裕，所以我直接借给你1个'10'。"通过听这个小故事，孩子们终于明白了2向十位借到了1个"10"，于是就变成了12，现在就可以算出12－8＝4。接下来难点又来了，有的学生就直接计算为54了。于是教师就这样引导：小朋友借别人东西要说"谢谢"，大人借别人东西要写"借条"，所以"个小弟"向"十大叔"借数字的时候也要有标记，那就是在"十大叔"的头上画一个小点，当我们看到这个小点的时候就要想，"十大叔"原来有5个"10"，借了1个"10"给"个小弟"，所以现在就只有4个"10"了，因此答案是44还是54呢？如此，学生终于明白了退位减法的算理。

【点评】执教者在倾听的基础上，找出学生错误的原因，并引导学生，让学生自主订正。当学生面对不容易理解的知识和无法解决的问题时，老师要尽量选用充满童真、童趣的语言帮助他们进行理解。

如何去倾听呢？第一，教师要有倾听的意识。任何教学行为都是由一定的理念指导的。所以，教师要更新理念，舍得放权，让学生多说，时时想到自己是参与者、组织者、引领者、合作者、研究者，自己说得再多也不算有效果，只有学生会说了，学生得到发展了，才是课堂教学的最终目的。

帕系玛曾说过："专心倾听是一件不容易做到的事情——它在某种程度上耗费着我们的心智，令我们身心疲惫，也令我们大为震惊，但当我们克制住自己进行权威判定的冲动时，这件事情也就容易做到了，一旦我克制住内心想说的话，只要一小会儿，我就可以全心接受外部的讨论。"由此可见，倾听的第一要义在于接纳或者说是悦纳。因为，一个有着悦纳心态的人，才是对生活最负责任的人。教师对学生诉说的接纳、悦纳，就是给学生表达的机会，允许学生有不同的意见和看法，鼓励学生探寻富有个性的表达方式和内容，耐心地听其不太简练、不太清晰、不太连贯的表述，并给予其支持、帮助、鼓励。教师对学生的接纳、悦纳是基于对学生的理解与尊重，即教师必须以平等的态度对待学生。只有平等地对待学生，才能真正接纳、悦纳；只有接纳、悦纳才能真正实现师生的平等。

第二，教师要沉得住气。学生发言时，要让学生说完，千万不要急于打断学生的发言；学生发言时，教师要注视说话的学生，将注意力始终集中在学生所说的内容上，在学生尚未阐述清楚观点时，切莫随意发表自己的看法，不要打断学生的思路。

好的教师应当是机敏的倾听者。教师在倾听学生讲述时不应该一味保持沉默，应从学生的发言中了解其确切的意思，要努力了解发言者言论中的关键点，并依据学生的情况和自己对所讨论问题的理解进行判断，同时还要与发言者进行目光、肢体的交流，必要时还要用提问或确认的方式理清思路，并对有效部分及时记录。

在学生的表述中，也会有不和谐的、幼稚的声音，甚至是"杂音"，如何对待它们，这是对教师倾听能力的考验。

 **案 例**

四川省阆中市保宁教育督导责任区督学、高级教师蒲芝斌回忆说，他曾经在阆中市东兴乡中心校教授初中语文。有一次，他讲授《陌上桑》的"但坐观罗敷"，当他问学生"为什么青少年、老年人、行者、耕者这么多人见到罗敷以后，都不约而同地停下脚步去'观罗敷'，这说明了什么呢？"时，一个坐在教室最后一排的看起来吊儿郎当的高个子学生慢悠悠地斜身站起身说："他们

一定是好色鬼!"课堂秩序混乱了,男同学哈哈大笑,不敢笑出声来的女生也趴下脑袋窃窃私语。老师顿时怒火中烧,很想发火。但是他还是冷静下来,努力克制住自己的情绪,并一再要求自己接纳这个声音。他在黑板上快速写下"好色"二字,并在"好"字下加上了着重号。接着,他问这名"发难"的学生:"好"字有哪几种读音?分别可以组成些什么词语?再让同学们朗读"好读书、读好书、读书好",反复读,就这样,从"好"的读音到"好"字的用法,从爱美之心人皆有之到"好色"一说的错误所在,被他分析得清晰而透彻,使原本趋于混乱的课堂变成精彩一堂课,从而十分顺利地完成了教学任务。

【点评】该老师为什么没发火?事后,他谈到,由于学生经历不同、思想状况不同、学习基础不同,他们课堂上的发言也绝对不会"异口同声"。教师要做到因人而异、因时而异、因材施教、因生而变,要真正以朋友的身份出现在学生面前。这样,师生之间才能平等,学生才能向老师敞开心扉,向老师毫无保留地讲述自己的喜怒哀乐,说出埋藏心底的悄悄话、知心话。同时,教师要有处理这些"杂音"的技巧,充分利用遣词造句,将之与生活相结合,并渗之以道德品质教育,引导学生形成正确的品质。

第三,教师要适时进行点拨。教师要经常用点头、微笑、轻拍学生肩膀、轻摸学生脑袋等方式表明自己一直在注意听。即使学生说错了,教师也要保持专注和尊重的心态,同时适时地加入一些表示自己听清楚了的话,如"是吗?""我明白了""哦!原来如此!"等。经常用"接着说""后来呢?""以后呢"等语言激励学生往深处思考。

倾听,不是教师单方面的行为,它是师生交往活动中的一部分;倾听也不仅仅是对说话声音的捕捉,它还是师生心灵之间的沟通。因此,教师一味地"静听",是不能完全听懂学生的心声的。雅斯贝尔斯说:"人与人的交往是双方的对话和敞开,这种我与你的关系是人类历史文化的核心。可以说,任何中断这种我和你的对话关系的行为,均会使人类萎缩。"教育作为一种培养人的社会实践活动,是不允许有旁观者的,它要求师生主动参与。教师,作为一个参与者、引领者,既要注意倾听,又要以一种伙伴的身份参与到学生的学习活动之中,在活动中了解学生的需要,在活动中引导学生生成自我。

 案 例

四川省阆中市城北小学教导主任赵华北说:"我接触高效课堂以来,最大

的感受是师生关系的转变。课上、课后，学生和教师的接触非常密切，可以就各种话题进行交流，实现心灵之间的真诚沟通。有一次，我跟学生一起玩双杠，学生们不知道我原本就是体育专业毕业的，曾经还上过体育课，因此，在他们看到数学老师会玩双杠时，显得很开心。这样，教师和学生之间的'墙'被推倒了，学生可以大胆提问、大胆质疑。当我碰上不能立即解决的问题时，我可以大胆地说：'我也不太清楚，咱们一起研究吧。'"

【点评】 教师以伙伴、朋友的身份与学生交往、交谈，在课堂上做到心灵的无痕沟通，就能对学生的发言进行及时点拨、指导，就能和学生一起探讨，使学生愉快地接受、愉快地探究。

第四，教师课前应该精心准备。教师在备课时应钻研教材，分析学生可能会产生哪些想法。只有做到课前心中有数，在课堂上才能胸有成竹、游刃有余。

高效课堂强调自主、合作、探究的学习方式，这既是一种学习方式的变革，还能有效促进教师教学方式的转变，更能有效促进以学生为主体的观念落地生根。作为人师者，教师一直在勉励自己："想要给学生一碗水，教师就要有一桶水。"直到现在，我们也不能说这句话是错误的，但其有着一定程度上的传统的、灌输式的教学思想。值得我们教育工作者思考的是，一桶水到底有多少碗？即使再大的桶的容量也是有限的，绝不会是"取之不尽、用之不竭"的。还有，新课程标准重视了学科知识的交叉、整合和渗透，这对于向来认为"隔行如隔山"的学科型教师来说，的确是一个挑战。要解决这些疑难，教师必须转变观念、转变角色，从一个教人者转变为学习者，转变为和学生并肩的共同探究者，在与学生一起开展共同探究中实现教学相长、师生共同成长。

 案 例

阆中市文成镇中心学校教导主任陈小玲执教地理课"天气与气候"。当教师与学生共同探究"认识常见的天气符号，动手绘制"的时候，学生们认识的符号不但有"晴""阴""多云"，还把雨天分类为"大雨""小雨""中雨""暴雨"，把雪天分为"雨夹雪""大雪""小雪""中雪"等，其绘制图也非常形象。而教师却一时忘记了"霜冻"的符号。毫无疑问，学生们占有的资料远比教师占有的多得多。于是，教师放下了"师道尊严"的架子，虚心地融入学生中间说道："哦，他是从网上学到的，你是从《百科知识》上学到的，他是在美术课上学简笔画时学到的，对于很多知识老师知道的还不如你们知道得

多啊。"

【点评】通过和同学们一起探究，老师也学到了很多新知识，因为老师把学生真正当成了课堂的主人，以他们为主体。否则，课堂不会这么精彩。

事实上，教师比学生知道得多的时代已经过去了。如果教师再去维护所谓的"师道尊严"地位，只能被高效课堂无情地淘汰。

发挥学生的主体作用，要求教师必须作为组织者出现。以往的教师是高高在上的管理者，他们或多或少有着这样的观念：学生本来就是不懂事的，学生本来就需要教师的管教，教师和学生的关系是管与被管的关系，而不是平等、民主的关系；服从管理的是好学生，不听话的是坏学生，等等。就在这样的"管理""管教"中，培养了一批批平庸的"标准件"。新课改和高效课堂要求教师成为引导学生主动参与的组织者，必须把学生作为课堂的主人，明确学生才是教学的主体。这里所说的组织者，好比谈话节目的主持人，而不能像维持纪律、不断给人施加压力的监工。

作为主持人，教师的首要任务是营造一个宽松的课堂氛围，创设一个能引导学生主动参与的教育环境。研究表明，学生 80％的学习困难情况与压力过重有关，解除这些压力，明显有利于学生学习效率的提高和创造潜能的开发。当学生处于轻松愉快的状态时，视觉、味觉、嗅觉、听觉、触觉就更会灵敏，记忆力会大大增强，想象力会更加丰富，学习效率会大大提高，学习潜力被更大程度地发挥。

对教师来说，其是否能够为学生营造宽松愉悦的成长环境，从某种意义上来说，比自身的学识是否渊博更为重要。当然，宽松并非不要纪律，不要学校的管理规则和行为规范。教师要在营造宽松愉悦的环境的同时，让学生成为能够对自己的行为负责的人。教师要引导学生参与制定制度，参与管理过程，参与结果评定，使学生产生责任心和使命感，从他律走向自律，从自律走向自觉，走向成熟，走向成人、成才、成功。

作为组织者，教师必须做一个真诚的赏识者。美国心理学家威廉·詹姆斯说过："人性最深刻的原则就是希望别人对自己加以赏识。"作为教师，应该也必须做到对学生多一点鼓励、少一点批评，多一点肯定、少一点否定，多一点关爱、少一点冷漠，让赏识和爱与教学同行。在高效课堂中，要重视和赏识孩子，这是每个教师都应明白的道理。

文利作业评价法是四川省阆中师范附属实验小学教师、阆中市小学语文教学名师、学科专家组成员文利在小学语文课堂教学实践中总结出来的行之有效的作业评价法。

其一，"图章＋语言"激励法

文老师巧妙地利用孩子喜爱卡通人物的特点，购买或自制适合本班不同层次学生使用的卡通图章，如有"喜洋洋""美羊羊""机器猫"等精美图案的图章，再配以"你真棒""非常优秀""值得表扬""加油""别灰心"等温馨的语言，创造出学生作业评价的新方法。

其二，"贴纸"及时奖励法

当孩子们在课堂上有了精彩的回答，有了自己独特的思考和见解时，当他们战胜了自己，勇敢举起了小手时，文老师都会当场在他们的语文书上贴一张漂亮的贴纸，让他们受到鼓舞，从而获得自信。

【点评】这种对小学低段学生的书面和口头作业予以生动形象评价的方式，让学生始终处于一种对作业高度关注的情绪之中，提高了学生的自我认识、自我教育的能力，激发了他们主动发展的内在动力。

批改作业是教师教学过程中的一个必不可少的环节。恰当的作业评价能激发学生的学习热情和自信心。笔者在网上收集了一份互动式评语，值得玩味，其语言生动活泼，值得借鉴。

（1）这本书我也看了很多遍，咱们可以交流一下。

（2）你的文章让我得到启示，谢谢你！

（3）向你学习！

（4）看你的作业，总能给我的教学带来启发。

（5）共同努力，共同进步！

（6）你的努力让我感受到力量！

（7）我喜欢你对学习的专注，它能影响我！

（8）从你身上，我学到了默默无闻的奋斗！

（9）这则笔记，让我明白了做人的道理，谢谢你！

（10）富有童趣的语言，让我也变得年轻！

老子曾说过："天下难事必作于易，天下大事必作于细。"教育也是如此，课堂无小事，事事皆教育。只有重视细节教育，重视每个教育细节，才能取得很高的课堂效率、良好的教育实效。

教师要成为每一个学生的赏识者，就要关注每一个学生，关注每一个学生的每一件"小事"。既要关注和赏识学生对知识的掌握和技能的提高，又要关注和赏识学生学习的过程与方法，还要关注和赏识学生在情感态度与价值观等方面的积极表现。只有这样，才能实现高效课堂的目的：促进学生个性的发展，促进学生全面发展。

三、"训练主线"的内涵及其在教学实践中的运用策略

前些年，教学中应试式的"操练"层出不穷，对学校的正常教育造成了一定的干扰和冲击，以至于人们迁怒于"训练"，在"训练"和应试式的"操练"之间画上了等号。于是，"训练"在一片反对应试教育的声浪中也被人们否定了。结果是，应试教育依然如故，正常的训练却受到了"不白之冤"。

其实，教育本身就是训练。学生健全人格的塑造，良好品德和习惯的养成，知识的获得，能力的培养，智力的开发等，都离不开训练。比如，数学学科对学生的能力要求中最基本的是计算能力、逻辑思维能力、空间想象能力、解决实际问题的能力以及动手操作能力，这决定了数学学科必须以训练为主线。

 案 例

四川省阆中市保宁中学副校长、阆中市初中数学学科专家、初中数学名师坊坊主、阆中市"十佳教学能手"、南充市学科带头人、四川省优秀教师李蓉指导该校教师王凤鸣执教"生活中的轴对称"时，就充分重视训练，在训练中体现出教师主导、学生主体，使学生能力得到了提升。以下为活动片段：

1. 看一看

在初步体会了对称美之后，揭示课题，带领学生一起探究对称美。探究之初，教师以蝴蝶动画演示折叠过程，引导学生观察图形并用简洁的语言总结其特征。

2. 折一折

让学生动手折五角星，感知轴对称图形的特征。对学生的回答给予肯定。之后，由学生自行总结概念：如果一个图形沿着某一条直线对折后，直线两边的部分能够完全重合，那么这个图形叫作轴对称图形，这条直线叫作对称轴。

3. 说一说

列举生活中的轴对称图形。

4. 试一试

引导学生判断几种常见的几何图形是否是轴对称图形，并指出轴对称图形的对称轴。

5. 想一想

让学生思考并回答：轴对称图形的对应线段（对折后重合的线段）相等，对应角（对折后重合的角）相等。

【点评】以形式多样的训练活动，创设促进学生自主探究的学习环境，调动学生的主动性和积极性，使学生充分体验到学习是一件快乐的事情。该堂课在四川省第十三届初中教育教学改革研究共同体研讨会上获得专家的好评。

又如，物理学是以实验为基础的自然科学，观察和实验是物理学的基本方法之一。因此，物理学的课堂教学要通过开展观察、实验、演算等以训练为主的活动，培养学生的观察、实验能力，这是教育工作者不可忽视的。又如，化学学科是自然科学的中心学科。生动有趣的化学实验，是学生的化学认识形成的基础。没有这个基础，学生学到的化学知识只能是无源之水、无本之木；没有这个基础，就会背离化学学习的正确方向，学生非但不能获得知识，不能形成基本的技能，而且也不能形成对于化学的正确观念和掌握科学的方法。因此，化学学科教学必须以实验训练为主线进行，这是不容置疑的。再如，音乐学科是实践性很强的学科，独立识谱、视唱乐谱、演奏乐器等音乐知识、音乐基本技能的获得，取决于反复训练、反复实践，因此音乐教学必须以训练为主线，不可含糊。再如，在美术教学中要提高学生的绘画能力、工艺制作能力、创造能力，没有一以贯之的训练活动，是不能实现，这也不可含糊。再如，体育教学多数时间在户外进行，而且是在教、学、练统一完成任务的。在训练中，学生的思维活跃，感性胜于理性，其内心深处平时掩埋着的一些东西也会毫无保留地表露出来。教师应抓住时机进行教育和疏导，就一定会事半功倍，取得最佳效果。可见，很多学科，以训练为主线是必需的。

 案 例

"优差分别展评法"，让美术课的训练更加精彩

四川省阆中师范附属实验小学美术教师，阆中市名优教师、十佳教学能

手、十佳教学技能标兵，名师坊名师张炳俊在美术教学中，针对课时少、教室空间小、展示时间较短的问题，探索出"优差分别展评法"，让美术课的训练更加精彩。例如，在执教四年级下册"用彩墨画鱼"和"动物的脸"中，执教者让部分差生参观了前一节课的执教彩墨鱼的作品，并谈谈自己的想法。学生都说这些鱼画得太好看了，执教者趁机鼓励他们"下节课我们还要画更多有趣的动物的脸，你们想画吗?"果然，在下一节美术课中，他们把材料都带齐了，作画也相当认真。一张张可爱的动物的脸呈现在大家面前，让老师、同学惊喜不已。

【点评】采用这种方式的目的是让平时被忽视、没有机会展示自己的学生走到前台，在优秀学生及优秀作业的带动下，逐渐树立信心，激发兴趣，提高训练的速度和质量。这种方式可让优秀者更优秀，让中间者不平凡，让差生快速进步。

就连以前常被边缘化的思品学科、历史学科也一样，要以训练为主线。思品学科教师要引导学生养成良好的道德品质和文明的行为习惯，必须反复摆事实讲道理，以理服人；反复启发，引导学生明理；反复疏导，使学生实现内化；反复树立正面典型，言传身教。这就是训练，而且是强化训练。历史课教师要引导学生掌握重要的历史史实、概念和线索，感悟中华文明的历史价值和现实意义；也要让其通过多种途径，反复感知历史；反复引导学生从当时的历史条件理解历史中的人和事；反复分析、概括、综合、比较，形成历史观念，进而认识历史发展的时代特征和基本趋势。这反复的过程，就是强化训练的过程。

 案 例

思品课"把握两个环节，落实以训练为主线"

四川省特级教师、教学名师，四川省阆中师范附属实验小学校长席筠梅按"激活训练，问题小结—反思总结问题，推荐作业，指导创造—实践创新问题"的模式，落实思品课以训练为主线的方法。

在问题解决环节完成之后，对学习过程进行总结，师与生、生与生共同分享学习、探究、讨论、辨析等快乐学习过程中的小故事，从而加深学生对学习过程的印象，这有助于学生良好学习习惯的保持。然后，教师根据教材要求，

改布置作业的方式为推荐作业的方式。

【点评】对训练的内容、形式、手段、时机以及训练的"度"等要素作整体设计，形成一条连贯的训练主线，有助于提高学生的认知能力，有利于更好地规范学生日常行为。

然而，最容易被忽视的是语文学科。《小学语文新课程标准（最新修订版）》指出，语文教学的根本目的是"激发和培育学生热爱祖国语文的思想感情，引导学生丰富语言的积累，培养语感，发展思维，初步掌握学习语文的基本方法，养成良好的学习习惯，使他们具有适应实际需要的识字写字能力、阅读能力、写作能力、口语交际能力，正确地理解和运用祖国语文。同时，语文课程还应通过优秀文化的熏陶感染，提高学生的思想道德修养和审美情趣，使他们逐步形成良好的个性和健全的人格，促进德、智、体、美诸方面的和谐发展。"说到底，就是要培养学生的听说读写能力。语文能力不是一朝一夕形成的，要通过反复的训练才能练就，没有一种能力不是通过反复训练而获得的。

这足以说明，语文学科的实践性很强。学生要学会阅读、学会作文、学会听说，并通过读、写、听、说的实践提高自己的语文素养，不能须臾离开训练。排斥训练，无异于抽空语文教学的内容，使语文课程变成一个徒有其表的"空壳"，结果必然是严重降低语文教学的质量。叶圣陶先生生前与语文教师谈论语文教学，一直强调训练的重要，他说："学生须能读书，须能作文，故特设语文课以训练之。最终目的为：自能读书，不待老师讲；自能作文，不待老师改。教师之训练必做到此亮点，乃为教学之成功。"（《语文教育书简》）可见，叶老把训练提到了判断教学是否成功的关键位置。事实上，忽视语文训练的不良后果如今已经很明显了：学生不爱读书、不会读书，有的学生甚至完全不读书，这已成为很普遍的现象。如果允许这种现象继续存在下去，其负面影响恐怕不仅仅是学生语文素养的降低而已。

章熊先生曾指出"名家名篇＋科学训练方法＝语文教学科学化"，把"科学训练方法"作为语文教学科学化的重要内涵。叶圣陶先生在《探讨语文教学问题要重视调查研究》中指出，"特别需要调查和研究的是语文训练的项目和步骤"，强调语文能力训练的重要性。语文教学肩负着语言训练、思维训练和情感熏陶等多重任务，对学生进行严格的语文训练，有效地提高学生实际运用语文的能力，是语文教学的根本任务。钱梦龙先生"以训练为主线"的思想正是抓住了语文教学的牛鼻子。语文教学就是要以"训练"为抓手，让学生反复训练，并将之贯穿课堂教学的始终。无论是感知、理解、记忆，还是运用知识的正确性、熟练性、独立性和全面性，都离不开反复的训练。这样，学生才能找到语文学习的门径，才能养成语文学习的习惯，才能实现语文综合能力的提高。语文教学中否定训练的做法，实际上是对语文学科工具性的抹杀，是对语文教学根本任务的歪曲。

那么，要训练什么？应怎样训练呢？

关于"训练什么"，上海师范大学吴中豪先生说过，理解文本内容的训练应该有两条径，一是通过文字符号理解文本旨意，即课文"说什么"；二是理解文本的表达形式，即课文"怎么说"。但是，在当下的语文教学实践中，许多老师把理解课文内容当作教学、训练的重点，因此，出现了把语文课上成了思品课、社会课、历史课等倾向，至于"怎么说"则被完全忽视了。语文课固然要求学生理解文本内容，但是理解内容并不是主要训练目标，语文课训练的主要目标是理解文本语言及其表达形式。他同时强调，"理解"是前提，"积累"是基础，然而学语言终极目的是"表达"。因而，运用文本语言的表达训练应该成为语文训练的重点。完整的语言学习过程应该由语言的"输入"（理解、记忆）和语言的"输出"（运用、表达）两个环节构成，如果没有语言的输出，想要真正掌握一门语言是根本不可能的。理解、积累、表达是语文训练的 3 个维度，也就是训练的重要内容。崔峦先生认为语文教学训练的内容应当包括激发学生的学习兴趣，培养学生学习语文的习惯，识字、写字训练，朗读训练，写作训练等。因此，要把语文课上成语言文字训练课，以读为基础，以读为目的。语文课若离开了读，就不能成为语文课了。初读要做到读准读通，了解课文大意，理清文章脉络；熟读应做到品味语言、体会情感、感悟形象；品读要做到赏析与反思、完善与修正相结合，将读写训练相结合，实现读以致用，学以致用，活学活用，表达自己的真情实感。

关于"怎样训练"，这实质上是一个怎样处理好教学过程中师生互动关系的问题。老师在进入教学环节之前，首先，必须真心实意地确认学生的主体地位，把学习的自主权还给学生，尊重每个学生独特的学习体验，而不是越俎代庖，把自己认知的结果强加给学生；其次，必须真正把自己的作用定位于"导"，就是千方百计使学生自求得之，就是引导、诱导、开导、疏导、指导、辅导，也就是只能因势利导，使自己的"导"成为强化学生主体地位的必要条件，而不是削弱或取代学生的主体地位。这样的师生互动，必定是生动活泼且有效的，甚至是高效的。

按照"以学生为主体"的理念，语文教师要重视教读之前的学生自读。自读不是预习，而是一种以培养自读能力为目标的阅读训练方式。教师可以要求学生在自读中借助工具书，如《新华字典》《现代汉语词典》《古汉语常用字字典》、网络资料和课文注释等，按照阅读文章"由表及里"的思路进入文本，揣摩作者思想，理解文章主旨，品味文章语言，以及质疑问难，等等。就是说，教师在教读之前，学生须对文本已经有初步的理解，老师的教读则在学生自读的基础上进行。通过师生交流、生生交流，使学生的体会浅者深之、误者正之、疑者解之，进而领悟读书之法。可见，教一篇课文的目的不是"教懂文章"，而是"教会阅读"。

 案 例

四川省阆中市保宁教育督导责任区党总支书记、主任，四川省"新长征突击手"，阆中市"十佳教育工作者"岳大辉曾经执教《狼》一文，他先让学生自读文本，在自读中发现问题，然后在教读课上提出来，由全班一起讨论解决：

生：（读全文）一屠晚归……

师：这几个地方要注意一下阅读的问题。"少时，一狼径去"，是"jìng"去，不是"jìn"去。"其一犬坐于前"，"在其一"后面打一个斜线，这儿要停一下，不能读为"其一犬"，因为这里的意思不是"一只狗"，是"其一像狗一样坐在前面"。

（生自由读）

师：好，读完了。我们来把第四段齐读一下，要读出情景。"少时，一狼径去"，起。——

生：（齐）少时，一狼径去……亦毙之。

师：没有读出屠户的勇敢。（师示范读）"屠暴起，以刀劈狼首"，这才体现了屠户在紧张的情况下的自救。再来，"少时，一狼径去，其一犬坐于前"，读起。

生：（齐）少时，一狼径去，其一犬坐于前。

师："犬"的意思是——

生：狗。

另一生：不对，怎么会是狗呢？

师：哦，"犬坐于前"，这个故事中没有狗啊，怎么又出现"犬"了呢？

生：不是"狗"，是"像狗一样"。

师：哦。"犬坐于前"的意思是"像狗一样坐在前面"，那"犬牙交错"什么意思呢？考考大家聪不聪明。

生：狗的牙齿交错着。

师：对吗？再想想，联系"犬坐于前"。

生：像狗牙那样交错。

师：真聪明！

师：弄懂了意思，就不会读错了。来，让我们把这个难句按正确的停顿方式读出来。

（师指导学生反复读）

师："洞"的意思是——

生：打洞。

师："隧"的意思是——

生：钻洞。

师：这两个词都是名词，在这里作动词用为打洞、钻洞。那么"止"呢，在这里是什么意思？……这4个词的用法，叫作特殊用法。把它记在旁边，用一个符号，注明是特殊用法。还有4个字，要在下面做记号。它们在第四段里面。"一狼径去"的"去"是什么意思？

生：离开，走开。

师："屠自后断其股"的"股"是什么意思？

生：大腿。

师："乃悟前狼假寐，盖以诱敌"的"盖"是什么意思？

生：原来。

师：对，"盖"是"原来"的意思。最后一个字——"止增笑耳"的"耳"，在这儿是什么意思呢？

生：笑料。

师：不。"止增笑耳"的"笑"是"笑料"，那么"耳"呢？它相当于"罢了"，是一个语气词。因此你们读的时候就不能读成"止增笑耳"（耳重读），不是"笑的耳朵"啊。"止增笑耳"的意思是"只不过是增加笑料罢了"，"耳"要读得很轻。这4个字，是古今意义区别很大的字。关于古今异义，文中还有2个词。"少时"是什么意思？

生：一会儿。

师：那么"顷刻"呢？

生：一会儿。

师：我建议大家把它们解释为"很短的时间"。两个"一会儿""顷刻"的时间要更短一些。"几何哉"的"几何"，是什么意思？

生：多少。

【点评】这个教例展示了一个训练的过程，在这个过程中，问题是学生提出来的，解决问题也主要靠学生的努力，但教师在学生讨论问题的过程中穿针引线、随机点拨的行为也清晰可见。

设计问题，是训练活动的一个重要方面，也是教师的一项基本功。美国心理学家布鲁纳曾说过："教学过程是一种提出问题与解决问题的持续不断的活动。"课堂提问是教师组织课堂教学的重要手段，优质的问题有助于激发学生的学习兴趣，激活学生的思维，提高课堂教学效率，减轻学生课业负担。

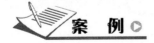 案 例

四川省阆中市民族小学教师、南充市骨干教师袁雪梅在执教《夏洛的网》导读课时，为了测试学生平时是否有阅读自己喜爱的课外书，便从学生熟悉的作品入手，适度提问。

生：我们相信袁老师的课一定丰富有趣，我们期待这堂课。

师：你给老师提出了更高的要求。故事中有这样一个小女孩，她总爱戴着一顶小红帽，她出自哪个故事？

生：《小红帽》。

师：了不起的孩子，你的确读过不少书。再听一个，故事中有一位美丽的公主……

生：《白雪公主》。

师：你们只读过一个有关公主的故事吗？想想如果故事中有一位美丽的公主，还会是什么故事？

生：《睡美人》《灰姑娘》。

师：灰姑娘是公主吗？

生：《海的女儿》。

师：接着往下听，看看这到底是谁。故事中有一个恶毒的皇后，还有 7 个非常可爱的小矮人，是哪个故事呢？

生：《白雪公主》。

师：这才能充分验证了你的想法，是《白雪公主》。前面是两个女孩子的故事，我们来听听男孩子的故事。故事中有一个可爱的小木偶，它一说谎，鼻子就会变得长长的，你们知道这是哪个故事吗？

生：《木偶奇遇记》。

师：故事中的小木偶是谁呢？

生：匹诺曹。

师：再说一个我小时候没有读过的故事。有一个男孩子，他特别没脑子，

修了一座几十层的楼房，却没有修电梯；故事中还有一个小男孩，一天到晚不高兴，他扮演《武松打虎》中的老虎，因为不高兴自己被"打死"，故意在演出时让"武松"就是打不死他，你们知道这是哪个故事吗？

生：《没头脑和不高兴》。

【点评】这样提问，比起直接问学生"你们读过哪些故事""故事写了什么"，更能帮助教师了解学生的课外阅读情况，也为下面了解译者任溶溶做好铺垫，因为这些作品中既有他的创作，也有他翻译的经典之作。执教者采用这个方法，巧妙地帮助学生对译者由"陌生"转为"熟悉"。

在某些展示课上，常常可以看到老师的提问不是为了启发学生思考，而只是为了从学生嘴里"掏"出一个预期的答案，这个答案其实早已被编入其课前制成的 PPT 之中，这种所谓的提问只是诱使学生进入老师预设的"圈套"而已。

此外，教师要重视指导学生自己发现问题、提出问题，这是训练活动的另一个重要方面。高效课堂都是建立在学生提问的基础上的。朱熹认为"读书无疑者，须教有疑，有疑者，却要无疑，到这里方是长进"。鼓励学生质疑、提问，就是让学生经历"无疑—有疑—无疑"的读书长进的过程。经常进行这样的训练，学生提问的水平就会逐渐提高，而学生提问水平的提高意味着其阅读能力的提高。

 案 例 ◉

四川省阆中师范附属实验小学教师、阆中市保宁教育督导责任区督学李睿执教《卖火柴的小女孩》一文时，在"课前采访"和"谈感受"环节，其唯一的要求就是要学生发现问题、提出问题。

师：同学们，上课前老师想采访一下大家，你们的大年夜是怎么过的？

生1：和远方来的亲戚伙伴聚会。

生2：吃好多好吃的东西。

生3：穿新衣服和家里人一起看"春节联欢晚会"。

生4：尽情地放烟花。

生5：得到很多很多压岁钱和零花钱。

……

师：同学们，你们的大年夜过得可真幸福呀！可你们知道吗？在遥远的丹麦有个卖火柴的小女孩，她在大年夜却要光着头、赤着脚去卖火柴。大家想知道这是怎么回事吗？

生1：想！

生2：太想知道了！

生（齐）：想知道！

师：好！那就让我们一起走近这个小女孩吧！（播放课件并配上音乐）请同学们认真地看课件，听音乐，听完后说说你的感受。

生1：太不可思议了，那么冷的天，她居然光着脚，她太可怜了。

生2：街上又黑又冷，她怎么不回家呀？天这么黑，要是别人欺负她该怎么办呀？太可怜了。

生3：她穿得那么少，而且衣服上都是补丁连着补丁，我很同情她。

生4：此时此刻，我觉得自己太幸福了，和小女孩相比，真是一个在天，一个在地呀！

……

生6：老师，小女孩家那么穷，没有吃又没有穿，她的小脚怎么还长得胖乎乎的？

师：是呀！这个小女孩的脚的确有点胖，小张同学观察得真仔细。谁能帮她解决这个问题呢？大家讨论讨论。

（顿时课堂沸腾起来，过了几分钟陆续有几个学生站了起来。）

生1：老师，我们经过讨论，认为这么冷的天，又下着雪，而小女孩却光着脚，那双脚可能是被冻肿了，她太可怜了。

生2：而且书上不是也说了吗？"一双小脚被冻得红一块、青一块的"。我真想拿一双棉鞋给她。

生3：老师我们这一组也是这样认为的，而且，我自己也是每到冬天手和脚都会长冻疮，都会肿起来。小女孩那胖乎乎的脚是被冻的，她太可怜了。

生4：（泪眼蒙眬）整个冬天，她的脚都被冻着，被冻肿了、烂了，她太可怜了。

【点评】老师尊重每个学生的思想，鼓励学生大胆思考。把问题交给学生，让学生讨论。当学生要"一吐为快"时，教师千万不要打断他们的思路，要抓住学生的动情点，营造独特的情感氛围，激起他们表达的欲望。这节课，在其学校举办的课堂教学竞赛中荣获一等奖，被评委称赞"开启了长文短教学的新气象"。

以训练为主线，经常进行行之有效的训练，如此，叶圣陶先生关于"教是为了不教"的设想就不再是一个诱人的"远景"了。

第二章 实践策略

第一节 和而不同：来自学校的生动实践

结合各自学校的实际情况，积极进行高效课堂的自主、个性、生动、创新实践，给笔者所在片区的学校带来了巨大的变化：教师教育教学观念有了很大的转变，教师专业技能有了更进一步的提高，教学研究气氛空前浓厚，课堂教学出现了前所未有的活跃局面，综合实践活动开展得丰富多彩，学生的学习兴趣被充分激发。一波以树立课改新思维、实践新理念、探索新方法为核心的教育教学改革热潮正在逐渐形成。

一是课改理念深入人心，教育理念、教师角色和教学行为发生了明显变化。课改的拦路虎不是别的，正是存在于我们大脑中的陈旧观念。观念指导行动，有什么样的思想观念就会有什么样的行为。新课改是对传统教育思想的全面扬弃，是基础教育的全面创新，要求教师树立全新的教育思想、教育理念。可喜的是，笔者所在片区的学校领导、教师在高效课堂实践中，能及时更新教育思想，树立了全新的适应素质教育、适应新课改的课程观、教师观、学生观、质量观，参与课改的积极性很高；关注学生，关注学生的发展，"尊重差异，关注每一个学生的发展，实施个性化教学"几乎成了每一位教师的口头禅，学生在学校得到了前所未有的尊重。通过教师在课堂上的表现及与教师座谈交流的情况来看，很多教师都能正确认识新课程的教育目的和教育功能及教师的地位和作用，能用发展的眼光全面正确评价学生，积极对待教学质量、教学效果等。

二是课堂发生了深刻的变化，教师教学技能和水平明显提高。其一，教师在课堂上能摆正位置，焕发出生命的活力，散发出一股清新的气息，使课堂向生活性、互动性、生成性转变，成为师生生命历程中的愉悦体验，成为教师教学研究、教学反思的实验场所，成为学生获取知识、探索真理、自我发展、自我实现的活动平台。其二，教师积极进行课堂教学改革，创新课堂结构、转变教学方式、改变教学方法，促进"自主、合作、探究"的学习方式在教学中的运用，使学生学习兴趣明显提高，学习自信心明显增强，学习能力显著提升，经历着从"学会"到"会学""想学""乐学""活学""博学"的转变。其三，绝大多数教师在课堂上能够充分运用多媒体课件优化课堂教学。笔者所在片区的学校里很多老师都能够独立制作课件、使用课件，较为熟练地运用现代教育技术。其四，教师能够拓展教学资源，冲破教材束缚，将社会生活引入课堂，或将课堂拓展到生活空间，并根据教学需要，实行开放式教学。

三是教师研究意识增强，教研氛围日益浓厚。其一，高效课堂教学对教师的素质提出了全新的要求，教师不再是知识的权威，而是与学生合作学习研究的伙伴。教师要引导学生学习研究，首先自己得是个研究者。通过高效课堂教学实践，一种以问题研究、工作研究、课改研究为轴心，以教师研究为主体，以课题研究为载体，同伴互助与专业引领相结合的校本研修制度正在逐步形成和完善。其二，片区内的学校注重校本研修制度建设，对教师的教学研究提出了规范要求，形成了全员参与课改、全员参与教研、人人有课题研究的局面。其三，注重教学反思，重视教师的专业成长。片区内的学校将教学反思作为提高教师专业素质、促进教师专业成长的重要手段，要求教师做到自觉、理性地反思自己的教学行为。

如今，笔者所在片区的广大教师正全力参与教学改革，深入探索高效课堂的新思维、新途径、新方法，并已取得了显著成效。本书收录的片区学校在高效课堂教学建设、管理和改革过程中的创新举措、典型做法，就是实证。大家也深知，深化课堂教学改革和构建高效课堂任务艰巨、责任重大，该片区的学校校长、老师们表示将持之以恒，推进高效课堂、新课程改革持续向纵深发展。

实施生态教育，打造生命的憩园
——阆中市保宁中学"四自五化"生态课堂探微

李蓉 黄超成

在新课改普通实施的今天，每一位教师都在学习着很多教育教学理念，思考着怎样在教育教学最重要的阵地——课堂实践自己育人的理想，期冀着自己的课堂上充盈着和谐的阳光，闪现着思维的火花。

"世界上没有完全相同的两片树叶，更没有完全相同的两个人"，著名文学家冰心老人也曾说"让孩子像野花一样自然生长"。课堂因激扬生命而美丽，教学因问题生成而精彩。生态的才是民主的，民主的课堂需要绿色生态。教育应当还给孩子一个和谐的生态课堂，让师生都诗意地栖居在生命憩园中。4 年来，学校领导、教师从教育生态学视角不断审视学校当前的课堂教学，并在实践操作层面进行了一些研究，探索出对各学科课堂教学具有指导意义的实施策略、教学模式和典型案例，从而进一步深化课程改革，努力实践素质教育。

一、学习先行，在思想上认同生态课堂

行动必先心动，部分动须带领全员动。"构筑生态课堂"是指通过创设一种平等、民主、和谐、共生的课堂氛围，将人类文化知识与学生的生活体验有机结合起来，构建师生交互作用的动态系统，即让教师和学生的生命实体在良好的条件下自然、和谐、自由地生长。这要求以学生发展为本的教育思想为指导，重视和突出学生的自主质疑、自主合作、自主建构、自由体验，让学生通过自主、合作、建构、体验等实现内涵发展、个性发展、持续发展。

理念指导行动。学校首先应从领导班子的认识抓起，做到统一思想，提高认识。召开行政会进行专题研究、讨论，并通过教代会、教职工大会邀请学校退休教职工回校座谈，集思广益，广开言路，最终根据实情确立构建生态课堂的发展思路。学校上下要全力以赴做好以下工作：加大宣传力度，积极学习生态教育学理念，营造生态教育实验氛围，激发教师的内在动力；组织召开构筑生态课堂誓师动员会、研讨会、全员培训会；组织教师走出校门，开阔眼界，上山东、赴蓬安，听讲座、观现场、进课堂。如此消除实验前的疑惑与畏难情绪，使其在思想上认同生态教育理念，在行动上积极构建生态课堂，实现"引生本教育之泉，育生态课堂之花"。

二、入模建模，在结构上践行生态课堂。

学校稳步推进课堂教学改革。领导和教师通过网上查阅、视频观摩、实地考察等方式，学习杜郎口中学的"三三六"、洋思中学"先学后教、当堂训练"、昌乐二中"721"等课堂模式，鼓励教师尝试"导学案＋小组合作学习"的课堂教学新构架。学校确定七年级两个班的语、数、外三学科为构建生态课堂的改革先锋队，行政领导、教研组长、部分学科教师率先"入模"上试验课。

千淘万漉虽辛苦，吹尽黄沙始见金。通过部分老师的先行先试、大胆实践，学校的课堂教学改革实现了新的跨越，初步提炼并推出了"四自五化"生态课堂教学策略研究，进入"建模"阶段。

"四自五化"生态课堂教学是把自学作为教学的出发点，让学生自主质疑、发现问题，并通过自主合作、自主建构去解决问题，并最终实现自由体验的过程。在实施过程中，教师坚持将问题情景化、素材生活化、让学生思维灵动化、把知识结构化、使过程动态化的基本策略。具体情况如下：

（一）"四自"学习路径

1. 自主质疑。学生通过自学，运用已有的知识去分析问题、发现问题、提出问题。

2. 自主合作。学生通过小组合作进行自主探究，解决自己提出的问题。

3. 自主建构。学生完成自主合作之后，运用合作中解决问题的思路，自主建构解决问题的基本方法。

4. 自由体验。学生将自主建构的方法用于解决实际的问题，检验方法的正确性。

（二）"五化"学习方式

1. 问题情景化

教师根据教学目的，创设具有思辨性、启迪性的情境，有利于激发学生强烈的学习欲望，让其投入到知识的学习中去，从而在情感、思维上催生学生对道德的考量及品德的提炼。

2. 素材生活化

教师要让生活进入课堂，成为课堂的素材，激发学生学习兴趣，引发学生学习欲望。

3. 思维灵动化

在课堂上，教师要做到与学生多一些心灵的对话与思维碰撞。

4. 知识结构化

教师要把分散的、相对独立的知识纳入完整的学科体系中，厘清课与课、单元与单元之间的内在联系；构建知识框架，以此反映知识间的联系，揭示知识体系各组成部分的关联性。

5. 过程动态化

教师要根据课堂特定的生态环境，顺应学生的思路，因势利导组织适合学生参与的教学活动；强调师生之间、学生之间的信息交流，通过信息交流实现师生互动、生生互动，从而产生互助，达到互惠，使整个课堂形成共识、共享、共进的氛围。

"四自五化"生态课堂教学策略旨在推动教师教学方式和学生学习方式的实质性改变。教师要把学习的时间还给学生，把学习的责任和权利还给学生，从而丰富学生的生命体验和智力体验，改善师生关系，形成师生学习共同体，为课堂教学提供有力的支撑。学校积极研发导学案在结构上使学案和导案合二为一，做到理科详备学案，文科详备导案。在模式上采用"预习案、行课案、训练案"三合一，突出"学导练"。"预习案"强调学生课前准备，分层设置预习内容：A 层为基础性知识，B 层为课时重点知识，C 层为延伸类知识。"行课案"按学校课堂教学"五环节"备案，要求教师所用导案有二次备案和课后反思；学案研讨以团队为主，在学期初由教研组长分配任务，按"个人先备，形成初案→集体备课，形成共案→个性补充，形成个案→教后反思，形成优案"模式开展相关备案工作。"训练案"要精心设计习题，要设计有价值、高质量的题；作业要低起点、多层次，分为必做题、选做题、思考题，使不同层次的学生各得其宜，教师每节课留10—15分钟作为学生完成作业的时间。在"四自五化"生态课堂教学理念的引领下，学校组织青年骨干教师上示范课，要求其他教师上过关课，力争人人能上优质课。学校同时构建了合理的生态课堂评价机制，对教师的评价方面，每天由学生针对教师的课堂教学评选出"幸福之课"（课堂）；每周由学生评出本班一周"幸福之科"（学科）。对学生的评价方面，每节课教师根据学生的表现评出"四星"：展示之星、管理之星、参与之星、点评之星，把学生平时的课堂表现记入其成长档案，一改过去单一的学习成绩评价方式，更加注重对学生全面发展的评价。

模式只是行动的指路牌，学校老师应做到不唯模式而模式。如今，学校鼓励教师在学科上大胆创新，勇于"破模"，积极创设一种平等、民主、和谐、愉悦的课堂氛围，将人类文化知识与学生的生活体验有机结合起来，努力构建高效课堂与个性课堂，实现人与知识、人与他者、人与自己内在的灵魂共鸣的"风格与个性的生态课堂"。

三、研发课程，在内容上丰富生态课堂

生态课堂的构筑不应仅停留在文化课程上，为此，学校积极开发校本课程，并结合综合实践活动，逐步形成生本化、多元化的幸福课程体系，搭建起学生健康成长的广阔平台。

1. 生活实践课程：安全教育类——安全教育课（社会安全教育、公共安全教育、意外伤害安全教育、自然灾害安全教育、校园安全教育，网络信息安全教育）、安全演习课（上半学年"5·12"防震演练、下半学年"9·18"防空演习）；生活能力教育类——自主生活课（如包饺子、大扫除、花坛管理、同伴交往等）、群体生活教育（宿舍组织建设和自我管理活动）；闲暇教育类——利用课间活动时间开发传统游戏项目。

2. 体验教育课程：仪式类——开学仪式（每学期初全体师生参与）、离校仪式（学生九年级毕业离校和学期末离校）、入团仪式、升旗仪式；校本节日类——植物节、书法节、艺术节、读书节、体育节、感恩节等；外出实践类——乡村体验、清明祭祖、社区服务、野外拉练等。

3. 修身教育课程：责任教育类——校规课、法治进校园、"我的责任课"等；礼仪类——师生根据《弟子规》自编的"国学礼仪操"；书香类——自编校本教材《经典开悟　红歌立德》；人文素养类——书法课、"经典诵读一日四常规"（晨诵经典文、课间国学操、午后红歌诵、暮省圣人训）等。

幸福课程是以实现学生和教师的幸福人生为旨的个性化、活动化、综合实践化的课程，在充分尊重每个学生和每个老师的兴趣和能力特长的基础上，使所有学生个性得到发展，潜能得到激发，创新意识、创新精神和实践能力显著增强，为学生的终身发展奠定良好基础。

四、书香启智，在氛围上助推生态课堂建设

文化是学校之魂，是教育不可或缺的载体，基于此，学校重点打造了书香孝德文化和幸福教室文化，借力文墨书香，助力生态课堂。

学校的校园生态文化建设主题为"书韵墨香、孝德励志"，形式上以师生的书法、绘画、剪贴、摄影等具有自主创意的作品为主，内容上选择经典语录、礼仪孝德、感恩励志、二十四孝故事等传统文化精华。在每层楼楼道中甚至厕所内，高规格、高品位地将师生作品装裱上墙；同时，独具匠心的剪贴式"门文化""笑脸墙文化""书画通道"无一不彰显着"目之所及，文化所在"的理念。学校还建起了开放式的"诚信"书柜、悬挂式书壁、书橱、班级图书角、现代化的图书室和阅览室，方便师生的课外阅读。每当课间休息时，找书、看书的学生川流不息，构成一道亮丽的风景线。

学校还组织打造生态教室文化，彰显课改特色。各班在教室门口悬挂班级名片，名片上有呈现着一张张笑脸的班级全家福，班主任简介、寄语，孩子们自创的个性化班级名称、班级宣言等。每班都有自定的班训、班规、班歌，建立了"组内异质、组间同质"的合作学习小组，每组 4～6 人，小组有个性化组牌、组名、口号和便于学生展示成果的小黑板等。小组评价机制也多种多样，有的班采取评星晋级制，当学生获得的星星达到一定数量时，会被赋予不同的身份，如实习、助教、教授等。这些时尚的元素处处显示出孩子们独具智慧的创造力和个性的张扬、解放。

文化让学校和谐了，让校园说话了，传统文化、国学文化、课改文化对师生的渗透和影响，达到了"润物细无声"的最佳效果。

五、特色展示，在形式上使生态课堂得以延伸

在抓实课改主阵地的同时，学校还把生态课堂延伸到课外。如纪念孔子诞辰新生"开笔礼"已成为学校长期开展的传统文化教育活动，迄今已成功举办五届，成为学校与家长和社会各界人士互动交流的重要平台；"端午诵诗会"以及"五·四""一二·九"诵经典、唱红歌文艺汇演，大型户外经典诵读活动"中华韵，阆中情"等传统文化活动以及以"研究性、反思性"为主题的读书活动的开展，让师生在这样的文化熏陶下，以书本为友、以真理为友、以大师为友，成为智慧明达、目光敏锐、意气风发之人。

学校整合教育资源，组建了篮球、排球、乒乓球、田径、武术、绘画、器乐、健美操、趣味英语、数学天地等22个兴趣小组，涵盖了科技、艺术、人文、公益、体育五大领域，为学生提供了培养兴趣、发展特长、展示才艺的广阔舞台。在学校的艺术作品展示室内，形态各异的泥塑、构思巧妙的剪纸、遒劲有力的书法、美丽诱人的插花，均个性十足，各具特色。尤其是语文和英语学科的课本剧表演，已经成为学校课堂改革的一个亮点。它极大地提高了学生学习的兴趣，开拓了学生的视野；培养了学生的活动能力、组织能力和创造能力，促进了学生身心健康发展。

学校追求的是回归教育本真的真正的素质教育，系列活动的开展使学生既心情舒畅，又学习高效，既可以考出高分，又能茁壮成长。在这样的环境中，孩子们能自由地呼吸教育的清新空气，纵情地追求绿意盎然的生命成长。生态课堂的构建，改变了传统的教学模式，改变了师生的行为方式，改变了师生的精神风貌。其主要成果如下：

其一，学校整体成绩提档升位。学校连续10年获得"文明单位"称号，先后被授予全国"中华古诗文经典诵读示范学校"、全国"经典诵读优秀学校"、四川省"五四红旗团委"、南充市"教育教学先进集体"等多项殊誉。学校教育教学质量提档升位，获得学生、家长、社会的一致好评。历届中考，学校各项指标均位列城关片区第一，位居全市前茅。

其二，教师专业成长捷报频传。随着学校校本研修和"四自五化"生态课堂改革的不断推进，一支爱岗敬业、年富力强的教师队伍逐渐成长起来，涌现出多位中青年教学能手。近5年来，在"一师一优课，一课一名师"展评中，获国家级奖项者1人，获省级奖项者5人，获市级奖项者6人，市级赛课一等奖20余人，学校也因此被评为南充市课堂教学改革示范学校。

其三，学校教育科研成效显著。学校课题"经典诵读课程资源开发研究"获南充市教育科研优秀成果三等奖，"小组合作在地理教学中的策略研究"获南充市微型课题一等奖，"点改式作文教学策略研究""初中数学作业分层设计研究"获南充市微型课题二等奖。学校着力校本教材开发，成功编写了《经典开悟，红歌立德》《语文大观园》《合唱基础训练与赏析》等校本教材，其中《书法之旅》被阆中市教育局作为范本推介，并被推荐到南充市参加成果评奖，获得一等奖。多位教师在各级刊物发表论文60余篇。《精神文明报》《教育导报》《南充日报》《名城教育》等报刊，四川广播电视台，南充广播电视台，阆中电视台等主流媒体先后对学校工作进行了专题报道。

"教海探航斩波浪，无限风光在课堂。"以生为本，把课堂留给学生，把权利还给学生，把幸福给予学生，让教育成为学生享受成长快乐的理想乐园，成为教师实现专业发展的理想舞台，成为学校提升教育品质的理想平台，成为学生、教师、学校共同发展的理想空间，是保宁中学永恒的追求。全校领导与教职工坚信，在"百舸争流千帆竞"的改革浪潮中，学校的课改定会如履平川，生态课堂终将成为生命的憩园！

作者简介：

李蓉，女，高级教师，阆中市保宁中学副校长。阆中市敬业奉献模范、"十佳教学能手"、初中数学学科专家，南充市青年骨干教师、数学学科带头人，四川省初中数学骨干教师、优秀教师。其辅导学生参加数学竞奥林匹克赛共计56人次获得全国一、二等奖，省一等奖。在省级及以上刊物发表论文16篇，举办专题讲座12次，参加省地市课题研究并结题3次，主编或参编专著、教材5本。

阆中师范附属实验小学校：
构筑理想课堂体系，铺就名师成长之路

马艳萍

什么是理想课堂？近年来，阆师附小依托四川省小学教育教学改革研究共同体，借力名师等教学资源，建立研修机制，加强校内培训，通过一系列涵盖各学科的教育教学研讨活动，探究出构建理想课堂的公式：理想课堂=高效课堂+幸福课堂，并就理想课堂的体系做了深入探究。

一、理想课堂构建路径

（一）让学校的核心价值观成为教师的共同愿景

教师是人而非工具，必然具有其人性的情感需求。只有把老师们都愿意看到的、都愿意为之努力且通过努力可实现的目标作为共同愿景，让老师们被认可、被尊重和被激励，老师们才会为着共同愿景而主动努力，在浮躁的当下更是如此。基于这种认知，学校根据校园精神文化创建原则，确立了"健康、敬业、乐善、创新"的学校核心价值观。健康指健康的身体、健康的心理、健康的生活、健康的工作；敬业即具有职业操守、职业技能精湛、职业责任感强；乐善是乐观阳光、与人为善、乐于助人、知恩报恩；创新即创生新思维、创生新管理、创造新形象、创造新业绩。同时，应让学校的核心价值观成为全体教师的共同愿景，最大限度地读懂、尊重、服务和激励老师，让不同阶段、不同层次教师的情感需求得到满足，让老师们自觉迸发出工作热情，乐于奉献，积极投身课改，努力探究理想课堂。

（二）帮助教师树立正确的职业观

学校帮助老师们树立起"教师因学生的存在而存在，因学生的精彩而精彩，因学生的快乐而快乐"这一富有创新意义的职业观，并以浅显直白的语言揭示教师职业的本质，让老师们深刻认识到"没有学生就没有了教师这个职业，就没有了大家的饭碗"这一简单而又往往被忽略的道理；强调教师必须树立"因学生的存在而存在"的生存观，"因学生的精彩而精彩"的事业观，以及"因学生的快乐而快乐"的情感观，使老师们把以生为本的理念融入自己心房，具化为可以践行的职业观，从而让老师们热爱教师这个职业，热爱自己的本职工作，不断创新，积极投身课改。

（三）开启教师专业成长的对话之路

一是与文字对话——静心读书。学校采取共读和选读结合的形式，开通书面微博，让老师们把读书心得以及教学中的所见、所闻、所想都写在书面微博本上，并让老师们定期传阅、交流，一起探索理想课堂的构筑之法，还要求其将心得体会运用于课堂教学。近年来，老师们学习了《素质教育突围》《做一个卓越而幸福的教育者》《做朴素教育》和《教育的解放》等专著，举办了多次读书沙龙，老师们还根据个人需求有针对性地选择阅读，为理想课堂的探究积蓄了的能量。

二是与专家对话——直面新课改的前沿理论。学校邀请省教科所周林、张泽科、杨丽等教育专家来校，深入教研组与老师们开展磨课、课后访谈、研修等活动，并邀请专家近距离解决老师们迫切需要解决的问题，对老师们的课堂进行专业诊断。同时，原国家新闻出版总署署长、清华大学新闻学院院长柳斌杰，北京大学原校长周其凤和新教育发起人朱永新教授应邀来到学校与老师们面对面交流。学校为老师们搭设了高层次的学习平台，使新思想、新技术源源不断产生，促进着老师们学习、思考、实践、再学习的良性循环。

（四）教学个性化铺就名师之路

没有个性，就没有人才；没有教学风格，就没有课堂生命。学校通过课堂打磨"八道关"，让每位教师都积极探索、实践、创新属于自己的理想课堂教学方法，形成个性鲜明的教学风格，铺就名师之路。目前，学校已推出以教师自己名字命名的教学方法有"文利作业评价法""邓玲作文教学法""田小娜美术教学法""王秀丽有效提问法""严霞计算习惯培养法""杨小雷数学情趣教学法"等，市教科局也以简报形式将这些方法在全市进行推广。

二、理想课堂构建模式

课堂教学改革不仅是一种形式的改革，更是一种观念的改革。实施理想课堂教学必须以新的理念为支撑，以新的模式为载体，以新的学生学习评价标准为导向。"没有想象，就没有创新。"第斯多惠指出："教学的艺术不在于传授本领，而在于激励、唤醒与鼓舞。"学生的好奇心很强，好玩、好动、好问是他们的天性，因此培养学生的"会"应从保护学生的"想"开始。为此学校提出了"'想'比'会'更重要"的学生学习评价理念，即明确小学生只有失误，没有错误，让他们养成想思考、想说话、想做事的习惯比追求他们会思考、会说话、会做事的结果更为重要。席筠梅校长的这一理念刊载于2008年《四川教育》第2-3期合刊。

　　有心理学家说过："一个人只要体验一次成功的喜悦，便会激起无休止的追求意念和力量 。"鉴于此，学校设置了"三个一"的标准对学生学习过程进行评价：学生的一个创新点比一个百分更有价值；学生发现一个问题比解决一个问题更有意义；学生的一个猜想比直接得出一个答案更值得欣赏。

　　立足于以上理念和评价标准，学校构建了"135"理想课堂教学模式："1"就是坚持"'想'比'会'更重要"这一理念；"3"就是运用"三个一"的标准对学生学习过程进行评价；"5"就是抓住接触问题、生成问题、解决问题、反思总结问题、实践创新问题这5个环节，为理想课堂的构建提供平台，为学生自主、合作、探究搭建舞台。施教之功，重在引导，妙在开窍，贵在转化。教师在用好教材、用活教材、活用教材的基础上，还须不断地在孩子们的眼里、嘴里、作业里、图画里和文章里去发现斑斓多彩的世界。这就要求教师做到：一是让"问题"成为课堂教学的基础。通过"情境激发"让学生接触问题，通过"预习导学"鼓励学生"异想天开"发现问题、生成问题。这样，学生能依据目标，激起"想学"的欲望，充分挖掘自己的主潜能，凸显自己的主体性，以完成知识与技能目标。二是让探究成为课堂教学的常态。学生把自研不得解的问题在小组中提出并展开研讨，把自己置于一个畅想、畅言、畅行的平台。在教学中，应注重合作学习，注重信息交流，注重生生互动、师生互动、师生与文本互动。教师以平等中的首席身份参与互动，积极引导学生在观察、想象、猜疑、设问、归纳、分析和整理过程中理解问题，享受学习过程，体验学习的快乐。三是让点拨成为课堂学习的一个支点。点拨就是精点巧拨、拓宽引申，使学生在动手、动脑、动口中找到解决问题的方法，并以自己能解决问题为乐，这是实现三维目标的关键。四是让"练"与"创"成为课堂教学的深华。"练"须关注学情，分层设练，用以检验学生的学习成效；"创"是思想方法的感悟创新，是知识技能的归纳梳理，是三维目标是否实现的直接反映。

三、理想课堂实施策略

　　科学合理的课堂教学策略是构筑理想课堂的关键，全校老师积极尝试十大教学策略，着力创生理想课堂。

（一）激情导入新课策略

导入新课是一节课的重要环节，俗话说"良好的开端是成功的一半"，教学的导入就好比提琴家上弦、歌唱家定调，第一个音定准了，就为整个演奏或演唱奠定了好的基础。好的导入能集中学生的注意力，引起学生的认知冲突，打破学生的心理平衡，使学生很快进入学习状态。为此，学校经常要求老师们从教材的特点出发，通过组织有趣的小游戏，讲述生动的小故事或提出一个能激发思维的问题等方法导入新课。

（二）先学后教策略

"教师的责任不在教，而在教学生学""先学后教、以学定教"诸如此类的观点强调的是要真正把学生从固化思维中解放出来。所谓"先学"，就是在课堂上，学生按照教师设定的教学目标及学前指导，进行看书、练习。所谓"后教"就是教师针对学生在自学中暴露出来的问题及练习中的错误，引导学生讨论，并让学会了的学生教没有学会的学生，教师只进行评定及补充更正。"先学后教、以学定教"强调教学目标明确，把学生置于学习的主体地位，充分调动其学习的主动性和参与学习的热情，贯彻"三讲三不讲原则"，即学生学而不会的教师讲，学生难于突破的难点教师讲，核心内容及方法教师讲，学生不先学教师不讲，学生一看就会及本来就会的教师不讲，讲了也不会的教师不讲。"先学后教、以学定教"的教学思想中的先与后不是简单的时间先后，而是逻辑先后，倡导的是基于学的教，即以学定教。这与新课程标准提出的"自主学习、合作学习、探究学习"是相一致的，它们都反映了课堂教学的共同规律。很多老师可能有疑问：对于小学生尤其是低年级学生，怎样才能组织学生"先学后教"呢？其实这在学校公开课的课堂教学中，都已得到了充分体现，如：一年级语文教研组打磨的示范课"画家乡"，文中介绍了5位小朋友的家乡，老师选择有关涛涛的家乡的内容引导学生学习，然后老师用课件出示自学方法，让学生根据提示自学后面有关4位小朋友的家乡的内容，再让学生分别汇报学习情况，整堂课中学生的学习兴趣很浓、积极性很高，学生的自学能力得到了培养，而教师只起到了组织、评价作用，显得轻松自如。

（三）兵教兵策略

学生进行自主学习，会有一部分学生有很多疑问难以解决，而老师一个人的辅导能力是很有限的，就需要借助优生，让他们帮助学困生弄懂教学内容中的疑难点。学困生在弄懂疑难问题的同时，学优生也增强了对知识的理解，这样的合作使他们各有提高，促进了全体学生的发展。在平常的教学活动中，很多老师也这样做了，为什么效果不够理想呢？我想：一是帮扶对象不确定，二是检查没落实。只要老师们科学运用兵教兵策略，落实检查，肯定会省事省时且实现高效。

（四）高效提问答问策略

老师提问、学生答问是使学生掌握知识、教师纠正学生错误的好方法。很多老师总感到目前的提问比较费时，从老师叫到学生的名字到他开始说第一个字，大约需要 5~20 秒的时间，这样的时长对于老师们来说可能已经习以为常了。但对于昌乐二中、杜郎口中学的课堂来说，对于小问题，这样的时长至少可以让 2~4 个学生回答。这就要求老师在训练同学们的回答问题能力的同时，一定要注意时间问题，一定要讲求高效。点到一个同学，3 秒过后没有回答，就赶快叫第 2 个同学，如果第 2 个同学 3 秒后还不回答，再叫第 3 个同学，直到问题被答出为止。如此训练的时间长了，同学们自然就会形成快速回答的好习惯，而且提问的面也会变宽。

在提问时，提问的对象要因人而异，对于学习差些的同学，可以提出一些比较简单的问题，比如课文朗读、数学公式的记忆等；若原来不爱学习的同学通过自学能完成这些任务，老师就要及时地进行鼓励和表扬。对于复杂的、容易出错的问题，老师可以叫成绩较好的同学回答，其回答完毕后，让同学们评判正确与否。这就要求老师们在课前要精心备案，有目的地准备一系列问题。

（五）创设教学情境策略

要构筑理想课堂，教师必须结合学生的心理特点，从学生已有的经验和知识出发，创设与学生生活环境、知识背景密切相关的学习情境，将学科知识直观化、情境化，还原知识形成和应用的生动场景，使固化的知识呈现灵动的状态，为学生提供从事学科活动的机会，让学生在轻松、和谐、愉悦的课堂气氛中兴趣盎然地掌握知识。

（六）多元教学方法策略

小学课堂教学方法多种多样，每一种教学方法都有其特点和适用范围，不存在在任何情况下对任何学生都有效的"万能"教学方法。因此，教师要从实际出发，选择恰当的教学方法，而且随着教学改革的不断深入，还要创造新的教学方法，以适应时代的要求。教学方法是教学过程这一整体结构中的一个要素，它和其他要素如教学任务、教材、教学手段、教学对象等是相互联系、相互影响的。小学课堂教学方法的选择，必须从多方面综合考虑。从教学任务来看，感知新教材时，以指导小学生自学的方法、直观演示法、实验法为主；理解新教材时，以启发式教学法、谈话法、探究研讨法为主，并辅以适当的讲读法或讲解法；形成技能技巧时，以练习法为主。总之，在教学中老师们应采用多元教学方法策略，坚持"一法为主，多法配合"，逐步做到教学时间用得最少，教学效果最好，实现教学方法的整体优化，让学生把学习当成一种"乐趣"，而不是一种"负担"。

（七）课堂参与无错策略

老师应想方设法让所有学生积极参与课堂的每个环节，让每个学生站起来亮一亮，让学生自信勇敢地把自己的心声表达出来，哪怕是错误的，也是很好的资源。如果老师不注重学生的参与或否定学生的展示，学生的学习积极性能被充分调动起来吗？学生的主观能动性能发挥出来？如果学生不参与或参与程度不够，这样的课堂能精彩吗？这样的课堂能灵动吗？这样的课堂能说是理想课堂吗？学生"参与"说明他在"想"，学生"展示"说明他认为"会"，只有积极参与，才可能展示。因此，每位老师应帮助学生从小树立"我参与，我快乐；我展示，我精彩；我自信，我成功；我的课堂我主宰，我的人生我把握；给我一次机会，我会还你许多惊喜"的意识。

（八）当堂训练策略

所谓"当堂训练"，就是让学生当堂独立完成足量的针对性的作业，进行严格的训练，形成相应的能力。课堂练习的时间不少于 15 分钟，课后不留作业或少留作业。这种策略对于小学来说很有用，可以彻底减轻学生过重的课业负担。但在当堂训练时，老师们应注意两点：第一，可以在学生自主学完教材后，让其就老师提出的问题进行练习，此过程一般要有几名学生到讲台上去演练，其余学生在练习本上演练。第一批到讲台上演练的学生做完后，再叫第二批、第三批学生到讲台上去纠正出现的错误，如果仍然有错，再叫其他的同学去纠正，然后由老师给同学打分，先打书写、格式分，应要求学生书写工整、格式正确，再打成绩分，这是对答案的正确与否的评判，评判要重过程轻结果，因为过程反映的是学生掌握知识后的运用情况。练习及评判环节完后，教师还要把该类型题的解决方法、注意事项用提问的形式表现出来，并让其他同学掌握。第二，老师应按照教学要求有层次地设置一些练习，让学生边练边学，不能像以前的教师讲解例题时那样，让学生只在下面听而不动手练习。这样，不仅能增加学生的练习量，也能让学生轻松、主动地获取新知。

（九）运用多媒体课件策略

多媒体课件已经成为一种较为常见的现代教育技术手段，具有简单易行、生动形象、图像清晰、色彩艳丽、可静可动、信息量大等特点。在教学中，根据教学内容灵活地运用这一手段，对于激发学生学习兴趣、突破教学难点、提高课堂教学效率都是很有好处的。应用现代教育技术辅助教学，其画面清晰、直观动感、趣味横生，可让学生看得仔细、想得认真，既获得了正确、清晰的知识，又能充分了解知识的形成过程，自然会取得事半功倍的课堂教学效果。

（十）科学板书策略

板书是一种书面语言。在教学过程中，教师在黑板上书写的文字、符号，画出的几何形体、简笔示意图，以及按教学需要粘贴的纸条、挂图等都属于板书。它是课堂教学的有机组成部分，与教师的口头语言相互配合、相互补充，各司其职、各尽其能。成功的板书是教师结合教学内容与教学的实际情况精心构思出来的，有的提纲挈领、简明扼要，犹如一份微型教案；有的眉目清晰，展示概念、法则、公式、定律、性质的形成与推导过程，分析数量之间的关系，让学生一目了然，便于其理解和记忆；有的画龙点睛，揭示规律，重点突出，给人留下深刻的印象。板书要注意：（1）注意板书内容的整体性。（2）注意板书内容的概括性。（3）注意板书内容的条理性。（4）注意板书内容的直观性。（5）注意板书内容的计划性。总之，写板书也是教师的一项基本功，有经验的教师总能让板书设计与课堂实践形成有机的整体。

四、理想课堂评价标准

通过实践和探究，学校认为一堂理想的课必须实现"教法理想、学法理想、评价理想、效果理想和师生幸福度理想"。教法理想主要体现在"先学后教、高效提问答问、当堂训练"等教学策略的运用上；学法理想主要体现在"自谋自学、兵教兵、课堂参与展示"等学习策略的运用上；评价理想主要体现在学生自评和教师点评两个方面，着重对学生的学习过程、内心生成进行评价，突出评价的整体性、综合性和激励性；效果理想主要体现在"三维目标"达成度高，学习效果好；师生幸福度理想主要体现在课堂气氛和谐、愉悦，老师和学生都能深深感受到教学活动带来的幸福和快乐。这样的课堂才是高效课堂和幸福课堂的完美融合，才是真正的理想课堂。

"路漫漫其修远兮，吾将上下而求索。"阆师附小教职工将不断推进课堂教学改革，着力构筑理想课堂，努力实现课堂教学有效性最大化，促进全体学生全面发展，全面推进素质教育。

作者简介：

马艳萍，女，阆师附小教导处副主任。曾在省地市语文教学竞教中获得一、二等奖。2016年春，入选南充市教科所组织的小学《国学教育读本》教材编委会，参与编写小学高段《国学教育读本》。2016年11月，其设计的校本课程"小必大，优秀学生作文"获南充市第二届校本课程比赛一等奖。2018年1月，其撰写的论文《如何指导学生即时作文》获南充市论文比赛一等奖。

阆中市实验小学：
深化课堂教学改革，构筑优质高效课堂

权少林

近年来，学校紧紧围绕"面向全体，全面发展，为幸福人生奠基"的教育目标，坚持"转变教师观念是前提，落实教学常规是关键，开展集体教研是保证"的工作思路，坚持"在学习中转变，在互动中提升，在反思中成长，在实践中发展"的工作策略，聚焦课堂，研究课堂，走上了一条优质高效的课改之路。

一、更新教育理念，构筑高效课堂

构筑高效课堂，关键在于教师观念的转变。学校不断营造良好的学习氛围，加强培训指导，帮助教师丰富理论储备，使之形成与新课改相适应的课堂观、教师观、学生观和评价观。

（一）开展读书活动，营造书香氛围

学校积极向教师推荐阅读书目，如《给教师的建议》《怎样听课评课》《合作学习的理念与实施》《新教育之梦》《高效课堂22条》《不抱怨的世界》《心灵的五种神秘力量》等；建立教师读书制度，规定教师阅读量（每学期2本），规定读书笔记字数（每周1000字），规定读书心得篇数（每月1篇）；开展读书沙龙、读书笔记评比、读书人物评选等活动，营造了浓郁的书香氛围。

（二）实施专业引领，提升专业能力

就其实质而言，专业引领是理论对实践的指导，是理论与实践之间的对话，是理论与实践关系的重建。学校相关措施包括：

1. 典型引路。学校先后外派教师40余人次到仪陇、南充、成都、重庆、山东等地，聆听专家报告，观摩名师课堂，让他们接受高层次的培训。授受培训的教师再通过汇报学习心得、上示范课等途径，实现资源共享。

2. 讲座引学。学校领导、骨干教师利用业务学习时间轮流举办专题培训，学习教育理论和国内外课改成果，并结合构建高效课堂中出现的实际问题进行专题辅导，提出对策。如"如何设计导学案""如何有效提高课堂教学效益""学生考试评价改革"等，作用收效显著。

3. 专家引领。近年来，学校先后邀请各级教研室近10位专家来校进行专题报告或教学指导，帮助教师更新观念，开阔视野。

4. 实施"青蓝工程"。积极发挥学校骨干教师及教研组长作用，实行以老带新、以新促老，构建教学共同体。

二、规范课堂流程，构筑高效课堂

规范课堂流程是实现课堂高效的重要保障。多年来，在"先学后教，当堂训练"的新课改思想指导下，学校一直致力于高效课堂教学模式的研究并总结出了"四环六步"课堂教学模式。该模式是以引导学生通过4个环节，即"自主研学—合作探究—展示讨论—梳理反思"这一符合认知规律的学习过程，以自主、合作、探究的学习形式，主动完成学习目标，合作解决学习难题；课堂上，教师以"激情导入—诱思研学—合作探究—展示讨论—拓展巩固—梳理反思"6个步骤引导学生达成自主学习目标，解决学生自主学习困难，最终实现学生自主学习能力的提升。"诱思研学"主要体现学生在教师引导下的自主学习过程中；"合作探究"体现了学生学习方式的转变；"展示讨论"主要是师生和生生的和谐互动、积极对话；"拓展巩固"以学生持续发展为中心，以学生健康成长为根本，淡化整体"进度"，强化个体"目标"。这一模式在思想上、理念上对传统课堂进行了彻底革新，把"一切以学生为中心，以学生健康、快乐成长为根本"作为课改的中心；把"先学后教，当堂训练""堂堂清、日日清"作为课改的目标，把"关注学生中的后进群体，从最后一名学生教起""不讲进度，只要目标"作为课改的两个基本点。这样的课堂集中体现了以下新课改理念："三为主"，即教师为主导，学生为主体，训练为主线；"三还给"，即把课堂还给学生，把思维还给学生，把创造还给学生；"四带入"，即把激情带入课堂，把微笑带入课堂，把趣味带入课堂，把欢乐带入课堂。

目前，"四环六步"课堂教学模式正被灵活运用到学校的各个学科教学中。学校还将分学科、分年级、分教师继续探究，从固有模式走向超越模式，形成具有不同特点和特色的教学范式。

三、精细常规管理，构筑高效课堂

精细的教学常规是构筑高效课堂的前提和保证。为将课改落到实处，学校狠抓教学常规的备课和课堂教学两个中心环节。

（一）立规矩优流程

科学的导学案是构筑高效课堂的基础。为此，学校以集体备课为载体，以导学案为落脚点，优化了备课流程，加强了集体备课过程管理。备课按照"个人主备—集体群议—主备修订—个性修改—课后反思"的流程运作，做到"四定"：定时间，定流程，定职责，定评价。"集体群议"是教师备课的关键和重点，由教研组长带领教师把个人挖掘的教学"真问题"分享出来，再进行梳理、分类，形成破题思路，共同确立该学科教案的"蓝本"，并在校园网上进行资源共享；教师个人的"个性修改"是教师在上课前结合自身的教学实际和学生特点，提出需要补充的问题和应对解决问题的办法或措施，并将之填写在

"蓝本"教案右边的"个性化设计"栏内,实现备课再创造。

课堂高效是课改的出发点和归宿。为此,学校要求任课教师认真落实"以学定教,先学后导"的课改思想,对于每堂课要力争按照"四环六步"课堂教学模式实现规范化,并按照保宁责任区高效课堂"三个三"理念,加强学生自主、探究、合作学习。在课堂上让学生做到知识当堂学懂,基本训练当堂完成,基本技能当堂学会。依据教学及时反馈原则,学校要求任课教师每节课下课前留5分钟时间进行当堂验收,使学生学习知识不欠债,做到节节清、天天清。为此,学校严格坚持"听五课"(行政人员预约听课、教师主动邀请听课、学校统一安排听课、不打招呼推门听课、行政人员楼道巡查听课)和"上五课"(新进教师汇报课、中青年教师优质课、优秀教师示范课、骨干教师创新课、全校教师合格课)制度,尽力促成每位教师实现课堂高效。

(二)树标杆共成长

榜样的力量是无穷的。学校在教学常规的各方面都树立了可供学习的榜样,通过展示示范导学案、教学观摩研讨活动等,让榜样带动和帮助其他教师共同成长、共同进步。

一方面,树课堂教学榜样。精选"特色菜",如数学教师廖亚东、张会玲,语文教师董丽华、何翠英,英语教师蔺登勇,思品教师刘敏,美术教师师平,体育教师李淑等;配足"家常菜",如语文教师罗秀华、赵兴兰,数学教师权少林、冉清华,英语教师赵明会,艺体教师李虎、缪吉春等。

另一方面,树教学常规榜样。备:李燕、廖亚东的优质翔实的导学案;讲:严中会、彭艳雯的精品课,岳小珍、张素丽、任旭梅的常规课;批:语文教师张晓蓉、崇海燕的"三步作文评改法",数学教师权少林的"先批后改再讲评"二次批改法,宋毓的一对一批改、"错题集"等。

(三)严考核细量化

学校严格落实《教学常规实施细则》《课堂教学管理规范》。在教学常规管理方面学校坚持课堂日查、导学案周查、作业月查,考评结果与教师期末绩效、评职晋级挂钩;每期举行一次教学常规展评,不定期"晒"教师作业。严格组织统测学科的半期、期末监考,确保学生成绩无水分;优化考风考纪,以考风促进良好教风和学风的形成;严格进行艺体综合学科期末考核;对于体育、音乐、美术、科学、书法、综合学科实行逐班逐科抽测或开卷考试,测试学生艺术素养、体能技能、操作能力,采用在学生、家长中进行问卷调查的方式检查教学任务完成情况、教师的教学行为等。通过严格考核量化,认真检查评比,学校教学常规一直保持良性循环,"将常规工作做细、做实、做到极致"已成为每位老师的工作习惯。

四、扎实常规教研，构筑高效课堂

扎实常规教研是课堂教学改革的重要保证。学校从以下方面落实常规教研：

第一，人人上展示课。严格掌控公开课"备、讲、评"3个环节，要求授课教师须在组内至少经过两次备课和磨课后才能进行展示；评课严格落实"教师说课—主评研讨—教后反思"3个环节。对于竞教课，成立由校长牵头的磨课团队，从选课到教学设计再到课堂教学的打磨，每一个环节都做到精雕细琢。

第二，针对教法改革和如何向课堂要质量等重点，开展专题业务学习，每次活动做到"五定"：定时间、定地点、定主题、定内容、定主持人。

第三，常规教研讲实效。每学期要求教师必须落实"五个一"：一套自己总结的科学的课堂教学模式，一本高质量的导学案，一系列教研活动，一册教学反思集，一个课题研究。

第四，重微型课题研究。学校始终把解决教学中的实际问题作为常规教研的出发点和归宿。本着"问题就是反思，反思就是研究"原则，近年来，学校共组织了20多个微型课题进行研究，内容涵盖了小学各学段的所有学科，有效地解决了课改中存在的实际问题。

第五，建立校际交流平台，使各学校相互学习、抱团发展。近年来，学校先后与石滩、文成、大庆、千佛、思依等农村学校和多维外国语学校结对，定期互派教师学习交流、听课评课、共同研讨，实现教学资源共享，有力促进了本校与结对学校教师教学观念的转变和教学技艺的提升。

通过几年的探索实践，学校的课改工作取得了明显成效。

一是优质高效课堂焕发了活力。课改改变了学生学习的方式，激发了学生的学习兴趣，发挥了学生的主体作用，培养了学生的问题意识、创新意识，让学生学习与成长更加健康快乐。

二是学校的教育教学质量稳步提高。在教科局每学年的质量监测和各种竞赛测试中的成绩均名列前茅。学校的教育质量和学生优秀的习惯、技能、素质，赢得了社会各界的认可与称赞。

三是教师的教学观念和教学角色明显转变。学校90％以上的教师树立并强化了生本意识，落实了"先学后教，以学定教"的课改新理念。教师的专业水平和业务能力明显提高，涌现了10多名市级教学能手、教改先进个人和积极分子。教师积极参加各级教学竞赛、课堂教学展评等，2人获国家级奖，3人省级奖，9人获市级一等奖，4人获二等奖，20余人次获阆中市级等级奖。2018年，在全市小学整本书阅读竞教中，赵兴兰老师荣获14个参赛选手中的第二名；全市英语情境教学竞赛中，赵明会老师荣获阆中市第一名，并代表阆中参加南充市级竞赛荣获二等奖。学校先后有近 10 个微型课题获南充市等级奖。

四是以课堂教学为核心的改革带动了学校整体改革，使学校各方面工作都得到了长足发展。学校连续 3 年在教科局组织的教学工作总结会上做经验介绍，先后多次承办各级各类现场会、接待上级调研和市内外考察团参观学习。学校多次获得阆中市小学教学质量先进集体、德育工作先进集体、课堂教学改革工作先进集体、教育科研工作先进单位等荣誉称号。

课改之路曲折而漫长，责任与使命并存，艰辛与喜悦同在。学校将进一步创新管理制度，创新工作策略，寻求课堂教学改革的新思路、新方法，促进教师进一步深化课改、优化课堂，全面提高教学质量。

作者简介：

权少林，阆中市实验小学教导主任，高级教师，阆中市级优秀教师、骨干教师。其先后多次被教科局、责任区、学校评为先进个人。先后参与研究"分层教学""阳光心灵——小学积极心理健康教育"等科研课题并顺利结题，其中"分层教学科研课题"荣获阆中市普教成果一等奖，微型课题"小学数学教材重组研究"获南充市普教成果二等奖。其有 10 篇论文发表或获奖。

阆中市实验小学：让学生站在教育的最中央

陈正琼

近年来，阆中市实验小学紧紧抓住教育教学中心，始终坚持让学生站在教育的最中央，扎扎实实推进课堂教学改革，全面提升教育教学质量，使学校内涵进一步发展，学生综合素质进一步提升，教师专业水平进一步提高，赢得了社会、家长及上级领导的交口称赞。

一、让学生站在课堂的最中央

"尊重课堂，聚焦课堂，研究课堂，赢得课堂"是学校最执着的坚守，"教师少讲一点，学生多动一点，目标明确一点，效率提高一点"是对教学最基本的要求。教师始终以"生本教育"理念为指导，进行以"小组合作"为主要组织形式，以"自主、互助"为主要学习方式的课堂大翻转。学生通过"自主研学—合作讨论—展示反馈—训练拓展"4 个环节，主动完成学习任务；老师从容退到幕后，只在学生需要时才出来指导，让学生勇敢、自信地站在台前。在生本课堂上，你经常可以看到低年级学生自己总结识字方法，高年级学生自主研读、真诚质疑、激烈辩论；分组实验时学生快乐"玩"实验，一丝不苟；室外写生时学生观察、创作，兴致勃勃。

二、让学生站在课程的最中央

构建高效课堂、推进课堂教学改革，必须严格执行部颁计划，面向全体学生，开齐课程，开足课时。学校管理人员时常深入班级了解教师的教学情况，严禁语、数、外教师占用音、体、美等课程的课时，将每月常规检查结果进行公示；期末逐班考核非语、数、外科目，将过程和结果考核与教师绩效、评先进等挂钩，以此保证各科高质量完成教学任务。积极吸收学生参与校本课程资源的收集与教材的编写。比如，将学校发动学生向自己父母、长辈了解的阆中及周边旅游景点相关知识，纳入了学校"小脚走天涯，童眼看世界"旅游课程。目前，学校已形成了以"心理健康教育课程"和"社团课程"为主的"最儿童化"的校本课程体系，使之进入课表，每周定期开展。

三、让学生站在管理的最中央

"用欣赏增强学生的信心，用信任树立学生的自尊。"课间，学生们将不会再听到单调的电铃声，取而代之的是学生自己的温馨录音——"下课时间到了，让我们到室外去活动活动吧，要注意安全哟"；作业本上，学生们第一次看到的标记错误的符号将不再是"×"，而是"＼"，在完成改错之后它将变成学生期待的"√"等。主动让学生挑大梁，参与学校管理，包括以下4个方面内容：一是让班主任老师引导学生主动参与班级黑板报更换、图书角管理、班队会课召开、纪律与卫生值日等班级建设活动。二是充分发挥红领巾监督岗职能，让礼仪小使者、"两操"督察员、图书管理员、卫生小卫士等各司其职，严格检查，并及时公布各班评比结果。三是国旗下演讲活动采取师生轮流主讲的方式。四是每期征集学生关于学校发展的金点子。

四、让学生站在阅读的最中央

构建高效课堂，必须利用阅读提升学生的综合素养。校园"好书新书推荐榜"逐年推出新书目，开放式书柜、书架逐期换书，班级图书角、学校阅览室全天候开放，为学生提供了广阔的阅读天地。坚持让学生每周轮流到"童心书吧"阅读2小时；要求学生每日晨读20分钟，课前诵读3分钟，课间操时集体诵读5分钟，课外阅读1小时。除要求学生于学期内读一本好书、制作一份读书手抄报和一个书签外，学校还组织开展了"书香伴我成长"读书活动以及"读书人物""书香班级""书香家庭"评选等活动。特别是每年的"跳蚤书市"义卖活动，既实现了好书流通，又实现了爱心传递。

五、让学生站在活动的最中央

"教师的发展在课堂，学生的成长在活动。"学校开展的"学生日常行为规范养成教育周""五个我能行"等主题活动，以及利用清明节、国庆节等节日角色体验、献歌、讲故事、校外踏青赏春等形式开展的专题活动，深化了素质养成教育，强化了社会主义核心价值体系教育。大课间活动以"经典诵读＋广播操＋五步拳＋兔子舞＋心理健康调适操"为主，每学期举办的校园艺术节、体育节，为学生搭建了展现自我的平台。器乐、合唱、篮球、健美操、围棋、书法、多媒体制作、航模等类型各异的校级社团，满足了学生多元化的兴趣开发需求；"我是小小理财师"金融理财、"与大师对话"文学欣赏等年级社团，更是借助课程的资源，重构了学生的校园生活。课间，在新建设的器械场上，孩子们似猴子般在肋木、单双杠、滑滑梯上玩乐，既锻炼了身体，又释放了童心。

学校把学生放在教育的最中央，竭力做好生源巩固工作，力争不让任何一个学生流失。如学校每年针对六年级学生及其家长，都会统一召开家长会，宣讲在阆中本市就读的有利的高考政策；同时，对有意去外地就读的学生提早摸排，站在家长、学生角度为其分析利弊，疏通思想，以情留人。

学校始终坚定"细节决定成败"理念，始终坚持领导、教师示范，始终坚守教育良知，用朴素的行为换来了教师的敬业、爱生、上进，换来了学生的好学、文明、阳光，换来了学校教育教学质量的持续一流。"万里欲乘风，青山路更遥。"全校教职工将不忘初心，栉风沐雨，砥砺前行，把实验小学办成质量上乘、学生向往、人民满意的幸福乐园！

作者简介：

陈正琼，女，阆中市实验小学党支部书记、校长，中学高级教师。其课堂教学具有"新、活、实"特色，两次参加南充市级课堂教学竞赛获一等奖，三次参加阆中市级课堂教学竞赛获一等奖。发表论文30余篇，多项课题、教学设计等获奖。为阆中全市教师培训活动上示范课、办讲座40余次，指导20多位教师参加各级课堂教学竞赛获一等奖。先后被评为"四川省基础教育课程改革先进个人""南充市师德师风标兵""阆中市十佳教育工作者""阆中市三八红旗手"等。

教海探航育英才　高效课堂助成长
——阆中市城北小学校建设高效课堂的实践与思考

郑小敏　唐丽华

阆中市城北小学校位于中国历史文化名城阆中，占地面积15亩，建筑面积8100平方米，有48个教学班，2237名学生，134名教职员工。作为省级示范性小学，学校积极践行科学发展观，遵循"立德创新"校训，以新教育实验改革为平台，以读书活动、社团活动为抓手，以科技教育为引领建构"四香"校园文化，深化学校内涵发展，突显学校特色教育，提升学校办学水平。近年来，"中国特色教育理念与实践项目学校""新教育实验学校""中国陶行知研究会实验学校""首届全国校园文化建设百佳创新学校""全国青少年文明礼仪示范基地""四川省校风示范学校""四川省科技教育示范学校""四川省依法治校示范学校"等一百多项荣誉让学校名享巴蜀。

自 2012 年春季起，学校积极响应上级号召，再掀课堂教学改革浪潮，成效显著。

一、思想指导行动，增强师资力量

学校组织部分行政领导和骨干教师到山东昌乐二中、杜郎口中学，西昌二小、西昌一中以及南充五星小学、顺庆实验小学、涪江路小学等学校参观学习、听课，零距离接触课改新理念、新成果，接受外界新思想；组织老师学习阆中市教研室有关高效课堂教学改革的相关资料，并进行研讨和反思；在集体学习的同时，学校还要求每个教师结合自身实际，充分利用图书室、阅览室、网络等资源，积极自学、反思。通过学习，大家对课堂教学改革的意义有了深刻的了解，对课堂教学改革有了强烈的认同，对如何进行课堂教学改革有了清晰的认识，为积极参与课堂教学改革提供了理论指导和动力支持。

同时，为使构建高效课堂落到实处，学校大力实施"请进来、走出去"战略，以"他山之石，可以攻玉"为指导理念，先后邀请省教科所贾贵州，地教科所罗丰志以及阆中市教研室和保宁教育督导办的领导及专家亲临学校指导，讲理论，做示范，解疑难；又先后派出苟欣、杨艳琼、李翠清、唐丽华等三十余名教学骨干到省内外知名学校学习别人的先进经验和成功模式，取人之长，补己之短，融借鉴与理解于一体，化整合与内化于一炉；学校同时采取观看名优教师课堂实录，行政领导带头举办讲座，身边的名师苟欣、李翠清、孙艳萍、任芙蓉等十余位学科带头人上示范课、观摩课等方式，为全体教师进行课堂教学改革开路搭桥。

二、榜样引领先进，名师带动发展

在实践活动中，老师们通过集中学习、分组学习、自学等形式实现学习、理解、整合、内化，既深刻认识到传统教学的弊端，明显提高了自己的理论素养，又大大提升了自己的课堂教学水平，有力助推了学校高效课堂构建工作的开展。

学校成立校内名师讲堂，每月举办一次学科专题讲座。比如，小学语文教材中的古诗，是中华民族独特审美性格的精灵，蕴涵着丰富的精神元素，是我国传统文化之瑰宝。但古诗教学历来是阅读教学中的一大难点，不同学段的诗歌教学有着不同的要求。苟欣老师的讲座"轻触古诗词琴弦"，就古诗词的教学从"朗读，古诗词教学的绣花神针""想象，古诗词教学的倚天宝剑""比较，古诗词教学的金拐杖"和"创作，古诗词教学的扬帆器"4个方面为大家指明了教学的方向。又如，李翠清老师的专题讲座"如何提高语文课的效率"，在"提高课堂效率，实现长文短教""提高课堂效率，致力语言实践""提高课堂效率，落实课后题的教学"3个方面与大家进行了探讨。而廖秀清老师的讲座"X=3是方程吗？"则让老师们明白了：高效课堂得多给孩子留一点时间，让他们思绪飞扬一会儿；多给孩子们一点机会，让他们体验成功的喜悦；教师得体地退出和放手，课堂可能会带给师生更多的成就感和幸福感。徐祥静老师的讲座"走近数学泰斗吴正宪"让听众体会到了吴老师始终坚持"学生是发展中的人"这一新课改理念，认识到老师要根据学生的认知发展水平，去帮助学生发现问题、理解问题、探究问题从而解决问题，这样的学习，不仅能够激发学生的学习兴趣，还能让他们知道数学的乐趣所在。

校内名师是学校构建高效课堂的一笔宝贵财富，特别是对于青年教师而言，若能得到名师的指点甚至帮带，其成长将更为迅速。学校将继续打造一批又一批的名师，并将名师的引领、辐射和示范作用在高效课堂中发挥到极致。

三、积极参与课改 创新教学形式

学校的高效课堂建设根植于全体教师的平时课，立足于师生的长足发展。全体教师共同参与、营造研究氛围；骨干教师率先垂范，带头进行高效课堂的研究和实验；学校进一步完善教研制度，每周坚持开展听课、评课活动，真正以听评、课促研究，激励全校教师投入到课堂教学改革中来。

学校结合实际，确定以导学案编写为切入点，积极开展课堂教学改革。学校将四年级和五年级16个班定为高效课堂教学试验班，将四、五年级教师定为主要的高效课堂教学试验教师，并在两个年级中选出重点试验挂牌班级。学校要求试验班每节课都要评出最佳小组，每周对最佳小组进行表扬，每月举行一次优秀小组展示活动，将各试验班中表现好的小组照片、口号等做成展板悬挂在其班级所在的楼层。试验班级的任课教师互相学习，交流经验，总结得与失，利用每周的教研活动展开研讨。老师们在前进中不断摸索，以学案为载体，以导学为方式，先学后教，以学定教，取得可喜的成绩：

（一）精心编写导学案，开展学案导学

四年级组老师们采取了同组成员轮流分单元编写导学案，大家共同讨论并报请教导处最终审定的模式。语文课导学案的项目为单元导学和课堂导学，课堂导学又分为学习目标、学习重难点、学法提示、课前预习、学习探究、拓展训练、知识链接、课后反思和二次备课等；数学课导学案的项目有学习目标、学习重难点、学法指导、复习巩固、合作探究、课堂小结、达标检测、教学反思等。

开展学案导学的主要过程包括：一是出示学案，让学生自学；二是预习汇报，让学生讨论交流；三是当堂展示，教师精讲释疑；四是当堂检测，统计分数。

（二）创新管理之模式，实施小组合作

学校借鉴先行学校的经验并结合自身的具体情况，让老师们科学分组、合理分工，充分发挥小组学习的强大功能。学校对学生的智力水平、认知基础、学习能力、心理素质等进行综合评定，按照"异质同组，组间同质"的原则进行分组。"异质同组"就是每个组要有好、中、差各个档次的学生，"组间同质"就是组与组之间要实力均衡。具体做法是：遵循男女搭配、动静搭配、性格互补、强弱互带原则，根据学生的学习成绩、性格特点、发展潜力、综合表现将全班学生分成 3 个层次，并编以代号，如 1 号、4 号为学优生，2 号、5 号、7 号中等生，3 号、6 号为学困生；每个小组都有组长、副组长、生活组长、纪律组长、图书管理组长、安全组长等职务，实行分组值周制度；各小组自行取小组名、设计小组牌、确定小组口号。比如，四（一）班有的组给自己取名为"星梦""祥龙丹凤"等，他们给自己的组取了名字后，增强了组员的小组意识和凝聚力，使自己的积极性有了提高。

四（三）班在黑板右侧开辟了小组课堂学习评比栏，在张贴栏贴有小组争优创先评定表，评定项目包括：品德、纪律、两操、清洁、作业、课堂学习等。苟欣老师在对学生的小组合作进行评价时，注重把学生个人之间的竞争变为小组之间的竞争，把个人计分改为小组计分，把小组总体表现作为评价的依据，形成一种"组内成员合作，组间成员竞争"的格局，把整个评价的重心由鼓励个人竞争达标转向大家合作创优。

经过实践，"小组合作"模式取得了较为理想的成效：增强了学生的竞争意识，使学生更有上进心；实施成功教育，增强了学生的自信心；增强了学生的责任心，培养了学生的自我管理能力；营造了良好的小环境，促进学生全面发展；培养了合作意识，增强了班集体活力。

总之，学案导学、小组合作充分体现了学生作为学习主体的平等性，强化了学生的群体合作意识，激发了学生的参与热情，充分挖掘了学生的潜能，使班里每一个学生学会学习、学习合作、学会竞争，为学生的和谐发展奠定了坚实基础。

可以看出，老师们对自己在高效课堂构建中的角色和地位等有了比较清晰的理性认识，由原来的简单模仿到现在的有所思考、有所探索，再到逐步走向成熟，走出了一条自己的探索、实践、创新之路。

四、硬件设施齐备，让教学方式更灵活

为了稳步推进课堂教学改革，学校不惜重金购置教学硬件设施。目前为止，已实现交互式白板"班班通"，这种交互式电子白板，充分发挥了计算机、投影、音响、实物展台和校园网络等多媒体设备的功能，优化了新课程理念下的课堂教学模式，使师生的交互式合作成为一种常态，使人机互动、师生互动、远程互动成为现实，形成了一种独特的"网络环境下的高效课堂"模式。

在这样的模式下，学生们把预习好的导学案及课堂展示的内容于课前上传，师生借助交互式白板板书、展示、表演、提升，学生上课时不用忙着记笔记，教师也不用花大量时间写板书，如此，节省大量的时间可被用于师生之间、同学之间的交流互动。借助白板快捷方便的功能，师生展示过程变得十分紧凑、高效，而且交互式电子白板还有储存、记忆功能，师生可自由调用，学生的巩固和反馈也变得十分方便快捷。

每个班级的电子白板还通过网络实现联通，即"班班通"，每一节课后，老师的课件，学生的解答过程、修改过程，教师的讲解圈注等都可以被储存下来，并自动上传至校园网络，供全体师生调阅、反馈、总结。教师把高效课堂的先进理念与现代技术相结合，生成了自己的模式和课程，实现了新技术与新文化的高度融合。

五、高效课堂显成效，同舟共济助成长

几年来，经过全校师生不懈的努力，在打造高效课堂上取得了可喜的成果：苟欣、任芙蓉、李翠青老师的录像课参加国家级课堂教学竞赛获得一等奖，苟欣、秦婧、孙艳萍、任芙蓉、李翠青、贾茨明、李林倩等教师参加南充市课堂竞教获得一等奖；苟欣、张巧灵、王安东、陈杰等参加南充市小学学科教师技能大赛获得一等奖；多位教师的论文发表于《未来教育家》《四川教育》《教育导报》等刊物；校本教材《拥抱晨曦》获南充市一等奖，《小学科学园地》获省一等奖并公开出版发行；多项课题研究获省二等奖及南充市一、二等奖。

课堂教学是教学的基本形式，是学生获取信息、提高技能和形成思想观念的主渠道。教育学家第斯多惠曾说过："教学的艺术不在于传授的本领，而在于激励、唤醒、鼓舞。"然而"教无定法，教学又是一门遗憾的艺术"，在今后的工作中，学校将继续以抓薄弱学科教学为切入点，全面推进高效课堂建设；以听评随堂课为重点，增强课堂教学的有效性；以探究因材施教为重心，强化课堂教学的针对性；以研究国家级课题为契机，完善高效课堂的教学模式。

"潮平两岸阔，风正一帆悬。"在新一轮课堂革命中，学校将砥砺奋进，多方联动，把高效课堂建设不断引向深入，让北小学子成为心向阳光的正才，奠基未来的人才，走向世界的英才！

作者简介：

郑小敏，女，阆中市城北小学校党支部书记、校长，中学高级教师，四川省小学语文骨干教师，南充市小学语文学科带头人、南充市优秀科技教育工作者，阆中市第十六届、第十七届人大代表，阆中市优秀科技工作者、阆中市优秀校长。曾多次参加各级小学语文课堂教学竞赛并荣获一等奖。数十篇论文在《未来教育家》《四川教育》《教育导报》等主流教育刊物发表。参加各级课题研究并结题 2 项。举办校内外专题讲座十余次，参编校本教材二十余本。

阆中市城东小学校、阆中市多维外国语学校：全力推进"三为主"高效课堂建设

郑元强　梁琼　陈香华

阆中市城东小学校、阆中市多维外国语学校在实践"学生为主体、教师为主导、训练为主线"的"三为主"模式的基础上，采取一系列措施全力推进高效课堂建设。

一、领导重视，专家引领

（一）加强领导，明确责任

学校成立了由校长担任组长，其他校级领导担任副组长，中层干部为成员的学校教学改革领导小组；各学科成立由教研组长、备课组长、学科带头人、教学能手为主的学科教改核心团队。做到任务明确，责任到位，为实施教改提供了组织保证。

（二）专题培训，强化落实

学校强化高效课堂的理论学习与研究，加强专业引导，为教改提供支持。学校通过派领导、教师参观考察课改成功学校，并邀请相关专家开展专题培训，在理念上与时俱进；同时邀请了相关专家对学校"三为主"课堂教学模式进行技术指导，并在教师和学生两个方面进行课堂实践培训，真正做到相信学生、解放学生、利用学生、发展学生，这既是高效课堂建设的目标，也是高效课堂的灵魂。

二、集体备课，群策群力

学校推行集体备课制度，将备课重点放在教学的 4 个环节上，包括预学内

容，要求明确（自主学习清单的设计）；交流内容要求明确；各小组展示内容要求明确、预设合理；练习设计有针对性。同时关注课堂成效、课堂反思等。

具体做法为：间周定期组织本年级各学科的老师集体研讨近两周授课内容：首先由主备教师将近两周所要教授内容中的重点、难点、考点等提出并陈述，然后备课组长组织老师就相关内容进行集体研究讨论，相互交流，寻求最佳方案，并形成完整的教学方案。

三、小组合作，有效研究

随着课堂教学改革的不断深化，小组合作学习的有效性直接影响着课堂教学的效率，更关系着课堂是否具有活力和生命力。因此，小组合作学习的有效性研究已经成为课堂教学改革的又一个关键点。关于提高小组合作学习的有效性，学校的具体举措是：

1. 组织形式上化大为小。根据学生的性别、学业成绩、智力水平、个性特征、家庭背景等，按 6 人一大组、3 人一小组（分组每个大组分为两个小组），促进组内成员优势互补。

2. 实行组长统筹制。在自主探究时，大组长在完成自己的学习任务后，可及时协助老师检查组员完成情况；在合作交流时，各小组先自行交流，让每个学生有发言的机会，由组长汇总小组的交流情况，就大家反馈的疑难问题进行集中讨论，将组内解决不了的问题反馈给老师。老师把各小组反馈的问题进行整理、归类，然后实行交叉分配，分给各小组板书、讲解任务；各小组分到任务后，先进行讨论，再派代表为全班同学板书、讲解。

四、校本科研，追求高效

（一）同课异构

指针对同一个课题，由一位教师面向教研组讲课，听课教师依据自己的经验等进行评课与研讨，讲课教师收到反馈后进行二次备课、讲课，然后由不同的老师讲课，如此反复，通过多轮研讨实现高效课堂。

（二）课堂模块研讨

即根据实际情况指定具体的课型进行研讨，如指定不同的教研组分别就"新授课""习题课""复习课""实验课""讲评课"等课型研讨"高效课堂的教学策略"。教研组按照"同课多轮"或"同课异构"的模式进行多轮研讨。与此同时，教研组成立由高级教师组成的评课小组，评课小组从教学设计、教学方法、师生互动、讲练结合、教学效果、课堂探究等方面进行考察，并结合本教研组承担的课型草拟"高效课堂"的评课标准，按此标准开展听课、评课活动，还要让其他教师也参与对"课"和"评课标准"的研讨。如此提炼出构建高效课堂的关键性因素，以之对草拟的标准进行修订、完善，最后确定"高效课堂"的评课标准。

（三）举办学科论坛

首先是课例展示。由各教研组推选出一位教师代表面向全校开课。其次是校本评课。校级评课教师课前拟定观察计划或观察提纲，草拟评价标准；听课时做好对上课过程的真实记录；评课时对课堂进行定性和定量的评价。最后是学校邀请的校外专家组成更高一级的评委，从"高效课堂"的角度对授课教师的讲课和校级评课教师的评课进行再指导。

（四）开展小课题研究

引导教师梳理日常教育教学中的问题，找出急需解决的问题并将之作为研究课题；围绕课堂教学、学法指导、教学评价、教师专业成长等积极开展课题研究。申报课题以教研组为单位，实行自主申报，并要求填写小课题研究申报表；对于已经立项和开题的课题，学校应督促课题组扎实有效地做好研究、阶段性总结及结题工作，发现典型，及时推广。同时，将"联片教研、跟进指导、培养典型"贯穿科研工作的全过程，形成浓厚的科研氛围，促进教师专业发展，深化课程和教学改革。

五、细化评价，深入发展

（一）细化课堂评价标准

学校根据现有教育发展程度、生源情况、教师教育水平等实际，在核心团队、教研组、备课组充分讨论的基础上，制定出学校课堂评价标准。

（二）完善教师专业成长评价体系

1. 每位教师根据个人实际情况，制订个人专业成长年度计划；根据课堂教学实际，制定改进和提高自己课堂教学能力的措施。明确每学期自己要重点突破的薄弱环节，以提升自己的教学能力。

2. 建立教师专业成长档案，在教学常规、教研活动出勤、听课、上示范课、专题讲座、论文发表及获奖、小课题研究等方面翔实记录教师的专业成长，并将之作为期末绩效考核的依据。

六、以人为本，分层培养

（一）培养中青年骨干教师

学校在每个年级组遴选出 1~2 名课堂教学效果好、教学能力强、课改经验丰富的教师，通过自我学习、校本研训、参加技能比赛、外出学习等方式使其尽快更新专业知识，熟练掌握信息技术和课堂教学技能，促使其成长为校级骨干教师或学科带头人。

（二）打造成熟的青年教师团队

中青年骨干教师和学校其他教师进行师徒结对，由一名师傅负责一个或两个年级组的学科指导工作。师傅的任务明确：一学年内指导两名以上徒弟（教师）；一学期至少听徒弟的 20 节课，课后及时与之进行面对面交流和评价。徒弟每学期至少听师傅的 40 节课，听课之后要认真交换意见。

为及时掌控课题研究新动向，学校还实行名师例会制度。每周四下午第二节课为名师例会时间，教师们在会上汇总一周内出现的新问题，汇报一周内听课的具体情况，研讨具体的应对措施，同时还要安排下周课题研究的具体工作。

（三）推进名师工程，打造具有学科引领能力的名师

通过校本研训、课题研究实践、专家引领等方式，提高中青年教师课堂教学水平和科研能力，促使他们成长为市级名师、学科带头人。

（四）建立信息化网络平台

积极构建基于网络的教师发展平台，建设实用性较强的学科信息化资源库，为教育教学提供优质服务；鼓励教师开设个人博客，并通过网络进行互动交流、经验共享。

总之，学校在高效课堂的建设上采取了一系列措施，取得了一些成就。"路漫漫其修远兮"，高效课堂的建设任重道远，学校将在实践的基础上不断前进，以期取得更好的成绩！

作者简介：

郑元强，阆中市城东小学校、阆中市多维外国语学校教导主任兼教科室主任，一直从事小学数学教学工作，学校课堂教学改革倡导者之一。多篇论文荣获省级一、二等奖。曾获阆中市"优秀教师""学科带头人"等荣誉称号。

阆中市民族小学：化雨润物，构建理想课堂

杨秀琴

近年来，随着新课程改革的深入发展，怎样实现课堂高效成了人们议论和探索的焦点。构筑理想课堂是新教育实验的六大行动中的一个非常重要的行动，它旨在通过创设平等、民主、和谐的课堂氛围来实现课堂高效，并追求个性课堂，从而促成知识与生活、生命的深刻共鸣。自 2011 年起，学校参与了新教育实验，对构建理想课堂进行了一些探索和实践。

春风得意马蹄疾，一日看尽长安花

人在心情轻松愉悦时，感知事物的效率很高。所以学校把幸福教育作为构

建理想课堂的前提，努力创建幸福校园、幸福班级、幸福课堂，培养幸福教师、幸福学生。让美丽的校园、多彩的艺术、健康的体魄，促进学生人格完善和潜能发挥，培养学生获得与感受幸福的能力；让教师树立幸福从教理念，构建和谐的教育氛围，实现师生共享的教育幸福。

一、打造幸福校园

（一）营造积极向上的校园文化

幸福是一种心态，打造幸福校园离不开积极心态的营造。所以学校通过会议宣讲、读书品鉴、经典对话、聚会郊游、艺术欣赏等，让每位教师确立"教书育人就是幸福"的观念；开展"爱健体，爱读书，爱工作"的"三爱"活动，以活动提升教师内在修养，引领教师追求幸福的教育，享受教育的幸福。

（二）构建优美的环境文化

通过美化校园环境让校园每处都散发出浓郁的文化艺术气息，真正做到让校园中的每一寸土地、每一面墙都无痕地发挥着育人的功能。近年来学校打造了文化长廊、师生风采展示集萃园、学生笑脸墙、运动园、开心种植园、树人书吧、读书漂流园，让学校成为教师与学生心灵栖息的港湾和展示风采、成就梦想的沃土，以及享受幸福教育与人生的家园。

二、成就幸福教师

学校着力提升教师修养，持续不断地给予教师精神与物质的滋养，引导教师树立积极的理想观、正确的职业观、科学的幸福观、和谐的友情观，在盛满幸福的校园里，通过劳动感受着生命的价值和尊严。

（一）尽可能改善教师工作条件

学校筹资百余万元更新办公设备，为老师开心工作创造了条件，并全力解决教师生活中遇到的一些实际问题。

（二）尽可能满足教师情感上的需要

学校充分发挥工会、群团组织的作用，组织了一些文化娱乐、体育健身活动，如读书交流会、诗歌朗读会、经典吟诵会、师生同台演出等，努力构建了一个平等、友好、协作、关爱的人际环境。

（三）尽可能满足教师自我实现的需要

寻求专业发展是教师职业幸福感的重要来源，学校将教师引导至探索与发展的道路上来，让他们在研究中发现工作的乐趣，获得成就感，从而增强教师自觉追求幸福的原动力。学校采用校级"学科带头人"培养制度、校级"名师"评选制度、"专家论坛"等激励管理制度促进教师专业发展；坚持"以研促教"，鼓励教师积极参与小课题教研、论坛研讨、同课异构等活动，为每个教师的专业发展创造条件，帮助每个教师实现其最大目标，使其逐渐成为自己期望成为的人，实现个人理想和抱负。

三、培养幸福学生

现在的学生对幸福的理解越来越偏执，陷入了"身在福中不知福"的困境中。对于他们来讲，缺少的不是物质的满足与精神的营养，而是对幸福理解感悟的能力。学校针对这一情况，开展一系列课间趣味活动，培养学生特长，增强其成功感；通过系列读书活动，不断丰盈孩子的精神世界；开办书法、书画等兴趣活动，让他们笔墨点画幸福童年；通过六一演讲等活动，让学生在成长中展示，在展示中成长；通过走进"社会课堂"，开展春游、手拉手社区行等活动，让学生接触社会，长见识、学本领、砺品质；利用开学典礼和国庆、元旦等重要节庆，以及各类团队竞赛、集体评优、选拔、推荐、表彰活动等刺激学生的神经，培养学生的善良之心、感恩之心、责任之心，并促进学生个性发展，挖掘学生潜能，尽可能发现每位学生身上的闪光点，让每位学生在进取奉献中实现对自身价值的肯定，增强其自豪感、自信心，让学生"一天比一天思考更多，一天比一天懂得负责，一天比一天更会学习，一天比一天更爱生活"。

铁骑纵横五千年，心无陌路行无疆

朱永新教授在《新教育》里针对理想课堂提出了"六个度"和"三重境界"。要实现这些，教师必须首先解放思想，转变教育教学观念，改善知识结构，提高教育教学理论素养。于是，在校长的带领下，学校先后组织35人次到山东昌乐二中、杜郎口中学，重庆綦江小学以及成都、南充、蓬安等地名校参观学习、听课，零距离接触课改新理念、新成果，接受外界新思想，把握课改时代新脉搏；要求教师研读名家教育专著《中国新教育》《走在新教育路上》《做一个幸福的教师》《教师的20项修炼》等并结合自身教育实践谈感受、谈改进；要求教师学习观摩窦桂梅、于永正等名家的课堂实录，推敲、借鉴《小学语文教师》《四川教育》等优质刊物的教学设计，让老师们"形""魂"兼修，共享研课的快乐。同时，学校充分发挥校内优秀教师的示范作用，开展名师开讲、优秀课例展示活动。如此，让教师明白构建理想课堂的关键在教师，教师唯有不断学习才能在教育舞台上做到"铁骑纵横五千年，心无陌路行无疆"。

深磨出真知，细琢成玉器

一、精心编制导学案

学校把编制导学案作为构建理想课堂的关键。学校主抓教学的行政人员率先垂范，带头研究导学案，并以之对教师进行考核，实行人人过关制度。凡是导学案编制不合要求的教师，学校会对其进行再培训，并建立"一对一"的帮扶机制，直至其导学案编制合格才能走进课堂。随着课堂改革的不断深化，民小的教师们都能精心设计自己的导学案，并把自主案、合作案、探究案、检测案四者融为一体，独具特色。如今，学校教师的导学案体现了问题探究是关键，知识整理是重点，阅读思考是特色，基础练习是着力点的特点。

二、强力推行高效课堂教学模式

学校推行了"四步三查"的"高效课堂"教学模式，"四步"是指学生探究活动分四步进行：第一步为学案导学，自主探究；第二步为问题交流，合作探究；第三步为成果展示，反馈探究；第四步为效果评价，拓展探究。"三查"是指学生在"四步"学习过程中的 3 次关键性的检查：一查自主学习的效果；二查合作学习的效果；三查整体学习效果。课堂教学是一种具有创造性的活动，只有师生的心灵不断互相撞击，才会产生激情的火花；只有师生的情感不断交流，才会产生人性的快乐。包括：课堂教学只有回归人性、回归生活才能真正产生实效。教无定法，学无止境，我们也鼓励教学经验丰富的教师灵活改进课堂模式，形成具有特色的课堂教学，并以"人人参与，展示体验，享受快乐"为主题，提出幸福课堂"一基三给四不一尊重"的整体要求，包括：一个基本：开放互动、和谐共享；三给：把活动的舞台交给学生、把活动的时间交给学生、把活动的自主权交给学生；四不：不搞浅层次低水平合作，不搞形式上的合作，不搞未经缜密思考而匆忙展开的合作，不搞脱离有效监控和引导的随意合作；一尊重：更好地尊重学生个体的独特体验。课堂是学生们亲自经历发现、体验、探究与感悟过程的课堂，只有孩子们的主动参与才会使课堂变得生动、充满生机。

三、积极推行幸福课堂阳光评价

学校借鉴了朱永新教授提出的幸福课堂的"六个度"（参与度、亲和度、自由度、整合度、练习度、延展度），确立了民族小学幸福课堂的 4 个评价维度：感官的愉悦、探究的乐趣、收获的喜悦和人际交往的享受。这种评价体系不仅关注学生的学习结果、学习过程，更关注学生在课堂中的情感体验；不只关注教案，更关注学生的课堂表现。这要求教师要走进学生的世界，做幸福课堂的智慧引领者，尊重每一位学生并和学生建立起平等合作的关系，让课堂成为幸福的学习场所，让学生享受幸福的学习过程。

千淘万漉虽辛苦，吹尽狂沙始到金

民小全体教职工经过不断探索，实现了理想课堂的构建，改变了学校传统的教学模式，改变了师生的行为方式，改变了师生的精神状态。在民小，课堂已成为师生对话的舞台,这使民小的教学质量得到了显著的提升,社会的满意度越来越高,学校先后获得"四川省重点小学""四川省校风示范学校",近两年来,有近百个省内外教育考察团共5000人次来校参观、学习和考察;四川省城乡环境综合治理"进学校"、阆中市读书活动等多个现场会在学校成功召开;多位教育专家来校参观并欣然题词,给予学校高度评价。

路漫漫其修远兮,吾将上下而求索

理想课堂的构建说起来容易,但真正要达到理想课堂的最高境界又是何等困难。在漫长的教育改革的征途中,不可能一帆风顺,总会遇到坎坷崎岖。但只要做真实验、做真教育,把激情带到学校、带到课堂,把课堂当成自己与孩子交流情感的场所,鼓励孩子参与、激发孩子的思维、深入孩子的心灵,如此,我们就能拥有理想的课堂,体会教育的诗意,享受职业的幸福。

作者简介:

杨秀琴,高级教师,阆中市民族小学副校长,阆中市学科带头人,南充市骨干教师。其多篇论文发表及获奖,参研多个课题获南充市政府三等奖,南充市教育局一等奖、二等奖,参加阆中市、南充市小学语文课堂教学展评获一等奖。

阆中市滕王阁小学校:
积极推进课改,打造高效课堂,提高教学质量

杨业 魏建平 罗春彦

以全面提高教师整体素质,提高教育教学质量为目的,以课堂改革为重点,阆中市滕王阁小学校本着"个别实施,积累经验,组织观摩,逐渐铺开"的策略,积极稳妥地推进课堂教学改革,走具有特色的课改之路。

一、领导重视,积极探索

(一)制定规章制度,保证课改扎实推进

领导的观念关系着课改的成败。学校成立以校长为组长,主管教学的副校长为副组长,教导主任、教科室主任和教研组长共同参与的课改工作领导小组,课改工作领导小组深入教学第一线,保证了课堂教学改革有序有效地进行。

(二)领导参与,推动课改

为了让教师消除顾虑、增强信心,使教师成长更快,何英副校长、田小娜主任带头上示范课,全校教师都听课评课,这对学校的课改起到了积极的推动

作用。校长和教学行政人员坚持每周推门听两节课,听后立即评课,指出优点和不足,并积极指导。为了使课改真正落到实处,防止教师在无人监督的情况下又用旧方式上课,各年级的行政人员,坚持听随堂课,并把此项纳入考评细则里,作为常规教学检查项目。

（三）创造条件,支持课改

学校充分利用"保宁教研教改交流群"里上传的课堂教学实录,要求老师们有组织、有计划地进行学习,看实录、听身边的名师进行点评。学校在要求全体教师必须参加"保宁教研教改交流群"学习讨论的同时,还开设定时定点的"名师教学实录观摩学习活动":单周四上午第一节数学课观摩活动,第二节课语文课观摩活动,下午放学后,老师们分组在学校中心教研组的带领下进行学习和讨论;单周三上午第一节课开展艺体教学观摩和评课活动。通过观摩活动,老师们积极学习名师的一言一行、一举一动,学习他们先进的教学理念、优美的教学语言、优秀的教学方法、得体的教学姿态;通过观摩活动后的集体讨论和交流,老师们得以反思自己的课堂结构,优化自己的教学模式。双周四上午第一节课和第二节课为"和名师同上一节课"活动:从各学科中抽选不同年龄层次的教师开展同课异构教学展示,并要求老师们以名师课堂实录为镜子,从镜子中找到自己与名师的差距、找到自身的亮点、找到改进的方向,进而提高自己的课堂教学能力。

二、转变观念,提高认识

课改能否成功,关键在于教师。推行教改首先要从转变教师观念入手。为加深教师对课堂教学改革的理解,提升教师实践先进教育理念的水平和能力,学校通过多种途径,大力开展教师培训工作。

（一）开展全员培训

学校组织教师学习先进教育理念,获取教改前沿信息,掌握现代教学技术,落实高效课堂整体推进。

（二）"走出去"与"请进来"相结合

学校先后组织教师到成都、南充等地培训学习,接受了培训的教师回校后办讲座或上示范课,让学校教师都能接受先进的教学理念和教学思想。学校先后与千佛镇小、河溪镇小等校进行交流学习。采用与教师面对面交流、现场答疑等方式对课堂教学改革过程中出现的细节问题进行了探讨。

（三）交流反思,不断提升

学校要求教师认真落实高质量教学的"五个一":一是至少交一篇教学论文;二是交一份优质导学案;三是上交一篇教学反思（教育故事、教学总结）;四是上一堂优质公开课;五是承担或参与一项课题研究。教学不断提高教师

"研究、反思、写作"能力。在鼓励教师进行理论学习的基础上，学校积极倡导教师将理论与自己的教育实践结合起来，努力开展个案研究、叙事研究。学校要求老师不断总结课堂教学的经验教训，这让老师认识到自己日常课堂教学的成功之处，增强自信；也让教师能及时总结发现自己课堂教学的不足之处并进行优化，提高课堂教学水平，从而深化课堂教学改革。

三、落实措施，构建高效课堂

（一）变教案为"导学案"

学校要求教师从变教案为导学案做起，实行规范备课、有效备课：教师在掌握课标、吃透教材、把握学情的基础上，高质量落实备课标、备教材、备学生、备方法、备程序、备作业等常规要求；在此基础上，学校鼓励教师不断超越自我，创造性地开展有效备课，逐步让每一次备课都能做到目标明确、重点突出、线索清晰、方法得当、内容精当，形成有个性、有创意的教学设计。

（二）认真上好"三课"

学校开展各学科、各学段、各种课型的课堂教学观摩、展示、研讨活动。组织骨干教师上示范课，青年教师上优质课，才调入教师上合格课。

（三）利用"课堂自拍"，打造精品课堂

老师们只有不断发现自身存在的问题，才能去寻找解决问题的思路和方向。除了和名师进行比较以外，怎样才能充分发现自己的教学中的缺点呢？学校在这方面进行了探究，探索出借助现代信息技术的方法：学校首先在部分青年教师中开展"我的课堂大家评"活动，要求老师利用摄像机或者手机把自己的一堂课拍摄下来，并上传到学校的交流群中，全校教师都能在学校的交流群中打开这些课堂自拍视频进行观看、评价和讨论。授课教师能在回味自己课堂的同时，结合别人的评价，对自己的课堂及时做出全面的反思，甚至发现别人没有发现的或者别人不愿意说的问题。对于提高教师课堂教学水平和打造精品课堂有着重要意义。

（四）充分利用优质网络平台为教学服务

目前，有很多优质的网络平台能够让老师们的教学工作得到优化。比如，菁优网就是一个非常好的资源共享平台。该网按照学科进行分类，使每位老师都可以找到自己所教授的科目的资料，找到适用于全国各种教材的题库，其网的题库有题目全、解析精、易查找、题型多等特点。学校要求每位教师开通菁优网账号，根据本班学生学习情况进行组卷，然后下载样卷，用学校速印机把试卷印制好，作为日常练习题，这样，大大减少了老师上网搜题的时间。

（五）利用微信为教师、家长、学生提供交流平台

1. 学校下载了"保宁教研教改交流群"的优秀视频和经验文章，然后分别上传到语文、数学、艺体综合 3 个校内微信交流群中，供老师们随时进行观摩学习。

2. 学校把"保宁教研教改交流群"中的资源进行整合后交给老师，让他们把这些资源分享在各班家长微信群中，便于家长和学生学习借鉴，提升家长的教育水平，从而促进家校合作。

今后，学校将继续积极探索，及时总结经验，发扬优点，克服不足，迎难而上，推进教学改革向纵深发展，努力使学校的课改工作再上新台阶。

作者简介：

杨业，阆中市滕王阁小学副校长，音乐一级教师，四川省社会音乐研究会会员，南充市音乐家协会会员，国家级先进实验教师。曾获南充市音乐课堂教学竞赛一等奖，多篇论文发表及获奖。

阆中市石子中心学校：
立足课堂教学改革与管理，提升教育教学质量

曹文志

在积极落实阆中市教科局"聚焦主业、提升质量"的基础上，阆中市石子中心学校着力提高课堂教学的有效性，促进教师的专业成长，在课堂教学改革中，采取扬长避短、学为我用、创新理念、稳步推进的策略，取得了一些成效。

一、主要做法

（一）加强学习，更新观念，提升能力

新课程改革必须从根本上改变传统的教学模式，更新观念，更新教法。学校经常组织教师以集体学习、分组学习、个人自学等形式，认真学习了《新课程标准》《国家中长期教育改革和发展规划纲要》等相关材料，充分理解其具体要求，并结合自身教学实际，反思自己的教学，找出不足，然后制定出自我发展目标与措施，并付诸实践，切实解决影响课堂教学效率提高的主要问题学校。让每个教师明确"教"是为了不"教"，树立为学生的"学"服务的意识。

学校还组织教师积极参与保宁教研教改 QQ 群的研讨活动，并指导教师解决工作中遇到的问题，收到了良好效果。

（二）深化课改，注重过程，以生为本

1. 把课堂还给学生

树立以生为本的观念，给学生发展提供最大的空间。明确学生是学习的主体，课堂是学生学习的主要场所，教师不能使课堂成为一言堂，要真正理解学习的科学过程，用讨论代替讲述，用互动改变被动，用争论取代提问，让学生快乐地主动学习。

2. 充分相信学生

学生基础有差异、能力有强弱，针对这一点教师的主要任务是发掘学生潜能，因人施教，启迪学生的智慧。通过努力，学校大部分教师的角色与观念发生了变化，由抱怨学生到喜爱学生，变成才培育为成人教育，改灌入式教学为自主式学习，让每个学生能按自己的需求主动学习。

3. 认真指导学生学习过程

教师要把培养学生的创新素养和实践能力作为教学的重点，重点设计学习的 3 个环节：预习、展示与反馈。教师做到设计在先，导演在后；组织在先，调控在后。学生要做到预习有效，展示成功，反馈及时，能在教师的指导下主动学习。

4. 改变传统的教学习惯

教师要改变原有的备课、讲课、批改作业、课后辅导等习惯，学生要改变传统的听课、回答、练习、作业等习惯，师生应按照科学的教育理论，培养新的教学习惯。

（三）立足实际，规范管理，提质增效

1. 分析现状，强化管理

由于教师自身素质的不同，导致他们对新课程理念的理解不同，对新方法、现代手段运用少，思想不够开放。同时，课堂教学中还存在不少与新课改教学要求相违背的现象，如有的教师"照本宣科"；有的教师讲课用的时间多，留给学生主动探究学习的时间少，练习少且无层次性；教师不注重自身角色的转变，忽视学生的主体作用，使课堂缺乏生气；教学评价单一等。面对这些问题，学校加强了对各学科课堂教学的指导，结合保宁督导责任区《导学案编写模板》和"三个三"理念，帮助教师在"实"字上下功夫，在"小"字上做文章。

2. 立足实际、深化改革

学校根据上级有关精神结合本校实际，紧紧围绕新课改的要求，做了如下工作：

（1）精讲多练。

学校要求教师首先把精力放在备课上，备课时应做到"十二备"：备课标、备教材、备学生、备教法、备学法、备引入、备设问、备训练、备小结、备板书、备教具、备作业；然后围绕教学目标，认真分析本节课要讲授的内容，找出重点，精心确定每节课"讲"与"练"的内容。

（2）优化练习。

学校要求教师做到分层次布置作业，从最后一名学生抓起，用爱心对待每一位学生，认真搞好每节课的练习设计；做到作业有布置、有检查、有记录。学校也从常规检查中查看教师的落实情况，并在学校的教学简报中及时通报。

（3）多维评价。

1）评价方法多元化。学校对学生实行综合评价，不仅有教师评价，还有学生评价和家长评价。学生自评、互评可使学生正确认识自我与对待他人，充分发挥学生间的相互影响力；家长评价一方面可以反映出学生在家庭中的变化，另一方面可以纠正以往家长游离于学校教育之外的弊端。

2）评价日常化。学校要求在课堂上对学生的各种表现开展教师评、学生自评、他评相结合的评价活动。

3）激励性评价。针对学生实践和创新能力的培养、个性的形成、特长的发展，学校设立"三好学生""优秀学生干部""学习进步之星"等奖项，此外，还开展了"校园十佳小歌手""校园小画家""校园体育明星""校园孝心"等评选活动。通过这些实践活动培养了学生的自信心和荣誉感，提高了学生的素质。

（四）创设平台，求真务实，改进行为

学校全面开展"四课"活动，推进各个年级各学科的教学研讨工作，通过校本研修，促进教师行为改变。

1. 校级示范课

学校推行了"集体备课—上课实践—集体评课、修改—再上课实践"的"一课三教"课例研究模式，形成了以"课"为核心的教研模式。

2. 组内研讨课

学校要求每位教师每学期必须在教研组内至少上一堂公开研讨课。每当公开研讨课时，本组内的教师必须事先调好课听课，其他教研组的教师可自愿参加听课活动；上课时由教科室做好出勤记录，课后，由教研组长召集成员进行评课研讨，并写出意见。

3. 教学过关课

对于在研讨课教学中出现问题的教师，学校要求其积极准备和申请上过关课。学校组织有经验的教师和教研组长进行集体听评课并提出改进意见，该教师据此再进行备课、授课，如此反复，直到该教师的课过关为止。

4. 常态课

常态课能体现教师一贯的教学风格，其效率是确保教学质量的关键。因此，作为教学管理者必须关注教师们常态课的教学质量，通过推门听课或走廊听课掌握课堂教学情况，并及时与相关教师交流，就其存在的问题及时研讨，寻找改进措施。

（五）反思对比，寻找差距，努力改进

教师应在反思中总结经验得失，通过反思形成独特的教学风格，形成独特的教学理念，达到独特的人生境界。经常反思会让老师们进步得更快。学校要求教师在每节课后要及时写教学反思，学期末至少向学校交一篇教学反思或论文。

二、取得成效

经过不断努力，学校的老师们提升了教学专业水平，提高了教育教学质量。教师们的课堂教学方式发生了改变，有了问题推进、活动操作以及让学生质疑问难和感悟体验；一大批本土名师不断涌现，如陈实在南充市教科所小学"品德与社会"竞教活动中获二等奖，席坚、敬清平在阆中市教师技能竞赛中获一等奖，宋伟在阆中市初中物理竞教活动中获二等奖。

作者简介：

曹文志，南充市级骨干教师，阆中市优秀教师，阆中市优秀教研组长。其自制教具获阆中市三等奖，微课获阆中市二等奖，多篇论文发表并获奖。

阆中市文成镇中心学校：
打造高效课堂，焕发文成教育活力

蒲正仁

阆中市文成镇中心学校位于阆中市东北部文成镇中心，距市区 7 公里，学校背靠省道 302 线，俯瞰东河，面对灵山，占地面积 28 亩，有教职员工 57 人，在校学生有 350 人，是 2008 年汶川大地震后在原文成高中学校校址上修建的一所中心学校，有幼儿、小学、初中共 13 个教学班。

学校教师平均年龄在 51 岁以上，为全市之最。尽管教师们大多年老多病，很多都是抱病坚守岗位，但学校始终秉承"励志、笃学、和谐、尚美"的校训，弘扬"创新教育，张扬个性"的校风，在"质量立校，和谐兴校"办学理念指引下，与时俱进、开拓创新，打造了勤奋敬业的教师团队，形成了和谐向上的育人环境，在市教科局和保宁教育督导责任区的指导下，在"打造高效课堂，提高教育质量，深入推进素质教育，提升办学品位"上花心思、下功夫，取得了显著成效。

一、重视理念先导，合理统筹安排

学校领导高度重视理念的先导作用。自市教科局响亮地提出"聚焦主业，提升质量"这一工作思路，学校便成立了"高效课堂建设领导小组"，先后多次组织行政班子、全体教师加强学习，通过多次集体学习、交流、研讨，对相关问题进行了深入研究，用"高效课堂"理念武装了头脑，为高效课堂的推进铺设了道路。

学校通过创办专题宣传栏、召开专题会等方式，营造出浓厚的教学改革氛围，让教学改革的理念入脑、入心。学校向全体教师强调：质量是学校发展的生命线，课堂是学生成长的主阵地。近年来，学校始终把课堂教学改革作为学校工作的重要抓手，确立了"立足常态，优化常规"的目标，强调快乐学习，强化主动参与，提高课堂实效，全面提升教学质量。

在全校教师思想统一的基础上，学校召开了"高效课堂教学建设启动会"，制定了《高效课堂建设实施方案》，为打造高效课堂绘制了蓝本。

二、摸家底把准脉，取真经念好经

学校行政班子深刻认识到：教学改革的关键在于师资队伍。若教师的专业素养不提高，一切改革都将成为空谈。为此，学校决定：高效课堂建设领导小组要掌握每一个科任教师课堂教学的真实情况，摸清家底，把准脉搏，如此才能对症下药。为此，高效课堂建设领导小组采取了推门听课、室外走课等方式，感受常规课堂，了解真实情况，掌握了第一手资料。听课结束后，立即与教师进行面对面的交流，指出不足之处，提出改进意见。摸排结束，领导小组对所有任课教师的课堂教学特点、优点、缺点都有了全面细致的了解，也了解了教师对高效课堂的认识与应用情况；教师也认识到自身在课堂教学改革方面存在的种种不足，这既增强了高效课堂教学的针对性和实效性，又促进了教师的专业化成长。

在此基础上，学校集中对教师进行了多层次、分学段、分学科的专题业务培训，采用个人研修、集中研讨、专题讲座、观摩课堂实录等方式，将课堂实录中的高效课堂教学分解成不同环节，对每一个教学环节的科学性、实效性进行分析、比较，指导教师从每一个环节学起，认真理解、领会，并运用于自己的课堂教学，力求以各环节的高效促成课堂教学结果的高效。

为了更快捷、更深入地让教师更新理念、提升素质，学校采用"请进来，走出去，带回来"的模式，分期分批派遣教研组长、学科带头人、中青年教师到片区、阆中市的优秀学校和南充、成都等地观摩学习、参加教研活动；与优秀学校结对，实行一对一的帮扶；还聘请外校知名教授、专家到学校献课、举办讲座。通过这种"互动、交流、直面、对接"的方式，让每位教师都学有所得，做到取得回真经、念得好真经，促使高效课堂教学建设取得实效。

三、夯实实践环节，抓反思促提高

学校始终坚持"以学生为主体，以教师为主导，以训练为主线"，以课堂教学为主阵地，扎实开展备课、上课、听课、评课、研课、讨论、反思等教学实践，学校要求全体教师虚心听课、坦诚评课、认真研课、激烈讨论、深刻反思，让大家在这个思想交流碰撞的过程中都逐步积累起各种有效的教学方式，达到博采所长、为我所用的目的。

先进的理念只有内化为教师自己的认知才能有效地指导其教学行为。为此，学校要求教师根据学习、培训、研讨、交流的收获，并结合自己的教学特点进行反思，围绕"教学目标是否体现三个维度""教学过程是否关注了课程资源的动态生成""教学效果是否达到短时高效"等几个方面认真剖析，并分教研组开展教学反思专题研讨活动，更进一步巩固成果。

四、教学比武展示风采，评优创先激发动力

学校大力开展青年教师"高效课堂教学大比武"活动，以比评优、以比促优。两鬓斑白的老师们在精彩激烈的竞赛中，仿佛又回到了10年、20年前的青春岁月，他们精心准备，全力以赴。一大批优秀教师脱颖而出，他们在各自的课堂教学中充分融入了"高效"理念，使学生的学习兴趣和态度都有了根本性的转变，课堂效率得到实质性的提高。

同时，学校还建立了完善奖惩制度，将高效课堂建设情况纳入期末绩效考核，对在课堂教学改革中积极参与、表现优秀的教师给予多种形式的奖励，如在评优晋级等方面优先考虑，以此激励老师们踊跃参与到高效课堂的建设活动中来。

文成中心学校地理位置特殊，优质生源流失严重，任课教师老龄化情况极为严重，实行课堂教学改革可谓困难重重，但在学校领导班子的领导下，学校的高效课堂建设工作没有丝毫的停滞，各项工作扎实、稳步地推进，得到了同行和上级的肯定，也获得了社会的好评。

高效课堂的打造，任重而道远，此非一日之功。学校将更加紧密团结、锐意进取，扎实开展好高效课堂建设活动，激发文成教育人的活力，为阆中教育的辉煌发展贡献文成力量！

作者简介：

蒲正仁，阆中市文成镇中心学校副校长，南充市中学骨干教师，阆中市德育工作先进个人，江南片区十佳教学能手、科研星教师，保宁片区信息化工作先进个人。其撰写的论文获全国二等奖，主研的课题获南充市电教科研成果二等奖。

创新教研形式　助推高效课堂改革
阆中市文成镇云台中心学校高效课堂改革初探

王茂平

为进一步落实阆中市教科局"聚焦主业，提升质量"的工作思路，学校结合实际，创新教研形式，积极探索自主、高效、充满活力的课堂教学模式，切实提升教师的教学能力，提高学生的学习效率，从而全面推进教育教学质量的提高。

一、基本情况

阆中市文成镇云台中心学校现有教学班6个，学生40余人，其中留守儿童30余人，单亲儿童10余人，是一所农村小规模学校。学校现有教师17人，其中50岁以上教师7人。

学生人数少，师资短缺，教师老龄化情况严重，教师的教学能力参差不齐，给教学工作带来了一定困难和压力，成为制约学校教学质量提升的瓶颈。学校为深化教育教学改革，全面提高教育教学质量，结合校情，开展"有效教学—高效课堂"的教学改革，用心探寻一条"教育观念新、教学方法活、学生训练实、课堂效率高"的教改新路。

二、具体措施

（一）组建领导小组，提供组织保障

学校成立了由校长担任组长的高效课堂教学改革领导小组，全面领导和监督改革工作的开展和实施。同时，学校还抓好两个层面的工作：领导层面上，领导小组抓好学习和思想动员，让课堂改革成为整个学校活动的中心环节；业务层面上，领导小组注重落实，以教研组为单位开展实践和研究，真正做到点上有研究，线上有指导，面上有落实。

（二）强化学习，树立理念

学校要求全体教师转变教学观念，优化教学思想，创新教学理念，积极做课堂教学改革的实践者和促进者，以"四看"审视自己的课堂教学：一看教学目标是不是落实了"三维"要求；二看教学程序是不是实现了"先学后教"；三看课堂教学是不是体现了"三为主"；四看教学手段是不是实现了现代化。

为了改变旧观念、旧思路，学校多次召开专题会议，组织全体教师学习高效课堂教学理论知识，让高效课堂教学理念深入每一位教师的心中；开展"课堂教学行为自我反思"活动，让老师们对以往自己的课堂教学情况进行深刻的自查自纠。经过学习与反思，全体教师一致认为：要真正实现教与学方式的转变，大胆借鉴他人之长，融众家之智慧为我所用，对课堂教学"大动干戈"，这才是解决问题的根本方法。

（三）认真思索，形成教学模式

学校在充分学习教学理论、借鉴他校先进教改经验的基础上，参考保宁教育督导责任区的导学案模板，并对骨干教师研讨课进行反复观摩、研讨，最终结合本校实际提出了"221"课堂教育改革新模式，即"两做两线一拓展"教学模式。具体内容包括："两做"：教师方面——在充分研究学生学情的基础上，编写好导学案，设计好教学目标、探究活动和当堂练习；学生方面——做好课前预习，收集与新课学习有关的资料，并将预习的内容进行交流，做到资源共享。"两线"：以学生自主学习为一条线（简称"自学讨论线"）；以目标达成为另一条线（简称"引导训练线"）。主要完成好5个环节任务：自学、讨论、引导、展示、训练。"一拓展"：拓展延伸，将学习向更深层次推进。

（四）加强师资培训，优化教师队伍

1. 建立教师学习制度

学校采用集中学习与个人自学相结合方式，要求所有教师认真学习有关课改的理论文章。

2. 加强教师的培训和交流

在此方面，学校做了如下工作：一是每逢双周组织分学科的教研活动，由学校主管领导牵头，确定主题，在活动中交流教学管理过程中出现的有代表性的问题和教学方法；二是教导处搜集教育教学方面的成功案例，组织教师集体学习，促使教师改变自己的传统教育理念，改进自己的教育方法，用先进的教育理论引领自己的教学实践。

（五）创新教研，扎实推进课改工作

1. 创新教研形式，开展"小学校大教研"活动，提升教师教学能力

学校教师队伍存在人数少、年龄差距大、教学能力参差不齐的问题，仅凭学校较为单一的校本教研活动不足以提升教师的教学能力。因此，要想较快提升学校教师的教学能力，必须创新教研形式，通过形式多样的教研活动提升教师的教学能力。基于此，学校提出了"小学校大教研"的构想，让老师们走出去看、听、学，通过观摩、交流等形式开阔自己的视野。学校与多维学校结对开展形式多样的教研活动，先后派出20余名教师到多维学校观摩学习，共听

课 80 余节次。在观摩学习的过程中两校教师就教学理念、教学方法等进行了交流。每次观摩学习后，为了将别人的先进经验内化为自己的知识，学校会让听课教师精心准备汇报课，展示自己外出所学、所得，在全校教师中起到示范引领作用。课后，全体教师进行集中评课交流，外出教师将自己观摩学习的心得分享给其他老师，将先进的教育思想和优秀的教学方法带给大家，供老师们学习借鉴。可见，"小学校大教研"活动，为老师们搭建了锻炼自我、展示自我的学习交流平台，也提高了学校教师的课堂教学水平。

2. 学名师践优课，提升教师教学水平

学校开展了"学名师践优课"活动，具体步骤为：教导处先组织教师观看名师课堂教学实录，再组织教师对名师课堂教学实录进行集中研讨，讨论名师课堂教学中的亮点，学习名师先进的课堂教学理念，再结合自身教学实际反思自己教学中的不足，最后尝试将名师的先进教学方法运用到自己的课堂教学之中，上一堂优质的实践课。

3. 借力保宁教研教改交流群，引领教师专业发展

保宁教研教改交流群是引领学校教师专业成长的崭新平台。它充分利用网络教育资源，实现了各校教师跨区域、大范围、多层面的交流和互动，有力促进了教师的专业发展。学校的老师们在群里积极互动学习和交流，不断提升自己的专业知识水平和能力，他们受到了先进教育思想的影响，学到了很多好的教学方法，也解决了自己在实际教学中遇到的诸多问题，使自己的教学理念不断更新，教学能力不断提升，实现了自身的专业发展。群里更有丰富的教育资源供老师们学习研讨和交流，学校教导处通过组织教师采用"集中学习—自主学习—集中研讨"的模式，让老师们在学习中探讨，在探讨中反思，在反思中成长，以此促进教师专业发展。

高效课堂教学改革任重而道远，学校将结合实际，组织教师继续深入学习，领悟课堂高效之本质；大胆尝试，创新教研形式，着力优化课堂教学，构建适合学校实际的富有特色的高效课堂教学模式。

作者简介：

王茂平，阆中市文成镇云台中心学校教导主任，常年承担初中语文及政治教学工作，同时担任初中班主任。其教研论文、参研课题、课堂教学多次获奖。其个人获得过阆中市优秀教师、教改先进个人等荣誉称号。

多措并举，全力打造农村学校高效课堂

——阆中市博树回族乡中心学校着力提高教学效益侧记

颜宇宁

阆中市博树回族乡中心学校是一所九年一贯制学校，近年来，学校针对由于各种原因造成的生源质量不佳、学生素质参差不齐等现状，始终坚持走"质量立校促发展"之路，确立了打造高效课堂、着力提升教学效益的教育发展策略，狠抓课堂教学，提高教学质量，向课堂要质量，取得了明显成效。

一、加强校本培训，夯实教育基础

"合抱之木，生于毫末"，提高教学质量的根本在于打造一支素质过硬的教师队伍。学校重视加强校本培训，夯实教育基础。一是经常组织教师参加理论学习及电子白板应用等培训，促使教师练好基本功。二是督促教师按照新课改要求，更新教学观念，深入钻研教材，掌握先进科学的教学方法。

二、坚持"以人为本"，提高教师教学水平

为切实提高教师教学水平，有效促进教师专业化成长，学校坚持推进强化师德师风建设的"形象工程"，大力实施促进教师专业发展的"青蓝工程"，稳步实施培养品牌教师的"名师工程"。学校坚持以机制创新为动力，以培养骨干教师为着力点，通过引进高水平的教师、外派中青年教师学习取经、校内教师互帮、互学、互比以及请教育专家和名师到学校上示范课并指导教师教学实践等方式，不断提高教师整体教育教学水平，倾力打造一支专家型、学者型、科研型教师队伍。

学校坚持抓好青年教师亮相课、骨干教师示范课、结对子教师研讨课、新课程的研究课等活动，让教师们取长补短，快速提高自身业务水平。近两年，学校组织校级研究课10余节，校级竞赛课30余节，收到了"一人展示，人人提高"的效果。

三、加强教育科研，提高教学实效

学校坚持"以研促教"，有效开展教学科研活动，打造高效课堂。

一是抓好听课、评课活动。学校领导经常深入课堂听课、评课，帮助和指导教师改进教法、提高教学业务水平。

二是加强教学研究。学校充分发挥教研组的引领作用，坚持两周开展一次教研组活动，积极推行集体备课制度，扎实开展校内"赛课""磨课""研课"活动，让各学科老师展示高效课堂的教学方式，大家相互学习、相互评议、共同提高。学校经常举办校内高效课堂展示活动，并邀请专家做评委，进行现场指导，收到了很好的效果。而今，"集体备课""微型课题""同课异构""高效课堂""优效课堂"这些词语已成学校教研活动中的"常客"。

三是加强课堂教学管理。学校以课堂教学为着力点，通过对课堂教学全过程进行改革，进一步促进学生健康、全面地发展，完成课改的目标；重视各项教学常规管理，把课改工作落到实处，对解读课标、研究教材、备课、撰写教案、上课、评课等每一环节都提出了具体要求。

四是以课改精神优化课堂教育教学过程。学校根据基础教育课程改革相关文件的精神，实行"新教材、新理念、新教法"，确立"一切为了人的发展"的教育理念，引导教师转变观念，实现教师角色的转换和教学方式的改革，让课堂真正成为学生学习的乐园；通过不断实践和总结，逐步构建"体现先进教育思想，突出学生主体地位，开发学生创新思维，培养学生主体人格，强化现代信息技术与知识整合，营造良好课堂氛围"的主体性课堂教学模式，引导学生自主学习。

多年来，阆中市博树回族乡中心学校通过实施以上举措，实现了课堂教学优质高效，促进了教育教学质量的提高，探索出了农村学校提高教学质量的有效方法。

作者简介：

颜宇宁，高级教师，南充市优秀骨干教师，阆中市博树回族乡中心学校党支部书记、校长，多次被阆中市人民政府、阆中市教科局表彰为优秀教师、优秀教育工作者、师德标兵。其主研的"新课程背景下班级管理研究"获四川省普教科研成果二等奖，"初中语文课件开发与应用的研究"获阆中市普教科研成果二等奖，先后在国家级和省级刊物上发表多篇文章。

阆中市清泉乡中心学校：
着力高效课堂研究，提升教育教学质量

岳鹏程

如何开展农村学校高效课堂教学的研究，进一步落实新课程理念，更好地搞好学校课堂教学改革工作，提高学校整体教学质量，这是摆在学校全体教师面前的一个亟待解决的问题。基于此，学校提出了"农村学校高效课堂教学研究"这一主题，试图开拓一条具有学校特色的高效课堂改革之路。

一、完善机构，分层管理
没有广大教师参与的教育科研是不完整的，是没有生命力的。因此，学校

确立为教育行政决策服务、为教学改革服务、为教师专业发展服务的工作方向，组织教师学习教育科研理论，使其树立科研意识，强化科研观念；努力创设浓郁的科研氛围，促进教育科研工作全方位开展。

（一）营造科研氛围

1. 领导重视。学校的教育科研工作要发展，领导重视是关键。校长带头，全体行政领导统一思想、身体力行，为全校教师做出榜样，每个成员真正做到"五个带头"：带头承担课题研究，带头学习科研理论，带头深入课堂听课，带头上教改示范课，带头总结经验、撰写论文。

2. 骨干先行。学校重点抓好骨干教师的培养和提高，要求人人有课题。尤其对青年骨干教师压担子、严要求，通过严格的过程管理，提高他们的科研能力、教育教学实践水平。

3. 全员参与。学校要求每个教师每学期做到五个"一"：阅读一本教育理论书籍、写好一本业务笔记、参与一个微课题研究、上好一堂课题汇报课、写好一篇教育科研论文。

（二）加强学习培训

1. 经费落实。学校订阅大量的教育教学报刊、专著供教师阅读，并要求教师做好摘记，教导处定期检查，组织交流。

2. 业务学习。学校间周举办一次业务学习，由学校行政、骨干教师按照教导处确定的主题轮流主讲，全校教师都要参加学习。该活动旨在关注课改动态，传递科研信息，从而拓宽教师的视野，丰富教师的理论储备。

3. 名师辅导。学校一方面和城区结对学校互帮互助，请民族小学、保宁中学的老师来校授徒；另一方面，学校组织骨干教师参加市级名师培训，外出学习、听课，参加学术交流活动。

二、借助网络，快捷提升

学校从实际出发，利用互联网教学资源，建设"互联网＋教学"模式，助力教研教改，实现高效课堂构建的快速推进。

（一）建好网络硬件

学校升级网络带宽，提升网速；购置办公电脑；升级网络教室；购置多媒体教学设备；使用同屏互动技术、钉钉办公软件，为教师使用网络提供硬件保障。

（二）积极参与网上教学教研

学校要求全体教师积极参与教师资源交流平台的晒课活动；每周参加"保宁教研教改交流群"讨论；在网上观看名师视频，学习、内化名师经验。

（三）网络教学课题化

学校设立了网络课题，要求各负责人和骨干教师设计方案，制订计划，组织实施；采取分散和集中相结合、上下互动、典型带动、横向联动的研究模式，有力推动课题研究的深入开展。

三、激励配套，巩固成果

（一）强化三项管理

1. 计划管理。教科室每学期制订出学校教育科研工作计划，并从学校实际出发，提出教育科研的具体内容与要求，以及全校性教育科研的工作安排，指导全校教育科研工作的开展。

2. 过程管理。为加强过程管理，学校自上而下明确各级责任，实行分层管理，做到项项有人抓，事事有人问。

3. 资料管理。学校的资料包括：①教育科研实践资料。包括教育科研工作计划、课题方案、具体实施的过程等资料，实行档案化管理。②教育科研信息资料。主要包括对报刊上刊登的国内外教育改革动态、教育改革论文、经验总结的收集整理。学校定期将这类资料推荐给各教研组，使他们了解国内外教育改革的发展趋势，并吸取有益的经验。

（二）建立评价激励机制

为了进一步规范学校教师的教育教学行为，提高他们从事教育科研改革的积极性，学校制定了一系列评价激励措施，通过细致、规范的考核，对教师的科研工作加以引导、激励，从而强化群体的科研力量。

1. 定评价内容。学校对教师教育科研的评价内容包括以下几个方面：有明确的研究课题；有课题研究规划；能较为系统地掌握教育理论知识和教育科研方法；研究过程有原始记录与阶段分析；有阶段性经验总结；论文在一定范围内交流、发表、获奖。

2. 定评价方式。包括：①现场考核，观察各个教研组的汇报课，考察其教学中是否体现了课题思想、目标。②资料展示，包括课题研究方案和计划、原始材料记录、阶段情况分析等。由考评小组根据材料的完整、规范性进行考评。③成果交流，每学期举行成果交流会，并组织专家组进行评定。

3. 定奖励条例。学校为了充分调动教师从事教育科研工作的积极性，在教师的学期工作考核和年度考评中，增加科研工作权重，加大对科研成果的嘉奖。对于那些积极参加课题研究、教改实验并取得优异成绩的教师，不仅给予其物质的奖励，还给予其一系列政策上的倾斜，如优先晋升、优先外出学习、优先评优等，使教师获得荣誉感和满足感。

面对时代给教育带来的挑战，学校将继续认真实施"科研兴校"战略，继续把高效课堂构建作为提升学校办学品质的重要抓手，作为学校改革、创新、发展的助推器。

作者简介：

岳鹏程，男，高级教师，现任阆中市清泉乡中心学校校长。南充市骨干教师。先后获得阆中市师德标兵、阆中市优秀教师、阆中市优秀教育工作者等荣誉称号。其多篇论文发表及获奖。

阆中市特殊教育学校：爱如阳光，携手同行

廖军　张军

阆中市特殊教育学校创办于 1991 年，校园占地 9.8 亩，校舍面积 6500 平方米，是一所九年一贯寄宿制特殊教育学校。目前学校在校学生 120 余人，在编教职工 20 人；教学班 6 个，设有聋哑、智力障碍教学班。学校始终秉持"科学育人、挖掘潜力、补偿缺陷、技能培养、融合回归"的特殊儿童的培养理念，打造富有"爱心、耐心、细心、恒心、信心"的特教师资队伍，这里诞生了全国抗震救灾英雄 1 人，南充市、阆中市优秀班主任，阆中市师德标兵数名。这里环境优美，有标准的动作物理治疗室、个训室、情景教室、感觉训练室、律动室等，现代化的康复训练设施设备和丰富多彩的教育教学活动为残障学生的健康成长、教职员工的专业发展以及残障学生家长教育与康复知识水平的提升提供了强而有力的保证。

学校认真贯彻落实党和政府对办好特殊教育的要求，深入实施《第二期特殊教育提升计划（2017—2020 年)》，不断创新教学及管理模式，大力推进特殊教育课程设置和教育教学改革，积极探索适应新时代要求的特殊教育有效课堂和评价方式，努力提升特殊教育教学质量。

一、精心打造专业素质过硬的特殊教育师资队伍

（一）抓好忠诚于特教、白首不衰的师德教育

学校坚持用"教学相长"吸引人，用"乐于奉献"凝聚人，狠抓师风师德建设。学校注重教职工爱岗敬业的认知教育，大力提倡忠诚于特殊教育的精神、服务残障学生的意识；积极倡导热爱残障学生，明确提出了"爱学校、爱学生、爱学习、爱工作"的"四爱"教育，不断强化教职工的事业心、责任感。

（二）采取各种措施，培养和提高教师的业务水平

学校积极选派教师参加省教育厅、省残联组织的天府人才计划特殊教育专

业培训，做到人人参训，组织教师参加各种特教学术研讨会；充分利用现有资源，加强教师的校本培训，狠抓特教专业理论知识学习，要求全体教职工要学会手语、劳动技术、康复技能等；注重教研工作，以教研促教学；建立特殊教育学校互访机制；建立听、评课制度；充分利用多媒体等先进教学手段，提高课堂教学水平；鼓励教师撰写论文。通过实施以上举措，学校收获颇丰：近些年，先后有侯清华、刘梦羽、廖军、庞玮等教师在南充市特殊教育学校教学竞赛活动中荣获一、二等奖；学校教师 100 余篇论文在不同报刊发表；学校的教育教学得到了南充市特殊教育兄弟学校的好评。

二、积极探索特殊教育课堂教学新方法

（一）开展生活化教学

学校的课程设置以生活为核心，以生活语言和活动为基础。学校在构建生活教育课程体系时，打破了各个学科之间原有的界限，将生活教育与学科教育内容整合在一起。学科教学以生存教育为核心开展教学活动，这样不但使教育内容更加具有连贯性，而且便于学生将自己在学校学到的知识和技能迁移到现实生活之中。

（二）采用多种途径开展康复教育活动

学校积极开展听力障碍学生与智力障碍学生的康复教育活动，建有听力检测与评估室、语言训练实验室、家政室、情景超市。康复与训练方法包括：感知能力训练（视觉、听觉、触觉、嗅觉和味觉），运动能力训练，包括大运动（如俯卧、抬头、竖颈、翻身、仰卧、爬行、独坐、独站、行走、跑步、跳跃等）训练和精细动作（如大把抓、手指捏、穿珠、写字等）训练；语言与交往能力训练；认知能力训练；生活自理能力训练，主要包括穿衣、进食、个人清洁、如厕等自理能力；社会适应能力训练等。

（三）扬长避短，挖掘潜能，用艺术点亮学生人生，培养残障学生的一技之长

学校在结合残障学生类型特点和年龄特点的基础之上，利用现有设施设备和教师资源，开设计算机、绘画、律动等艺术课程；每年六一节学校会组织残障学生艺术作品评比活动；学校还开展了劳动实用技能的培训，丰富了学生的校园生活，开发了学生的智力，也让学生体验到劳动的快乐，为他们毕业后的生存与发展奠定了基础。

（四）大力开展个别化案例教育

个别化案例教育是学校的一项重要工作，使每个学生都有接受个别教育的机会，最大限度地达到缺陷补偿的目的。该项目要求教师先对孩子的基本能力和身体情况进行评估，再进行有针对性的教育。除学科知识之外，教师可以依

据学生的发展需要，选择相应的训练内容。学校为每一名在校学生建了一份受教育档案，分学期翔实记录他们的受教育教程。

（五）积极探索融合教育途径，让残障学生回归主流社会

残障学生最终会回到社会，这是一个不可避免的事实。为消除残障学生及其家长对于这件事的焦虑，学校积极研究融合教育的方式方法。活动是打开融合大门的钥匙，为此，学校开展了每期一次的残健共融趣味运动会，倡导正常学生与残障学生一起享受运动的快乐；以重大节日（如全国助残日、六一国际儿童节）为契机，先后与阆中市城北小学、实验小学、阆中市佳佳舞蹈中心学校、滕王阁小学共同开展文艺节目联演活动，随机选派残障学生到普校体验学习与生活，到社区环境进行生活体验，到实体超市练习购物，组织残障学生参加社会实践活动。通过大力开展这些活动，为以后学生回归到社会打下了坚实的基础。

（六）特色运动项目开发

学校注重培养学生自尊、自信、自立、自强的精神，注重学生的功能补偿和潜能开发，尽力满足学生多元发展需求。比如学校的特奥足球队，走出了阆中，走出了四川，先后在重庆、北京、福州留下了闪亮的身影，捧回一个个奖杯。

（七）送教上门服务

"办好特殊教育""努力让每个孩子都能享有公平而有质量的教育"，十九大报告中的这几句话引起了学校教职工的强烈共鸣。部分适龄残障儿童由于自身的原因不能到特校学习生活，他们紧紧牵动着学校教职工的心。学校教职工不怕山高路远，坚持每月送教上门，让适龄残障儿童共享。目前，享受了送教上门服务的共计20余人次。

（八）建立多元化特殊教育评价体系

学校对教育教学活动的评价标准具有多元性，评价结果具有开放性。除传统的评价方式外，老师们还采用了过程跟随评价、目标分段达成评价、现场操作评价等方式。

学校多措并举，齐心协力，加快推进特殊教育发展，不断提升特殊教育水平，进一步保障残疾人受教育的权利，帮助残疾人全面发展和更好地适应社会、融入社会，使广大残疾人共享改革发展成果，在全面建成小康社会、实现"两个百年"目标和中国梦的进程中实现幸福人生。

作者简介：

廖军，阆中市特殊教育学校副校长，多次被学校、阆中市教科局表彰为"优秀共产党

员""优秀党务工作者""先进个人"，被阆中市委、市政府表彰为"西部民歌会阆中先进个人"。多篇论文发表及获奖。

第二节　教法创新：奠定高效课堂的基石

教学方法是教师和学生在教学过程中为实现教学目的、完成教学任务而采取的各种活动方式、手段和程序的总称。选择了正确的教学方法，不仅能够加强学生学习的自觉性，还能够大大提高学生学习的效率。因此学会运用好的教学方法对高效课堂的建构有着很重要的意义，可以说，教法创新是奠定高效课堂的基石。哲学家黑格尔有这样一句名言："方法是一种不可抗拒的至高无上的力量。"因此，在教学中，比知识更重要的是方法，有了方法才能有成功的路径。教学方法决定着教学效率与质量。

教学方法独具意义，没有它，便没有真正意义上的可操作的教学过程。运用教学方法的实质是把教师、学生、教学内容和教学手段等要素有机有效地整合起来，使这些要素尽可能发挥各自的功能和作用，从而实现教学目的。教学过程中各个要素组合的层次方式不同，会形成不同的教学方法，每一种方法效能各不相同，但都能在特定的条件下达成预定的目标。

基于此，笔者所在片区学校把教师教学方法的创新作为构建高效课堂的落脚点，以及教师专业成长的重要内容，尽力搭建教师课堂教学改革的平台，鼓励教师在课堂实践中改革和创新教学方法，以提高教育教学质量。经过多年实践探索，产生了众多属于教师自己的个性化教学法。本书收录了部分教师的创新教学法，旨在继续营造课堂教学方法改革的教研氛围，进一步鼓励教师主动、积极地参与到高效课堂教学实践中来，达到教师由"敬业"到"精业""专业""乐业"的转变，实现片区培养"师德高尚、教育教学功底深厚、教育教学质量优秀"的教师队伍目标，持续促进片区教育公平，提升片区教育教学质量。

李睿小练笔提升习作能力教学法

笔者提炼出李睿小练笔提升习作能力教学法，旨在改变陈旧的教学观念，落实新课程标准的习作教学理念与要求，以学生的兴趣与生活积累为出发点，提升其习作能力。

一、理论依据

习近平《在文艺工作座谈会上的讲话》明确指出："不断进行生活和艺术的积累。"因此，应把习作放在生活的大背景中考虑，精心组织生活活动，让学生在与人交往的过程中，产生表达的需要，激发习作的动机，生成要说、要写的内容，把表达与交际结合起来，使习作真正成为学生生活的必需。

多元智能理论认为每个个体都存在语言智能、数学逻辑智能等9种智能，其中语言智能排在首位，是基础、前提、关键。因此，学好母语是一切学习的基础和重中之重。

《语文新课程标准》"积极倡导自主、合作、探究的学习方式"，针对习作提出的阶段目标有"增强习作的信心""愿意将自己的习作读给人听，与他人分享习作的快乐""学习修改习作中有明显错误的词句""懂得写作是为了自我表达和与人交流""修改自己的习作，并主动与他人交换修改，做到语句通顺，行款正确，书写规范、整洁"等。

二、实践内容及主要做法

（一）拓宽小练笔路径，为习作教学奠基

1. 营造良好氛围，激发小学生课外阅读的兴趣

班级读书会是在小学生中营造课外阅读氛围的重要形式，主要做法是：先引导学生用课外时间读一本教师或同学推荐的书，然后在一个集中的时间让同学和教师就该读物进行自由讨论，也可以交流一些同学的读后感等。

此外，开展读书笔记评展、精彩诗篇朗诵会、读书手抄报比赛，以及影视主题活动等都是营造阅读氛围的好办法，都可激发学生的课外阅读兴趣，促使学生把课外阅读变成一种自觉行为。

2. 引导小学生选择合适的课外读物

3. 指导小学生掌握正确的阅读方法

执教者加强对学生阅读步骤与方法的指导，指导学生阅读一篇文章分3步进行：第一步粗读，要求学生了解文章主要内容，并能简要复述；第二步细读，要求学生理解文章主要内容，领悟作者的思想感情和表达方法；第三步熟读，要求学生写读书笔记。

4. 培养小学生良好的阅读习惯

（1）培养学生读书用眼的习惯。（2）培养学生阅读时用脑的习惯。（3）培养学生定时阅读和限时阅读的习惯。（4）培养学生"不动笔墨不读书"的习惯。

5. 创新读书活动形式

一是开展晨读、课间读、班级情景诵读；二是开放图书室，实行并分区阅

读，让阅读变得更为方便，免去繁杂的借阅手续；三是建立室外和室内自由式阅读书架和师生读书吧，让师生阅读变得更加自由、方便、简单和享受。

（二）丰富小练笔的训练方式，为习作教学引路

1. 读写迁移、尝试运用——仿写

范例是学生走入习作之门的路径，建立"摘抄—仿写—创作"的模式，对于成绩好的学生要求应高一些，对于一些习作"困难户"应时时关注，以免学生陷入"无仿不习作"的尴尬。

2. 增添情节、填补空白——扩写

"补白"是学生对"空白"的再创造。如教材中的一些课文，其中有些地方写得或含蓄、或简练，没有直接写出文章的结果，让人觉得意犹未尽，这给学生留下了想象和延伸的空间。

3. 依据材料、重新构思——改写

中国古诗词博大精深，有很多传世佳作，它们内涵深刻、言近旨远。把古诗文改写成记叙文的练笔方式也是提高学生读写能力的好方法。

3年来，执教者通过体裁改变式、词语联珠式、移花接木式的改写训练，使学生写作水平得到明显提升。

4. 弄清图意、再现形象——补写

教材课文中的省略号意蕴深远，有"此处无声胜有声"的艺术效果，如结构上的分段换行、情节的跳跃跌宕、意味的隐藏、视点的转换等。教师可借助教材中的"空白"，适时地引导学生推测、构思，以小练笔的形式"补白"。这个方法借助了学生学习课文的兴趣，激发了学生习作的灵感和欲望，既深化了对课文的理解，更提高其练笔的效率。

5. 设置悬念、拓展想象——续写

有些课文的结尾看似完结，却意味无穷，这就为练笔提供了机会。如《一个小村庄的故事》这篇课文写了大雨过后村子里什么都没有留下，那些村民们肯定会很后悔，对此，你想对他们说些什么？再如《燕子专列》中，如果你是其中的一只小燕子会对救护的人们说些什么？学生在写的过程中，实现了对课文的再理解。所以，在阅读教学中，老师们要重视读写的有机结合，以恰当的方法加深学生对课文内容的理解和对表达方法的领悟。

（三）创新小练笔的教学模式，为习作教学导航

执教者通过理论联系实践，对"四位一体"小练笔教学模式进行了以下有益探索。

1. 有效积累，定向交流

（1）培养学生搜集整理学习资源的能力。

（2）引导学生积极积累。引导学生多读好书，使自己的内涵不断得到升华。

2. 学习课文，梳理方法

（1）教师运用圈点批注，使学生加深理解感悟。

（2）教师研究语言范式，指导学生运用方法。

3. 进入情境，读写结合

（1）找准"练点"。引导学生迁移运用课文中典型的句式、段式、结构等。

（2）选择"时机"。要进行高效的读写训练，必须选择恰当的时机。在阅读教学中，执教者将学生解读文本的兴趣点、文本的侧重点、语言范式的练习点尽可能地结合在一起，以此为前提开展的读写训练就可能是最好。

4. 课外拓展，深化结构

（1）让学生把握文章的中心，在生活中选材，并进行合理运用。

（2）高年级的学生可以运用学习某篇课义的方法去自主学习课外的相关类型的文章，并进行仿写或创造性的写作。

（四）及时对小练笔作品进行激励性评价，为习作教学助力

叶圣陶先生曾说："批改不宜挑剔，要多鼓励，多指出优点，此意好。"小练笔点评是教师通过评价向学生传授知识，与学生进行思想交流的一种形式，也是激发学生练笔兴趣的重要方式。因此，小练笔点评要重在鼓励，这是小练笔点评的一条重要原则。

小练笔的讲评是学生又一次情感的体验与交流。讲评时教师的作用是传授给学生作文写作方法和遣词造句、表情达意的方法，要以肯定优点为主。小练笔教学是提高学生写作水平的重要方法，教师要善于发现学生小练笔中的个性，并在点评中给予他们肯定和鼓励，从而给他们开辟出发挥聪明才智的一方天地。

实践证明，李睿小练笔提升习作能力教学法突破了传统的习作范式，提升了课堂教学有效性，取得了良好的效果。在今后的教学路上，执教者还将把这一创新教学法作为一种构建高效课堂的实践，一种发现教育之内涵和创造教育之活力的有效途径！

作者简介：

李睿，阆中师范附属实验小学校教师，兼任阆中市保宁教育督导责任区督学。

苟斌数学探究式教学法

苟斌

执教者在小学数学教学实践中，特别重视让每个学生根据自己的体验，通过观察、实验、猜想、验证、推理等方式自由地去探究、发现、"再创造"，初步构建了以学生为主体、教师为主导、训练为主线的基于新课程理念的小学数学探究式教学法，让学生不仅获得了必需的数学知识和技能，还对数学知识的形成过程有了一定的了解，特别是体验和学习了数学的思考方法和数学的价值。

一、创设情境，明确目标，生成问题

本环节主要目的是提高学生学习兴趣，使学生明确学习目标，培养学生提出问题的能力。

（一）创设情境，激发学生自主探究欲望

教学情境必须贴近学生的生活，简明易懂，背景丰富，这样才能引发学生的思考，找出有价值的数学信息，提出有价值的数学问题。创设情境要从以下几方面入手：创设问题情境，设置悬念；创设操作情境，激发兴趣；创设生活情境，产生联想；创设故事情境，进入角色；创设竞争情境，活跃思维；创设"障碍"情境，激化认知冲突。

（二）引发问题，明确自主探究方向

执教者针对教学内容，结合学生生活经验、认知基础及心理特点，将教材中抽象的教学内容转化为学生身边的有趣情境，并提出数学问题，调动学生学习的积极性，引发学生学习的动机和欲望。新课伊始，可用简洁的语言或投影，准确揭示学习目标，然后提出明确的导学问题，即学习什么内容，注意什么问题，并要求学生积极迅速提出问题。对于问题情境中所隐含的"问题"，执教者并不简单地直接提出，而是让学生在学习实践活动中自己去发现并提出。学生自己发现的问题更贴近其思维实际，更能激发其探究欲望。

二、自主探究，解决问题，建立模型

（一）自主探究

执教者围绕上一阶段提出的问题，借助一定的学习材料，让学生进行个体探究，可以是观察、操作、猜想、验证、收集材料，获得体验等，并通过类比、分析、归纳，得出初步结论。探究执教者中，凡是学生能发现的知识，执教者决不代其发现；只是学生能独立解决的问题，决不给予暗示。

（二）合作交流

在学生个体独立探究的基础上，让学生在小组内或班级范围内充分展示自己的思维方法及过程，相互讨论分析，揭示知识规律和解决问题的方法、途径。让学生在合作交流中学会相互帮助，实现学习互补，增强合作意识，提高交往能力。执教者注重合作内容的选择，如辨析概念性问题的合作、发现知识性规律的合作、优化解决问题策略的合作等。

（三）师生互动

经过充分的自学和讨论，学生对本节内容、重难点及解决重难点的方法有了进一步的认识和理解，具备了一定的应用本节知识解决问题的能力，但在本节知识点的内涵与外延、本节知识与前后知识的联系及对本节知识的进一步应用等方面还不能达到本节的学习目标。这就需教师应用准确而精练的语言进行进一步的阐述和强调，使学生形成清晰的知识网络，能熟练应用本节知识解决相关问题。

（四）建立模型

建立模型是自主探究的核心环节，也是学习者学习的最高目标。在自主探究、合作学习的基础上，执教者通过合理启发、精当点拨，让学生积极思考、多向交流，促进学生学习的进一步深化，在共享集体思维成果的基础上实现对当前所学知识比较全面、正确的理解，建构起解决问题的数学模型。

三、巩固深化，解释应用，内化提高

本环节主要是针对学生对本节知识内容的掌握程度进行检测及反馈。执教者提供的检测题应由浅入深、难易适当、突出重点与关键、题型搭配合理，即做到：立足课本，注意基础性；抓住重点，注意针对性；联系生活，注意应用性；动手操作，注意实践性；新颖有趣，注意趣味性；循序渐进，注意层次性；训练思维，注意开放性。这样，学生不仅能掌握数学知识，而且能获得进行创造性思考的能力。

信息反馈应贯穿于整个教学活动中，反馈的信息除认知领域的内容外，还包括情感领域和动作技能领域的内容。具体的方式可以是观察学生的面部表情、课堂学习气氛，也可以是回答、交谈、板书、实验等，更重要的是通过让学生做达标检测题来获取大量的信息。

四、总结回顾，整理评价，反思提升

下课前两分钟，执教者让学生自我总结本节所学到的知识与方法。新课标强调学生学习的重点不再仅仅是学会知识，而是要学会学习、掌握方法、培养能力。因此学生在教师的引导下不仅要学会总结解决问题的方法，还要学会反思解决问题的过程，更要学会反思解决问题过程中所用的数学方法，从而培养自己的概括能力。

作者简介：

苟斌，男，阆中师范附属实验小学校办公室主任，全国新教育实验先进个人，南充市骨干教师，南充市小学数学学会会员，阆中市师德标兵。其运用小学数学探究式教学法执教的"小数的初步认识""平行四边形和梯形"分获南充市一、二等奖；主研的微型课题"小学数学练习设计的有效性研究"成果获南充市二等奖；多篇论文发表及获奖。

谢猛排球兴趣培养"游戏教学法"

在教学科目中，体育科目能够促进学生的身体和心理的健康发展。执教者针对排球教学中普遍存在的教学方式枯燥乏味的现状，适当引入"游戏教学法"，采用游戏方式进行教学活动，能够起到寓教于乐的作用，提高学生的学习兴趣，有助于其对排球相关技能的熟练掌握。

一、学生学习排球兴趣不高的主要原因

1. 学习目的不明确，影响兴趣形成。

2. 教学模式单一，影响学习兴趣。

3. 运动氛围欠佳，影响学习兴趣。

二、"游戏教学法"在排球教学中的重要性

1. 有助于熟练掌握排球相关知识与技能。

2. 有助于培养学生道德情操。

3. 促进学生思维发展。

三、排球课游戏化教学的几种形式

（一）变化形式

如针对小学生和初学者，可采用以下形式：第一，非对抗形式：排球训练不一定非要5个人为一队，隔网对抗的形式可以是单人打法，即自抛自扣；也可以是双人打法，即对传、一扣一垫；还可以是多人打法，即多人扣、传、垫等。第二，对抗形式：让学生比赛单位时间内击球次数、连续击球的持续时间及用球打击目标等；也可以采用一对一、三对三等对抗形式；还可以改变场地大小和降低网高，或允许球落地一次等。

（二）简化规则

比如，允许学生"连击"和取消三次过网，学生可以有意识地"连击"以调整好发力的位置，并借机观察场上的情况；减少参赛人数，这样可以增加学生场上接触球的机会，集中他们的注意力。

（三）与其他运动项目相结合

如让 3~5 名学生在篮板下集中轮流跳起对准篮板传球等。

四、"游戏教学法"在排球教学中的具体运用

（一）"游戏教学法"在准备环节的运用

在排球教学中，准备环节是整个教学的基础，起着关键作用。如果相较于预期效果，准备活动存在较大差距，则会制约下一个环节的教学工作，甚至会导致在教学中发生一些突发事件，造成不必要的人身损害或财产损失。在传统的排球教学中，教学准备活动有跑步热身以及肢体的伸展运动等。这些活动长时间被反复采用，造成了学生的倦怠心理，进而使其滋生厌倦情绪，影响教学准备环节的效果。如果将"游戏教学法"应用到准备环节，例如进行"躲避击球""互击""贴膏药"以及"托球比赛"等游戏，能够在较短的时间内帮助学生达到良好的生理与心理状态，充分调动学生的兴趣与主动性，使其完全融入排球学习中。

（二）"游戏教学法"在排球身体素质训练中的具体运用

传统排球教学中单一、枯燥的身体素质训练方式在很大程度上制约了学生的训练主动性，不能切实提高学生的身体素质。因此，执教者的基于各种技术需求，创新排球身体素质训练方式与手段，应用具备个性化与针对性的游戏式训练法，最大限度地提升学生进行身体素质训练的欲望。不同的游戏方式能够强化学生不同的身体部位，例如："时代列车""火车赛跑""骑马大战"以及"蛙跳接力"等游戏能够锻炼学生的腿部肌肉；"推人出圈"以及"推小车"等游戏能够锻炼学生的上肢力量；"打龙尾""网鱼""猎人打兔子"以及"击中目标"等游戏能够锻炼学生的反应能力；交叉步移动 60 米比赛以及 30 米折返跑比赛等游戏能够锻炼学生的爆发力与速度。

（三）"游戏教学法"在排球技术技能教学中的具体运用

技术技能教学是排球教学的重点。通过游戏式教学，能够转变以往技术技能训练枯燥乏味的状况，使之充满生机与趣味性，进而提高学生对这一排球教学环节的学习积极性。在技术技能教学环节，具有游戏性质的传球技能训练方法有"越网传球""鲤鱼跳龙门"以及"自传比多"等；发球技能游戏式训练方法有"发球比远""定点发球比准"以及"发球上楼梯"等；脚步移动技能游戏式训练方法有"愚公移山"以及"正反口令"等；扣球技能游戏式训练方法有"扣近体比赛""打树叶"以及"摸高比赛"等；垫球技能游戏式训练方法有"自垫高低球比赛""对墙垫球比准"以及"迎面自垫球接力赛"等；拦网技能游戏式训练方法有"摸固定球比赛""拦网接力赛"以及"一扣一拦比赛"等；串联技能游戏式训练方法有"四对四比赛"以及"一发一接赛"等。

在排球技术技能游戏式教学中，执教者需要根据训练项目来合理选择训练方法。

（四）"游戏教学法"在放松活动环节的具体运用

放松活动是排球教学的最后环节，有助于学生消除身体疲劳，帮助其在较短时间内恢复身体机能。游戏式放松活动有"机械舞表演"与"叠罗汉"等。这类游戏的运用需要注意其形式与内容应当适合待放松部位，同时还要确保具备一定的精彩性、幽默性以及轻松性。

教师简介：

谢猛，阆中师范附属实验小学校体育教师，安综办主任。多次参加阆中市课堂教学竞赛获一等奖；多篇文章发表及获奖；所带体育队伍多次参加各级比赛获得佳绩。

杨业小学音乐欣赏四步教学法

执教者从事小学音乐教学二十余年，深知欣赏课是现在小学音乐教学，特别是中小城市和农村小学音乐教学的短板，如一些教师不重视教材中的欣赏歌曲，对聆听部分避而不上；一些教师即使上聆听部分也是应付，只是在课堂上将光盘中的欣赏歌曲播放几遍，再简单介绍一下作者及时代背景而已。如何上好小学音乐欣赏课一直都是音乐老师们困惑和亟待解决的问题。为此，经过多年的探索，执教者总结出了小学音乐欣赏课四步教学法。

一、做好前戏，谋定而动

1. 熟悉教材中的曲目是教学成功的第一步。课前老师必须深刻理解乐曲内涵并掌握欣赏重点，必须要事先反复聆听和分析学生将要欣赏的曲目，并进行准确的理解和把握，这是绝对不可缺少的准备工作。

2. 熟悉了解学生是教学成功的关键。课前老师要对所教班级的学生人数、音乐基础、兴趣爱好等方面作大致了解。要根据学情设计学生喜欢的教学活动。

3. 制定可行的教学目标，确定教学重难点，设计教学活动。活动方式包括听、做动作、歌唱、演奏、表演甚至创作。老师应当活用各种方式，引导学生体验音乐。

4. 好的视听器材有助于提高欣赏课的教学效果。教师运用各种多媒体教学设备，可使教学更加生动活泼而具实效。同时要准备好其他教学用具，如挂图、打击乐器、表演器材等。

5. 老师应事先录好上课时要让学生欣赏的音乐，对于需要反复聆听的片段，要事先剪接，记录位置，做到操作熟练，以免在课堂上手忙脚乱，耽误时间，影响教学效果。

二、激趣导入，营造氛围

1. 律动参与，增强学生情感体验。所谓律动参与，就是给学生创造一个参与音乐欣赏的律动环境，让学生置身于这种音乐情趣中，迅速与音乐缩短距离，在音乐的熏陶下，产生兴趣，直接感受、体验音乐情绪。例如，在进行一年级《玩具兵进行曲》欣赏教学时，执教者选择这种形式来进行教学：请学生模仿自己最喜欢的玩具走路的方式，包括正步走、蛙跳、双脚跳、跑跳，等等。这让学生学得很开心，实现了"玩中学"。再听《中国少年先锋队队歌》，请孩子们比较两首乐曲力度的不同，体验《中国少年先锋队队歌》的雄壮有力，然后，又通过踏步走、队列的形式化，让孩子们感受到这是一首进行曲。欣赏课中的律动不仅适应了孩子们好动的特性，而且帮助他们感受到乐曲的内在情绪、风格特点。

2. 儿童化语言，抓住学生学习情绪。执教者在教学中注意新课导入技巧，拒绝用成人化语言与孩子交流，而是尝试着用儿童化的语言与学生交谈。这样能够营造平等轻松的课堂氛围，缩短师生距离。

3. 故事引入，增加学生领悟能力。故事引入就是老师通过讲述学生将要欣赏的音乐作品的故事，提高他们的学习积极性，增加其对作品的领悟能力，从而为新课的教学埋下了"伏笔"。如在欣赏《狮王进行曲》时，执教者先给学生讲了一个发生在森林里的故事，以此故事引入乐曲。如此，增强了学生学习新课的动力，调动了学生的积极性，为进入下一个环节做好了准备。

4. 媒体播放，调动学生学习激情。执教者根据作品内容，制作学生喜欢的短视频，并在导入环节播放，要求学生猜一猜作品中的人物或事件。这种方法可以调动学生学习的积极性，有助于教学的开展。如在欣赏《歌唱二小放牛郎》时，先给学生播放一段《王二小》的电影片段，请学生猜猜视频中的小英雄是谁，从而激起学生的好奇心，让学生在崇拜小英雄的情绪中欣赏音乐。

三、自主体验，欣赏音乐

1. 促进移情，表演音乐。每个孩子都喜欢听故事、表演故事。执教者利用这一特点，将用故事的形式开展音乐欣赏教学，能迅速地集中学生的注意力，加深其对作品的理解。鲜明的音乐形象、有趣的故事情节能够引发学生的共鸣。表演故事既满足了学生的表现欲，又能使他们因有了成就感而对欣赏产生兴趣，同时也能锻炼学生的表演能力，陶冶学生的情操。从对故事的表演中还可以看出学生对作品的理解程度，有助于执教者适时调整教学节奏。

2. 哼唱主题，感受音乐。音乐欣赏虽然是以听为主，但是"唱主题"是欣赏作品的基础和延伸，因为唱的过程就是一次获得音乐形象的过程，可以使学生的音乐思维真正地被调动起来，增强自己的判断感受能力和音乐的表现能力。

3. 配合节奏，再现音乐。通过表演、哼唱使学生对旋律有了一定的记忆后，需要他们再加深对音乐的理解。随音乐进行演奏，就是加深理解的有效方法。最简单的方式就是随着音乐打节拍，学生可以分组用不同的打击乐器敲击不同的节奏，这样就可以形成合奏。

4. 巧用媒体，优化教学。在音乐欣赏课中，采用多媒体手段把视听结合起来，更能调动学生学习音乐的积极性，从而培养他们的发散性和创造性思维。采用多媒体手段，如利用其文字的闪现、图形的缩放与移动、颜色的变换等功能，不仅能把学生难理解的知识直观地展示出来，而且有利于促进学生知识的建构，能扩大其知识量。

四、画龙点睛，收获成功

1. 语言巧妙，加深理解。

2. 强化想象，深化意境。想象是思维的翅膀，思维只有通过想象才能得到锻炼。想象是感知和理解音乐作品的基础。在课程结束时，老师可以让学生展开想象的翅膀，在音乐的世界中自由翱翔，在浓郁的艺术氛围中走出课堂。

3. 多元评价，享受成功。应改善评价机制，让每一个学生都有成就感。教师在上课时，要随时发现学生的闪光点，让每一个学生都有得"优"的机会，让每一个学生都能体验到成功的快乐；在课程结束时，应进行适当点评，放大学生的优点，让学生在成功的喜悦中离开教室。

教师简介：

杨业，男，现年 42 岁，阆中市滕王阁小学副校长，音乐教师。其多篇文章发表及获奖。

"戚氏七步"教学法

一、"戚氏七步"教学法提出的背景

思想政治课是对学生进行思想品德教育的重要途径。其对学生形成良好的思想品德，树立正确的世界观和人生观，有着基础性作用。而教学方法是教师在一定的认识论指导下，在教学过程中为实现教学目的和任务所采取的途径、手段和方式，以及学生在教师引导下的思考过程和思维方式。它在学生获取知识、培养科学的思维方法和能力的过程中，起着重要的作用。教法运用是否得当，直接关系着教学效果的好坏，影响着教学质量的高低。执教者经过长期实践，就思想政治课的教学方法进行了一定的探索，特总结出思想政治课教学"戚氏七步"教学法。

二、"戚氏七步"教学法具体内容及操作方法

（一）激趣导入，引入知识

1. 教师回顾旧知识，引入新知识。

2. 教师设置问题情境，激发学生学习兴趣。

3. 教师出示学习目标，明确学习要求。

（二）自由学习，感知知识

1. 抓纲读本，让学生看目录、读教材，先感受一下道德与法治知识体系。

2. 教师明确每节教材讲什么，教师教什么，学生学什么。

3. 学生读看课本，自主学习，勾画圈点，分析归纳，并做好记录。

4. 学生完成自主学习习题，初步掌握教材知识点

（三）合作学习，理解知识

1. 教师出示讨论目标，引领学生探究。

2. 教师认真引导，学生专心听讲，教师为学生释惑解难。结合教学目标将知识问题化，问题设计要有层次，既要有易混易错问题，又要有拓展型问题，还要有应用型问题。

3. 学生分组合作探究解决教师设置问题，在小组内进行质疑、交流、完善、获取、提高。

4. 教师全场巡视、指导、参与。

5. 学习小组展示本组成果，教师鼓励其余小组学生展示、质疑、挑战、纠错、补充。

6. 教师讲解、点拨，让学生形成知识体系。

（四）阅读识记，掌握知识

1. 学生再次阅读教材，领会知识。

2. 学生识记教材及教师讲的重要观点、基本原理。

3. 教师适当引导、讲解、举例、迁移。

（五）达标检测，应用知识

1. 教师结合学习目标设计以基础性题目为主的面向全体学生的课堂达标检测试题。

2. 学生独立动手动脑，完成课堂达标检测试题。

3. 师生共同对检测结果及问题进行分析。

4. 教师对各类题型进行专题讲解、答题指导。

（六）课堂小结，总结知识

1. 教师对本节课内容进行总结，梳理知识、强调重点、总结规律、归纳方法，分析学习目标的完成情况，助学生构建知识体系。

2. 学生再次利用教师板书加深对本节知识的印象。

（七）课后作业，巩固知识

1. 教师认真编排课后作业训练题目。题目要充分体现重点知识的巩固、典型方法的应用，还要有对学生可能出现的问题的检测。

2. 学生独立完成、按时上交课后作业。

三、"戚氏七步"教学法运用效果

经过几十年的教学实践，"戚氏七步"教学法能根据教材的知识特点和学生的认知水平，恰当引导学生主动去探索、研究、发现结论，总结规律，变被动接受为主动获取，变"死学"为"活学"；从激起学生强烈的求知欲望和正确的学习动机，变"要我学"为"我要学"；激发学生浓厚的学习兴趣和高涨的学习热情，变"苦学"为"乐学"。该方法让学生都拥有了自信，相信自己能够学好，从而提高了课堂教学效果。

教师简介：

戚定坤，男，先后在阆中市垭口中心学校、阆中市白溪中心学校、阆中市双龙初级中学、阆中市石子中心学校工作。其进行思想品德课教学长达三十余年，教学效果好，深受学生好评。

邓英练笔引领教学法

俄国著名作家列夫·托尔斯泰生前坚持写日记。他说："身边要永远带着铅笔和笔记本。读书和谈话时碰到的一切美妙的地方，都把它记下来。"有一次，一位客人来看他，刚谈了几句话，托尔斯泰就掏出本子来记。客人奇怪地问："你在本子上记什么啊？"托尔斯泰说："我记的就是你。""我有什么好记的？""什么都可以记，世界上什么都是有趣的。"是呀，"问渠哪得清如许，为有源头活水来"，生活就是艺术创作的源泉。可教师要如何才能引领孩子们饶有兴趣地走进生活，走进大千世界，兴致勃勃地感悟身边的每一人、每一事、每一景、每一物，做生活的有心人呢？执教者长期采用的练笔引领教学法收到了事半功倍的效果。

每个周末，执教者都会结合所授单元的习作训练要求和学生的认知与兴趣点具体安排练笔的内容。

比如，在学习了"展示一幅幅多姿多彩的异国风情画卷"的一组课文之后，执教者安排学生为"异域风情交流大会"做准备，将自己从电影、电视、书籍、报刊或亲自游览等渠道了解到的其他地方的风情书写下来，为交流大会做好充分准备。如《威尼斯的小艇》一文，把人的活动同景物、风情结合起来进行描写；《威尼斯之夜》一文以细腻优美的诗意笔触描绘了威尼斯的迷人夜色。在学习了这两篇文章之后，执教者这样安排：我们的家乡也有非常美丽的景色，请写一篇文章，写一写家乡的某处景或某个物，要写出特点来。例如，可以写"阆中夜景""阆中嘉陵江"等。这种方法，可以引导孩子们关注不同地域的景物特点、风情特点、文化特点，让孩子们的旅行不仅停留在玩耍的层面上。

又如，以热门话题为主题的聊天课。执教者对孩子们说：我们当代少年不能"两耳不闻窗外事，一心只读圣贤书"。家事、国事、天下事，事事都得关心。最近你最关心的是一件什么事，把这件事写下来，写清楚事情的经过，并发表自己对这件事情的看法。明天聊天课上我们大家畅所欲言。有了充分准备的聊天课上，人人争先恐后地聊，聊的话题涵盖社会众多领域。大家越聊越兴奋，下课铃响起也浑然不觉。执教者相信，这节聊天课后，孩子们一定会放开眼界，明辨善恶美丑，逐渐成为一个拥有独立思想的人。

再如，为了能让孩子们以一颗细腻之心体味亲人之间、朋友之间美好的情感，执教者这样安排练笔：从小到大，你一定有过幸福的时刻吧！得到家人、朋友、同学无微不至的爱是幸福；在学习生活中战胜困难是幸福；取得成功也是幸福……请以"幸福"为话题写一篇习作。执教者期望通过这样的练笔，让孩子们能够变得善良有情义，能够做到心中有他人，能够常怀感恩之心，能够小心翼翼地呵护这个美好的世界。

再如，长长的寒假、暑假中，执教者也是"不会放过"孩子们的。执教者让他们写书，写一部属于自己的书，把精彩的假期生活的点点滴滴以日记的形式记录下来，并打印出来装订成册，书名就叫《我的假期生活》。孩子们做到了！看到那一册册装饰精美的书，翻阅着那一篇篇多姿多彩、饱含着生活情味的文章，执教者感受到的是激动、是幸福。

总之，执教者试图领着孩子们通过练笔去感受生活、感恩他人、表达自我、成就自我，带领孩子们走在茁壮成长的道路上，走向光辉灿烂的明天！

教师简介：

邓英，女，二级教师，阆中市实验小学骨干教师。

田春龙科学课教学策略

一、坚持"想比会更重要"是上好小学科学课的前提

小学生只有失误，没有错误，让他们养成想思考、想说话、想做事的习惯比追求他们会思考、会说话、会做事的结果更为重要。

作为科学课老师应积极转变教学观念，深入理解"想比会更重要"理念的内涵，并将之运用于指导自己的教学实践，让学生在科学活动中养成善于观察、勤于思考、多动手、敢创新的科学品质，培养学生的科学创新精神，提高学生的科学实践能力。

二、备好课是上好小学科学课的基础

科学老师应根据《小学科学课程标准》，紧密结合学生实际，选择最合适的表达方式和安排最科学的顺序，以保证学生能有效地进行学习。首先是备教材，就是要认真充分钻研教材，把教材弄懂、吃透。其次是备学生，就是在备课中要设计主体参与过程，要设计如何让学生在科学课堂上做科学、玩科学、问科学和用科学。最后是二次备课。

三、创设愉悦和谐的课堂氛围是上好小学科学课的保证

教师在科学课堂上，应通过把微笑带进课堂、把关爱带进课堂、把赞美带进课堂、把鼓励带进课堂、把民主带进课堂等方法创设愉悦和谐的课堂氛围，让学生在愉悦和谐的氛围中探究科学知识。

四、科学合理的教学策略是上好小学科学课的关键

（一）从问题入手的教学策略

提出一个问题并且想办法解决问题，比记住科学的结论和研究科学的问题更重要。执教者所在的阆师附小在近几年的科学教育中，之所以能够取得可喜的成绩，就是因为老师们长期坚持不懈地在各个年级的学生中开展"挑毛病"活动，把学生问题意识的训练系统化、常态化。

（二）学会假设的教学策略

在学生提出问题后，教师要让学生对问题进行假设、预测。可能是怎么回事？可能的原因是什么？可能的结果是什么样子的？再让学生朝着预测的方向去思考解决问题的方案。

（三）动手前先动脑的教学策略

教师应让学生在动手之前先要动一番脑筋，想清楚实验如何设计：在实验过程中如何控制变量？实验怎么做？做的时候要注意些什么？……这些都是动手之前要完成的任务。

（四）数据资料的收集与整理的教学策略

科学课上，老师应指导学生把观察的结果、资料、实验的数据记录下来，并培养学生学会定量分析，用数字说话。这样可让学生的思维更精确。

（五）动手做的教学策略

动手做是科学课的灵魂。既然要让学生动手做，就得有实物材料，供学生摆弄，让他们去观察、去做实验。因此，老师课前要精心设计，认真准备这些实物材料（对于学生能获得的一定要让学生自己去准备），否则学生就无法亲自去动手，亲自去感知。

（六）科学课的结论不要太追求严谨严密和纯科学化的教学策略

科学的结论一定要由学生自己得出，老师绝不能告诉他们。即使学生得出的结论与书本上的那个经典的定律的语言描述不完全相同，教师也不必强调将书上的那种科学家的描述语言让学生鹦鹉学舌地说一遍。因为小学阶段的科学课带有启蒙性，这一阶段应让孩子用自己可以理解的语言表达方式来表达自己的认识，所以，不必追求结论的严谨严密。事实上，科学教材当中有很多科学概念、科学结论是带有模糊性的，老师们不应太过追求严谨严密和纯科学化。当然，老师们也不能给学生错误的结论和概念。

教师简介：

田春龙，男，高级教师，现任阆师附小副校长，南充市学科带头人。先后荣获四川省机器人竞赛优秀教练员、南充市优秀科技教师、南充市中小学航模比赛优秀辅导员、阆中市优秀教师、阆中市教研工作先进个人、阆中市艺体工作先进个人、阆中市德育工作先进个人、阆中市优秀科技教师、阆中市优秀共产党员等荣誉。

何雪莉"以读代讲"阅读指导教学法

一、改变原文对比读，品其意味，得其精华

（一）减词对比读

课文：我国首次载人航天飞行的成功，向全世界庄严宣告：中国已经成为第三个独立掌握载人航天技术的国家。它同时也充分表明：中华民族几千年的梦想，几代人的执着追求，以及数十年坚持不懈、锲而不舍的奋斗，终于在今天变成了美好的现实。

——《千年圆梦在今朝》

师：我国航天飞行的成功……

生：我国首次载人航天飞行的成功。

师：向全世界宣告……

生：向全世界庄严宣告。

师：中国成为掌握载人航天技术的国家……

生：中国已经成为第三个独立掌握载人航天技术的国家。

师：它同时也表明……

生：它同时也充分表明。

师：中华民族的梦想，追求，以及奋斗……

生：中华民族几千年的梦想，几代人的执着追求，以及数十年坚持不懈、锲而不舍的奋斗。

师：在今天变成了现实……

生：终于在今天变成了美好的现实。

学生通过减词对比读，不但能够领会作者对中华民族千年飞天梦想终于成真感到无比振奋，同时也对课文进行了一次很好的缩句和扩句的练习。

（二）加词对比读

课文：

送牛奶的同志进门就夸"好香"，这使我们全家都感到骄傲。赶到昙花开放的时候，约几位朋友来看看，更有秉烛夜游的味道——昙花总在夜里开放。花分根了，一棵分为几棵，就赠给朋友们一些；看着友人拿走自己的劳动果实，心里自然特别喜欢。

——《养花》

师：让人高兴的是……

生：送牛奶的同志进门就夸"好香"，这使我们全家都感到骄傲。

师：还有呢？

生：赶到昙花开放的时候，约几位朋友来看看，更有秉烛夜游的味道。

师：因为……

生：昙花总在夜里开放。

师：更让人开心的是……

生：花分根了，一棵分为几棵，就赠给朋友们一些；看着友人拿走自己的劳动果实，心里自然特别喜欢。

加词对比读能够帮助学生理清文章层次。执教者用"让人高兴的是""还有呢？""特别是"将这段话分为3个层次：第一层是听到夸奖的自豪，第二层是秉烛夜游的韵味，第三层是分赠果实的欣喜。学生通过执教者提示，感受付出是人生最大的快乐。

（三）换词对比读

课文：

一年又一年，不知过了多少年，不知有多少万人踏过这块小青石。有时候是布鞋在它上面跳过，有时候是草鞋在它上面跑过，有时候是皮鞋在它上面走过，有时候是赤脚在它上面踩过。小青石看见了许多许多人的脚，它觉得非常快乐。

——《小青石》

师：一年又一年，不知过了多少年，不知有多少万人踏过这块小青石。有时候是布鞋在它上面踏过……

生：一年又一年，不知过了多少年，不知有多少万人踏过这块小青石。有时候是布鞋在它上面跳过。

师：有时候是草鞋在它上面踏过……

生：有时候是草鞋在它上面跑过。

师：有时候是皮鞋在它上面踏过……

生：有时候是皮鞋在它上面走过。

师：有时候是赤脚在它上面踏过……

生：有时候是赤脚在它上面踩过。小青石看见了许多许多人的脚，它觉得非常快乐。

执教者将不同的动词都换为"踏"字，学生逐句将原词换回去。这样对比，优劣分明：执教者读的生硬呆板，索然无味；原文用词生动活泼，朗朗上口。

改变原文对比读，就是用改变原文的方式来强化对比，从而突出文章中的妙处与精华。对比朗读，于读中品味，其文意自现。

二、提示关键承接读，抓住线索，理清脉络

（一）提示中心词

课文：

满天的乌云，黑沉沉地压下来。树上的叶子一动不动，蝉一声也不叫。忽然一阵大风，吹得树枝乱摆。一只蜘蛛从网上垂下来，逃走了。闪电越来越亮，雷声越来越响。哗，哗，哗，雨下起来了。

——《雷雨》

师：乌云……

生：满天的乌云，黑沉沉地压下来。

师：叶子……

生：树上的叶子一动不动。

师：蝉呢？

生：蝉一声也不叫。

师：风来了……

生：忽然一阵大风，吹得树枝乱摆。

师：蜘蛛……

生：一只蜘蛛从网上垂下来，逃走了。

师：闪电和雷声……

生：闪电越来越亮，雷声越来越响。

师：雷雨终于来了！

生：哗，哗，哗，雨下起来了。

此方法形式上是执教者提示关键词，学生接读。这种方法能够帮助学生完成从熟读、默诵到背诵的任务。每个起始词就是一个记忆的支撑点，学习把若干个记忆支撑点连接起来，就构成一条记忆链，如何可提高自己的背诵的速度和质量。如《翠鸟》第一段、《猫》都适合采用这种读法。

（二）提示关键句

课文：

漓江的水真静啊，静得让你感觉不到它在流动；漓江的水真清啊，清得可以看见江底的沙石；漓江的水真绿啊，绿得仿佛那是一块无瑕的翡翠。

——《桂林山水》

师：漓江的水真静啊……

生：静得让你感觉不到它在流动。

师：漓江的水真清啊……

生：清得可以看见江底的沙石。

师：漓江的水真绿啊……

生：绿得仿佛那是一块无瑕的翡翠。

执教者读的是对桂林山水的抽象概括，学生读的是具体描写，这样读，条理分明。

三、近似之处对照读，辨别异同，发现规律

案例：

执教《假如》。

师：假如我有一枝马良的神笔，我要给谁画？画什么？

第一组：假如我有一枝马良的神笔，我要给窗前的小树画一个红红的太阳。

第二组：假如我有一枝马良的神笔，我要给树上的小鸟画许多好吃的谷粒。

第三组：假如我有一枝马良的神笔，我一定给不幸的朋友西西画一双好腿。

师：为什么要画这些，这能给他们带来什么快乐？

第一组：（略）。

第二组：（略）。

第三组：（略）。

四、以讲引导启发读，揭示规律，弄清关系

课文：

种树人语重心长地说："如果我每天都来浇水，每天定时浇一定的量，树苗就会养成依赖的心，根就会浮在地表上，无法深入地下，一旦我停止浇水，树苗会枯萎得更多。幸而存活的树苗，遇到狂风暴雨，也会一吹就倒。"

——《桃花心木》

师：种树人先进行了一个假设……

生：种树人语重心长地说："如果我每天都来浇水，每天定时浇一定的量……"

师：那么产生的后果必然是……

生：树苗就会养成依赖的心，根就会浮在地表上，无法深入地下，

师：进一步假设……

生：一旦我停止浇水。

师：这样，直接产生的恶果是……

生：树苗会枯萎得更多。

师：所以种树人做出最后的推断……

生：幸而存活的树苗，遇到狂风暴雨，也会一吹就倒。

师：已经枯萎的树木不能再返青，侥幸存活的也难逃噩运，因为，过分的悉心照料只能导致彻底的灭亡，因为生活中不能预料的坎坷与曲折太多太多……

执教者将简短的引导语穿插在学生朗读的过程中，既起到引导与过渡的作用，又提示了组句成段或组段成篇的规律，让学生通过读，弄清了文句之间的逻辑关系。

五、读中讲评，画龙点睛

课文：

白杨树从来就这么直。哪儿需要它，它就在哪儿很快地生根发芽，长出粗壮的枝干。不管遇到风沙还是雨雪，不管遇到干旱还是洪水，它总是那么直，

那么坚强，不软弱，也不动摇。

——《白杨》

师：爸爸想了一会，对儿子和小女儿说……

生：白杨树从来就这么直。

师：挺直是它天生的秉性……

生：哪儿需要它，它就在哪儿很快地生根发芽，长出粗壮的枝干。

师：从不挑剔，快速成材是它永不偏离的生命轨迹，因此，不管……不管……它总是……

生：不管遇到风沙还是雨雪，不管遇到干旱还是洪水，它总是那么直，那么坚强，不软弱，也不动摇。

师：就算风沙迷漫，它依然苍翠挺秀；就算暴雨冲刷，它依旧直指苍穹；就算烈日酷暑，大地像火一样地燃烧，白杨那高大的身影，还是坚强地挺立着；就算滚滚的洪水袭来，它依旧一如既往，丝毫不软弱，誓死不动摇。

在学生的朗读中，执教者像做眉批一样，穿插数语，或对精彩的地方加以赞赏，或对文段的大意进行概括，或对文中含义深刻的句子加以解析。

教师简介：

何雪莉，阆中市城东小学艺体室主任，校本课程"海量阅读"主研人员之一。先后获得阆中市"优秀教师""德育工作先进个人"荣誉称号。曾荣获四川省品德与社会课堂教学竞赛一等奖、南充市小学语文教学竞赛一等奖、南充市语文教师教学技能大赛一等奖、阆中市多媒体环境下教学竞赛特等奖、阆中市青年教师成长演讲赛一等奖。

廖秀清小学数学错误资源合理利用法

一、正确看待学生学习中出现的错误

一是学生刚刚开始进行抽象的数学学习，在这个学习过程中出现错误是正常的。教师要正确看待学生所犯的错误，然后科学地解决。这样既能够提高教学质量，又有利于学生的学习成长。二是学生的学习错误与学生的认知能力有关，教师要站在学生的立场进行思考，就能知道学生出现错误的原因。三是当学生在学习中出现错误时，教师要对自己的教学进行深度反思，不断探究新的教学方法。

二、合理利用小学数学错误资源的方法

（一）针对词语理解性错误的教学方法

小学数学应用题中，涉及很多词语，而小学生的语文学习刚刚起步，其阅

读理解能力还有很大的提升空间，故其阅读时易出现理解偏差；另外，小学生集中注意力的时间较短，所以其往往在做题时阅读不够仔细。总之，多种原因都可能导致学生对词语的理解错误，导致其做出的答案不准确。对此，教师要以具体例题为基础，对应用题中的词语进行有效分析，并且让学生掌握好。

例题：服装厂 2013 年平均每月制衣 60 万件，2014 年平均每月制衣比 2013 年增加了 100 万件。2014 年平均月产量多少万件？

教师对比分析"增加到"与"增加了"；"增加到"100 万件就是增加以后的实际数量，即在 2013 年 60 万件的基础上，再加 40 万件，使得 2014 年平均每月制衣量为 100 万件；而"增加了"100 万件就是在原有基础上再加上新的数量，即在 2013 年 60 万件的基础上，再加 100 万件，使得 2014 年平均每月制衣量为 160 万件。

通过这样的对比分析，能够让学生对于相似的词语"增加了"和"增加到"有准确的理解，同时也让学生意识到数学的严谨性。教师要注意以下两点：第一，切忌让学生死记硬背。因为小学生的机械记忆能力非常好，能够快速准确记忆，却无法灵活运用。而数学的魅力就在于其巧妙的逻辑思维，如果将数学知识变成机械记忆，就失去了数学教学的意义。第二，可以将数学教学中涉及的词语与小学语文教学有机结合，既有利于学生语文实际运用能力的提升，也有利于教师数学教学的顺利开展。

（二）针对旧知识的负迁移错误的教学方法

小学生接触到的数学知识是有限的，所以其在解题的时候联系的因素比较直接。此外，小学生具有很强的表现欲，在做题的时候追求解题速度，故读题目时常常囫囵吞枣。对此，教师要在每堂课前或解题之前，对之前学过的知识进行复习，并且进行少量练习，这样就能让学生在解题时避免负迁移错误的发生。

例题：一个数是 25，比另一个数多 6。另一个数是多少？

学生答案：25＋6＝31。

对于这类错误，教师可以按由易到难的顺序安排同类题目的练习，以便于学生在循序渐进的学习过程中对知识点有深入的理解。教师可以这样开展练习：先出题 1"我有 1 块黑板，你有零块黑板，我比你多几块黑板？"因教室只有 1 块黑板，学生的答案肯定是"1 块"，不会是"2 块"。然后，教师可以改题 1 为题 2："我有 1 块黑板，比你多 1 块黑板，你有几块黑板？"学生会脱口而出"0 块黑板"。接下来，教师可以将题 2 换为同类题目题 3"第一个数是 25，第二个数是 19，第一个数比第二个数多几？"学生可以计算出答案是"6"。最后，教师再让学生解例题，学生做对题的概率就大多了。教师可以根据学生们的正确率来调节同类例题的练习量，最终让学生们切实掌握好这种题的解题方法。这要求教师对例题和之前学生所学的内容进行深入研究，将涉及的知识点进行科学"肢解"和"变形"。

（三）针对数学错误中的疑问的教学方法

几何是数学的重要内容之一，几何的特点是能够引起学生的无限想象。这就会使学生在几何的学习中产生很多疑问。教师对于学生的疑问要有包容的态度，并且引导学生进行思考和记忆。

例如，在上"角的认识"第一课时，一些学生认为"角的大小与角的边长有关，即角越大，边长越长"。学生的这种观点明显没有理解角的定义，并且表明其对于大小的概念还停留在几何图形表面积的大小。对此教师要对症下药，同时要充分利用多媒体设备来进行教学。比如，教师可以用在屏幕上画出一个直角坐标，以坐标原点为角的顶点，以 10 厘米为边长画出不同角度的角，并且在各个角上标上记号。然后趁热打铁，引导学生比较各个角的大小。因学生在学习中总有先入为主的特点，故教师在初次进行角的教学，让各个角的边长都相等，就能够突出"角的大小只与两条边张开的程度有关"这个教学要点。当学生们已经掌握了比较角的大小的要点时，教师再让孩子们比较边长不同但大小相等的两个角。若学生说出错误答案"边长比较长的角更大"，教师可以调皮地哈哈大笑，并且说："哈哈，终于上当啦！角的大小只与两条边张开的程度有关。"这样的教学方法非常有趣，且能让学生记忆深刻。

教师简介：

廖秀清，阆中市城北小学数学骨干教师。曾被评为"师德标兵""阆中市教学质量先进个人""阆中市骨干教师"。多次参加阆中市、南充市小学数学课堂教学竞赛，荣获一、二等奖。

王小容小学数学生活化教学法

一、小学数学教学的现状

在小学数学教学过程中，很多教师只注重传授学生数学知识和训练学生的解题技能，而忽视培养小学生的数学实践和探究能力。部分教师注重书本知识教学，在课堂上，往往都是照本宣科，按书本上的知识结构向学生传授数学知识，而不注重将数学知识应用到实际生活中。如此一来，面对本身就抽象、枯燥乏味的数学知识，学生只会更加消极、被动地学习，毫无学习兴趣和主动学习的积极性。

二、小学数学教学生活化的具体内涵

（一）教学内容生活化

教师在进行课堂教学之前，先要对教学内容进行加工重组，将理性乏味的数学知识巧妙地演变成学生在生活当中时常遇见的生活难题。例如教师在准备"长度单位"的教学时，可设计问题，让学生大胆地去猜想身边常见物体的长度，如文具盒、铅笔、课本、教室门等的长度，从而使学生可以深刻体验数学问题生活化以及生活问题数学化的这一思维过程，并达到学以致用的目的。

（二）教学过程生活化

在课堂教学之前，教师应该要求学生结合实际生活问题去预习即将学习的新知识；另外，教师要从实际生活当中收集可以提供给学生的具有丰富意义的信息，提高他们将数学知识应用到生活当中的能力。

（三）教学方式生活化

在教学过程中，教师应该采用平实的生活语言向学生传授知识，帮助学生更好地接受和理解知识。同时，在教学过程中，教师应该十分重视学生学习经验的积累。例如在课堂上设计一些与课本知识相关的数学游戏或者活动，让学生积极参与，促使学生在体验游戏的过程中，轻轻松松地学习到数学知识，同时也丰富了自己的生活经验。

（四）教学评价生活化

"评价是为了诊断学生的学习情况，更好地促进学生的发展。"因此，为了能够对学生的学习情况进行全面评价，教师应该准备多套教学评价方案，既要充分重视学生学习的主观能动性，又不能忽视对学生数学实践能力的培养。教师应根据学生实际情况，坚持创新教学方式和改进教学内容，对学生进行定期考核，加强对学生的综合测试，并记录和分析学生在一定学习阶段的学习情况。

数学教学生活化并不是单纯为了活跃课堂气氛，而是要让学生学会从实际生活当中的相关问题、情境中去探索生活与数学的密切关系，让小学数学与生活实际问题保持紧密的联系，促使学生在学习小学数学的过程中充分体会到数学的情感美和理性美。

教师简介：

王小容，阆中市城北小学教科室主任。阆中市政协委员，中共预备党员。其15年的教育生涯中获学校、片区、市教科局教学质量奖28次，被评为市级以上先进个人、获荣誉称号6次，参与市级以上竞教、演讲获奖8次，撰写教学论文、教案和教育技术成果获市级以上奖12次。其2016年设计的校本课程"拥抱晨曦"荣获南充市第二届优秀校本课程一等奖。

2016 年其研究课题"小学英语个性化作业设计方法与策略研究"荣获南充市微型课题二等奖。

郑元强数学生活化教学法

一、挖掘教材内容蕴含的生活元素

教师在分析教材内容时，应当充分挖掘其中蕴含的生活元素，创新使用教材。

例如教师在教授加减法的简单运算时，对于"$145-65-35$"，如果只是列举这样的算式，学生可能会按照书本的知识点，从左到右一步一步计算，这样的学习过程就较为单调枯燥。教师可以创设一些生活中的场景，比如"我们逛街的时候只带了 145 元，看中了一件 65 元的衣服和一双 35 元鞋子，可以用怎样的方式付钱？"这种生活场景，对于学生来说是非常熟悉的，他们完全可以利用已有经验去探究计算的方法。这样课堂就会相当活跃。让学生在这样的过程中学习数学，能培养学生从数学的角度观察生活的意识，提高学生以生活经验理解数学的能力。

二、创设与生活相关的教学情境

教师在日常教学活动中，可以挖掘学生在日常生活中常常遇到的生活素材，并利用实践活动、数学游戏、多媒体课件等方法来创设生活化的教学情境。生活化的教学情境能够帮助学生自主思考问题，把抽象的内容转变为直观的和形象的情境，将生活内容与数学问题有机结合在一起。这样，可以达到提升课堂教学质量的目的。

例如教授"比例的意义和基本性质"时，教师可以先创设一个与学生密切相关的情境来导入将要学习的内容："同学们，你们知道什么是比例吗？其实我们每个人身上就存在许多比例。比如每个人拳头一周的长度与脚底长度的比例是 $1:1$，每个人下半身（脚底到肚脐的长度）与身高的比例则为 $7:10$，可见比例不仅存在于我们的生活中，而且我们的身上也有很多比例。接下来，就让我们一起来认识什么是比例，比例具有什么样的意义。"如此，教师通过创设与生活相关的教学情境，可轻松导入其将教授的数学知识，激发学生想要进一步探求的欲望。

三、将生活实例引入课堂教学中

教师在教学中除了创建教学情境外，还可以把含有数学情景的生活实例引入课堂教学中。因小学生对生活的熟悉程度较高，故在数学课堂上呈现生活实例往往会让学生感到自然、有趣，其对数学知识的学习兴趣也会大大提高。

例如在学习"统计"之前，教师可以适当突破教材的束缚，引导学生统计本班在学校运动会中共获得了多少枚奖牌，每种奖牌各有多少枚，哪种奖牌最多，哪种奖牌最少。如此，就产生了学习统计知识的需要。然后教师再引出"统计"这节的教学内容，学生就会有进一步学习的兴趣。

生活中处处充满了数学。在数学教学中，教师可采用不同的策略，让学生置身于生活的氛围中，对数学学习产生浓厚的兴趣与强烈的求知欲，不断学会用数学的眼光去观察、发现、思考和认识周围的世界。

作者简介：

郑元强，阆中市城东小学校教导主任。曾获阆中市"优秀教师""学科带头人"等荣誉称号。其多篇论文发表及获奖。

唐氏运动康复治疗之团体游戏教学法

一、提出背景

随着近年来医教结合的发展，特殊教育学校不仅承担着向特殊学生传授知识的任务，且还担负着对特殊学生进行康复训练的重任。运动康复是康复医学的一个分支。根据大脑的可塑性和缺陷补偿理论，运动康复可以帮助特殊学生恢复生理或心理某些方面的功能。基于这样的背景，执教者大胆构建了自己的体育课教学模式"团体游戏教学法"，让特殊学生在轻松愉快的氛围中得到康复治疗。由于培智学生生理或心理上存在或多或少的缺陷，所以，他们的体育课如果采取和普校相同的模式，将事倍功半，收效甚微。根据培智学生的认知特点，即他们可能只对自己感兴趣的事物保持注意力，老师们必须改变传统体育课枯燥无味的模式，采取团体游戏教学法的方式，增强课堂的趣味性，调动培智学生的参与积极性。

二、具体内容及操作步骤

唐氏运动康复的方法主要包括：主动活动、被动活动。训练的主要目的有发展肌力、增进活动范围、增强耐力等。

唐氏运动康复之团体游戏教学法的操作步骤如下：首先，对学生进行教学前诊断，主要有医院诊断和教师诊断。医院诊断的信息来自学生档案，教师主要了解学生有无遗传病史、心脏病、癫痫等不宜运动的疾病。教师诊断采用的是全人疗育评估法，可以对学生的头颈控制、躯干控制、上下肢控制和粗大动作等进行评估。教师通过观察学生能够完成哪些动作而不能完成哪些动作来确定他目前的学习区，例如有的学生能够独立走3步，但是不能完成 1 次单脚半跪站立起,那就可以确定他目前的学习区已达到骨盆控制水平,但还未达到下肢控制水平。接着,教师根据诊断结果,划分游戏团体,每个团体的学生运动能力相当,需要补偿训练的能力大致相同,如将需要加强下肢力量的学生划分为一个团体。然后,教师结合兴趣调查表,征求学生意见,选择团体内大多数学生喜欢的有助于增强他们所需能力的游戏,例如下肢力量不足的学生喜欢玩青蛙跳跳跳和萝卜蹲,而这些游戏都是可以在该团体开展的,都是有助于增强下肢力量的游戏;对于坐轮椅的学生教师可采用的是被动活动的方式增强其能力,牵伸肌肉训练、按摩等。最后是游戏的开展与训练后的评估。在游戏开展的过程中,教师一定要加强对学生的指导,让学生把动作做到位,以达到最佳的训练效果;但不能采用重复的形式,这样容易使学生产生厌倦的情绪。教师可以通过变换活动的形式以及加入一些认知或道德的学习使活动更加生动有趣,这也体现了课程改革背景下体育课综合性多元化的发展方向。训练后的评估也是一项十分重要的工作,对特殊学生的评估,不能采用与普校相同的方式,即以分数论优劣。特殊学生也有自尊心,但他们付出很多的努力,可能进步仍很小。所以教师们要尽量用鼓励性的话语,给特殊学生自信与动力。评估的内容不仅应包括运动能力的进步,认知能力、道德水平等的提高也算进步。半跪站立起能从做 1 次到做 3 次,对于这种在正常学生眼中非常小的进步,老师们也要进行表扬鼓励。正确的评估方式,有助于教师了解学生的现有水平以及进步情况,为下一步目标的制定提供科学的依据。

三、运用效果

这种教学方式,一开始会比较麻烦,因为教师前期需要完全收集学生资料、对学生进行诊断评估、划分团体、调查学生兴趣爱好、制定小组个别化训练方案等工作。但当教师将这些前期准备工作做好之后,只需按部就班地操作就可以了。经过一学期的实践后,执教者发现所有学生对体育课的兴趣都有所提升,他们现在都能够积极主动地参与到团体游戏中来了。很多学生的运动能力、自理能力、道德水平、自信心等都有所提升。有的学生由以前的不愿或不敢尝试,到现在的主动要求示范;有的学生由以前的步履蹒跚,跌跌撞撞,到现在的行动自如。总之,所有的学生都有进步。看到这一群纯洁天真的特殊学生在操场上洋溢的自信灿烂的笑容,执教者内心深感欣慰。执教者一定会用自己所学的专业知识,竭尽全力地去帮助每一个特殊学生,让他能够健康快乐地成长,以后能够更好地融入社会,过更有质量的生活。

教师简介：

唐多桂，阆中市特殊教育学校骨干教师，毕业于乐山师范学院特殊教育学院康复专业，大学本科学历。

王茂平高段古诗词"五步教学法"

一、课前预习

授课前执教者安排学生预习，培养学生自主学习和收集处理信息的能力。因为古诗词写作时代距今很远，寄寓的是古人的思想感情，有的还有典故，与今日学生的视域和生活经验差别大，加上古诗词抽象、精练、含蓄的特点，均会造成学生理解上的困难，因此课前预习就显得尤为重要。针对古典诗词的特点，通过反复实践和探究，执教者认为预习主要包括以下内容：第一，学生利用工具书读准每一个字的字音和初步理解词语的意思；第二，学生通过现有的图书资料了解相关写作背景；第三，学生利用网络资源或向老师请教不懂的问题。学生通过这样的课前预习为下一步学习古诗词打下基础，又培养了自己主动学习的能力。

二、反复诵读

一读——读准古诗词的声调。

教师一定要引导学生读准古诗词的声调，正如朱熹所言："要读得字字响亮，不可误一字，不可少一字，不可多一字，不可倒一字……"只有这样才能读得流畅，进而要"多诵数遍"，方得"自然上口，久远不忘"。

二读——读准古诗词的节奏。

为了让学生找准读的节奏，教师应指导学生按意义单位或音节单位在适当地方用"/"画出古诗词的节拍，例如孟浩然《过故人庄》中的"绿树/村边合，青山/郭外斜"，白居易《钱塘湖春行》中的"几处/早莺/争暖树，谁家/新燕/啄春泥"，前者按照意义单位被划分为2个节拍，后者按照音节单位被划分为3个节拍。读准节奏对于帮助学生理解诗意很有帮助。

三读——找准读古诗词的语速及语调。

一般而言，若古诗词表达的是激动、愉悦、开朗等表示"喜"的情绪，语速应欢快些、高亢些。例如读辛弃疾的《西江月》上阕，就需要用欢快、愉悦的语速、语调去读，才能读出"丰收在望"的喜悦之情；若古诗词表达的是痛苦、悲伤、凄惨等表示"悲"的情绪，语速、语调则应缓慢些、低沉些。

在这个环节中，教师还应教给学生理解古诗词的方法，培养其合作精神。先让学生在朗读的基础上划出不懂的字词，学生提出问题后，教师再让学生分小组讨论。然后让学生交流、评议。如此，从对整首诗重点字词的理解到对整首诗意思的理解，完全是学生自读自悟出来的，教师只起到组织、指导、点拨的作用，帮助学生总结出理解重点字词的几种方法（查字典、联系诗句、看课后注释、请教别人等）。总之，要让学生质疑讨论来达到初步理解古诗词的目的。

三、悟意明理

此处之悟是感悟、领悟。感人心者莫胜于情，古诗词更是胜在意境。引导学生细读、体悟古诗词的意境是古诗词教学的重点，也是难点。在实际教学中老师们可以通过"品词析句"法来突破难点，也可采用"想象、联想法"来披文入情。

四、当堂背诵

古诗词是我国文学宝库中的珍贵财富，大量地背诵古诗词是继承这笔财富的好办法。背诵得越多，获益就越大。大量地背诵古诗词，可以使学生产生语感，从而揣摩出古诗词的一些写作技巧，并把它们运用到自己的写作中去。所以老师们应把当堂背诵作为古诗词教学的一个重要环节。虽然背诵本是枯燥、恼人的事，但是有了前面的朗读、理解、感悟的铺垫，已经化难为易了，此时的背诵已是水到渠成的事了。

五、拓展延伸

老师们在教授古诗词时应抓住时机适当地拓展延伸，具体方法有：其一，拓展作者的其他同题诗词作品。诗人在写作时，往往会就同一个题目写下一组诗，这些组诗是课堂教学中拓展的好材料。如李白的《秋浦歌》有 17 首，李绅的《悯农》有 2 首，除教材所选篇目外，其他的可以让学生略读自学。这样不仅丰富了学习内容，也激发了学生课外阅读的兴致。其二，围绕主题进行拓展。如面对同一轮明月，多少诗人写下了各自的心中情，这种围绕同一主题而抒写的诗作，在古典诗词宝库里比比皆是，非常有利于教师在课堂上进行主题同构拓展。比如学了李绅的《悯农》，老师们会自然想到宋代张俞的《蚕妇》"昨日入城市，归来泪满巾。遍身罗绮者，不是养蚕人"，可让学生把这两首诗放在一起边读边比较它们的异同。像这种将内容相似、格调相同的不同作者的诗词联系起来，不仅能使学生的学习内容成倍地增长，加强学生对祖国古诗词的感悟，而且能使学生在对比阅读中触类旁通，从而大大提高课堂效率。

教师简介：

王茂平，云台中心学校教导主任，长期从事初中语文及政治教学工作。其教研论文、参研课题、课堂教学分别在阆中、南充获奖。曾被评为阆中市优秀教师、教改先进个人等。

王凤鸣初中数学情景教学法

一、创设问题情景

《数学课程标准》指出：创设生动有趣的教学情境，可以引导学生观察、思考，让学生从具体的情境中去发现、去探索数学问题，激发学生的学习兴趣，使他们积极主动地参与数学活动，发挥他们的聪明才智和创造潜能。如在教"生活的轴对称"时，可创设这样的情景：教师准备生活中的对称美图，让学生初步感知对称美，同时教师自然提问："你发现这些美图有什么共同特征吗？"从而让学生兴趣盎然，欣然回答。

二、趣味故事情景

心理学相关理论表明：兴趣对数学学习以及智力开发有着很大的影响。爱听故事是每个孩子的天性，好听的故事能集中学生的注意力。所以故事导入能激发学生学习兴趣和求知欲。如教授"平面直角坐标系"时，教师可用多媒体首先展示大家熟悉的"百岁山矿泉水"广告，接着教师讲述广告内容来自著名数学家笛卡尔的浪漫故事，再介绍数学家笛卡尔的生平事迹。此情景源自大家常见的广告，学生会发现看似平凡的广告实际有着深刻的内涵，这会让他们感到十分惊讶和好奇，由此激发了他们的热情，极大提高了他们的学习积极性。

三、动手实践情景

"三角形三个内角和为180°"课堂教学中，教师课前先让学生准备一个用纸板做的三角形，再要求学生动手将这个三角形的三个内角分别剪下来，并把这三个内角拼凑为一个平角。这堂课课堂教学导入环节通过学生的动手操作，激发了其兴趣。

四、借助实物教具创设情景

如在合并同类项的学习中，教师首先要让学生了解同类项的含义，基于此，教师可以设定几组物品，让学生从中找出同类的几项。然后，教师要列出几组不同的数字、代数式，让学生从中找到同类的代数式，并总结合并同类项的要领。通过这样的教学方式，有助于加深学生对合并同类项的印象，从而提高学生的数学水平。

五、借助游戏创设教学情景

教学情景是教师根据教学目标和内容设计的学习活动，也是通过引起学生强烈好奇心、激发学生求知欲或认知冲突，增强学生学习主动性，从而提高课堂教学效果的一种策略。执教者在教学过程中，经常借助游戏创设情景教学。如在教授"两点确定一条直线时"，创设了下面的情景：

师：现在我们来做个游戏，需要请同学们配合一下。请位于教室中间的小明同学站起来。

（小明站了起来）

师：同学们，你们自认为和小明在同一条直线上的请站起来。

（全班的同学陆陆续续都站了起来）

师：好，以一个同学为参照点，全班的同学都站起来了，这说明过一点有无数条直线。那么现在我请 A 和 B 两位在同一竖排的同学站起来，大家自认为和他俩同在一直线上的站起来。

（与两位同学在同一竖排的站了起来）

师：这说明了两点确定一条直线。

这样做游戏，有助于培养学生动手和实践的意识，在游戏中体会随处可见的数学知识。这样，学生会认识到学习数学的重要性。

教师简介：

王凤鸣，阆中市保宁中学教师，年级备课组长，阆中市级骨干教师。曾在市级初中数学"中考说题"大赛中荣获一等奖。

张小君"等条件消除"教学法

在物理工作坊线下培训的时候，执教者有幸听到蔡光茂老师关于"浮力"的讲座。讲座中，他举了几道有趣的浮力习题，执教者结合实践，探索出"等条件消除"教学法。

一些网站给出的 2017 年南充中考物理试题 26 题第 3 问的答案均是 0.2kg。而执教者（和蔡老师）的答案是 0.8kg。原题如下：

26.（8分）如图所示，杠杆 MON 在水平位置保持静止，A、B 是实心柱形物体，它们受到的重力分别是 $G_A = 13.8$N，$G_B = 10$N，B 的底面积 $S_B = 40$cm^2，柱形容器中装有水，此时水的深度 $h_1 = 12$cm，容器的底面积 $S_容 = 200$cm^2，B 物体底面离容器底的距离 $h_0 = 5$cm，已知 $MO : ON = 2 : 3$，$\rho_水 = 1.0 \times 10^3$kg/m^3，$g = 10$N/kg。求：

（1）水对容器底的压强和水对 B 物体的浮力；

（2）A 物体对水平地面的压力；

（3）若打开开关 K 缓慢放水，当 A 物体对水平地面压力刚好为零时，容器中所放出水的质量有多大？

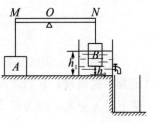

一些网站给出的第 3 问的解答过程是：

解：当 A 物体对水平地面压力刚好为零时，$F_M' = G_A = 13.8N$，则 N 端受到的拉力 $F_N' = \dfrac{MO}{ON} \times F_M' = \dfrac{2}{3} \times 13.8N = 9.2N$，

水对 B 物体的浮力 $F_浮' = G_B - F_N' = 10N - 9.2N = 0.8N$，

排开水的体积 $V'_排 = \dfrac{F_浮'}{\rho_水 g} = 8 \times 10^{-5} m^3$，

则排开水体积的变化量 $\triangle V_排 = 2.8 \times 10^{-4} m^3 - 8 \times 10^{-5} m^3 = 2 \times 10^{-4} m^3$，

由 $\rho = \dfrac{m}{V}$ 可得，容器中所放出水的质量 $m_水 = \rho_水 \triangle V_排 = 1.0 \times 10^3 kg/m^3 \times 2 \times 10^{-4} m^3 = 0.2kg$。

问题分析：解题思路基本如此，根据杠杆原理求出 B 所受的浮力，又根据公式求出 B 排开水的体积，再用两次排开水的变化量求出放出水的质量，注意这里用到的公式是 $m_水 = \rho_水 \triangle v_排$。问题的关键是：排开水的变化量是不是就是放出水的体积？见下图：

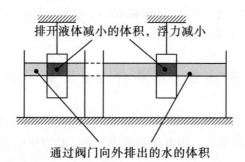

排开液体减小的体积，浮力减小

通过阀门向外排出的水的体积

底面积不同的容器里装有等高的液体，把相同的两物体挂在绳下放入水中，当打开阀门向外放水后，不难看出：物体所受浮力、排开液体体积变化量是相同的，由于底面积不同，向外放出的水的体积（质量）并不相等，相等的是物体排开液体减少的高度和通过阀门向外放出的液体的高度。也就是：

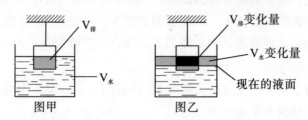

图甲　图乙

甲图中 $V_排$ 实质是物体浸入液体中体积，它决定着浮力大小；水的体积决定着水的质量，它们之间是没有联系的。$1N$ 的水最大能产生多大的浮力？理论上是无穷大，因为那 $1N$ 的水不是物体最多能排出的，而是容器中可能装的

水与物体所排开水的差。基于此，打开笼头放出水时，液面下降，$V_排$ 和 $V_水$ 均在减小（物体要下沉，被绳子固定），$V_排$ 的变化量决定浮力的变化，$V_水$ 的变化量决定着放出水的质量。如图乙所示，可知用公式 $m_水 = \rho_水 \triangle v_排$ 求放出的水的质量是不对的，也就是 0.2kg 是错误的答案。所以解题思路应该是这样的：$\triangle v_排 \rightarrow \triangle h \rightarrow \triangle V_水 = S_差 \triangle h = m_水 = \rho_水 \triangle v_水 = 0.8$kg。需要说明的是，这里的液面变化高度 $\triangle h = 5$cm$<$（$h_1 - h_0$）时，上面的计算才成立。过程如下：

解：当 A 物体对水平地面压力刚好为零时，$F'_M = G_A = 13.8$N，则 N 端受到的拉力 $F'_N = \dfrac{MO}{ON} \times F'_M = \dfrac{2}{3} \times 13.8N= 9.2$N，

水对 B 物体的浮力 $F'_浮 = G_B - F'_N = 10$N$- 9.2$N$= 0.8$N，

排开水的体积 $V'_排 = \dfrac{F'_浮}{\rho_水 g} = = 8 \times 10^{-5}$m^3，

则排开水体积的变化量 $\triangle V_排 = 2.8 \times 10^{-4}m^3 - 8 \times 10^{-5}m^3 = 2 \times 10^{-4}$m^3，

则 $\triangle h = \dfrac{\triangle V_排}{S_B} = \dfrac{2 \times 10^{-4}\text{m}^3}{40 \times 10^{-4}\text{m}^2} = 0.05m= 5cm<$（12cm$-$5cm）

那么 $V_放 = S_差 \times \triangle h =$（200$-$40）$\times 10^{-4}m^2 \times 0.05m= 8 \times 10^{-4}$m^3

故 $m_放 = \rho_水 V_放 = 10^3$kg/m$^3 \times 8 \times 10^{-4}m^3 = 0.8$kg

这样的计算，过程太过冗长，有没有更为简洁的方法呢？有！这就是笔者要讲的重点：等条件消除。这是什么意思呢？举个例来说明：A、B、C 3 个小球的体积相等，放在杯中的液体里，如图所示，则 A、B、C 所受的浮力大小关系_____。

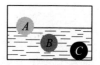

图中容器装的是同种液体，密度是一样的，而 g 是常量，则在公式 $F_浮 = \rho_液 v_排 g$ 中大家就不必考虑 ρ 与 g 这两个量对浮力的影响，这就是等条件消除。因此浮力的大小直接由排开液体的体积来决定的。

再来个稍难点的：底面积为 400cm^2 的圆柱形容器内装有适量的水，将其竖直放在水平桌面上，把边长为 10cm 的正方体木块 A 放入水后，再在木块 A 的上方放一物体 B，物体 B 恰好没入水中，如图（a）所示。已知物体 B 的密度为 6×10^3kg/m^3，质量为 0.6kg，（取 $g = 10$N/kg），求：（1）木块 A 的密度。（2）若将 B 放入水中，如图（b）所示，求水对容器底部压强的变化。

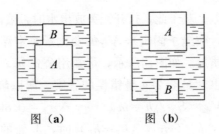

图（a）   图（b）

在解（2）问时，利用等条件消除，这样思考：前后两次 A 受到的浮力都等于其重力，所以有关 A 的所有条件不用考虑。B 第一次为漂浮，排开的水受到的重力等于 B 所受的重力；第二次为下沉，排开水的体积等于自身体积。比较两次的情况，排开水的体积发生变化，导致容器底部的压强发生变化，所以应这样解：

（2）解：B 放入水中后，A 漂浮，有一部分体积露出水面，造成液面下降，

A 漂浮，$F_{浮A} = G_A$，即 $\rho_水 g V_{A排} = \rho_A g V_A$，

$$V_{A排} = \frac{\rho_A V_A}{\rho_水} = \frac{0.5 \times 10^3 \, kg/m^3 \times 1 \times 10^{-3} \, m^3}{1 \times 10^3 \, m^3} = 0.5 \times 10^{-3} \, m^3.$$

液面下降 $\triangle h = \frac{\triangle h}{S} = \frac{1 \times 10^{-3} \, m^3 - 0.5 \times 10^{-3} \, m^3}{0.04 \, m^2} = 0.0125 m$，

压强变化 $\triangle p = \rho_水 g \triangle h = 1.0 \times 10^3 \, kg/m^3 \times 10 N/kg \times 0.0125 m = 125 Pa$。

还可以这样思考：两次比较，排开水的重力发生变化，导致容器底部的压强发生变化。根据容器规则，找到排开的水所受重力的变化量，就能找到容器底部压强的变化量，所以这样解：

$$\triangle p = \frac{\triangle G_排}{S_底} = \frac{0.6 kg \times 10 N/kg - 1 \times 10^3 \, kg/m^3 \times 10^{-4} \, m^3 \times 10 N/kg}{400 \times 10^{-4} \, m^2} = 125 \, Pa。$$

再回到开篇的问题中，已知前后两次杠杆都是平衡的。利用等条件消除，我们只关心发生了什么，放水减小的浮力通过杠杆 MON 只克服 M 端 A 对桌面的压力：

$$\triangle G_排 = F_压 \times \frac{MO}{ON} = 3N \times \frac{2}{3} = 2N$$

$$\triangle h = \frac{\triangle G}{\rho_g S_B} = \frac{2N}{1 \times 10^3 \, kg/m^3 \times 10 N/kg \times 40 \times 10^{-4} \, m^2} = 0.05 m，$$

$$V_放 = S_差 \times \triangle h = (200 - 40) \times 10^{-4} \, m^2 \times 0.05 m = 8 \times 10^{-4} \, m^3，$$

$$m_放 = \rho_水 V_放 = 10^3 \, kg/m^3 \times 8 \times 10^{-4} \, m^3 = 0.8 kg。$$

可见该方法确定较原方法更简单。

随着知识的积累，解决问题的办法越来越多、越来越好，这就是学习的作

用。从疑惑到豁然开朗，其中的乐趣，愿您也能有所体会。

教师简介：张小君，阆中市保宁中学物理教师，理综教研组组长，骨干教师，学科带头人，教改积极分子。其多次在学校举行的教学竞赛中获一等奖，2013 年获南充市中学课堂教学竞赛一等奖；教学课件获南充市二等奖；教案在全国大赛中获二等奖；论文《浅析初中物理实验教学的作用》获国家级一等奖；2017 年 3 月获保宁片区物理竞教师第一名。

李际蓉地理小组合作学习新策略

阆中市保宁中学近年推出具有校本特色的"三、四、五"有效课堂教学模式，让老师们的课堂教学模式由原来的"满堂灌"转变为"自主学习、合作探究"。合作学习已走进课堂，在合作学习中，教师已不再是知识的唯一权威，而成为学生课堂学习的向导和促进者，是学生们学习、探索活动的积极参与者。

一、具体策略

经过实践，执教者总结出教师在合作学习中的策略主要体现在选题、引导、调控几个方面。

（一）小组合作学习主题选择策略

合作学习主题应具体"四个突出"：

1. 突出开放性。初中地理小组合作学习的选题不能脱离课程标准，同时又要具备一定的趣味性和可探讨性，因此可以从某一个章节中选取主题，并结合实际进行适当的加工和拓展。

2. 突出实践性。执教者通过教学实践发现，凡是与生活联系紧密的选题，都比较受学生的欢迎。如在教授"交通运输业"时，教师就可以结合时事设计问题：一位同学暑假到上海参加世博会该怎样设计旅游线路？学生既可依据时间要求选择航空、公路、铁路、水路等交通方式；也可根据费用多少选择交通工具并设计线路；还可根据要经过的城市和沿途要参观的旅游景点设计不同线路。这样，既培养了学生的发散思维，又满足了不同层次学生的发展需要。

3. 突出重难点。初中地理教学中存在着很多综合性问题，如果只依靠教师授课，可能导致大多数学生只有一知半解；如果让学生自学消化，对其又有一定的难度。这时就应当采取小组合作学习形式，让学生相互激发智慧，达到深度理解的效果。例如：经纬网的教学一直是初中地理教学的重点和难点，学生对经纬网知识的掌握关系到其整个初中地理的学习效果和兴趣的培养。老师们可以将比较抽象的经线、纬线转化到平面中，以座位的横排和竖排代表经线和纬线，则每一个学生对应一个地理坐标，再采用小组间互相提问的方式来确定各自的地理坐标，以此提高学生学习的兴趣。

4. 突出"层次"。选题难度可以区分学生层次。教师应围绕某一个选题提出若干个问题，让每一个层次的学生都可以完成一定数量的任务，并在同伴的帮助下有所进步，这样才能促进学生整体素质的发展。

（二）在小组合作学习中教师的引导策略

1. 创造轻松愉快的氛围。教师在课堂上要语言亲切，神态自然，情绪饱满。

2. 先声夺人。在合作交流开始时，教师应根据学情，设置悬念或激发学生灵感，使学生快速进入最佳学习状态。

3. 挑起"矛盾"。"矛盾"指学习中的"疑惑和不解"。对于这些"疑惑和不解"，教师要根据学生情况将之一层一层地拨开，激发学生思考、争辩、探索的兴趣。例如对于有点难度的探究题应做好以下几方面工作：第一是小组分工学习。教师要教给学生分工的方法，并根据不同成员的能力让他们承担不同难度的任务，以保证任务的顺利完成。即将某一大问题或大任务分割成一定数量的小问题或小任务，让小组成员各自承担一定量的小问题或小任务，在各自完成的基础上进行合作总结。第二是小组合作讨论学习。即让小组成员围绕某一个问题展开讨论，发表自己的意见和建议，最后达成共识、解决问题。第三是小组合作交流学习。即针对某一问题，让小组成员在各自研究的基础上于小组内进行交流，互相帮助，共同发展。在小组讨论、交流学习时，学生要尊重对方，善于倾听别人的意见；即使有不同意见，也要等对方说完，自己再补充或提出反对意见；碰到分歧或困难，要心平气和，学会反思，从而更好地解决问题。教师在地理教学中应当充分考虑学生的实际生活背景和兴趣，根据教学内容设计认知冲突的情景，激发学生探求知识的欲望，让学生大胆说、放心议。

（三）小组合作学习中教师的课堂调控策略

小组进行合作学习时，教师要深入到小组中去，了解他们合作的效果、讨论的焦点、认知的进程。教师不应该担心学生讨论会提出很多问题，担心"放"了却不能"收"，而应考虑学生需要什么，自己应如何引导他们探究学习。同时，对活动开展得顺利的小组要及时予以表扬；对不清楚任务的小组要耐心说明；对出现问题的小组要及时指导；对提前完成的小组要及时检查并布置新任务；对偏离主题和受阻的小组要及时制止或点拨。这样的课堂合作式教学，不仅能使每位学生在课堂上大胆地、尽情地展现自我，又能促使学生积极主动地获取知识，培养学生自学、分析问题、判断正误、推理归纳等多种能力，更重要的是，让学生的语言表达技能在不知不觉中也得到锻炼并有所提高，学习潜能和创造力得到发掘，自闭、胆怯、羞涩等心理得到克服，合作互助的团队精神得到培养。

二、取得的成效

1. 通过实践，促进了学校地理教师整体素质的提升。

2. 通过小组合作的实施，激发了学生学习地理的兴趣，增强了学生的语言表达能力、想象能力、表演能力等，培养了学生的合作意识和团队精神，培养了学生的问题意识，增强了学生生成问题的能力，改善了学生的地理学习方法。学生的综合素质也在合作中得到了较大提升，教育教学质量得到了大幅度提高。

教师简介：

李际蓉，保宁中学地理骨干教师，其执教的"西北地区"曾获南充地区有效课堂展评一等奖；微型课题"小组合作在地理教学中的应用策略"获南充教体局一等奖；论文《初中地理教学中图表教学法的应用》发表于《中小学教育》，论文《谈初中地理教学中高效生本课堂的建构》发表于《中学课程辅导》；荣获阆中市教育教学质量先进个人奖项。

杨春会古诗文教学法

一、巧妙运用音频视频库，创设情境，激发兴趣

学习古诗的关键是把学生引入诗的意境。古诗的单调乏味导致提高小学生的学习兴趣都很难，谈何入情入境。学生由于阅历少，不可能自觉地将思维触角伸向遥远的古代和诗人同呼吸共命运。而多媒体技术则可以通过虚拟再现，沟通古今，以悦耳的音乐、色彩鲜明的图片、生动优美的画面吸引学生。有效地运用多媒体技术，可以紧紧抓住学生的心，极大地激发学生的学习热情，让学生在教师创设的情境中以一种忘我的状态进入教学活动。过去，教师教授《游子吟》总是局限于以声情并茂的讲述来带动学生的学习热情，而这样的讲述对于现在的孩子来说，要达到身临其境是几乎不可能的。于是便借助歌曲《烛光里的妈妈》来导入，这样，学生通过感知歌曲旋律、领会歌词大意，激起自己对母爱的尊重，以最快的速度进入教学内容，并产生身临其境之感。

二、适度借用资料库，培养学生学习语言文字的综合思维

教师借助资料库可以扫除一些学生在阅读方面和新旧文化方面差异的障碍。资料库是沟通现代与古代文明的桥梁，也是教师实施分层教学、因材施教的好阵地。如教授《凉州词》时，教师可适当运用多媒体手段展示几种古代杯子的款式，一下子就把学生"送"回了古代；再将学生通过各种途径搜集到的部分文字和图片资料投影出来，让所有学生及时了解彼此的成果；学生知道了所谓的"夜光杯"实际就是传说中周穆王时西胡献白玉雕的酒杯，其在夜里能发光，这里比喻精美的酒杯。至此，形成认知上的初次反馈。这种师生共同运用资料库，有目的、有意识、有反馈的有效学习，使学生在尝试性学习过程中积累了经验，增强了个体认知能力，从而可调整自身的学习策略。

三、有效使用练习库，提高学生理解运用语言文字的综合能力

教学时，最巧妙的方法就是将练习库建立在计算机上，这样，既方便教师接收反馈并矫正，又方便学生互助合作，还节省时间。如教授《送元二使安西》和《游子吟》时，采用多媒体手段向学生展示画面，并配上了荡气回肠的吟诵和吟唱。在学生完成组诗、背诗、练说和练写诗意等一系列练习，执教者抓住契机，适当地提出一些有讨论价值的问题，鼓励学生通过小组合作方式进行思考和讨论。通过交流，学生既理解了古诗的内容，又提高了赏析古诗和评读古诗的水平。学生在练习中凭借"审美的眼睛""审美的耳朵"和"审美的嘴巴"去感受古诗的形式美、音韵美和思想美，最后通过配乐集体诵读，在吟诵中品味，在吟诵中升华，真正把读诗的情致提到了最高境界。这样，学生的眼、耳、手、口、脑五官并用，真正让自己进入学习的最佳状态，从而提高学习效率。

四、适时妙用创新库，挖掘学生创新潜能

如教授《泊船瓜洲》时，教师制作好课件，在用电、光、形、声给学生强大冲击力的同时，鼓励学生在理解课文内容的基础上画出古诗意境图和表演小品等，不断激发学生的创新思维。

教师简介：

杨春会，阆中市城北小学语文教师。曾多次参加南充市、阆中市课堂教学竞赛，均获得较好名次。先后被评为"阆中市师德标兵""教学质量先进个人""阆中市优秀教师""片区语文学科带头人"等。其发表过多篇论文。

徐玲主线式教学法

一、主线式教学法的作用

过细、过浅、过滥的提问会使教学过程平淡无味，使提问流于形式，使一篇篇精美的课文变得支离破碎。在以主线为线索的阅读教学中，教师用精、少、实、活的问题将学生吸引进课文，激发学生的研讨热情，从而有效开展课堂活动。主线的设计着眼于对课文的理解品读，着眼于引导学生长时间、深层次地进行课堂学习活动，杜绝课堂上无序的、随意的、零散的问答，从而形成较完整的教学板块，使学生在简明的教学程序中的目标更为明确，做到有的放矢。

二、主线式教学法的原则

1. 整体性原则。

2. 层次性原则。

3. 探索性原则。

三、主线式教学问题设计范例

1. 从情感入手。例如贾平凹的《一棵小桃树》描写了一棵在逆境中诞生、成长的小桃树，历经风雨仍顽强生存。文章赞颂了小桃树同命运顽强抗争的精神，揭示一个生活的哲理：有了不屈不挠的奋斗，定会战胜磨难，创造美好的未来。在教学时，教师可设置"小桃树的命运怎么样（可怜）？""我对小桃树有什么感情（怜爱）？"两个主问题，再辅以追问"作者从哪些方面写了小桃树的可怜？""作者为什么爱怜小桃树？""为什么要写奶奶呵护小桃树？"等。问题设置逐层深入，让学生在探究空间中明晰整篇文章的脉络。

2. 从感知形象入手。例如教学（法）让·乔诺的《植树的牧羊人》一文宣扬基督教精神：由于妻和子相继去世，他一个人离群索居，经受住了孤独和忧伤的考验后，在荒漠中牧羊植树，决心把荒漠变绿洲。这犹如当初耶稣基督在荒漠中受尽心灵的折磨，经历了撒旦的诱惑和考验后大彻大悟，决心用行动替众人赎罪。牧羊人日复一日地植树，终于使荒漠变成了绿洲，使上万人受惠，不但拯救了一方水土，也拯救了一方人民，其行为宛如救世的基督。在教学中，教师可设置"牧羊人究竟靠什么创造了幸福生活？"和"人们生活幸福了，牧羊人自己幸福吗？"两个主线问题，并在此基础上继续设计"以'牧羊人是一个……的人'的形式，说说你对牧羊人的看法""牧羊人最初种树的目的是什么？""在种树的过程中他体验到幸福了吗？""说说在牧羊人的眼中幸福的真谛是什么？"等支线问题。这样，通过探究人物形象来实现整体阅读教学，使学生的认知提升。

3. 从写作顺序入手。此种主线切入法主要适用于游记类散文。例如在八年级下册第五单元中，除第一篇《壶口瀑布》外，基本每篇课文都可设置"作者的游踪是什么？""每一处落脚点作者所看到的景致有什么特点？这表达了作者怎样的感情？"这样的主线问题。按作者游踪梳理课文，能够使学生轻松驾驭文章内容，理解文章内容。

4. 从题目入手。如教授《应有格物致知精神》时，教师可设计"什么是格物致知？""怎么做到格物致知？""格物致知有什么现实意义？"等主线问题，引导学生逐层深入理解课文。

5. 从特殊语言入手。例如在教授《紫藤萝瀑布》时，教师可从文章前后照应的两句话"我不由得停住了脚步"和"我不由得加快了脚步"入手，设计主线问题"我为什么不由得停住了脚步？"来感知紫藤萝瀑布的形象，以及"我为什么又加快了脚步？"来感知"紫藤萝瀑布带给我心灵的震撼"。这样的问题设计富有悬念，让学生思路明晰。

教学有法，教无定法，对于不同的篇目，教师需要灵活地设计相关的主线问题。这就需要教师拥有扎实的教学基本功，除了科学求实的教学理念外，还要深入扎实地教材研读。语文教师应在研究提问设计的同时提高自己精细研读教材的水平，真正做到把文本读厚，把教材读薄。

教师简介：

徐玲，阆中市保宁中学骨干教师。其多次获得学校"优秀教师"荣誉称号。在各级竞教课、展评课中均取得优异成绩。

蒲丽君数学作业批改法

一、肯定成绩，给予赞扬

每一个学生都有较强的自尊心和荣誉感，希望自己的能力与学习成绩能得到老师的肯定和赞赏。比较聪明的学生答题经常不循常规、另辟蹊径，简捷地得出结论，教师对这样的作业可写下肯定性的评语，如"解法新颖，思路开阔""方法明了，充满爱意"，充分肯定学生的学习能力，赞扬学生独立思考、勇于探索的精神。学生看过批语后会倍受鼓舞，产生成就感和新的学习动力，增强攀登新高峰的信心，发挥非智力因素在学习过程中的作用。

二、循循善诱，适当启发

学生在解题过程中难免会出现错漏，在这种情况下，教师的传统做法都是批个"×"；对于有些学生反复出现同一错误的情况，教师甚至会严厉地批个大大的"×"，其实这样做不适合学生的心理特点，长期如此，很容易使这些学生产生畏惧甚至厌烦心理。教师可先将这些错误之处圈出，然后写上提示语"注意挖掘隐含条件""请你再审题意，看一看能否找出捷径""老师相信你能找出错误之处""参照课本第 x 页的内容"。学生重新审题后会茅塞顿开，豁然开朗，印象深刻。作业批语能让学生保持良好心理状态，对培养其良好的审题习惯和分析问题解决问题的能力有着很好的效果。

三、树立信心，及时鼓励

给作业写批语是教师表达自己对学生的期望的一种重要方式，而教师的期望有利于调动学生的积极性，促进其进步。因此，教师应善于观察学生作业中的点滴进步，及时给予鼓励。例如，对一向马虎的学生，只要其有一次认真完成作业，教师就应写上"认真是进步的开始"，对信心不足的学生，则可写"树立信心，战胜自我"等，这些批语能解消学生的自卑心理，逐步助他们树立学习的信心和勇气。

四、防止骄傲，警钟长鸣

有些思维能力强、接受速度快的学生在解答习题时，由于作业往往对他们而言比较简单，所以他们书写潦草，只满足于完成作业，不愿再考虑最优的解法，甚至还会出现一些不该出现的错误。遇到此类情况，教师可以写下"马虎不改，难有作为"，"学习是老老实实的学问，来不得半点虚假和骄傲"等批语，以督促学生培养科学严谨的学习态度。

总之，在数学教学过程中教师应重视作业批语。恰当的批语能激发学生的学习兴趣，调动学生的学习积极性和创造性，提高教学质量和学生的素质。

教师简介：

蒲丽君，阆中市城北小学骨干教师。其曾被阆中市政府表彰为"优秀教师"，多次被评为教学质量先进个人；多次参加市、区级竞教，获一、二等奖。

何林华语文趣味教学法

一、调动学生的积极性

例如，教师在讲授拼音的读写或是听写的时候，可以让几个学生分别充当一个拼音字母。当老师说出一个拼音字母的时候，对应的学生就做出相应的动作，做错的或没做的都要受到一点惩罚。这样，其他学生会跟着老师的思路判断哪些人应该做什么动作。在这个过程中，学生不仅掌握了拼音的拼写，更能全身心地投入课堂之中，还能培养自己对语文的兴趣。

二、合理分配时间

现在的课堂教学往往教师是围绕着一个主题或者一个中心去讲解，例如一节课讲一篇文章的哪几个部分或者讲哪几个拼音、字词等。这样，教师在一节课上讲授的知识都是一成不变的，难免会使课堂显得枯燥无味。这样就会导致老师刚开始上课时，学生能认真听讲，可是讲着讲着，课堂明显失去了生机与活力，再过一会儿，学生就渐渐地失去了听讲的兴趣。这样的课堂效率可以说是极其低下的，所以改变这种状况尤为重要。教师应在备课时先把要传授的知识分为多个部分，合理安排每一部分的时间，还要确保每堂课留出一些时间来让学生放松。

例如，在讲完一篇小说反映了什么社会状况和体现了什么感情之后，可以加入一个情景剧环节，让几个学生上台来将文章的一段或者几段表演一遍。在表演的同时，讲解人物的情感或人物形象或社会状况。这样不仅提高了课堂的有趣程度，激发了学生的积极性，更巩固了学生前面所学的内容，还能起到让学生放松一下的作用，使学生有精力去学习。

三、反对教师独霸课堂

现在的小学语文早读课，大都是全班跟着老师一起整齐地读书，或者是老师指定一篇课文让大家一起读。这样的方式难免会让人产生倦意，浑水摸鱼的大有人在，故很多时候并不能达到好的效果。出现这种情况的根源在于齐读的方式太过死板，不仅降低了学生早读的积极性不说，还收益甚微。所以应改变这种齐读的早读方式，不要让老师主宰课堂。例如教师可以在早读课前一晚上布置，第二天需要朗读哪些段落、哪些课文，并在第二天早读课上让几个学生分别上台进行有感情的朗读。当学生在台上朗诵的时候，其他学生也会跟着思考他这句话的情感是不是这样子的，或者他这一段到底读没读准确。这种方式把学生变成早读课的主体，而老师只起到引导的作用。这样不仅能提高学生朗读和学习文章的积极性，还能让学生及时巩固所学知识和思考所学内容。

教师简介：

何林华，阆中市博树回族乡中心学校骨干教师其多篇文章发表或获奖；曾在片区课堂教学改革推进会上上示范课并获得好评。

罗红梅诗意课堂教学法

一、诗意的教师引领心灵的旅行

一堂精彩的语文课有如一首灵动的诗，教师就是那位高情远韵、神采飘逸的诗人：心中有爱，腹中有诗，指上有金，栖身于文本，为情所感、为美所醉，以自己横溢的才华和高超的技艺引领学生在精神的殿堂中流连忘返，以博闻强记、明辨深思的功力使学生思维蕴秀、口齿噙香。

二、诗意的语言激起内心的热情

在教学中，执教者力求导语充满诗情，将人文关怀和诗情画意融合于提示语、过渡语之中，让诗意的语言如新鲜空气一样滋养孩子们的心扉。

三、诗意的媒体渲染诗意的氛围

直观的形象能将学生迅速带入特定的场景；抒情的音乐、如诗的画面能一下子拉近学生与文本的距离，渲染出一种诗意的氛围。

教学《桂林山水》一文时，执教者先放映桂林一带宽阔壮美、碧波荡漾、静中有动、动静相依的图片及录像，配以情意绵绵的《渔洲唱晚》，将学生缓缓带入富有诗情画意的意境。当学生畅谈观后感时，不禁充满诗意，有的说："漓江的水真清啊，清可见底；漓江的水真绿啊，绿得那么可爱……真是人间仙境啊！"有的说："我仿佛来到了人间天堂，真想高歌一曲……"这分明是学生诗情的涌动，真是心也交融、情也交融啊！教授写山和水的两个自然段时，执教者在让学生体会、感悟、个别读、范读、齐读的同时特意配以音乐，营造出一唱三叹、绵绵不绝的诗意场景，使学生一次又一次地深情感悟，一次又一次地实现心灵的激荡和性情的陶冶。

四、诗意的对话点燃智慧的火花

诗意的语文课堂是心灵对话的殿堂。诗意的语文课堂，应在多元对话、多元解读中，激发学生的情感渴望，点燃学生的心灵火花，让语文成为学生生命成长的心灵鸡汤。

《坐井观天》一文中小鸟和青蛙围绕"天有多大?"展开了争论，文章标准的寓意似乎早已成为定论。但是，如果按照老师们的"想当然"观点去框定学生的思维，那就错了。请看下面的教学片段：

师：小鸟和青蛙谁说得对？

（大部分学生都不假思索地选择了小鸟。）

生1：我反对，我认为青蛙说得对。

生2：他们说的都是对的。

（众生哗然。师停顿片刻，投以赞许的目光。）

师：大家有各自不同的看法，很好！能说说理由吗？

（一石激起千层浪，学生个个跃跃欲试。）

生3：（胸有成竹）小鸟说得对，因为天确实大得很。

生1：（迫不及待）青蛙说得对，因为它住在井底，只能看到井口那么大的天，它说的是实话。

生2：它们都把各自看到的真实情况说了出来，都很诚实，所以都对。

师：（竖起大拇指）同学们都说得都挺有道理。大家再想想，如果青蛙跳出了井口，它会想到什么，又会说些什么？

（学生分小组积极讨论探究，各抒己见，兴趣盎然。）

此刻的课堂是热闹的、诗意的，学生仿佛是春天田野里的一只只跳出井口的青蛙，在绿色的堤坝上呱呱地叫着……那么欣喜、那么愉快、那么活泼、那么自由自在。

五、诗意的活动丰富人生的经历

孩子们是喜欢活动的，他们对活动兴味盎然。诗意的课堂，除了让学生学习语文知识外，还可让他们多一点其他的经历。

六、诗意的想象奏响快乐的乐曲

执教者设计各类拓展练习：谈谈学习后的感受、编一句俗语、设计一句广告词、写一篇小文、作一首小诗、画一幅小画、谱一支小曲……让学生选择自己喜欢的练笔方式，想写什么就写什么，想怎么写就怎么写，想写多少就写多少。学生在这流淌着人性的自由氛围里，各据特长，展开诗意的翅膀，尽情展现个性，乐曲作业真可谓"百花齐放"。其实，学生交上来的，岂止是一份份答卷？那简直就是一首首清丽的小诗，是一个个充盈着灵性的音符。而师者之职不就是去奏响学生心中快乐的乐曲吗？

教师简介：

罗红梅，阆中市城北小学骨干教师。其多次被评为"优秀教师""优秀班主任""教学质量先进个人"。

鄢芝芸以景激趣教学法

一、创设生活情景

由于一年级学生有好动、注意力容易分散、好奇心强等特点，因此教师在课堂上应尽量做到把语文基础知识转化成学生熟悉的生活场景、喜爱的童话故事等。比如，执教者在教拼音"a""o""e"的书写时，会通过如下的表述引导学生："刚才，我们认识了拼音家族的3个拼音宝宝，不仅认清了它们的长相，还记住了它们的名字。拼音宝宝和我们玩了这么久，现在该回家了。谁知道它们的家是什么样子的？"然后，教师根据孩子的反馈在黑板上画出四线三格，边画边让学生数一数有几条线几个格，学生回答：4条线，3个格。教师将其称为拼音娃娃住的小房子，将一格比作一层楼。在教了字母"b"后，问学生："b住在几楼呢？"学生轻松回答："住在二楼和三楼！"

二、创设音乐情景

在教授童话故事《会走路的树》时，伴随着百鸟欢叫的背景音乐，执教者声情并茂地朗读："春天的早晨，在绿树成荫、鲜花盛开的森林里，一棵金色的小树在树林里走来走去……""小朋友，听了老师的朗读你脑子里有了什么画面？读一读第一自然段，感受一下春天早晨的美好。"学生在执教者的朗诵中，仿佛置身于美丽的景色中，在良好的情绪中开始了一节课的学习。

三、创设表演情景

儿童喜欢表演，更喜欢看别人表演。那些富有情趣的角色，不仅能激发他们的好奇心，而且能产生巨大的角色效应。当然，在设置表演情景时应依据课文的内容在全文表演、片段表演、化妆表演、即兴表演、小组表演、个人表演中选一种合适的方式。总之，只要能够配以生动活泼的表演，就能使学生在欢乐的情境中以愉悦的情感学习语文。

四、创设游戏情景

考虑到小学生的年龄特征，创设游戏情景是一个非常不错的选择。

在汉语拼音4个声调的教学中，执教者运用"声调操"四声学习法，利用双臂将4声调编成了4个形体动作，以此帮助孩子记忆，增添学习乐趣，并告诉孩子们："将你的声音想象成一个球，让这个球按照要求在你的手臂上滚动。"执教者还编了《声调歌》以配合动作展示："一声平平左到右，二声向上爬山头。三声先下拐向上，四声一路往下溜。"这样不仅让抽象的声调符号变成形象的肢体动作，激发了学生的学习兴趣，而且还有利于活跃课堂气氛。

五、创设实验情景

学生往往对实验过程、实验结果充满了强烈的新鲜感和好奇心。因此教师在做实验时，应由教师展示实验过程，让学生观察、思考、得出结论。应让学生参与到实验中，成为实验的一分子，亲身体验实验的成败，从而悟出课文所揭示的真谛。

教师简介：

鄢芝芸，阆中市城东小学骨干教师。其多次荣获"阆中市优秀班主任"称号；所带班级2017年被评为"阆中市优秀班集体"；主研课题"小学低年级学生的海量识字策略与方法"获南充市科研成果一等奖；多篇文章发表及获奖。

田春龙学生作业受益法

一、认真钻研教材，亲自做习题

老师只有亲自做习题，才能深刻地领会和明确每一道题的特点、目的和作用，挖掘教材和习题的内在联系，了解习题的难易与解题规律，做到心中有数。有时教材上的内容和习题与学生实际学情不相适应，这时，适当地超前做习题，有助于教师改编或自编一些过渡题、引申题和练习题。

二、课文内容、思考题必须精选

精选课文内容和思考题不是就书教书、轻重不分，而是强干弱枝、主次分明，使学生能够吸取精华、收到实效，真正将知识和技能学到手。精选课文内容和思考题还有利于分别指导不同学情的学生，教师在教学时可将课后思考题和能力练习册上的作业分成必做题和选做题，进行分层要求和布置作业，使不同学情的学生既能从作业中收获知识，又能体会到答题正确的快乐。

三、练习进课堂

教师将课后部分思考题、小练笔、日积月累等习题有计划、有目的地设计安排在教学过程中，既加强了课堂训练，又减轻了学生的课业负担。同时，练习进课堂有利于教师分类指导学生，在学生独立完成作业时，教师可重点帮助学习差的学生，增强其分析问题的能力；若学习能力强的学生提前做完了规定的作业，可以让他们根据自己的实际知识水平适当地选择一些难度较大的、有代表性的综合题做，这样既保证了教学大纲的要求得以落实，也满足了优秀学生的求知欲望，实现了因人而异、因材施教的效果。

四、作业题必须适当交叉和必要循环

学生完成作业的过程应是通过对生字词的巩固、文本内容的理解和习作方法的运用，而提高自身语文综合素养的过程。因此，随着学生知识广度和深度的增加，教师设计的作业也应注意新旧知识的联系。应采取适当交叉和必要循环的方式，辅以练练评评、评评练练，让学生在不断学习新知识的同时巩固旧知。

五、必须重视作业讲评

教师对学生作业必须认真、及时批改，让学生尽快获得自己作业的反馈信息，以此激励他们努力学习。对于普遍存在的问题要认真讲评，可由教师讲评，可师生共同讲评，也可由学生自己讲评，可以交叉使用这些方法，以加强学生对语文基础知识和习作方法的理解和运用，巩固其所学知识，同时也能增强其做作业的自觉性。

教师简介：

田春龙，高级教师，南充市学科带头人，现任阆师附小副校长。

刘蕾小学英语词汇教学法

一、改变语调语速

教师可通过改变单词发音的长短指导学生练习读单词，比如在教读单词 relay 的时候，老师可以拖长声调示范，反复多次慢速读后再加速使学生读的时候不再拗口。

二、小组比赛

教师可通过小组比赛增加学生读单词的兴趣。可画好表格贴在班级的荣誉栏里，用彩色铅笔给小组打星，每周总结周冠军并给予奖励。

三、歌曲教学

教师可用小学生会的英文儿歌《Londonbridge is falling down》《birthday song》《bingo》《row your boat》等来编唱新单词和句子；还可将很多孩子耳熟能详的中国童谣如《学习雷锋》《世上只有妈妈好》《捉泥鳅》等用来编唱英语单词，这种加入了民族元素的英语学习既新颖又有趣。

四、语音游戏教学

1. "clapping hands"。例：在学习/b/的时候，老师读单词同学们认真听，在听到有/b/的单词时拍一下手掌。2. "stand up and sit down"。例：学生听老师发音，听到有/at/的发音的单词时起立，没有则坐下。3. "say 'yes' or 'no'."例：学生听到老师发音正确时说"yes"，不正确则说"no"。4. "swap the letter"。老师准备两只苍蝇拍，两名同学一人手握一只，然后老师在黑板上写下 4 个音标，比如/b//d//f//e/，再让学生听老师读单词，若听到的单词含有黑板上的音标则立刻拍下。5. "phonics slides"。老师准备一本单词卡片，左边有写着/b//d//t//p//f/等的卡片，右边有写着/un//at/等的卡片，让学生将左边与右边的卡片反复拼读。6. 单词魔法组合。

五、有效的实物教学

运用实物进行教学的方法大家并不陌生，但现在的教学已经不能完全依靠运用具体形象来让孩子们记住单词了。教师要出其不意地运用实物教学，如此才能算是有效的方法。

六、戏剧教学法

孩子们喜欢外教给自己上课，因为外教的表情和肢体语言非常丰富，让孩子们在开怀大笑的同时记住了许多新知识。鉴于此，老师们可以根据教学内容编写戏剧，让学生表演，也许学生们不可能完全说出句子，但若其能够说出重点单词或者短语，这个教学就很成功。教师在肢体语言上要尽量夸张，让孩子们可以轻松地记住，并且想去模仿，给他们留下深刻印象，每当让学生说到那个单词时就会想起这些夸张的表演。

七、组合单词教学

针对"Superman""fishbowl""supermarket"等由两个单词组合成的单词，老师可一只手举起一张卡片让学生读"super"，另一只手举起另一张卡片让学生读"man"，再两只手合拢让学生读"superman"让学生边做边读边记忆。

八、配音互动学习单词

比如教单词 cat 时，老师说"喵"，学生说"cat"，如此反复，加深学生记忆。

九、反义词对照教学

教师在教授"heavy 与 light""cold 与 hot""big 与 small""tall 与 short"等反义形容词时，可写简单的小短文，让学生选择单词进行填空，比如"My name is _____, I am a _____, today is very _____, I wear a _____, I am very _____ now."

教师简介：

刘蕾，阆中市民族小学艺体室主任，阆中市小学英语学科专家。其 2017 年获南充市小学英语课竞赛一等奖；论文《小学英语词汇教学有效策略》获省级二等奖；微课"元音字母音标学习"获省一等奖。

岳鹏程、张松"互联网＋"教学管理法

一、必备的硬件是教师开展网络教学，实现"互联网＋"的保障

学校在网络硬件建设方面做了以下工作：一是多方筹措资金配备硬件。经过近几年的努力，学校购置了 5 台电子白板，实现教师人手一台电脑，建立了学生数字视频网络教室，教师视频会议室已经投入使用。二是建立课程资源库。学校有 12 名特岗教师，他们年轻有为，都具有相当扎实的计算机技术基础。12 名老师各自是一门学科的带头人，负责课程资源的收集、下载、整合，建立可用、实用的课程资源库。教师将之运用于课堂教学，以形象、直观、生动的形式呈现给学生们。三是利用新软件新技术，使办公更优化，教学更便捷。学校使用了钉钉办公软件，使管理更加方便；老师们把同屏互动技术运用于教学，让教学更加容易，知识、信息的获取更加方便。四是做到了网络全覆盖。带宽 50 兆的有线网络连接了全校的每一台电脑，同样带宽的无线网络覆

盖了整个校园，为实现"互联网＋教学"的新模式提供了技术支撑。

二、以保宁教研教改 QQ 交流群为依托，创建有效的互动平台。

教师实施网络教学的关键是实现互动。学校充分利用每周四晚保宁教研教改 QQ 交流群，提出"相约星期四，我们不见不散"。老师们把自己平时在教学实践中对教育现象、困难的想法、感悟或是富有研讨价值的教学问题和案例等，通过 QQ 群进行交流研讨，不断地与其他兄弟学校专家、行家里手互相交流与学习，从而达到提高和进步的目的。另外，老师们利用微信公众号、微信群，搭建了互动平台，实现了"互联网＋"的高效管理。学校开了微信公众号，定期推送新闻，宣传学校形象，传递正能量。每个班都有家长微信群，学校领导加入每个班的家长微信群，联合班主任、各科任教师在家长微信群中与家长交流沟通，非常方便。

三、充分利用"互联网＋"，教师树立网络教学全新观念

一是利用"互联网＋"，促使教师加强学习，树立全新教学观念。二是鼓励教师网上充电，实现成长。

四、开展形式多样的教学活动，助推网络教学上台阶

一是要求年轻教师上课必须使用多媒体及课件。在准备课件的过程中，他们需要利用网络去收集素材，并进行比较、选择、取舍。这一个过程，会促使老师去学习、去思考。二是实现同课异构。三是利用网络进行小课题研究。学校要求每个老师都有一个小课题。四是让老师利用网络布置、辅导作业。

五、完善激励机制，激发教师网络教学内生动力

学校制定和完善奖励性绩效考核方案，对在开展网络教学中有突出贡献和业绩好的教师给予奖励，在评优晋级时优先考虑。奖励性机制有力地推动了网络教学的展开，激发了年轻教师的积极性和创新热情，提高了课堂教学的质量，真正形成了以网络教学促进教育教学质量提升的良好机制。

教师简介：

岳鹏程，高级教师，现任阆中市清泉乡中心学校校长。

小兰趣味识字教学法

一、教学中运用多种有趣的识字方法，引导学生识字

（一）以多种形式的游戏激发孩子学习汉字的兴趣

执教者抓住小学生爱做游戏的天性，在识字教学中引入编故事、猜谜语、画图画等多种形式的游戏，既达到了集中学生的注意力的目的，又让学生在学习中获得愉悦感。如执教者在教学"人""大""太""天"这些汉字时，执教者采用变魔术的方式，先写一个"人"字，问学生这是什么字，又加一笔使"人"字变成"大"，再加一笔变成另一个字。这样，成功激发了学生的学习兴趣。另外，对于形体相近的字，执教者有意识地引导学生开展找朋友游戏，使学生加深对字记忆和理解。

（二）根据造字规律，追溯汉字来源，由浅入深地让学生识记汉字

执教者在教学中坚持：一个象形字，就是一幅画；一个会意字，就是一段有趣的故事；一个指事字，即图文并茂。以此对学生进行引导。如教象形字"册"时讲了它的来源——古代的书用竹简串编而成，然后写"册"，让学生将它想象成两个竹简中间穿一条线。如此，学生很快认识并理解了它的意思。

（三）抓住汉字音、形上的特点，区别识字，弄清字义

每个汉字都不是孤立的，都有相关的构成系统。老师们要把字词教学与认识事物、探究语言规律、情感体验紧密结合起来。特别是对于形声字，执教者在教学中巧妙地从形旁、声旁入手，引导学生在弄懂一个偏旁的音形义后，能举一反三、触类旁通，掌握大量的汉字。如教"柏"字时，通过讲解"木"字旁让孩子轻松认识了很多与"树"有关的汉字。正所谓"认一字，识一串"。

二、让识字生活化、情景化、生动化、童趣化

课堂上的识字是远远不够的，在如今这个信息化时代，生活中、情景中的识字有不可估量的作用。教师应让孩子们留心身边的标语、商店招牌、生活用品、家具等上面的文字，在家具、电器上贴上标签、注明名称；凡是遇到有文字的新事物就让学生都去识读。这样，不但让学生在课堂上所学的生字得到了巩固，还让学生学到了很多书本上没有的生字。教师可利用媒体图像、声音、视频、文字等使学生自然地融入生动的情境之中，使学生感受乐趣的同时，轻松地识字并掌握汉字，更好地提高识字效率。

教师简介：

王小兰，阆中市实验小学语文骨干教师，多次被学校评为优秀教师。

王玉萍小学生英语单词记忆法

一、多方式协同识记

教生词的时候，执教者着力培养学生根据单词读音科学记忆单词的能力，用"四步法"指导学生系统地学习生词：

1. 听：让学生仔细听录音或教师范读，使学生感受单词的正确读音，在

脑海里"烙"下正确的第一印记。

2. 看：让学生认真看实物、卡片、图片或简笔画，使学生领会单词的含义。

3. 读：让学生努力自行拼读单词，教师根据读音规则做适量、适度的引导。

4. 写：让学生以合作形式练习写生词，如一人分步拼读，另一人分步拼写。

二、形象概括，理解记忆

1. 利用字形帮助学生记忆单词。如在教授单词"beach"和"bench"时，由于两个单词读音和字形都很相似，故很多学生易将它们混淆。执教者就告诉他们："bench"的意思是长椅子，你们看"n"是不是有点像把椅子呢？在如此讲解之后，很少再有学生将这两个单词搞错了。

2. 利用谚语帮助"记忆"单词。例如教授单词"catch"时，执教者就教给学生一句："A cat in gloves catches no mice.（戴手套的猫捉不到耗子；四肢不勤一事无成）"教学"blind"时，执教者又教了他们一句："You're really as blind as a bat.（你的眼力真是糟透了）"

3. 利用构词法帮助学生记忆单词。如在教授"block"时，执教者先在黑板上写下了"black"和"lock"这两个单词，再对举"black-block""lock-block"，让学生比较这 3 个单词的读音、字形以及意思，帮助他们记忆。

三、多次复现，巩固记忆

1. 全方位记忆词汇：眼到、口到、耳到、心到、手到。

2. 持之以恒，切忌中断。

3. 选择最佳记忆时间：起床后，就寝前。

4. 实践是保持记忆的最有效的手段。

单词的记忆方法是多种多样的，老师还要在教学实践中努力探索，使外语教学更加符合语言教学规律，符合心理学、教育学规律。只有这样，才能激发学生的学习兴趣，提高其学习的积极性、自觉性，提高其学习效率和质量。

教师简介：

王玉萍，阆中市滕王阁小学副校长，高级教师。阆中市优秀教师。其多篇论文发表。

韦琅"一线串珠式"教学法

一、提炼隐含的关键词作为"主线"

比如，老师们可以提炼"成长"这个关键词作为"主线"展开《爸爸的花儿落了》的教学：（1）这是一个有关成长的故事，文中哪些地方表现出英子的成长？这些地方告诉我们怎样才叫作成长？（2）英子的成长离不开爸爸的教导，爸爸用了怎样的方法培养了英子的哪些品质？（3）为了凸显英子在爸爸教育下成长的主题，小说采用了怎样的叙事结构？又如教授《伤仲永》时可概括出"变"来组织教学：仲永发生了怎样的变化？对仲永的变化，作者有何议论？从仲永的变化中你得到了哪些启示？

当然，要提炼隐含的关键词作为"主线"，需要教师更加深入地钻研课本，以慧眼发现章木的行文脉络和内在意蕴，然后巧妙地提炼出能够统摄全文的关键词，以之组合教学内容。

二、设计核心问题作为"主线"

在初二教学实践中，因为文章内容的加深以及篇幅的加长，执教者越来越感觉到"牵一发而动全身的关键问题"的重要性。

如教授《社戏》时，执教者直接从结尾切入："我"在文章最后感叹"真的，一直到现在，我实在再没有吃到那夜似的好豆，也不再看到那夜似的好戏了"，但其实，那夜的豆并不算好吃，那夜的戏也并不好看。请结合全文思考"我"为什么觉得那夜的豆好吃、戏好看？伴随着学生围绕这一问题而进行的阅读与交流活动，江南水乡的独特美景，平桥村人的朴实、善良、热情，还有小伙伴的天真可爱，一一显现出来，小说表达的对美好生活的向往这一主题也就水到渠成地被学生概括出来了。

综上，"一线串珠式"整体阅读教学法的两个特点为：

第一，在教材的处理上，它要求教材理出一条明晰单纯的阅读线索。即要求教师尽力找到一种可以把许多知识的"散珠"串联起来的线，使教学过程显得"形散而神不散"，使学生能对课文进行整体的认识，或感知、或理解、或分析、或赏读、或品味语言特色、或揣摩选材立意，进行有的放矢的阅读。

第二，在教学设计上，它追求一种"执一而驭万"的教学效果。在"执一而驭万"的过程中，学生必然对很多内容不能形成完整的系统的认识，这就需要教师的点拨、引导、概括、评析。教师的讲析会因为能恰到好处地满足学生的渴求，而在教学的关键处、精彩处、疑难处起到画龙点睛的作用。

教师简介：

韦琅，阆中市文成镇中心学校骨干教师。

李刚小学语文速读训练法

一、字词句图，快速入目

老师要帮助学生学会合理扫视，纠正按"字"阅读的习惯，养成以词句为阅读单位的整体性阅读习惯。在日常教学中，老师应按照字、词、句、段循序渐进，要求学生采用"眼脑直映"式的阅读方法。一是可以出示写有字数为2～4个的词语的卡片，并要求卡片一出现，学生马上把视觉焦点落在词语的中心，一眼看清并记住卡片上的词语，而非逐字读。二是要求学生识记一些常用的成语、俗语、谚语，扩大词汇量。这样其在阅读时就可以有意识地以成语或词组为单位进行阅读。然后再逐渐扩展，这样就会对提升生学阅读速度起到立竿见影的效果。三是充分利用教材资源，如课文后面的生字词、思考题、资料袋及相关的图片等，开发学生潜能。

二、勤做记号，快速习文

老师应要求学生在速读时勤做记号，迅速收集整理文本中有用的信息。如何做记号呢？比如在生字新词下边画横线，在关键词语下边加圆点，遇到精彩之处可以在下边画波浪线，若对书中的某些内容有疑问，可以在后面画上一个问号，遇到对自己有用的句段而需要重读或摘抄的，可以在前面加一个小三角标记。

三、设计问题，快速入文

在速读前必须有明确的目标。教师应根据不同文章的内容和其难易程度，向学生提出问题，并且要求其在规定的时间内回答。这样的训练能使学生有一种紧迫感，从而让学生增强阅读时的时间观念，而不是任其读多久。叶圣陶先生说过："无论阅读何种书籍，要把应当记忆的记忆起来，把应当体会的体会出来，把应当研究的研究出来，总得认清几个问题。"

四、升华文本，快速精读

快速精读就是细读重点内容，是有所取舍地跳跃式阅读。这种阅读只重视那些最有价值的内容，对其他次要内容则大段大段甚至整页整页地略过。这样读，不但可以提高阅读速度，而且能够很快抓住关键，把握文章要旨。这种阅读要求学生集中全部注意力，让眼睛快速移动，读懂内容，体会情感。

例如执教者在教授《生命 生命》这篇课文时，要求学生精读课文，感受生命，并提问：速读第二自然段，说说从这个事例中你感受到了什么？你是从哪些词语中体会到的？学生的体会：感受到小飞蛾在生命面临严重威胁时，无论怎么危险，无论能否逃生，它都没有放弃自己的生命。"但它挣扎着，极力鼓动双翅，我感到一股生命的力量在我手中跃动，那样强烈！那样鲜明！"挣扎、跃动让我感受到了求生的力量，这就是不放弃生命的表现。

教师简介：

李刚，阆中师范附属实验小学校骨干教师。其多篇文章发表或获奖。

春艳数学阅读教学法

一、边读边写

数学语言严谨、抽象，其中隐含着数学思想，其方法也比较多变。因此，阅读时，要咬文嚼字、字斟句酌，读出内容里的隐含意义；阅读时，不仅要眼到、口到、手到，还要心到，要读懂、读透；阅读时，要先了解内容的梗概，勾画出关键字、词、公式等。切忌走马观花、贪图热闹、新奇。应将熟读与思考相结合，做到读中思、思中读。

二、边读边议

课堂上，为了进一步提高学生的数学阅读能力，可让学生在课堂上分享自己的数学阅读体会，说一说、议一议，相互交流，以说促读，以议促读。这既能调动学生的学习积极性，又能扩大学生的知识面，还能拓展学生的视野。

三、边读边画

数学是一种语言，数学阅读是一种实现"语言转换"的过程。应让学生分别用文字语言、图形语言、符号语言来诠释同一个内容，以提高学生数学语言的"转换"能力。例如，讲解"小华用绳子在正方形菜地的四周围了一圈，围菜地部分的绳子长 36 米。这块菜地的面积是多少平方米？"时，老师可先让学生在阅读的基础上动手画出示意图，将文字语言转换成图形语言以帮助自己理解，随后学生就能明白：围菜地的绳长实际就是这个正方形的周长。最后学生根据正方形的周长就可以算出边长，进而再算出面积。

四、边读边思

在数学阅读的过程中，思考是非常重要的，要让学生在阅读中思考问题、发现问题。执教者在指导数学阅读时，要求学生从生活实际出发，联系生活实际，多层次、多角度地思考，养成勤思考的数学阅读习惯。例如，让学生做练习题"甲乙两地相距 1600 千米，一辆客车每小时行 800 千米，这辆客车在甲乙两地之间往返一次需要多少时间？"时，一开始执教者觉得此题很简单，但学生完成后，执教者发现全班竟然 20 多个学生不理解"往返"的含义，将算式列成"1600÷800。"于是，执教者让学生从座位走到讲台前又返回座位，用这种方式让感受"往返"的含义。之后，这些学生做这类关于"往返"的题就不会再因为不理解"往返"而出错了。

教师简介：

邢春艳，女，阆中市城东小学教师，数学教研组组长。阆中市骨干教师。其多次获得优秀教师、先进个人等荣誉称号；多篇论文获奖。

任小利课堂提问法

一、问在信息反馈外

通过提问接收到的反馈信息比其他形式的反馈信息更具准确性、具体性、及时性和简洁性。它可以使教师及时了解学生对知识的理解和掌握程度，从而可及时地调控教学程序和改变教学策略，使学生能更加积极主动地参与教学活动。

二、问在提高学生注意力时

学生在答问时精力比较集中，如果注意力集中了，听课效果就比较理想。但教师光靠静讲、维持课堂纪律来保证学生集中注意力是很难做到的，教师应以授课的内容来吸引学生，可用一个个由浅入深、循序渐进的"问号"来吸引学生的注意力，紧紧地把学生的思维抓住，激发其学习兴趣，从而收到良好的教学效果。

三、问在让学生发现时

对于一些数学概念，一般水平的学生往往认为自己能够复述就算懂了，其实不然。所以教师在课堂上要针对概念提出一些明确的问题，以之引发学生思考，帮助学生克服盲目的自满情绪，这样对于提高学生学习效率与突破教学难点很有用。特别是在学生一般认为理当如此之处，提出一些与常规看法相悖的问题，让学生展开深入讨论，培养学生思维的灵活性、独特性和创新意识。教师还应引导学生对已解决的问题进行深入探索，或据题目的本身提出问题，或变换题目的条件以拓宽学生的视野。

四、问在能力培养时

如教师可在做演示实验时采用边做边提的方式，让学生回答问题，培养学生的观察能力、想象能力和语言表达能力。培养学生善于提出问题的良好习惯。通过提问教师可直接表达关心学生的思想情感，让学生体验学习的乐趣和发现的喜悦，这有利于师生之间的相互沟通；通过提问教师能够发现学生作业、考试中的问题，以便在教学中及时解决问题。因此教师应鼓励学生大胆质疑，对学生提出的问题要冷静考虑，合理处置。

教师简介：

任小利，女，阆中市城东小学骨干教师。其多次获得市、区、校优秀教师及先进个人等荣誉称号；多篇论文发表或获奖。

邹静别样奖励法

一、黄金规则

用一张金黄色的纸覆盖住一块小黑板，在纸上写上班级的"黄金规则"，并把它挂起来。每当教师看见有学生很好地遵守了某一条"黄金规则"时，就把他的名字写在一张小纸条上，然后贴在"金墙"上。

二、课堂"温度计"

让你的课堂充满赞美声，用"温度计"来测量你受赞美的热度。在教室里画一个温度计，共有 100 个刻度（0~100 度）。每当你表扬了学生，就让被表扬的学生给温度计的一格上色。

三、临时奖励券

当你因事外出，须由代课教师替你上课时，走之前，你可以给代课教师一沓纸条，让他把纸条发给那些表现特别好的学生。当你回来后，应奖励那些领到纸条的学生。

四、奖励墙

如果你看到有学生表现得很好，就让他把自己的名字写在一块名叫"奖励墙"的小黑板上。当你需要学生去完成某项任务，而所有学生都渴望去做时，你就叫"墙上有名"的某个学生去做。如果学生名字太多，把"奖励墙"给填满了，就给所有"有名"者一次特别奖励。

五、课桌整洁检查官

如果你想解决学生课桌脏乱的问题，可以给学生来一次课桌整洁大检查。事先不用通知学生，当他们都不在教室的时候，你开始检查。对于整洁的课桌，你可以放上一个小奖品。

六、计时器

在教室里准备一个计时器，一旦学生在课堂上开始大声喧哗，你便拿起计时器并按下，接着对学生说："计时开始了！"待学生安静下来后就停止计时，并在黑板上记下耗费的时间。每次把所有被记录的时间加在一起，然后用 15 分钟减去这个时间，若有剩余，则这剩余时间就是奖励给学生的时间，他们可以自行支配。

七、操行卡

为每个学生建一张操行卡，每当他们受到表扬，如作业完成得好、想出了好点子、举止良好和友善行为等，就在他们的卡片上盖一个图章。若其卡片上的图章达到 5 个，就可以用这张卡片换取一个奖品。

八、作业奖励卡

对于作业完成情况不好的班，可以给学生发放作业奖励卡。只要学生按时交了作业，就给他发一张卡片。每积攒够 10 张卡片，就会获得一个奖励；如果积攒够 15 张，就可以获得一次选择家庭作业内容的机会。

九、像章换奖品

用硬纸片制作圆形小像章，奖励给一整天都表现得很好的学生。学生每收够了 10 枚像章，就可换取一件奖品。

十、时间奖励

如果一整天的教学活动进行得非常顺利，教师可以在放学之前留出一二十分钟让学生做游戏。游戏的获胜者可获得积分奖励或小奖品。当然，游戏的内容应该跟教学有关系。

教师简介：

邹静，阆中市城北小学数学教师，南充市级骨干教师。其多篇论文获奖；指导学生制作的科技作品"照明拖鞋"获省级一等奖。

任芙蓉学生搜集资料激趣法

为了激发学生搜集资料的兴趣，执教者让他们将自己查阅的资料全部贴在班级展览区，并让他们互相阅读。执教者也亲身示范，利用课余时间带领大家一起阅读、交流，并在资料后写下简短的鼓励性评语，如"太好了！""内容丰富！"等。同时，应向学生了解资料的来源，询问他们查阅资料的方法，对于好的方法要及时给予表扬，并向全班推介。这样，同学们的积极性能很快地被调动起来。

在教授《记金华的双龙洞》一文时，同学们不仅介绍了"金华的双龙洞为国家级风景名胜区""海拔 520 米""素以'林海莽原''奇洞异景''道教名山'等著称于世"等双龙洞的基本资料，还展示了自己搜集到的"倒挂蝙蝠"

"海龟探海""青蛙盗仙草"等洞内石钟乳的图片。一部分同学还饶有兴趣地介绍了神奇的夏冰洞、墨西哥的水晶洞等，大家都深深陶醉于大自然的奇特景象中。新课结束后，一位叫侯音童的学生还在其爸爸的帮助下用废报纸做了一个双龙洞游览路线的实物演示图。这些花样百出的展示方式激起了同学们对课外知识进行搜集处理的积极性。不需执教者强调，同学们都主动投入到资料的准备中去。

同学们手中的资料一天天增多，而从展览区被取下来的资料都怎么处理呢？执教者在课外读书活动等时间引导学生将自己的资料整理成集并进一步加工。例如：取个好听的书名，编好目录，配上插图；在自己感触较深的材料后面写上读后感；将搜集资料过程中发生的事情、心得体会写成文章，附在资料集里。

一学期的时间很快就结束了，每个同学的手上都有了一本像模像样的资料集。执教者又组织了一次班级资料搜集成果展览会，同学们兴致勃勃地凑在一起翻阅、回味、交流。看着孩子们那自豪的神情，执教者心中的喜悦之情油然而生。

教师简介：

任芙蓉，阆中市城北小学骨干教师。其多次参加课堂教学竞赛，均获一等奖；多篇文章发表；先后被评为"阆中市青年名优教师""阆中市小学语文学科带头人""阆中市师德标兵""阆中市优秀教师""阆中市优秀班主任"等。

龙开梅阅读教学法

一、略读法

这种方法的运用一般是根据学生在课内学习或写作上的某种需要，有选择地让其阅读有关书报的相关篇章或部分，以实现学以致用。如学习了《只有一个地球》一课后，为了使学生更全面、更深刻地了解人类与地球、自然的密切关系，执教者让其有目的地阅读《人与自然》一书，并指导学生去图书馆借阅相关资料，再选择自己需要的部分，用于写科学小论文，如此，培养了学生摘录资料和运用资料的能力，同时也丰富了其语言积累，提高了其阅读兴趣和阅读能力。

二、精读法

所谓精读法，就是集中精力对书报上的某些重点文章逐字逐句、由表及里精思熟读的阅读方法。它是培养学生阅读能力最主要、最基本的手段。有的文章语言隽永、引经据典、情节生动，教师可以利用这些作品，指导学生精读，要求学生全身心投入，调动多种感官，做到口到、眼到、心到、手到，边读、边想、边批注，逐渐养成认真读书的好习惯。

三、默读法

默读法要求读者在读书报时不发音、不辨读、不转移视线，快速地观其概貌。这就要求学生在快速浏览时须集中注意力，进行快速的信息处理和消化。我国古代有"好古敏求""读书十行俱下"之说，可见古人就提倡培养速读能力。利用默读法，可以实现用最少的时间获取尽量多的信息。

四、摘抄评价法

此阅读法要求读者在阅读过程中根据自己的需要将有关的词、句、段乃至全篇原文摘抄下来，或将阅读的重点、难点部分画上记号、作注释、写评语。俗话说："不动笔墨不读书。"对于文章中富有教育意义的警句格言、精彩生动的词句和段落，都可以让学生摘录下来，存进自己的"词库"中，为以后的作文准备丰富的语言素材。同时还可以让学生将自己订阅的报纸杂志中的好文章剪裁下来，粘贴到自己的读书笔记中。

五、写心得体会法

教师要鼓励学生经常写日记或读后感。也就是要求学生阅读课外书籍后，用日记或读后感的形式对文章的内容发表自己的见解、想法，并在课外阅读活动课上进行交流。读写听说紧密结合，学生的阅读能力能很快得到提高。

教师简介：

龙开梅，阆中市城北小学骨干教师。其曾获"南充市高坪区优秀教师""高坪区优秀德育工作者"等称号；多次参加高坪区东观片区毕业班经验交流及优质课、示范课展示活动，并获好评。其被调入阆中市城北小学后，积极投身小学语文教学工作，多次参加各级各类竞赛并获优异成绩；多篇论文获各级各类一、二等奖。

朱春梅学生个性培养法

一、激发学习的兴趣

教师应摆脱单一的学科教育思维，将其他学科的知识与美术相结合，为学生提供丰富的知识，使学生了解和熟悉美术，进一步提高自己的美术内涵。这样就可以大大激发学生的创造力和想象力，使学生爱上美术，热爱创作。

二、培养学生的创造力

教师应让学生观察自己身边的事物，如花草、玩具、小动物、自然景观等，这样他们就可以根据自己的观察进行美术创作。教师应为学生创造展示作品的机会，以提高学生的成就感以及创作的积极性。

三、培养学生的审美意识

教师应加强对学生思维的培养与拓展，使学生的作品呈现出差异化特点。教师要在教学中融入个性化培养方式，鼓励学生大胆创作，这样即使他们是创作同一种美术作品，也会呈现出各自的特色。教师要引导学生大胆阐述自己的观点，如此可以培养学生的个性，提高其审美意识。

四、采用现代化教学手段

采用现代化教学手段，即借助信息技术，有效展示教学内容，以培养学生的个性，使其能够创造出更具特色的作品。教师在应用相关技术的过程中要注意尺度的把握，这样方可激发学生的创作热情，实现个性化教学。采用现代化教学手段主要目的是使教师转变教学观念，了解个性化教学的重要性，激发学生的学习兴趣，使学生的美术素养得到有效提升，全面提升学生的素质。

教师简介：

朱春梅，毕业于四川大学美术教育专业，阆中市城东小学骨干教师。

何帅激趣导入法

一、谜语激趣导入

猜谜语是孩子们喜闻乐见的一种游戏形式，它形象、生动而且有趣。

二、故事激趣导入

教师讲述与本节课密切相关的故事，可以渲染学习氛围，使学生产生共鸣，从而激发学生的学习兴趣。例如，在教授"分数大小的比较"一课时，教师可讲述下面这个故事：唐僧带着 3 个徒弟去西天取经，有一天悟空摘来一个大西瓜，想让师父解解渴，贪吃的猪八戒看到后就急着想去抱西瓜吃，悟空问："八戒，你是想吃这个西瓜的 1/2 还是 1/5？"八戒说："吃西瓜的 1/5。"于是悟空就切了 1/5 的西瓜给八戒。八戒吃完西瓜，再看悟空他们吃的西瓜，疑惑不解。同学们，你们认为是 1/2 大还是 1/5 大呢？通过这个生动有趣的故事，可把学生的注意力都吸引过来，学生就能积极主动地投入到新知识的学习当中。

三、设疑激趣导入

教师在教学中设置一些可启发思路的问题，能激发学生的学习兴趣。例如：在教授"年、月、日"时，提出这样一个问题：小明今年 12 岁，只过了

3 个生日，你相信吗？听了老师的话，学生们一个个都睁大眼睛，为什么自己 1 年过 1 个生日，而小明才过 3 个生日呢？同学们一时讨论得非常激烈，对该课内容也有了充分的兴趣。这样，老师自然成功将学生引入到新课的学习中。

四、游戏激趣导入

游戏导入法就是在呈现新知识前组织生动有趣的游戏，为新课教学做好铺垫。它能变枯燥的学习为丰富多彩的游戏活动，使学生在玩中学、学中玩，实现寓教于乐的教学效果。

五、创设情境导入

创设情境导入能使学生迅速进入最佳学习状态，是激发学生学习兴趣的有效措施。如在教授"可能性"时，执教者根据教学内容，让学生通过摸球的实际情景来体会可能、不可能、一定。在认识可能性的大小时，执教者让学生进行划拳、抛硬币、转转盘等活动，寓教学于情景之中。如此，学生会迅速地被教学内容所吸引，兴趣盎然地投入本节课的学习和思考之中。

教师简介：

何帅，阆中市民族小学数学骨干教师，阆中市级骨干教师。

朱建华多元识字教学法

一、图画识字

对于低年级课本中"山""石""田""土""日""月""水""火"等象形字的教学，可通过图画演示方式，比较文字和实物之间的相似之处，使学生将头脑中的资源与眼前的文字联系起来，从而激起其探索祖国文字奥秘的欲望，对识字产生浓厚兴趣。

二、比较识字

中国汉字中，有许多字的字形基本相同，但它们所表达的意义完全不一样。例如："渴"和"喝"，"渴"表示人或动植物口干舌燥，严重缺水，所以左边偏旁是"氵"；而"喝"需要用到口，所以左边的偏旁是"口"。

三、归类识字

归类识字是将有相同偏旁的字放在一起识记，这样便于记忆。例如，教授足字旁的字时，（如"跑""跳""跨""踢""踩""踏"等字）可以让学生边做动作边记忆理解这些字都与足有关。

四、韵文识字

韵文识字是将几个形近字放在一起，编成通俗易懂的韵文。这些韵文读起来朗朗上口，便于理解与记忆。例如就"请""情""晴""清"四个字，有人编成一段话：言来互相尊重，心至令人感动，日出雨过天晴，有水清澈透明。

五、分解识字

分解识字法是将比较复杂的字分解成两三个基本字或偏旁，化复杂为简单。例如："裹"字可以这样分解，中间是水果的果，剩下的上下两部分可组成"衣"字，再让学生记住"用衣服把水果包起来便成了'裹'字"。

六、会意识字

会意识字是根据汉字的组成规律，分析汉字每部分意义的一种识字方法。例如："休"字左边是"人"，右边是"木"，人靠在树旁，表示人在树荫下歇息。

七、游戏识字

游戏符合孩子爱玩好动的天性，使其注意力持久、稳定。例如猜字谜游戏，可将识字与游戏很好结合。

八、卡片识字

让学生剪一剪、贴一贴，制作识字卡片，还可以在卡片上画一朵小花、贴一个卡通人物、给字配画等。教师组织学生每隔一段时间进行阶段性成果展示。这样，既利于学生识字，又培养了其动手能力。

教师简介：

朱建华，阆中市清泉乡中心学校办公室主任。其多篇文章发表或获奖。

魏建平语文实践性教学探究法

一、与社会大环境紧密结合

在内容选择上，教师要充分利用当地的社会资源，这样既可以减少枯燥的理论讲解，又能够带领孩子们进行社会实践。例如，关于尊老爱幼的主题教学，教师可以安排孩子们去敬老院给孤寡老人表演节目，去为幼儿园的小弟弟、小妹妹洗袜子。通过这样的实践活动，孩子们对生活会有更深的感触，其所得到的感悟和知识远比书本上得来的深刻。

二、与以学生为主体的教学理念相结合

实践性教学的主体是小学生。当小学生成为语文教学活动的主体时，能够增强自己的记忆力。这对于达成情感态度与价值观目标非常有利。学生在实践活动中会产生不同的情感体验，这有利于孩子们发现自己的潜能，最终有利于创新型人才的培养。例如，人教版三年级上册语文园地八的习作要求是"不规

定内容和范围，描写任何一个人或者你喜欢的景物"。这个要求非常宽泛，其设计的目的在于激发学生的主观能动性，切实发挥学生的主体作用，彰显学生的个性。鉴于小学生的生活阅历有限，教师可以组织一次集体活动，在活动之后让学生写作文《我喜欢的××》。刚刚参加完活动小朋友们还沉浸在活动的愉悦情况当中，其写作能够流露出真情实感。这样的作文是孩子们对于生活的观察和记录，能够引导孩子们以自己的视角去看待生活，最终养成乐于主动思考的好习惯。

三、与家庭教育相结合

在"百善孝为先"的实践活动中，教师首先要对孝顺的行为进行阐述，这样可以让孩子们对孝道有正确认识。然后，教师要与孩子的家长们联系，做好事先沟通工作，这样能够让的家长们接受与鼓励孩子们的尽孝行为。

教师简介：

魏建平，阆中市滕王阁小学教科室主任、阆中市优秀教师，有多篇文章发表。

杨秀华学生"试教法"

一、选择试教内容

小学高、中、低年级语文都可被选为试教内容。考虑到教学时间限制，教师应主要让学生教一个教学片段，如教一个拼音字母、一个生字或新词的音形义、一个句子、一道基础训练题、一小段课文等。

二、组建试教小组

按照"组内异质，组间同质"的原则，将学生分成试教小组，每个小组4~7人，并选1人为小组长，方便和教师沟通。教师向学生说明小学语文教学法课程开展试教活动的意图、过程、要求等，鼓励未上台试教的学生，引导、激励学生积极参与，激起学生内心强烈的参与欲望。

三、小组集体备课

小组在接受试教内容和任务后，要做好成员分工，采用自学教材、查阅有关参考资料的方法，把教材内容转化为有利于自身个性发挥的教学内容，接着进行小组讨论，并根据讨论情况写出详细教案。教师要对学生的备课情况进行检查指导，修改、完善学生的教案。然后，教师组织学生在组内说课或简单试讲，并让每组根据各成员表现推荐授课人。试教法刚开始实行时，教师应有意识地推荐素质较高的学生作为最早的试教者，以树立榜样，带动其他学生积极参与。

四、组织学生试教

教师根据教学进程和教学时间等具体情况，让已被选定的试教者上台面向全班学生和教师进行授课。教师除了在台下听课及做好听课记录外，还要根据学生试教的实际情况进行指导，如指导试教者调节课堂气氛、掌握讲课时间、处理偶发事件等，确保试教活动顺利完成。

五、进行教学评议

教师应创设平等、民主、自由的氛围，让学生敞开心扉、各抒己见，实现思想的碰撞、磨合，激发创造的灵感。教师要注意倾听学生的发言，善于调动学生的情绪，做好适时点拨，并以平等参与者的身份介绍自己的观点。一方面，对试教者的教学进行剖析，以鼓励学生或让学生得以有的放矢地改进；另一方面，要对语文教学法理论知识进行补充，使学生得到进一步的提高。

教师简介：

杨秀华，阆中市文成中心校骨干教师。

廖清华学生学习兴趣培养法

一、建立和谐的师生关系，进行激励教学

教师首先应重视的是和谐的师生关系。和谐的师生关系能使学生信任教师，积极地参与到教学活动中。教师其次应该重视学生的学习感受，了解学生的心理状态，尽量在教学中引入一些学生感兴趣的事件，积极地引导学生，使学生感受到学习的乐趣，激起其学习动机。

二、注意教学问题的设计，唤醒学生的自主学习意识和学习兴趣

教师应该注重学生的最近发展区，使学生稍微努力一下就能够获得成功的体验，如此可激发其学习动机。例如，在教授"分数的大小"这一章节时，教师可以编一个小和尚挑水的故事以吸引学生的注意力，从而调动学生的思维，使师生实现共同探讨。这样，学生学习兴趣得到提高，会更加积极地参与到学习活动中。

三、重视情感浸润，使学生能够主动地参与到学习活动中

数学是一门基础性学科，学习兴趣是学生学习动力的内在源泉。教师应该重视学生的个体特点，从学生的个体情况出发，结合教学内容，进行教学设计，可采用情境教学、问题设计等方法，使学生能够自主地参与到教学活动中，养成数学学习的良好习惯，从而取得好成绩。

教师简介：

廖清华，阆中市滕王阁小学骨干教师。其曾被评为"阆中市师德标兵""阆中市优秀班主任""阆中市三八红旗手""阆中市初中数学骨干教师"；荣获初中数学竞教一等奖。

杨硕语文朗读教学法

一、制定准确的朗读目标，读出层次

教师应针对学生认知起点，注重朗读指导的层次性、渐进性和规律性。有位教育专家曾指出，对于一篇新授课文，要把握好 4 个朗读层次：认读读正确，扫清朗读的基本障碍；课文读得流利，感知语言的基本意思；精读有情感，培养有感情朗读的能力；熟读记于心，丰富学生语言积累。

二、运用多种朗读方法，读出乐趣

在朗读教学中，教师应竭尽所能制造机会开展多样化的朗读活动，如可采用个别读和齐读相结合的方式让学生朗读并感受朗读的乐趣。

三、激发真实的朗读情感，读出个性

有感情朗读是感悟语言的一种有效方法，真正意义上的朗读应该是情感体验的表现、心灵碰撞的外显。不同的学生因为知识水平、理解能力、感悟能力等的差异，对文章的情感和意境的体会是不同的，其朗读的处理方式也会各有特色，所以说，"有感情朗读是一种个性化行为"。教师应引导学生在情境中读得入情入境，仿佛自己就是文中的"我"，这样可调动学生的积极性，让学生体验到朗读的愉悦，情不自禁地走进教师创设的情境里面。如此，何愁学生没有朗读的激情、没有自己的独特体验呢？

四、立足学生的发展，给予实效性评价

激励性的评价能使学生更好感受生活，激发学生的学习积极性，对于培养学生良好的阅读习惯、习作能力乃至语文综合素养都能起到促进作用。

教师简介：

杨硕，阆中市滕王阁小学骨干教师，多次被学校评为"优秀教师"和"优秀中队辅导员"。

田春龙学生想象力培养法

一、引导学生寻找事物的相似点

学生一旦找到了相似点，就可以拓宽自己的思维，大胆地想象。如：老师

用彩色粉笔在黑板上画一个皎洁的满月，要求学生以此为依据进行想象。学生完全可以根据圆月的外形特征进行想象，进而找到描写的对象。教师也可以根据学生的不同爱好，鼓励他们大胆地想象：对于爱好体育的同学，可以让他们围绕"圆圆的足球、神奇的篮球"展开想象；对于喜欢幽静的女同学，可以让她们围绕"圆圆的镜子、可爱的闹钟"展开想象；对于喜欢文艺的同学，可以让他们围绕"迷人的彩灯、诱人的锣鼓"展开想象。

二、让学生的想象超越时空

善于想象的人，可以灵活地结合不同时空中的表象创造新的艺术形象。如：在小学语文课文《卖火柴的小女孩》中，作者从小女孩5次擦燃火柴所看到的种种幻象中反映出小女孩的悲惨生活，实虚结合，超越了时间和空间的限制，令读者很喜欢。

三、要求学生模仿童话作家，创设"神力"

所谓创设"神力"，是指让学生凭借自己大胆想象，创造出种种自然的、超越现实的神奇力量。叶圣陶的《古代英雄的石像》、吴承恩的《西游记》、寓言《狮子和蚊子》，这些作品不仅为孩子们所迷恋，而且为成人所钟爱，皆是因为作者大胆想象，赋予故事主人公以各种超凡的力量，所以才有如此吸引人的效果。学生作文也可以采用这种想象，根据自己的愿望在头脑中构建事物的形象，从而更好地学习写作寓言、童话和神话故事，等等

教师简介：

田春龙，高级教师，南充市学科带头人，现任阆师附小副校长。

陈瑾雯小学音乐情境教学法

一、明确教学目标

教师应该以音乐教学为基础来建立教学目标。音乐融合了所有感官系统，所以小学音乐教师应当把音乐艺术无缝衔接到音乐课堂中去，刺激学生的感官系统，引起学生的情感共鸣，从而对学生的身心健康发展起着良好的作用。

二、优化教学设计

在音乐课歌曲教学中，为了实现更好的教学效果，教师可以设定不同的教学情境，一是可以调动学生学习的积极性，二是可以提高音乐课教学的质量。例如，在教唱《小蜜蜂》时，可以让同学们先想一下蜜蜂飞舞的声音是什么样子的，声音是从蜜蜂的哪个部位发出来的，然后再通过多媒体来播放一下蜜蜂飞舞时发出的声音，以及让同学们感受一下蜜蜂飞舞的方向、路径。感受蜜蜂

在忙碌时的感觉，从而让学生们更加深刻地了解歌曲的方向及内容。

三、有效地进行教学提问

首先，要根据学生年龄段对知识的了解程度，有效地结合课堂内容，提出符合学生兴趣爱好的问题，带领学生们融入问题。其次，教师应该选择适当的时候提问。最后，教师应该厘清问题的难易程度，根据学生的基础提出相应的问题，问题程度由易到难。

四、积极地鼓励和评价

教师应该有相对完善的评价体系。教师应该根据教学目标和学生的实际学习情况，使用恰当的教学方法，让每一个学生都有成功的自豪感，把自评、互评的方式结合到课堂中去。根据学生对音乐的理解能力、音乐理解水平、音乐理论知识等方面进行相应的评价。教师应该有相应的评分制度，并与针对每个学生的评语相结合，肯定学生的学习态度和学习成果，让学生在学习中体会到自豪感和喜悦感，提升学生学习音乐课的主动性。

教师简介：

陈瑾雯，阆中市城东小学骨干教师。四川音乐学院大学本科音乐教育专业毕业。

杨芙蓉起步作文激趣教学法

一、积极引导，写作轻松上阵

三年级第一次单元习作是《我的课余生活》，习作前，教师用轻松鼓励的语言打消孩子们的写作顾虑："从今天起，你们就要提笔写作文了，作文就是把自己看到的、听到的、想到的，用自己想表达的语言记录下来，只要大家多观察、善思考、勤动笔，写好作文并不难。我们学习的课文就是作家们写出来的优秀作文，只要大家努力，你的作文也能变成铅字，出版成书，你也能成为一个小作家呢！"在老师的激励、引领下，孩子们都兴趣盎然，纷纷动笔，畅所欲言，写下了自己的课余生活。

二、读写结合，积累写作素材

执教者提倡孩子们制作一个《采蜜本》，蜜蜂勤劳奔忙于花丛之间，才能采到最香甜的蜜，写作犹如采蜜，需要多积累、多采撷，在阅读时，要把读到的好词佳句记录到采蜜本上，才会读有所获。长此以往，孩子们头脑中的词汇量丰富了，写作时，在遣词造句上也能熟练运用，作文写起来得心应手，越写越精彩。

学完课文后，孩子们往往意犹未尽，感触颇多。为此，教师要抓住学生的学习热情，巧设契机，鼓励孩子们"小练笔"：写写自己学完课文的感想，你想对文中人物说些什么？续写这个有趣的故事，仿写这首优美的诗歌等。练笔的另外一种途径是写日记，日有所记，记有所得，得有所悟，每周要求写三篇日记，不计内容长短，只要是生活中有意义的、印象深刻的事均可。

三、巧筑平台，体会成功快乐

为了实现作文的"语用"功能，实现孩子们的"小作家"梦想，教师创办班级作文刊物《春苗作文集》。创刊时，老师对孩子们说："如果你们的作文写得好，就能把自己的钢笔字变成铅字，发表在我们的《春苗作文集》上。发表两篇作文的同学是'作文新苗'，发表五篇的同学是'作文能手'，八篇的就是'作文达人'哦！"在老师的激励下，同学们兴高采烈，跃跃欲试。在师生的共同努力下，第一本《春苗作文集》与孩子们见面了，大家都非常新奇和兴奋，捧着自己编写的书本爱不释手，大家相互学习，相互交流。

四、乐于分享，促进交流学习

创建班级刊物，不仅可以为学生提供写作展示的平台，还能发挥更大的价值。面对一本本《春苗作文集》，教师深情地对大家说："孩子们，写作并不神秘，只要你做一个学习和生活的有心人，你就能成功。希望大家互相学习，共同进步！"该教师把每期的作文集制作成三本，并把全班学生分成三组，每组同学循环读一本，每本后面分别列出十七个小作者的名单，并有"同学签到"和"阅读感悟"两项内容，这样，实现了全班同学生生互动，篇篇作文循环见面，同学们在阅读和交流中进步，作文水平也不断提高。

另外，该教师还开设了每天的"课前三分钟"阅读交流活动，一篇篇美文在课堂上被孩子们深情传诵，同学们的作文"你写我读""我写他读"，浸润着他们的心田，激励着他们认真写作、继续努力、不断进步……

教师简介：

杨芙蓉，阆中市城北小学校骨干教师。参加南充市教师技能大赛荣获一等奖。多次参加地、市、区级竞教、说课、演讲等比赛，荣获一、二等奖，被评为"阆中市优秀教师""阆中市教学质量先进个人""阆中市十佳辅导员""片区课改标兵"等。

代长春意韵品味教学法

一、涵泳字词，品评语言

教师在教学中，要引领学生走进文本，以多种形式反复品读，逐层深入，经常营造峰回路转、重峦叠嶂、柳暗花明的课堂效果，可谓意韵丰富。执教者在教学《荷花》时关注到荷花"出淤泥而不染，濯清涟而不妖"，其神其韵，都在这一"冒"字，虽内涵丰富，但却不易为学生所感悟，于是将大家闺秀般的"冒"的红盖头掀了起来，一句"冒还可以换成别的什么字眼"激活了学生思维，于是一排以"长"为代表的词语全部站在了学生的面前（长、钻、探、伸、露、冲）；换完词后执教者让学生读读这段课文，体会体会，怎样"长"出来才叫"冒"出来。学生们一下用了"使劲、拼命、用力、急切、笔直、一个劲儿、高高、痛痛快快、争先恐后、生机勃勃、兴高采烈、精神抖擞、喜气洋洋"等词，执教者让他们在"冒"前加上这些词再读这个句子，学生读得有滋有味了。这个蓄积着荷花全部生命力的"冒"字已深入学生的骨髓，成为课堂中又一个鲜活的元素。

二、想象补白，运用语言

语文教学中把语言的吸引力与表达巧妙融通，把文章的文意美与语言美和谐整合，使文境与课境无痕融合，这样学生获得的感悟才是丰富而深切的。如执教《草虫的村落》一文时，该教师引导学生从标点入手读懂作者，在读出词句背后作者的惊奇与百思不得其解后抓住两处省略号：1）除了课文中提到的测气象者、建筑工程师，你还看见了谁在忙于什么工作呢？2）引导学生闭上眼睛，想象自己的身子在缩小，变成了一只可爱的小甲虫，穿行细密的草茎组成的森林，看见了……看见了……还看见了许多许多（生练笔写下来）。有学生写道：我看见那只小圆虫很漂亮，逗得许多虫子对它驻足观望。有的这样写：我看见蚂蚱在嬉戏，一会儿传出稀稀落落的声音，一会又没有了。还有的写：我看见蛐蛐和别的昆虫在合作演奏歌曲……这样，教师在学生品读内化的基础上，让学生通过想象进行补白，使课文内容更加丰富，学生自然就能读懂作者的言犹未尽和省略号的表达效果。学生言语之花绽放出绚丽色彩，课堂显得意韵浓郁。

教师简介：

代长春，阆中市城北小学校艺体室主任。获南充市有效课堂展评一等奖，多次被学校评为先进个人，多篇文章发表或获奖。

涂军电影片段优化课堂教学法

一、以电影片段创设情景，营造愉悦的氛围，激发对物理知识的兴趣

电影片段直观、生动、富有感染力，能激发学生的学习兴趣，引发学生学习的积极性，对课堂教学的有效实施和不断深入将起到积极的推动作用；能建

构起新旧知识之间的"桥梁",为学生深入学习做好铺垫,起到很好的承转作用;能创设出新的问题情境,引发学生的思维冲突和探究欲望。例如在讲"力"时,执教者剪辑的电影《功夫》中阿星在决战火云邪神时悟透如来神掌,从云霄之间冲下,横空伸出手掌,轰的一声,城寨上边立刻出现了一个镂空的巨大五指手印。那天崩地裂的气势使力的效果深深印入人的脑海。

二、以电影片段创设问题情景,激起物理思维矛盾,激发对物理思想的思辨

教学"牛顿第一定律"时,执教者剪辑的《城市猎人》中成龙所扮演的私家侦探为寻报业大王的女儿,与高中生玩起了滑板追逐游戏的片段。他们穿越玻璃墙,在街头穿梭。请学生提出正反两方论点,并以电影中的场景求证。引导学生积极思维,研讨,形成自己的观点。

三、以电影片段展示经历过程,强化内心体验,建立物理抽象思想

教学"液体的压强"时,执教者剪辑了《深海挑战》。著名导演詹姆斯·卡梅隆深入万籁静寂的10972M深海,展示了人类的勇气和智慧,这一探索过程也成为学生内心体验和主动参与的再发现过程。如此,则学生学到的知识印象深刻,更容易唤起学生的创新意识。

四、以电影片段揭示物理知识的应用,获取完整的物理情景,培养学生的创新思想和精神

学以致用,那么我们应该如何展现物理知识的应用呢?要与理论学习相对照、验证,从而加深理解,以形成正确的物理情景。教学"杠杆应用"时,执教者剪辑了《指环王》米纳斯提力斯保卫战中惊心动魄的投石机大战,以及电视剧《三国演义》官渡大战中曹军打败袁绍的"霹雳车",让学生体会知识的魅力,从而培养了学生的创新思想和精神。

五、以电影片段呈现物理知识之美,让学生认识科学之美,热爱自然

物理课要求学生能保持对自然界的好奇,初步领略自然现象中的美妙与和谐,对大自然有亲近、热爱、和谐相处的情感。教学"光的折射"时,执教者选择《阿凡达》中深夜里在丛林中发出光芒的神奇植物,它如同睡莲一般飘荡,繁复华丽的层次将潘多拉星球的奇幻色彩一展无余。

教师简介:

涂军,阆中市保宁中学骨干教师,西华师大物理学本科毕业。多次获阆中市教育局表彰及南充市教研奖等。

母正国信息技术项目教学法

"项目教学法"是师生通过共同实施一个完整的项目而进行的教学活动。在这里，项目指以设计一个有具体创造思想的作品为目的的任务。

一、项目的设立是"项目教学法"的关键

从项目的定义可知项目选取的原则：该项目可用于学习一定的教学内容；能将某一教学课题的理论知识和实际技能相结合；具有一定的难度，要求学生运用新学习的知识和技能，解决过去从未遇到过的实际问题。

例如，初中信息技术模块：网页设计是信息技术教学中一个重点项目，它所涉及的知识点繁多，并联系不大。具体内容大致包括站点设计、表格处理、图像处理、表单处理等。

第一步，安排2~3人为一组。

第二步，设计主题网站的具体子内容及工作安排。教师可以设计策划表，让学生做前期策划。

第三步，每组根据自己的主题网站搜集资料，并对不同的资料进行有目的的修改。

第四步，每个学生根据自己的子内容开始具体的设计，但这一环节并非完全的独立设计，学生之间需要有合作与沟通。一个主题网站的基本架构要保持一致，在生生之间得到统一。

第五步，最后完善作品。部分学生会精益求精，增加一些特效和图像美化，特别是LOGO的设计，从而进一步带动班级的学习氛围。

二、设计合理的子项目难度梯度

教师需要重新设计教学进度，将一些重叠的、有联系的知识点规划到项目教学中，一是有利于学生结合作品掌握知识，二是有利于联系学生的知识体系，从而使知识不再以一个独立的个体出现，而是几个相关的内容呈现在一个项目作品中。

教师要现实面对实施项目所必需的能力、经验和学生现实水平的差距所构成的难度系数，应该分清主次，应先拟定总项目框架，再设计出多种不同难度梯度的子项目序列模型，按易度优先的原则从中筛选出最合适的一种，实现平滑过渡，引领学生完成总教学任务。

教师简介：

母正国，阆中市保宁中学骨干教师，有多篇文章发表或获奖。

康凤鸣英语情景教学法

一、使用实物设置情景

实物是最常见的直观教具。教师要最大限度地利用教室里现有的人和实物来设置情景，根据教学内容，有时可准备一些便于携带的水果、衣物、文具、玩具等，上课时带入课室，帮助教学。七年级上前几个单元，就可以充分利用这些实物来学习 What's this/that? It's a/an... What color is it? It's... 实物和句子相结合，学生很快就掌握了以上内容。再比如教学 Unit 7 How much are these socks? 时，执教者把教室设置成服装商店，课前要求学生自备服装鞋帽，并标上价格，上课时用英语进行较真实的服装买卖的过程。学生在用英语交流中自然而然学会了用英语购物，并有了成就感。

二、运用动作表示情景

如教学七年级下 unit 5 I'm watching TV. 中的在进行时态时，老师可以挑选一些具有表演天赋的学生上台表演各种动作，如跑步、游泳、看电视、玩电脑、打篮球等，学生一边做动作，老师询问 What's he/she doing? 学生作答 He/She is...，或者是让台下的学生来猜 Are you running? 表演的学生作答 Yes, I am. No, I'm not. 这些都极大地提高了学生的兴趣，既训练了他们的听说能力，也锻炼了他们的表演能力。

三、通过角色扮演创造情景

中学生有强烈的好奇心，也是非常聪明的表演者，老师可以充分利用学生的特点，组织他们在课堂上进行表演、模仿等活动，让学生充分展示自己的才能。模拟交际活动是为真实性交际做准备的练习活动。通过模拟交际活动，学生可以熟练掌握英语词汇和句型，并且运用英语去建立和维系人与人之间的友好合作关系。英语教材提供了大量的会话材料，教师可以组织、指导学生进行各种形式的会话练习、角色演示、对子练习、小组表演，既调动学生的积极性和主动性，又达到实践言语的目的。

四、创设游戏情景

通过游戏活动，培养学生的英语会话、表演能力，充分调动学生学习的积极性和主动性。

五、运用多媒体补充情景

将图片、声音、视频等素材引入课题教学，帮助学生对其进行详细的认知，通过模拟的教学情境进行英语练习，比如九年级上册 Unit2 I think mooncakes are delicious 的课程内容是学习各种节日，由于学生对万圣节不了解,执教者便使用多媒体为学生呈现出美国孩子过万圣节的视频,然后让学生以小组为单位模拟万圣节的情境,学生通过现场表演,不但获得了相关知识,同时又充分发挥了自身的主体作用。

教师简介:

康凤鸣,阆中市保宁中学骨干教师,多次竞教获市地一等奖,多篇文章、多个课件发表或获奖。连续几年中考教学成绩突出,被学校、片区、阆中市教育局评为"优秀教师"。

刘琴"朴实"教学法

一、喜马拉雅 FM(听)

喜马拉雅是目前比较火的一款音频软件,集诗歌、名著、美文、相声、演讲、音乐等于一体,是一个免费的大型的综合资源宝库,用户已突破两亿。执教者在七年级开学初就推荐学生周末下载此软件,利用碎片时间收听自己感兴趣的节目,上课时也经常会用到此软件。

二、鼓励创意表达(说)

口头表达不仅可以体现一个人的文学素养,而且还关乎他的思维能力,所以课堂常规训练尤为重要。比如,在上《猫》这一课时,执教者设计了一个教学环节:说一说你和宠物之间的趣事。班上一个智力有些障碍的周同学主动举手发言,讲述了他给小乌龟筑窝和喂食等趣事,让执教者和全班同学都对他刮目相看,感动不已。

三、"为有源头活水来"(读)

执教者每天让科代表安排"课前三分钟",活动内容比较丰富,或朗读作文,或读文学常识,读字词,或读一篇时兴的优美小诗。如开学初流行的励志小诗《苔》就深受学生喜爱。"白日不到处,青春恰自来。苔花如米小,也学牡丹开"。另外,要求学生周末阅读名著,写两页读书笔记,或抄或写,形式不限。长此以往,学生的语文素养能够得以提升。

四、利用留白补写课文(写)

在学习《阿长与山海经》时,文中没有交代长妈妈是如何买来《山海经》的,故意留白,留下悬念,渲染了长妈妈伟大的神力。于是,执教者设计了一个小练笔:别人不肯做或不能做的事,大字不识的长妈妈却能做成功。她是如何买回珍贵的《山海经》的呢?请你展开大胆合理的想象,动笔写一写。

五、"向青草更青处漫溯"(思)

思考,让学生梦想的翅膀飞得更高。如刘慈欣的科幻小说《带上她的眼睛》，这篇文章远离学生生活，不易理解，但学生的学习兴趣还是比较浓厚。为了加深感悟，执教者特别拓展了另外一篇科幻小说《超级智能住宅》，然后将两篇文章进行对比阅读，激发了学生的深度思考。

教师简介：

刘琴，阆中市保宁中学骨干教师，中共党员。阆中市课堂教学竞赛一等奖获得者，先后被表彰为阆中市"师德标兵""骨干教师"等。

江峰体育课消除学生心理障碍法

一、激发学生学习动机，战胜恐惧心理

执教者刚教一个班的体育时，发现班上有位女生在上体育课时动作懒散、无精打采。后来执教者了解到，这名学生不喜欢体育运动，不爱参加体育活动。当时老师为她讲解了体育课的重要性和参加体育活动的乐趣，并鼓励她和同学们一起参加运动，同学们在体育游戏时也常常带上她，在游戏中也有意识地让她取得胜利，帮助她获得了一定的自信心和成功感。现在，她不但热爱体育课，还参加了学校的排球队。

二、由易到难，组织教学循序渐进

安排练习时，一定要循序渐进，由慢到快、由易到难。可先采取一些诱导性练习，让学生先体会动作要领，或改变练习条件、降低练习高度和难度，让学生体会成功感，从而增强学习信心。在动作练习时，也可先让身体条件和技术基础、协调性较好的学生带头练习。

三、付于师爱，加强保护和帮助

师爱是消除学生运动学习中心理障碍的最好武器。执教者在多年的体育教学中是这样做的：首先，课前消除运动场地和器材中潜伏的安全隐患。执教者所在学校属农村学校，体育场地及器材都较差，执教者上课前总会到操场上巡视一下，检查操场上是否有散落的小石块。上课时也要严格要求学生将所带的小刀、钥匙、玻璃球之类的东西放在指定的位置，身上的小包里不要放任何硬物。其次，上课时加强对学生的保护与帮助。最后，执教者还教会学生自我保护，严防伤害事故的发生。

教师简介：

江峰，四川师院体育系专科毕业。专职体育教学工作18年，阆中市优秀教师，阆中市博树回族乡中心学校教导主任。

杨雪梅英语激趣法

一、创设有利的英语学习环境

首先，在英语课堂上老师应尽量多用英语、少用母语，多采用直观手段，如实物、图片等创设语境；利用眼神、口形、手势和其他肢体语言帮助学生进行学习理解。其次，课堂外也尽量多用英语，多举行几次英语竞赛活动，如英语演讲比赛、英语朗诵比赛、英语唱歌比赛等，并让学生多听磁带，学校的其他大型活动尽量让学生主持并运用双语。这些不仅让学生有机会听和说，而且还激发了学生的学习兴趣。

二、铸造和谐的师生情感

教师要有真挚的爱、坦荡积极的性格、真诚关怀的态度、热情饱满的情绪，以及对学生适度的宽容，这些都能使学生对教师所教的学科产生喜爱。执教者要在课堂上注重培养学生积极参与课堂教学活动的良好习惯，如 Very good，Thank you 之类的话常挂嘴边，尤其对接受能力差的学生，更要注意保护他们的积极性，增强他们学习的动力和战胜困难的勇气。

三、运用情景教学

主要做法是：课前创设模拟情景复习旧知；教学中运用英语引导，让学生置身于英语的语境之中；根据教材内容进行模拟交际情景、用直观教具创设情景等形式，把枯燥的单词、乏味的句型处理融入情景之中；根据对话或短文内容回答问题，看图说话等；组织学生扮演角色，说一说，演一演，从而提高其学习兴趣。

四、利用各种教学媒体，激"活"教科书，让学生更易理解接受。

想方设法，利用各种教学手段，特别是多媒体等，让教科书"活"起来，动起来，形象起来，发出声来，让"活"的教科书震撼学生的心灵、开发学生的智力，培养学生的创新能力。

五、应用灵活、新颖的教学方法

教师尽量采用一系列灵活多样的教学方法，小至一节课，大到整个学期，让学生总有一些意想不到的惊喜，让课堂总有一种新鲜感，总有一些神秘感。为了激发、保持和巩固学生的兴趣，教师要认真钻研教材，根据教学内容的不同探索与之相应的好的教学方法。

六、设计和开展丰富多彩的课外活动

结合学生的实际情况和教材内容开展丰富多彩的课外活动，运用游戏的方式来展现语言知识的能动作用，使学生在轻松活泼的活动中得以掌握，从而增强语言的真实性和趣味性，激发学生学习英语的兴趣，达到提高教学效率的目的。

教师简介：

杨雪梅，女，阆中市城东小学骨干教师。

梁永恒小学数学情境教学法

创设生活情境，应当尊重生活规律，具有一定的真实性。情境不切实际，会使学生出现"原来数学是编造出来的"的感觉。如有位教师在教学"几和第几"时，创设了一个动物跑步竞赛的情境，结果是小鸡第一，小鸭第二，小猫第三，小狗第四。许多学生当即表示不同意，认为小狗跑得最快，应该小狗第一。再如某课堂上，师：天气变冷了，老师想买一件棉衣。星期天，老师来到商场，看中了两种款式。第一款标价：4件共456元；第二款标价：每件121元。哪种款式的棉衣便宜？便宜多少元？马上有学生提出疑问：老师，我看到商场里的衣服都是标单价，没有标4件一共多少元的。上述情境虽然都是假设的，但"虚拟"不等于"虚假"；学生显然不能接受这种"杜撰式"的虚假情境。情境内容不符合生活逻辑，不讲究科学，长此以往，势必会影响学生对老师的信任度。这样，情境教学又有何意义？如果第一位教师在设计时能考虑一下生活中小动物跑步的速度，第二位教师能把"买衣服"换成"买铅笔""买乒乓球"等贴近学生生活的事情，可以想到那样效果会好得多。

情境的创设还必须切合三维目标。如果教师创设的教学情境与课程内容没有明确的联系，如同是在课程内容（糖果）上人为裹上一层糖衣，学生可能被花花绿绿的糖衣所迷惑，对五颜六色的糖衣感兴趣，至于自己要吞下去的糖果是什么，他则全然不知。有些情境导语使导入枝节横生。究其原因，乃情境创设未能突出数学学习目标，学生无法感受到教师的创设意图，导致课堂学习和学生的思维过多地纠缠于无意义的东西，既浪费时间，又制约了学生活跃的思维。

创设真实而生动有趣的情境，有利于学生得到"数学来源于生活又应用于生活"的心理感受，从而获得积极的态度与价值观。

教师简介：

梁永恒，阆中市滕王阁小学安综办主任，多次被评为"优秀班主任"；所带班级班风纯正、学风优良，多次被评为"先进班集体"。

刘佳地理研学实践教学法

初中阶段的地理是兼有自然科学性质和社会科学性质的综合性学科，同时还具有一定的地域性特征。

第一，学生要学习对生活有用的地理，侧重基础性的地理知识和技能，增强生存能力。例如，在讲解地震这一部分知识点的时候，教师可设计不同的场景，教会学生在不同的地点怎样保护自己，怎样逃生，并做一些地震疏散演练。

第二，引导学生改变地理学习方法，让学生从现实生活的经历体验出发，激发其对地理学习的兴趣。例如，旗杆影子的长短在一年中的不同季节、一天中的不同时段是会发生变化的。如果老师只讲解现象和知识点，学生便难以理解，其学习的积极性容易受挫。相反，如果老师拿出几节课的时间让学生走出教室到操场上去做一次实验，测量一下旗杆影子的长度，相信学生的兴趣会大增。这时再给学生讲解为什么旗杆影长在一天中会发生变化，学生一定会记得很牢，对知识点的理解就会更加深入，也为高中阶段地理将要学习的"太阳高度角"的知识打下了基础。

第三，构建开放式的地理课程，充分重视校外课程资源的开发和利用。例如，中国有很多名山大川，位于四川省境内的盛名享誉国内外的佛教名山峨眉山，就是很好的学习地理的校外课程资源。从山脚到山顶，海拔的升高，温度的降低就能很好解释初中地理中的气温直减率的知识。同时，学生亦可观察到沿途植被的变化、土壤的颜色等地质知识。河流也是自然地理的一个重要内容，流经阆中市境内的嘉陵江也为学生学习地理提供了参考，比如河流所表现出来的一些水文特征、汛期、含沙量、水位变化等，都是可以通过生活中的细心观察得出的，如果要掌握精确数据，在保证安全的情况下去参观水文站获取信息。研学实践就是一次很好的开放性地理教育，它可以拓宽学生的学习空间，满足多样化的学习需求。例如，中国地理——《四川盆地》就介绍了很丰富的旅游资源，其中作为四大古城之一的阆中古城有着丰富的历史文化底蕴，其自然和人文景观都为老师们研学实践所用。

教师简介：

刘佳，阆中师范学校年度"教坛新秀"，微型课题《地理教学中小组合作学习策略研究》获南充市一等奖，多次获片区、市、地课堂教学竞赛一二等奖。

夏秋优化数学课堂教学法

一、挖掘教材乐学因素，激发学生学习兴趣

挖掘教材中使学生乐学的因素，激活学生学习数学知识，掌握数学概念的兴趣，达到使学生乐学的效果。如教学"圆锥的体积"时，老师课前准备好等底等高的圆柱和圆锥容器模型，课堂上让学生自己用水或沙去动手操作，教师组织、协作，学生通过实验得出结论：等底等高的圆锥的体积是等底等高的圆柱体积的三分之一。让学生通过动手操作，把抽象的体积概念变得具体、形象，既易让学生接受又激发了他们的学习兴趣。

二、充分发挥多媒体作用，优化数学课堂教学

多媒体的最大特点是形声结合，借以吸引学生，使学生身临其境，教学时将固定的、死板的图画设计成动态的、有音乐伴奏的多媒体课件并展示出来，激发学生的学习热情。如教学"圆的认识"时，借用多媒体的动态分解，使抽象的内容形象化、直观化，学生轻松掌握了圆的基本特征。如此，多媒体的使用为学生学习数学注入了活力，使数学课堂锦上添花。

三、改变教学方法，优化数学课堂改革

数学课堂上，教师应该尽量开放课堂，在注重基础知识、基本概念的同时给学生提供积极思考、充分参与教学活动的时间和空间。教学时可以采用合作学习法。如引导学生探索"合理存款"活动时，要充分调动学生的积极性，使其主动思考，并与同学进行合作与交流，自主探索出解决问题的方法和步骤。

四、充分利用数学实践活动，优化课堂教学

实践证明，只要让学生积极参与，勤于实践，数学上的很多问题就能够得到很好的解决，并能够加深记忆。因为学生在动手操作时的思维和想象最活跃，能够获得直接经验和亲身体验，能够更好地促进学生对数学的理解。无论是在知识上、能力上还是感情上均能得到发展，特别是能体验到学习数学的乐趣。比如在探索圆的面积时，执教者就利用书中的附页和备好的学具，引导学生动手剪切、拼贴，从而"化圆为方"得出圆面积的计算方法。把抽象的知识学习变为动手操作的具体活动，有趣也易理解，获得的数学体验也深刻，比枯燥的讲解效果更好。

教师简介：

夏秋，阆中市清泉乡中心学校骨干教师。

宋煜萱数学差异性教学法

一、通过课前和课堂调查掌握学生之间的差异

教学"认识钟表"，共调查 12 人，第一次让他们回答钟表表面的基本组成，第二次回答钟表的整点时间，第三次回答整点和半点的时间。综合调查，得到如下信息：有 6 人分不清时、分、秒针；另外 6 人中，有 4 人能说出整点时间和半点时间。而这 4 人都上过幼儿园，且父母在家。在访谈中我们发现，影响学生认识钟表的主要因素有：学生在自己的日常生活中没有接触过；钟面上表针较多，难以区分；有些同学习惯认识电子数学时钟等。在被调查的学生中有二分之一的人根本不认识钟表，这样在教学中就必须让学生从最简单开始，认识钟面上的各表针，明确时间的认识方法，体验时间的变化。

二、针对学生的差异性，分层次优化教学目标，优化课堂教学，让不同层次学生主动投入学习

根据调查，针对不同层次学生差异，制定有针对性的教学目标：已认识钟表的学生在课堂学习中对知识查漏补缺，展示自己的课外学习成果，在小组活动中帮助其他同学学习新知识；认识钟表的学生完善自己的知识，进行系统梳理；不认识钟表的同学充分进行体验与操作，在教师的指导下认真学习新知。及时鼓励与表扬有良好学习习惯的同学，随时提醒学习习惯较差的学生。

三、区别不同层次的学生，选择不同的教学手段

在教学过程中，还要关注不同学生的情况，把握课堂教学细节，丰富和完善教学内容。例如在"认识钟表"教学中，发现部分同学有了学前基础，觉得自己都学会了，于是在"拨出整时"教学中，执教者故意不分时针分针，出现错误时间，顺势启发学生思考，用举反例的方式引发学生的认知冲突，促进他们思考。

四、作业弹性化，进一步巩固和提升教学效果

依据学生差异布置一些弹性作业，使不同的学生能够有不同程度的发挥。例如在"认识钟表"教学之后，执教者布置了这样的课后作业：除在家里看钟表外，同时也可以到户外广场或其他公共场所识别钟表时间。有能力的同学可以记录自己一天里大约什么时刻做了什么，全班进行交流。学生们对这些作业很感兴趣，交流的积极性也非常高，边说边拨出相应的时间，有的同学记录得非常细致，有的学生甚至自学了准确认读几时几分。

五、实施科学评价，让不同层次的学生共同分享学习成功的喜悦

评价学生时，执教者要淡化分数功能，采用多种评价尺度和标准，运用同

学评、家长评和教师评等多种评价方式相结合的办法，在横向比较的同时，更注重学生的纵向比较，激励学生不断追求进步，让不同层次学生在学习中体验主动参与的乐趣，收获成功的喜悦。

教师简介：

宋煜萱，阆中市清泉乡中心学校骨干教师。

李乾坤初中信息技术快乐教育六法

一、微笑教学法

教师在课上应有四种情绪：以满意的情绪对待学生每一点微小的进步；以愉快的情绪激发学生的兴趣；以宽容的情绪对待学生的差错；以高昂、兴奋的情绪激励学生投入学习。教师要把微笑带进课堂，把对学生的爱带进课堂，以教师之情感染学生，对学生的好奇、好动加以善意的引导，及时对学生一点一滴的进步给予表扬鼓励，创设一种宽松的教学气氛，从而提高课堂的教学效率，激发并保持学生学习信息技术的兴趣。

二、激情引欲法

培养学生对信息技术的兴趣是抓好信息技术教学的重要问题。学生初次接触计算机时，大都怀着一种既畏惧又好奇的心理，很想知道计算机是用来干什么的，想切身体会一下操作计算机的乐趣。教师要善于抓住学生的这一心理特征，及时加以启发、引导，将学生引入趣味的计算机世界，激发学生对信息技术强烈的求知欲，帮助他们以最佳的学习状态进行学习，使学生对计算机产生"我要学"的强烈欲望。

三、"开放"引导法

让学生自主地、愉快地、没有任何压力地去学习思考，使每个学生都在激励、竞争、奋进、生动、活泼的学习气氛中去思考，去创造。学生真正成为学习的主体，而教师这个主导则体现为指导者、开导者、激励者、引导者，保证学生积极参与教学过程，始终处于主动地位。"开放"引导教学法充分体现了快乐教育的主动性原则，即"主动参与和主动发展"。学生在主动参与的过程中，体会到了学会、会学之乐，以及成功创造之乐，实现了情感意志的转化，从而达到了教育、教学的高效益。

四、游戏教学法

一般步骤是：根据所授知识的特点设计游戏方案；制定游戏规则；学生熟悉游戏方案和规则；在游戏中掌握、运用所学知识。如要使学生很快地盲打出

26 个字母，教师在教学过程中可以运用"金山打字通"这一软件。这个软件把英文打字练习变成打地鼠、警察抓小偷、青蛙过河、吃苹果等游戏，个个趣味十足，充分把学习和娱乐融为一体。学生练习时就像玩游戏一样轻松愉快，兴趣自然也就越来越浓，速度也会越来越快。

五、师生换位法

课堂上"学生做老师，老师做学生"。教师在课堂上参与学生的讨论，消除师生间的隔阂，把教师的情感融于学生的情感之中。又如在讲台前讲课的不仅仅只有教师，学生也可以变成"老师"到台前讲课。

六、分层教学法

课堂上尽量少讲多练，让学生有更多的上机时间，根据学生的实际水平对他们做出不同的要求，让他们选择适合自己的题目，从而得出能代表自己水平的答案。

教师简介：

李乾坤，阆中市清泉乡中心学校骨干教师，多篇文章发表或获奖。

叶锦凤物理教学激趣法

一、上好"引言"课，激发学生的学习兴趣

为了上好初二物理的第一节课，执教者精心设计，认真准备，设置了许多问题，促使学生去思考、去探索，让他们主动地学习。教师向学生介绍，从今天起，我们开始学习一门新的课程——物理，接着提问："什么是物理?"学生面面相觑，难以回答。老师再问："氢气球为什么能飞?""如果改用嘴吹，那么气球能不能飞呢?"学生异口同声地回答："不能。"对于这些疑问，老师可不作答，接着在课堂上做一些有趣的实验，让学生感到一种从未有过的惊异和喜悦。除了课本上的例子外，教师还给学生提出了与他们的生活息息相关的问题，要得到这些问题的答案，就需要学习好物理，从而促使学生产生一个想法：一定争取学好物理。

二、通过介绍物理学史，讲物理学家的故事，诱发学生对物理学的向往

在课堂教学中，教师在讲物理概念和规律时，可以采用多种方法吸引学生的注意力，引起他们对所学知识的兴趣，根据教材内容介绍有关的物理学史，不失为一种好方法，比如介绍一个新的物理单位（如牛顿、焦耳、安培、帕斯卡、伏特、瓦特等）时，顺便把相应的物理学家的生平、成果、故事介绍给学生，往往会收到很好的效果。

三、在创造成功中培养学生的学习兴趣

如在讲"照相机"时，老师拿出实物照相机，让学生仔细观察照相机的镜头，使学生对照相机镜头有直观的印象，并讲明照相机的构造及原理，又出示模拟照相机，让学生观看其结构，并演示所成像的大小、倒正等。老师诱导说："你们是否也想做一个模拟照相机？"同学们个个兴趣高涨，纷纷要求制作。说干就干，老师拿出放大镜、硬纸板、半透明的塑料纸、胶水等器材，组织学生以四人为一组，不一会儿就做好了模拟照相机。看到学生们兴奋的劲头儿，老师又顺势让学生结合照相机的原理探讨望远镜的构造及作用，充分动脑、动手，调动了学生的学习积极性，培养了学生的学习兴趣。

四、用演示实验来激发学生学习兴趣

物理课堂中的演示实验是激发学生兴趣的重要手段。如讲大气压强时，教师拿出马德堡半球的模型，开始时可以用双手轻松地将它拉开，然后合拢两个半球，用抽气机抽出里面的空气，让四位同学在讲台上对拉，发现此时使尽力气也拉不开，学生们马上就被紧张有趣的情景感染了，几乎全班学生都站了起来，新奇的实验像磁铁一样吸引着他们的好奇和注意力，让他们迫切地想要知道其中的道理。

五、营造宽松的学习环境激发兴趣

尽可能地为学生创造一种灵活的、自主的、探索的、实践性强的、安全的学习环境，营造学生自行建构知识体系、主动学习的氛围，激发学生对物理学领域的学习和研究兴趣。

教师简介：

叶锦凤，阆中市清泉乡中心学校骨干教师。

第三节　评价研究：多给学生一把尺子

课堂教学评价是指对在课堂教学实施过程中出现的对象所进行的评价活动，评价范围包括教与学两个方面，其价值在于促进课堂教学。课堂教学评价是促进学生成长、教师专业发展和提高课堂教学质量的重要手段。

课堂教学评价具有一定的导向功能，能够帮助促进课堂教学改革。课堂教学评价体系的建立和实施可以充分发挥评价的导向作用，促进教师尽快转变教育思想，在课堂教学中更好地发挥自身的创新意识，从而达到改进课堂教学的目的。评价体系的建立，意味着对课堂教学中教和学相关因素的选择和侧重点

不一样，这些不一样的地方将促使教师在今后的课堂教学中更加注重评价所侧重的相关因素，并将其作为课堂教学展示和发挥的重点，发挥评价的导向功能。

课堂教学评价具有激励功能，可以加强教师之间的相互交流。

课堂教学评价能够有效地评析教师课堂教学的状况和优缺点，只有让教师了解了自己在课堂教学实践中的优点、亮点、特点和弱点，才能帮助其找到今后努力改进的基点和方向。课堂教学评价正是教师了解自己教学情况的一条关键途径。同时，课堂教学评价还可以使教师在相互之间的观课、议课活动中增进了解，互相学习，在交流中激发内在的需要和动力。

课堂教学评价是促进教师实现专业发展的重要途径。对于教师而言，课堂教学水平和能力是教师立足的基点，有效提高教师的教学水平与能力是教师教育、校本研修最重要的课题之一，课堂教学评价正好可以为广大的教师提供一个科学了解自身教学状况的窗口，使其明了自己教学中存在的不足和今后努力的方向，为教师的专业发展提供一个良好的平台。

课堂教学评价具有决策和鉴定功能，是学校管理工作的重要组成部分。课堂教学评价是教师工作评价的重要组成部分，也是学校评价体系的核心内容。开展科学有效的课堂教学评价，能够有效地鉴定教师的教学态度、教学质量、工作能力、业务水平等，使学校的管理更系统化，决策更科学化。

初中语文课堂教学评价探究

一、传统语文课堂教学评价的弊端和局限

1. "是否完成认知目标"限制了教师对学生认知能力以外其他发展的关注。

2. "丝丝入扣"的教学设计严重束缚了教学的灵活性和变通性。

3. "样样俱全"的所谓优秀课常常使教学忽略学生实际的学习需要。

二、新课标理念指导下评价一堂好语文课的标准

（一）语文新课堂应该是一个快乐的课堂

快乐教学是一种成功的教学实践，让每一位学生享受学习的快乐，是新课程的一个最基本的理念。

1. 充满情趣，使学生热情高涨地学习语文。"小脸通红、小眼发光、小手直举、小嘴常开"，使课堂真正成为学生学习的乐园，就必须把激发兴趣、调动热情放在首位。

2. 充满激励，使学生信心十足地学习语文。必须遵循三条基本原则：即

确保"学生无错"原则，从多角度评价学生；坚持民主平等原则，多与学生商量沟通；尊重学生人格原则，不伤害学生自尊。提倡采用激励性的课堂用语：如盼其成功："别着急，再想想，你会想起来的"；促其成功："你想得真好！为大家开了一个好头"；帮其成功："你的想法真好，能把想法说得更清楚一些吗？"

3. 充满赏识，使学生轻松愉悦地学习语文。赏识学生，就要相信学生，尊重学生，理解学生，善待学生；赏识学生，就要蹲下来看学生，细心捕捉他们身上的闪光点；赏识学生，就要包容学生，在包容中为学生指明前进的方向。作为教师，我们永远也不要对学生说"你不行"。因为说学生不行，实质就是学校不行、老师不行，应该检讨的实际是学校和教师。

（二）语文新课堂应该是一个对话的课堂

1. 生本对话，充分感悟，使学生在感悟中不断提高。

2. 师生对话，沟通引领，使学生在引领下不断进步。

3. 生生对话，互动交往，使他们在交往中不断发展。

（三）语文新课堂应该是一个开放的课堂

1. 教学时空的开放，以拓宽学习时空，让学生可以时时处处学语文。

2. 教学课型的开放，以创新学习的形式，让学生生动活泼地学习语文。

3. 教学内容的开放，以开发学习的资源，让学生的学习内容丰富多彩。

（四）语文新课堂应该是一个感悟的课堂

朗读应成为小学阅读教学的主旋律，"读中质疑、读中探究、读中感悟、读中释疑"，应该成为阅读教学，特别是诗歌教学的基本途径。

（五）语文新课堂应该是一个探究的课堂

建立和形成旨在充分调动、发挥学生主体性和增强学生创造性的多样化学习方式，促进学生在教师指导下主动进行富有个性、创造性、探究性的学习，全面提高学生的语文综合素养和创新能力是这次新课改的焦点、热点，也是语文教学改革的难点、重点。

总之，初中语文课堂教学只有体现出"快乐、对话、开放、感悟、探究"等特征，才能使学生真正成为"爱学语文的人，会学语文的人，有丰厚文化底蕴的人，有语文运用能力的人，能全面协调可持续发展的人"。

教师简介：

余绍全，一级教师，从事农村学校语文教学30年，地级骨干教师。曾有多篇教学教研论文在各级各类刊物发表，多次参加课堂竞教，曾获市级一等奖。

初中思想品德课堂教学评价标准浅议

一、教学目标

1. 教学目标明确、具体，符合课程标准与学生实际，情感态度价值观与能力、知识有机融合。能运用所学知识分析社会现实问题，并用正确理论指导自己的行为。

2. 重难点设置合理，过渡简洁，推进自然。

二、教学内容

1. 对教科书内容理解准确，符合课标要求。

2. 科学合理地选取教育资源，能有效开发身边的资源，与时俱进，坚持正确的价值观念。

3. 创造性地组织教学内容，教学重点突出，突破教学难点。

4. 问题的设置巧妙有效，能激发学生的思维，激发其探究愿望。

三、教学过程

1. 课堂整体结构严谨合理，教学环节清晰，教学节奏适当、层次分明、过渡自然。

2. 难易适度，能突出重点，突破难点。

3. 教学氛围宽松和谐，师生关系民主平等，体现自主合作、探究学习的原则。恰当指导学生高效完成作业。

四、教师素养

1. 教态自然，语言规范，板书设计合理。

2. 教育理念新，学科理论素养高，知识丰富功底深厚。

3. 教育教学基本功扎实，现代化教学手段运用恰当，操作熟练，对学生具有爱心和耐心。

4. 组织和应变能力强，尊重学生的不同见解，能有效调控课堂局面，提高教育教学质量。

五、教学特色

1. 教学过程有亮点，教学资源的开发和运用有新意，教学策略、方法、手段有独到之处。

2. 表现出深厚的学科素养和文化底蕴，课堂极具感染力。

六、教学效果

1. 学生有积极主动的情感反应，学习参与度高，学有所得，形成正确的价值取向，养成积极的人生态度。

2. 课堂气氛自由民主、平等和谐、积极向上，让学生享受到学习的愉悦。

教师简介：

贾晓青，高级教师，从教以来一直从事语文、思想品德教学工作。论文《浅谈小学语文作文教学》刊于《教育教研导刊》，2015年、2016年、2017年获得保宁教育督导责任区先进教师称号。

初中物理课堂教学评价标准初探

一、教师教学评价

（一）教学目标

1. 注重过程与方法的培养，关注学生积极良好的情感体验，符合课程标准与教材要求。

2. 符合学生实际，符合学生年龄心理特征，符合学生已有知识水平，符合学生"最近发展区"。

（二）教学内容

1. 内容选择科学合理，没有知识性错误。能创造性地使用教材，适当补充相关情景材料支持学生学习，充分开发和利用生成性的学习资源，提供有利于学生学习的教学情境。

2. 重点难点处理适当。教师能够恰当地处理教材，突出重点、突破难点的方法合理有效。

（三）教学过程与教学策略

1. 氛围激励策略，营造有利的学习氛围。教师要为学生提供各种便利的学习条件，营造民主、平等、和谐、积极向上的学习氛围。

2. 导课方式新颖，引人入胜。精心设计导入，引发和保持学生进一步学习的愿望。

3. 自主性教学策略，为学生提供有效的学习指导。教师能以平等的参与者身份给学生以心理上的安全感和精神上的鼓舞，为学生提供平等参与的机会；对学生的学习活动进行有针对性的指导；根据学习方式创设恰当的问题情境，教师的指导语言应富有一定的启发性，及时采用积极、多样的评价方式。

4. 探究性教学策略，体现知识的形成（建构）过程。教师能够引导学生形成良好的学习习惯，掌握科学的学习策略；引导学生自己动脑、动手去亲身经历获取知识的过程；为实验探究活动提供正确、有效的指导。

5. 教学环节得当，时间分配合理，媒体利用有效。能够科学设计教学环节，合理利用教学时间，教学效率高；对于媒体利用和直观教具的使用恰到好处，有利于学生更好地理解学习内容。

6. 反馈性策略，信息反馈及时，有效地调整教学。能够帮助学生对学习过程和结果进行反思，学会对自己的学习进行评价和总结，把学生的学习困难、问题和经验作为生成性教学的起点。

二、学生学习评价

（一）学习状态、学生活动的质量主要通过学生的参与度和思维水平来体现

1. 学生的思维水平，主要体现在以下方面：注意力是否集中，是否学会倾听，是否善于交流、交谈，是否能独立思考，是否能主动发现问题，是否能从多角度解决问题，是否能针对问题的不同解释进行评价。

2. 学生参与教学活动的深度大小，是指提出问题和解决问题的质量高低、参与的是表面的问题还是深层次的问题、是主动参与还是被动参与。

3. 学生参与教学活动的广度，即参与的人数和参与时间、各个层面学生参与活动的比例。

（二）学生的学习效果是教学效果的具体体现

1. 教学目标是否达成。学生是否掌握了新知识并将其纳入自己原有的知识结构，是否经历了过程与方法的培养，是否获得了情感态度与价值观的体验；当学生取得成功的时候是否得到了鼓励；学生的学习方法是否有变化。

2. 学生是否体验到学习和成功的愉悦；是否有进一步学习的愿望；师生之间、生生之间是否能够彼此交流和分享见解。

三、教师素养评价

1. 教态自然大方，语言符合教学要求。

2. 教师语言严谨、生动、准确，讲解深入浅出，逻辑性强，无科学性错误；学生解决问题的能力是否得到了训练和提高；学生学习有困难时是否得到了帮助。

3. 板书规范，条理清晰，概括性强，重点突出。

4. 实验操作规范，能熟练使用现代教学手段和直观教具。

四、教学特色

教学有特色，教学设计新颖，创新性突出。

教师简介：

李虹宾，一级教师，先后从事初中数学、物理、美术教学，文章《初中数学和谐课堂探讨》刊于中国数学报；论文《初中课堂高效教学的探讨》获南充市二等奖；获阆中市教师书法比赛一等奖；被阆中市文成镇政府表彰为"优秀教师"。

初中化学新课程课堂教学评价

一、现行化学课堂教学评价的弊端

（1）忽视化学课堂教学评价在促进学生发展中的作用。

（2）忽视描述性评价在激励化学学习积极性中的作用。

（3）忽视情感态度等非智力因素对学习效果的影响。

二、建立适应要求的化学课堂教学评价方案

（一）新课程化学课堂教学评价要发挥形成性评价的改进和激励功能

"活动表现评价"为全面了解学生科学素养的发展水平提供了有效途径。可以采用独立、小组和团体的形式，既评价学生在活动过程中的表现，又评价学生活动的成果。"活动表现评价"是衡量学生探究能力和情感态度与价值观的有效途径，是形成性评价和终结评价的一种最佳结合。"活动表现评价"通过观察记录和分析学生在各项学习活动中的表现，对学生的参与意识、合作精神、实验操作技能、探究能力、分析问题的思路、知识的理解和认知水平以及表达交涉技能等进行全方位的评价。评价结果以简单的方式加以记录，在比较、分析的基础上，给出恰当的反馈，以激励学生进步。通过"活动表现评价"鼓励多样化的学习方式，促进学生全面发展。

（二）要素性评价转向综合的整体性评价

1. 纸笔测验

纸笔测验是常用的评价方式，应根据课程改革的需要做出相应的改进，重点考核影响学生未来发展的最基础的化学知识和技能，以及运用化学知识和科学方法分析并解决简单问题的能力，避免孤立地对基本知识和基本技能进行测试的做法。多设置开放性试题、探究性试题，以此考查学生创新精神和创新能力，如通过具有实际背景的、综合性和开放性问题的书面考核，既了解了学生掌握有关知识、技能和方法的程度，又体现了对学生解决实际问题能力的有效考核。

2. 实验设计及实验操作

这是新课改下经常使用的化学课堂教学评价方式之一 。此项考核的步骤是：

（1）教师提供给学生进行探究实验的示例；

（2）学生从教师示例中也可以从其他地方自由选择实验探究内容；

（3）留出充足的时间（一星期或两星期）先让学生设计实验方案；

（4）展示实验方案，学生之间、师生之间开展对实验方案的探究质疑和问答，学生完善各自的实验方案，并自我评分；

（5）教师审查并评定等级；

（6）学生依方案进行实验操作并进行自我评分，教师对其操作情况（行为观察评价）评定等级。按照最初设定，最终算出学生化学实验设计能力和实验操作技能的学习成绩。

教师简介：

王银章，高级教师，南充市学科带头人，阆中市师德标兵，阆中市优秀教师，曾获得阆中市微课一等奖、南充市教学论文二等奖。论文《化学教学中创造性思维的培养》刊于《南充教研》，论文《化学实验能力的培养》发表在《教育科研导报》。

美术教学评价浅谈

以过程评价方式评价：在美术创作过程中，教师应尽可能多听听学生对自己作品的说明，尤其是对那些很特别的画，比如画面看起来显"乱"，不容易看明白画面意思和内容的时候，老师需要和他们耐心地交流，了解其中的过程和学生的意图，并肯定他们在创作上的大胆和创意。

以自评、互评的方式评价：学生作业完成时，教师可以为学生举办一些有趣的作品展，将学生所有的作品展示出来。让学生欣赏、比较、讨论，最后把对作品的评价用语言表述出来。

美术成绩以平时为主，期末为辅，既要看结果，又注重过程，提高平时的课堂效率。因此美术评价的方式分为两部分："过程性"评价和"期末综合等级"评价。这样才能发挥学生的自主性和个性特点，从而更好地服务于教学。美术考核成绩采用"优良中差"等级评价方式，结合平时学生的课堂表现，予以综合评价。

建立课堂教学的"全程式"评价。所谓"全程式"评价，即把教学评价贯穿于课堂教学的全过程，对整个教学过程中学生的兴趣表现、构想创意、课堂作业做全面评价。课堂教学是最主要的学校教学方式，针对美术评价的多维性和多级性要求建立"全程式"评价，可将整一堂课划分三个阶段，多次对学生的表现进行评价反馈。

初始阶段：（兴趣评价）美术课教学内容新、美、趣，描绘手段广泛，大部分客观事物都可以成为表现的对象，具有比其他造型艺术更广阔的表现题材领域。在美术课的初始阶段，高度评价学生的参与兴趣和参与热情，有助于学生主动参与学习活动。

深入阶段：（创意评价）在这一过程中，教师引导学生产生浓厚的兴趣。学生是活生生的，他们的想象丰富而有童趣——想象整个世界都是童话的：太阳会笑，植物会哭，猫和老鼠是好朋友……在美术课，特别是设计课中，学生的想象更能得以发挥。

终结阶段：（结果评价）一堂课的终结阶段，这里主要是指作业评价阶段。教师一定要把握好审美尺度，从作品中去发挥学生的创造性思维，并把它作为衡量好坏的一个重要标准，只有这样，学生的主体地位才能得到落实，创造意识才能得以增强。

教师简介：

李晓雪，二级教师，任教小学数学、美术，艺体组长。参加保宁片区竞教获得二等奖。

浅谈初中数学教学评价

一、注重及时的过程评价，给学生以积极的学习导向。

在日常的教学过程中，应针对学生在数学学习中的各种表现进行及时而又适宜的评价，从而强化他们的成功意识、优势意识以及良好的品行意识。比如学生与众不同的创新思维和做法，即使他们的作业没有全对，没有得高分，也应该加以大力肯定。这既是对个体的肯定，也给了全班同学以导向。当然平时的评价，无论是表扬还是批评，都要区分对象，不同个性、不同水平的学生，在评价的形式、程度、场合要有所区别。基本的原则就是以能够激发学习热情、强化优点、促进进步为宜。

二、注意实施多渠道评价，营造乐学的浓郁氛围。

以学生为主体的思想，在教育教学评价上是同样适用的。对学生进行评价，过去往往都是老师的事，学生极少参与。而事实上，学生往往更容易接受来自同伴的评价。在教学过程中，有经验的教师总是注意巧妙地调动学生的参与性，从而把评价活动作为教学的有机组成部分。同伴发自内心的赞美对学生的影响同样是深刻的，评价过程中难免有并不正确的地方，但只要老师巧妙地加以引导，就可以使学生在交流评价中共同进步。这样的数学学习无疑是充满乐趣的。

三、进行多层面的奖励评价，强化学生的闪光点。

许多有经验的老师都比较重视对学生进行多层面的奖励评价，比如定期评选作业完成最佳奖、思路最奇特奖、书写最认真奖、进步最快奖等。这种多层面的奖励评价可以大大拓宽表扬的范围，使各层次的学生都有了成功的可能。虽然这些看起来有些不起眼，但是对有的学生来说却是非常珍贵的，不仅帮助强化了他们的成功意识，而且将时时激励他们投入更大的热情，数学学习的动机和兴趣也就在不知不觉中形成了。

教师简介：

刘毅，二级教师，一直从事初中数学教学工作，南充市初中数学骨干教师，文章《数学教学中的语言妙用和巧妙处理》刊于《科学教育导刊》，获阆中市文成镇优秀教师、优秀共产党员称号，在市区竞教多次获奖。

浅谈小学数学课堂教学评价

首先是学生自评，这是学生对自我的一种激励和反馈。即让学生评价自己在课堂上的表现。学生回答问题后，请他再听听别人的回答，然后说说自己的感想，实际上也是给了学生一个自我评价的机会。通过正确的评价，学生在学习的过程中可以树立学好数学的信心。比如学习长方形和正方形的周长和面积时，学生有畏难情绪，根据学生的不同学习情况，请能独立做出的学生说说自己的感想，对自己的成功做个评价，学生非常高兴和自信，给自己的评价是"我很棒"；对指导后做出的学生，他们对自我的评价是"还可以，还要努力"。学生接受对自己进行正确评价，可以帮助自己找到继续努力的方向。

其次是小组评价，在小组合作中进行小组评价，可以充分发挥学生的主动性和积极性，同时避免个别学生在进行小组讨论时产生依赖性，或者有不积极合作参与的状况。如某某同学发言热烈；某某同学有创新；某某同学动手操作能力特强。整个小组不但分工明确，而且每个同学都可以发现其他同学的优点，同时自己也得到其他同学的肯定。学生在小组评价中体会到了学习数学成功的喜悦，激活了他们的个性和对数学的向往。

再次，谈谈教师评价，教师作为教学过程中的主导，如今更要注重过程性评价，指出学生在学习数学中存在的问题，鼓励其今后要继续努力。通过对学生学习过程的及时诊断、及时反馈，促进学生的有效学习。例如在写学生手册时，教师可以给小李学生这样的数学评语：思维很活跃，经常有富于创新性的回答或解题方法，但在计算方面还有欠缺，需要继续加强。给小张同学的评价是：你是个认真的孩子，作业整洁，正确率高，成绩也很稳定。但如果上课能更积极地表达自己的想法，你会更棒的。实际上，学生也非常在乎老师的评价，在这以后，小李同学的计算正确率明显提高，小张同学的上课举手次数也多了起来。这就是教师评价的积极效应。

最后是家长评价，这是评价体系中必不可少的。家庭教育和学校教育是紧密相连的，数学教学离不开家长的大力支持，所以有时学生作业也可请家长写上评语。如在教学计算器后就鼓励学生和家长共同完成作业，学生先用笔算，家长用计算器帮助检验，并给予评价，使学生体会到和家长一起学习数学的快乐，这些评价对孩子学习数学来说更是一种动力。

教师简介：

何淑蓉，阆中市小学数学骨干教师，在片区、市级竞教中获一等奖，多篇论文公开发表。

小学语文阅读评价方法初探

一、重视学生阅读的形成过程，实施形成性评价

"四个一"评价方法：

每月教师对所有学生的阅读理解能力进行一次评价。

每月学生对自己的阅读情况进行一次评价。

每月班上要进行一次阅读比赛，全班学生对每个同学的阅读进行评价。

一期结束综合评价。

二、关注学生阅读的独立感受，实施宽容性评价

在多元化的理解中，既有正确的认识，也有偏离主题的答案、超越"常规"的想象、违背"逻辑"的"阔论"。对于学生众多的独特感受，老师们应该"珍视学生独特的感受、体会和理解"，给予呵护和包容性评价。

三、打开学生阅读的时空，实施延迟性评价

倘若过早地对一个可能有着多种答案问题的回答给予终结性的评价，势必扼杀了学生创新与发散思维的火花，如果我们给学生更多的时间和空间，让学生去阅读、去思考、去讨论、去体验和感悟，那么学生将从这开放阅读的时空中获得更多的"灵感"和"顿悟"。

四、遵循学生阅读的个体差异规律，实施分层评价

在学生阅读评价中，既要关注学生的共性，又关注学生的差异性，对学生阅读评价实行分层评价的方法：首先，根据学生阅读能力的不同，把学生分成A、B、C三个层次，其次，确定A、B、C三个层次不同的评价标准，如对学生朗读的评价，执教者给出一段阅读短文，让学生朗读，但对A、B、C三个层次的学生评价标准就不相同。

C层次的评价标准是：①能用普通话读课文；②语言基本流利，把句子读通顺；③力争做到有感情地朗读。

B层次的评价标准是：①能用普通话正确、流利、有感情地读短文；②能基本理解短文的内容。

A层次的要求是：①能用普通话正确、流利、有感情地朗读短文；②能说出短文的主要内容；③说说读了这则短文你有什么体会和感受。

这样的分层评价有利于让所有学生都参与到阅读活动中去，从中品尝阅读学习的乐趣，真正实现"尊重学生个体差异，促进每个学生的健康发展"的目标。

五、加强家校联动，实施主体参与多元化评价

在阅读评价中，应摒弃以教师为主的评价方法，让学生及相关人员参与评价，即采用学生自评、同组互评、教师点评、家长查评的多元化评价体系。学生可以通过自评培养自己的认识能力；小组互评使学生学会辨别，学会欣赏，学会评价；教师点评，主要起到教师的主导作用；家长查评，主要引导家长主动、全面地了解学生，正确辅导自己的孩子。

教师简介：

廖天科，二级教师，从事过初中语文、地理、小学语文教学。获四川师范大学国培班优秀学员称号。

怎样评价小学体育课教学

一堂好的体育课首先要精心设计，怎样教，怎样练，师生怎样互动，学生的安全等问题教师都必须认真考虑，做到心中有数。

根据课堂内容，树立"健康第一"的指导思想，制定好教学目标，目标要符合小学生的生理和心理特点，学生通过努力基本上能达到的目标就是合适的，有利于激发学生练习的积极性，收到好的教学效果。

要有充分的准备活动，准备活动要有针对性，要为课堂内容打好基础，除专门的准备活动外，还可以与游戏相结合来进行。准备活动不但要做好学生的生理准备，同时还要做好学生的心理准备，激发学生的学习积极性。

教学重点要突出，难度和要求要适度，这样才能增强学生练习的信心。教学的方法、手段及练习形式要有所变换，教学内容可以以游戏比赛的形式进行，从而激发学生的积极性。课堂上教师要精讲，学生要多想多练，在活动和练习中不断掌握体育知识和技能，从而达到教学目标和要求。

要体现合作意识，合作就是师生合作和同学间的合作。课堂上同学间不但要相互协调配合，教师也要积极参与到学生练习中去，师生互动，这样一来，学生的学习兴趣会更高，教学效果也更加显著。

教师简介：

陈仁远，阆中市文成镇中心学校骨干教师，曾被阆中市教育和科学技术局表彰为"师德标兵"，被阆中市文成镇政府表彰为"优秀教师"。文章《农村小学体育教学现状与措施》《怎样开展农村小学体育教研》分别在《南充教研》和《中国教育与发展改革论文选》上发表。

聋生语文课堂教学评价研究

一、全面发展聋生的语言能力

看话的能力，亦称纯读能力，指用眼睛看对方说话时的口型变化，配合面部表情和一定的场景，看懂对方说的话，正确理解对方的意思。

说话能力，要求聋生能够较正确地用普通话（手语）说一些日常用语，以使经常接触到的人能听（看）得懂。

读句的能力，指在与他人进行一般书面笔谈时能读懂即正确理解对方写的句子的意思，能读懂教学范围内的语句的能力。

写句能力，指聋生能掌握教学大纲教学范围内的基本语法知识，写出通顺的句子，明白正确地表情达意。它是达到教学大纲写作要求的基础。

看手语的能力，指聋生看懂手语（手指语、手势语）的能力。

打手语的能力，指聋生能掌握手语，手语打得规范、流畅，清楚地表情达意。

二、正确把握聋生语文学习特点，满足不同层次需要

聋校语文教学，比之同年级的普通学校的语文教学，必须放慢进度，减小坡度，降低难度，强调能力；必须贴近聋生生活，强调在情境中学语言、用语言、发展语言能力；必须遵循聋生学习语文、形成能力的轨迹，真正体现以聋生发展为本的精神。

三、教学手段及教学方法

由于聋生个体差异的存在，语文课程的实施必须坚持因材施教的原则，采用分类教学、分层教学、个别化教学等举措。聋生有一个学习语言的过程，他们不像普通儿童，入学前已有口语基础，不必有形成语言的过程。教师承担着教会聋生口语（手语）和书面语的任务，这是特殊需要。

聋生说话的语音差异很大，大多数聋生说话很难被别人听清，他们说话的

语音也差于普通儿童，所以运用教学手段和方法时，要注意发展他们的说话能力、朗读能力、复述能力，发展他们的语言思维。

教师简介：

李菲，阆中市特殊教育学校骨干教师，2013年毕业于南京特殊教育师范学院儿童康复专业。

阆中市城北小学数学课堂教学评价研究

一、恰当评价学生的基础知识与技能

基础知识和基本技能是中小学数学学习的重要组成部分，对这部分内容的评价应以各学段的具体目标和要求为标准，根据学生的差异，运用适当的评价方法来评价学生。

二、重视数学能力与情感态度的评价

数学能力主要包括数学思考的能力和解决问题的能力。数学思考是学生数学素养发展的重要标志，包括对学生数感、符号意识、空间观念、几何直观等数学能力的培养。数学思考能力的提高也体现在学生抽象、推理和建模等数学思想的形成和发展过程之中。学生数学思考的评价应当体现在学习过程和解决问题的过程之中。如数的概念的形成和发展过程，需要学生有抽象能力，需要建立数感、符号感。对学生数的概念的评价，不只是看他们对数的认识理解的程度、掌握的水平，还应当了解学生数学思维能力的发展。问题解决是数学学习的核心，评价学生问题解决的能力是数学评价不可缺少的重要内容。让学生在学习活动中发现问题、提出问题、找出解决问题的方法。从学生回答问题的过程中可以清楚地了解学生问题解决能力的水平，培养学生问题解决的意识和能力。

对学生情感态度的评价，目的在于激励学生学习的兴趣，增进学生学好数学的信心，提高其克服困难的勇气，在平时的教学活动中，可以采取即时评价的方式，在教学过程中给予学生鼓励，也可以采取小组互评的方式，让学生在合作学习的过程中评价同学的参与状况及学习中的表现。

三、注重学生学习过程的评价

对学生的学习过程进行持续全面的评价，评价时要使学生了解哪些知识、哪些技能、哪些能力是重要的，向学生反馈信息可以帮助学生了解自己现阶段的学习情况，促进学生反思自己的学习决策。

四、课堂教学评价的多元化

1. 引导学生开展自我反思。

2. 引导学生开展小组合作互评。

3. 融入家长参与性评价。

教师简介：

杨艳琼，南充市小学数学学会会员，阆中市小学数学骨干教师，阆中市教学质量先进个人。

表 2-1 阆中市实验小学语文课堂教学评价表

班　级：_____　学　科：_____　授课教师：_____

评价者：_____　日　期：_____　得　分：_____

课题						
评价项目	分值	评价要点	评价等级			
			优	良	中	差
教学目标	15%	1. 三维教学目标制定符合新课标要求、教材年段特点和学生认知规律，可操作能落实 2. 目标对不同层次学生有不同的达标要求	1.5	1.2	1.0	0.6
教学内容	10%	1. 知识正确，重难点内容得到强化和突出，容量、密度适当，课堂设计有层次，能为不同学生的发展提供空间 2. 教学内容拓展适度，注重学生语文能力、语文素养的形成及良好的语文学习习惯养成	1.0	0.8	0.6	0.4
教学环境	10%	尊重和关注每一位学生，根据教学内容创设信息性、情感性、交互性的课堂教学环境	1.0	0.8	0.6	0.4
教学结构	15%	1. 结构设计符合知识之间的逻辑规律和学生的认识规律 2. 以教材为蓝本先学后导，指导学法，学生听、说、读、写能力训练到位	1.5	1.2	1.0	0.6
教学方法	15%	1. 教学方法体现"三为主"原则，因材施教，整体提高，在某个方面有独到之处 2. 学生自主、合作、探究学习氛围浓，能主动表达自己的不同看法，有进一步探究的愿望	1.5	1.2	1.0	0.6
教学手段	10%	1. 教学工具简洁实用，有效运用多种教学媒体进行教学 2. 根据教学内容，合理整合各种课程资源	1.0	0.8	0.6	0.4

续表 2-1

课题						
评价项目	分值	评价要点	评价等级			
			优	良	中	差
教师素养	10%	仪表端庄，语言规范有激情，板书工整，课堂应变、调控能力强；大胆创新，教学有特色	1.0	0.8	0.6	0.4
教学效果	15%	学生参与度高，教学目标达成率高，不同层次学生均获得发展。	1.5	1.2	1.0	0.6
整体评价	简单描述优点及问题：					
	各评价项目采用 10 分制计分，结果为 8.5 分以上为优，7.5-8.4 为良，6-7.4 为合格，6.0 以下为不合格					

制表人：陈正琼（阆中市实验小学校长）

杨雨玲（阆中市实验小学副校长）

表 2-2 阆中市实验小学数学课堂教学评价表

班 级：_____ 学 科：_____ 授课教师：_____

评价者：_____ 日 期：_____ 得 分：_____

课题							
评价项目	分值		评价要点	评价等级			
				优	良	中	差
教师素养	语言	5%	语言准确、精炼、生动；教态亲切、自然，富有亲和力	0.5	0.4	0.3	0.2
	板书	5%	工整规范，结构合理，内容精炼，富有启发性	0.5	0.4	0.3	0.2
	技能	5%	媒体、教学方式选用得当，操作熟练。教学技能娴熟，能有效调控课堂，准确及时评价学生。具有一定教育机智，有个性，形成特点与风格	0.5	0.4	0.3	0.2

课题							
评价项目	分值	评价要点	评价等级			
			优	良	中	差
教师教学行为	教学目标 10%	体现知识与技能、数学思考、解决问题、情感与态度等四个方面的要求，切合教材要求和学生实际，注重对学生数学核心素养的培养	1	0.8	0.6	0.4
	教材处理 10%	准确把握教材，正确理解各部分教学内容的本质、地位及相互之间的内在逻辑关系。合理组织教学内容，整合教学资源，落实教学目标	1	0.8	0.6	0.4
	教师活动 15%	教学思路清晰，层次清楚，重点突出，结构合理，符合学生的认知规律，有利于学生认知结构的建立。教学方式灵活多样，情境创设恰当有效，问题设计严谨合理，注重学生的数学思考	1.5	1.2	0.9	0.6
学生学习状态	参与状态 5%	学生对问题情境关注，参与面大，参与时间充足	0.5	0.4	0.3	0.2
	5%	各个层面的学生都能积极地参与到教学中各个环节	0.5	0.4	0.3	0.2
	5%	学生具有良好的数学学习习惯和一定的教学素养	0.5	0.4	0.3	0.2
	思维状态 5%	学习的注意力集中，主动地收集、加工学习信息，积极地思考问题、提出问题	0.5	0.4	0.3	0.2
	5%	能独立思考，勇于发表自己的见解，会并乐于听取和尊重别人的意见	0.5	0.4	0.3	0.2
	5%	学生主动地进行观察、实验、猜测、验证、推理与交流等数学学习活动，学习活动生动活泼、富有个性	0.5	0.4	0.3	0.2
	5%	在学习过程中能正确地评价同学和自己	0.5	0.4	0.3	0.2

续表 2-2

评价项目	分值		评价要点	评价等级			
				优	良	中	差
学生学习状态	达成状态	5%	知识理解：了解知识产生的缘由，对知识产生和发展的经历，形成了一定的活动经验。理解知识形成的结果并能解决数学的基本问题	0.5	0.4	0.3	0.2
		5%	知识迁移：学习者能把理解的知识、形成的基本技能迁移到不同的情境中去，促进新知识的学习或解决不同情境中的问题	0.5	0.4	0.3	0.2
		5%	知识创新：学习者能够生成超越教材规定内容的知识，或者对问题进行推广与变式得到一个新的问题	0.5	0.4	0.3	0.2
整体评价	简单描述优点及问题：						
备注	该评价表采用 10 分制计分，结果为 8.5 分以上为优，7.5-8.4 为良，6-7.4 为合格，6.0 以下为不合格						

制表人：阆中市实验小学教师廖亚东、张素莉

表 2-3　阆中市实验小学英语课堂教学评价量表

教　师：＿＿＿＿＿＿＿＿　年级：＿＿＿＿＿＿＿＿　课题：＿＿＿＿＿＿＿＿

评价人：＿＿＿＿＿＿＿＿＿＿年＿＿月＿＿日

评价指标		评价标准				测评得分
		优	良	合格	不合格	
序号	项目	完全达到	基本达到	部分达到	少量达到或未达到	
1	教学设计 10 分	认真研究外研版英语教材，结合《英语课程标准（2011 版）》理念准确把握三维目标；能充分利用各种资源设计教学预案，教学重难点的突出、突破方式符合学生实际。目标把握准确；重难点设计有梯度；有利于学生的自主学习和合作探究；指导学生学习的方法简捷有效；教学预案符合小学生的认知特点和英语学科的教学特点				
		10~8	7~5	4~2	1	

253

评价指标		评价标准				测评得分
		优	良	合格	不合格	
序号	项目	完全达到	基本达到	部分达到	少量达到或未达到	
2	课堂教师活动25分	(1) 教师角色：学生学习的引导者、合作者、激励者（4分） (2) 教学环境：能营造浓厚的英语学习氛围，教师态度亲切，面向全体，关爱学困生；学生学习兴趣浓厚，积极思考，大胆探究，课堂气氛活跃，师生能用英语进行互动，且互动自然、和谐（4分） (3) 课堂调控：善于发现、利用课堂上生成的课程资源，创新教学活动，及时修正教学预设；能妥善处理、巧妙利用课堂突发事件，激发学习的潜力、积极性和创新性（8分） (4) 技术运用：能根据英语教学活动需要，科学、合理地利用现代教育技术手段，媒体形式选用得当，操作熟练；能继承简便、实用的传统教学手段，如录音机、点读机，坚持口语与听力的练习（3分） (5) 时间安排：合理分配实验时间和讲授时间，学生自主活动不少于20分钟（3分） (6) 作业指导：作业布置要有代表性、针对性、开放性、层次性；作业量适中，及时批改、反馈、交流，注重英语书写习惯的培养；练习要求明确、具体，对不同程度的学生有切合实际的要求（3分）				
		25~20	19~14	13~8	7以下	
3	课堂学生活动60分	(1) 学习方式：合作探究、猜想假设、实验验证（10分） (2) 学习水平：学生对课堂活动有浓厚的兴趣。能投入、善合作；能发现、敢表达；能自学、善交流；能选择、敢否定；能分析、善归纳；富想象、有创意（15分） (3) 活动度、参与度：积极响应教师的热切期待，参与学习活动兴趣浓厚。不同程度的学生都能充满自信，积极进取，获得学习成功的体验。学生自主性活动时间占课时50%以上，参与活动的学生达100%（15分） (4) 学习效果：反馈形式多样有效，贯穿教学活动的始终，学生对学习的达成度达到90%以上；对知识的形成过程体验充分，领悟深刻，受到正确的情感态度价值观的熏陶；培养并巩固良好行为习惯和科学的学习方法（20分）				
		60~55	54~49	48~40	39以下	
4	基本素养5分	(1) 能用标准流利的英语及适当的普通话组织教学；语言表达准确、流畅，有一定感染力；肢体语言自然、丰富（2分） (2) 板书清晰、合理、规范、整齐、美观，能体现重难点；教具使用合理、有效（1分） (3) 对个人的教学观念、行为具有反省意识，能积极、主动地与其他教师交流和沟通；主动反思教学，不断改革教学方式（2分）				
		5	4~3	2	1	
总评		合计总分				

制表人：蔺登勇（阆中市实验小学教师）

表 2-4 阆中市城北小学数学课堂教学评价表

姓名_____ 课题_____ 班级_____ 时间_____

评价项目	权重	评价要点	分值	得分
教学目标	15	符合新课标理念，体现三维目标的要求	5	
		切合教材要求和学生实际	5	
		表述准确、具体	5	
教学内容	20	能驾驭教材，准确地把握教学重点、难点和关键	5	
		教学内容应当是现实的、有意义的、富有挑战性的	5	
		适当补充相关情境材料，支持学生学习，注意本学科与其他领域的适当联系	5	
		教学内容有利于学生主动地进行观察、实验、猜测、验证、推理与交流等数学活动	5	
教学过程	20	教学思路清晰，层次清楚，结构合理，重点突出，符合学生认知规律，有利于学生认知结构的建立	4	
		开展有效的学习活动，师生、生生多边互动，积极参与，把动手实践、自主探索与合作交流作为重要的学习形式	4	
		教学节奏适当，时间分配合理，教学过程自然流畅	4	
		教师是学生学习的组织者、引导者、合作者；面向全体，关注个体差异，注重个性发展；师生关系和谐，情、知交融	4	
		利用现代化信息技术，整合学科教学	4	
教学方法	15	教学方法具有启发性，充分发挥学生的主体作用	3	
		情境创设恰当、有效，问题设计严谨、合理	3	
		体现学生的能力培养，情感的激发	3	
		教学手段运用得当	3	
		及时反馈，合理调整；注重正面评价，激发学生学习积极性	3	
教学效果	15	大多数学生在原有的基础上获得知识、技能、情感态度等方面的发展，特别是探索精神和创新意识的发展	5	
		全面达到教学目标，完成教学任务	5	
		学生思维活跃，表现出积极的情感与态度	5	

评价项目	权重	评价要点	分值	得分
教师素质	15	教态自然，语言准确简练，示范规范，指导得法，板书科学合理	5	
		能正确熟练地使用直观教具和现代信息技术媒体，并合理优化	5	
		善于组织教学，具有一定的教学机智，随机调控能力强	5	
综合评价			总分	
			评价人	

制表人：郑小敏（阆中市城北小学校校长）
赵华北（阆中市城北小学校教导主任）
杨艳琼（阆中市城北小学校教师）

表2—5　阆中市城东小学校、阆中市多维外国语学校
艺体学科课堂教学评价表

学校	班级	教师	课　题	授课时间			

评价项目		评价要点	权重	优	良	中	差
教师教学行为	教学目标	目标明确、具体、针对性强，体现《课标》理念，符合学生实际，并落实在教学全过程 面向全体学生，注重个性，关注情感、能力、知识技能、过程与方法的整合	10				
	教学设计	具备良好的学科知识、技能并通过精心的设计，创设适宜的情境，将有趣而又有效的教学方式呈现给学生。让学生学得轻松，学得灵活 围绕目标多渠道有效利用课程资源和学生生活资源，开发和设计课程	5				
	教学内容	生动、形象，富有美感，有利于学生学习 有利于陶冶学生性情和高尚情操，有利于学生创造能力与实践能力等多种能力的培养 创造性地使用教材，教学容量适当，深浅适宜	10				

256

续表 2—5

学校	班级	教师	课　题		授课时间			
评价项目		评价要点		权重	优	良	中	差
教师教学行为	教学方法	结构科学合理，教学环节安排恰当，调动学生主动学习，提供学生选择机会，促进学生多元发展 教学方法有新意、启发性、激励性，指导学生及时、灵活、有效 恰当和正确运用教具及现代教学手段，教学有特色		10				
	教学效果	全面落实教学目标，体现创新精神的培养 在教学内容、策略、模式、媒体、方法等方面进行有效的开发和创新		5				
	教学评价	重视评价的多元化，重视学习能力、学习态度、情感价值观的提高 评价以人为本，区别对待，以发展性评价为主，互动性评价为辅		5				
	基本素质	有先进的现代教育教学理念，并能体现在课堂教学的每一个环节中 教态自然大方、示范熟练、准确、有启发性；语言精练、生动，应变能力强 板书工整、规范、美观，范作等教具准备充分、有实效、有感染力		5				
学生学习表现	学习态度	积极参与体验活动的全过程，目标明确、主动活跃，具有合作精神，有全局意识，主体体现，气氛热烈		15				
	情感意志	体验乐趣，陶冶情操、轻松愉快、勇于进取、克服困难、耐心细致、大胆果断、有良好的学习习惯		5				
	目标达成	具有探究和创新兴趣，审美能力和实践能力得到培养，文化得到熏陶 能用不同视觉观察感知、充分体验，想象丰富、思维活跃，获得相应的知识技能 能大胆尝试运用所学知识和技能进行表现与创造，展示个性		15				

续表 2—5

学校	班级	教师	课　题	授课时间

评价项目		评价要点	权重	优	良	中	差
学生学习表现	师生关系	师生关系融洽、生生合作、和谐民主、平等互动、互相尊重	5				
	思维状态	思维空间开放好，能主动、积极提出问题，发表不同见解 提出的问题具有个性、有价值和创造性 能自主学习、合作探究、质疑问题	10				
综合评价			总分				
			评价人				

制表人：苟文飞（阆中市城东小学校长）

何雪莉（阆中市多维外国语学校艺体室主任）

李雪梅（阆中市城东小学艺体室主任）

郑元强（阆中市多维外国语学校教科室主任）

陈倩（阆中市城东小学教导主任）

表 2—6　阆中市石子中心学校课堂教学评价标准

项　目	评价要点	权重	得分
导学设计（22分）	三维目标符合新课标精神，结合学生实际，与导学内容相对应；内容明确，具体，通俗易懂	5	
	教材挖掘符合新课标要求；内容编排合乎教学规律，能抓住重难点，把握内在联系。导入具有激情	5	
	导语及教师课堂用语设计简明，有针对性、操作性、指导性、激励性	10	
	根据教学需要，科学、合理运用现代教育技术手段，能继承简便、实用、有效的传统教学手段	2	

续表2—6

项　目	评价要点	权重	得分
小组活动 (50分)	能按导语和课堂教师用语要求进行充分扎实的自学，内容以阅读、思考、训练为主，效果明显	25	
	针对学习中的疑难师生互助	5	
	小组讨论较主动、认真，学生参与激情高，有实际收获	5	
	用灵活、恰当的方式检查学习结果	2	
	展示灵活多样；关注别人展示，倾听别人发言；点评、补充、质疑、答疑能抓住要领，积极主动。内容以本节课重点知识、结论的获取过程和方法，分析、解决问题的思路和方法为主	10	
	小组长带动、帮扶、沟通、组织管理、检查评比、跟踪反馈等作用发挥充分	3	
课堂操控 (18分)	合理调控课堂节奏，适时收放教学活动，不拖堂	3	
	对讨论、展示、质疑、辩论及时纠偏，提示、点拨恰到好处，学习方式、方法指导明确有效	5	
	发现和弥补导学案编写的缺陷和不足，以学生身份参与讨论、互动，或适时进行讲解、示范	3	
	教师说话适时、适可、适当，不影响学生阅读、思考、活动和训练	2	
	能采用多样化的、个性化的评价方式激励学生的学习兴趣和自信心	3	
	能根据教学内容和课堂实际情况选用或循环使用自学、展示环节	2	
学习效果 (10分)	总结个人或小组的体会和收获为主	2	
	知识学习到位，技能训练准确率高、速度适当	3	
	过程方法有体验和收获	3	
	情感态度价值观等非智力因素得到培养和发展	2	
总　分		100	

注：A级：85分以上；B级70~85分；C级：60~69分；D级：60分以下

制表人：敬启戡（阆中市石子中心校校长）
李　伟（阆中市石子中心校副校长）
曹文志（阆中市石子中心校教导主任）
青　松（阆中市石子中心校教科室主任）

表 2-7　阆中市滕王阁小学校综合学科课堂教学评价表

时间		课题			
执教者		班级		评价人	
评价项目	评价指标			权重	得分
教师素质 (15)	教态大方自然，有感染力			5	
	语言准确、流利、简洁、明晰			5	
	板书工整、规范、重点突出			5	
教学目标 (10)	符合课程标准要求，适应学生发展需要，体现知识与技能、过程与方法、情感态度与价值观三维一体			10	
教学设计 (15)	正确理解并能创造性地使用教材			5	
	课堂教学容量和难度适合学生水平			5	
	关注学生的学习兴趣和经验			5	
教学过程 (40)	师生交流亲切自然，尊重、鼓励、赞赏学生，学习兴趣浓厚，思维活跃，体现平等、民主、和谐的学习氛围			8	
	教学方法得当，师生互动性强，活动形式多样有效，课堂结构严谨，过渡自然，调控能力强，能恰当运用多种媒体进行教学			8	
	学习方式多元化，体现自主、合作、探究的学习方式			8	
	评价方式多元化			8	
	面向全体，关注差异，突出学生主体地位，发挥教师的指导作用，教与学活动比例合理			8	
教学效果 (15)	课堂预设与生成，关系处理恰当，完成教学任务，达成预定教学目标			15	
教学特色 (5)	教学某一方面有独到之处			5	
评价要点	主要特色和优点		主要问题和建议	总分	

制表人：陈　森（阆中市滕王阁小学校长）

杨　业（阆中市滕王阁小学副校长）

魏建平（阆中市滕王阁小学教科室主任）

田小娜（阆中市滕王阁小学艺体室主任）

罗春彦（阆中市滕王阁小学教导主任）

表 2—8 阆中市保宁中学校课堂教学评价表

班　级：＿＿＿＿＿＿＿　课题：＿＿＿＿＿＿＿　执教者：＿＿＿＿＿＿＿

评价人：＿＿＿＿＿＿　＿＿年＿＿月＿＿日

评价项目		具体指标	分值	得分
学生课堂表现（60）	学习方式	1. 学生自主学习专注度高，精神状态好，注意力集中 2. 小组合作组织有序，讨论热烈，同伴协作、帮扶到位，按时完成小组分配的学习任务 3. 学生的探究思维能力得到发展，能积极主动地运用所学知识和已有的学习经验创造性地解决问题。对学习过程和结果能进行反思，会对自己的学习进行评价和总结	20分	
	学习状态	1. 情感状态。精神饱满，兴趣浓厚，学习投入，状态良好 2. 展示状态。大胆自信，表达简洁，答疑解惑正确，征求意见谦虚 3. 交流状态。尊重同学和老师，清晰表达自己的观点，耐心听取别人意见，质疑研讨诚恳，评价客观公正	20分	
	学习成效	1. 全体学生在知识与能力培养方面都得到有效提高，优秀学生得到能力的拓展，学习困难学生得到相应的帮助 2. 学生经历了过程与方法的培养，达到预定的学习目标，并有新的课程资源生成 3. 学生获得了情感态度与价值观的体验，提高了学习兴趣，课堂幸福感强	20分	
教师课堂表现（40分）	教师素养	1. 具有扎实的学科教学基本功，课堂调控能力强，组织引导得法 2. 教态自然亲切、仪表端庄；语言规范，富有激情和感染力 3. 能合理使用教学媒体；板书条理清晰	10分	
	教学流程	1. 学习目标导学，自主学习。老师激趣引入，出示目标，学习读书圈点，提出问题 2. 探究交流，汇报展示。学生合作探究，分组讨论，班级展示，师生互动交流，点评质疑 3. 归纳总结，当堂训练。师生归纳课堂所获，生成方法，即时训练，巩固强化	20分	
	教学策略	1. 学习目标设置明确、具体，问题设计紧扣目标，具有启发性、逻辑性、发展性 2. 解决问题方式灵活、多样、高效。能恰当地根据学生反应及时调整课堂预设，进行正确的教学反馈，即时性评价适时、适当 3. 不同层次学生的知识、能力、情感意志、道德品质等方面都有所提高和发展，教学目标达成度高	10分	

续表2—8

评价项目	具体指标	分值	得分
总体评价		总分	

制表人：陈永洪（阆中市保宁中学校长）

李　蓉（阆中市保宁中学副校长）

石建年（阆中市保宁中学教研主任）

纪大为（阆中市保宁中学教导主任）

第三章 成果撷英

第一节 线上线下同研训，教研服务拓新路

作为西部地区国家"两基"攻坚县，四川阆中自 2009 年以来共招聘特岗教师 1700 余名，以补充农村教师资源的不足。如今，特岗教师已成为全市农村教师的主体，拥有无限的激情和创造力，但不可否认的是，他们中很多因经验缺乏，还有相当部分是非师范专业毕业，专业素养亟待提升，再加之部分特岗老师远离家乡，远离亲人，对职业及当下环境的认同感不强。所以，目前，加强年轻教师队伍建设已是全市农村学校工作的重中之重。再加之笔者所在责任区所督导的学校城乡并存，规模悬殊。长期以来，校际师资从数量到质量参差不齐甚至相差甚远，教育教学质量也城乡各异，部分学校或部分学科质量更是差别巨大。

《中共中央 国务院关于全面深化新时代教师队伍建设改革的意见》明确要求："要造就党和人民满意的高素质专业化创新型教师队伍""提高师资质量，以适应课改及整个教育改革的迫切需要"。这也成了责任区思考的重点课题。过去，很多地方把这一课题完全寄托在传统的师训、校本教研和外派学习上。实践证明，这些方式要么欠缺高人指点，跳不出既有经验束缚，要么经费有限，不能实现教师全员提升。

《教育信息化十年发展规划（2011—2020 年）》明确指出："信息技术对教育发展具有革命性影响，必须予以高度重视。"为了适应新时代教育发展的需要，笔者所在责任区从 2017 年秋季开始，充分利用网络和现代信息技术，实行"线上线下同研训，远观（观名优和特级教师讲课实录）近临（向名特教师临课）相结合"的研训一体化模式。该模式实行仅一年，已收到明显效果。

一、紧扣"教育教学改革"中心，建立教师全员参与的"教研教改QQ交流群"

2017年9月6日，由笔者所在责任区党总支书记、主任岳大辉同志主持创建起保宁片区"教研教改QQ交流群"。该群主要任务：一是搜集整理全国特级教师或知名教师的课堂教学实录、优秀的微课或课件，供全体老师研课、临课或借鉴；目前，全国特级教师于永正、窦桂梅等的课堂教学实录等视频资料时长达3600多小时。二是上传本地优秀教师的课堂教学实录、课件供观摩和研究。三是积极探讨构建"以学为中心"的课堂行动模式，集片区教师智慧，释疑解惑。四是继续课堂革命，深化课改，这与教育部长提出的"课堂革命"一脉相承。陈宝生部长指出：课堂是教育的主战场，课堂一端连接学生，一端连接着民族的未来，教育改革只有进入课堂的层面，才真正进入了深水区，课堂不变，教育就不变，教育不变，学生就不变，课堂是教育发展的核心地带。他还指出，课堂上没有精彩的知识生成，看不到学生精彩的表现，时间长了，教师就会产生职业倦怠，就会失去职业幸福感。该责任区在岳大辉同志的引领下，17年来，始终抓住课堂这个核心地带，提出"三个三"高效课堂理念，即突出"三维目标"（知识与技能、过程与方法、情感态度与价值观），抓住"三个关键"（创新教学结构、转变教学方式、革新教学手段），落实"三为主"（教师主导、学生主体、训练主线），倡导的导学案模板，推行的"1+2"素质教育模式，每年一次课改观摩活动，定期骨干教师课堂教学展示，学科带头人专题讲座，学校领导、课改骨干现场评课，城乡学校结对教研，集体备课、联合教研、课堂竞教，课堂文化、课程文化、校园文化逐校观摩等，使课堂教学有效、高效，在点燃学生学习激情的同时，也减轻教师的工作负担，减轻学生的课业负担。

为了让"教研教改QQ交流群"长盛不衰，该责任区采取了一系列积极策略：一是不断创新丰富研讨内容，陆续设立起"走进名师课堂""同读一本书""同赏一篇文""同聊育人话题"等栏目。二是常态研讨与每周四晚"主讲人主讲，全体教师交流"相结合。为了方便大家借鉴，笔者及时整理交流精华讲稿，分期推送。目前，定期交流已达23期，推送的课改资讯、名师课堂视频实录等已达900余条（节）。三是将QQ群交流纳入教研工作进行考核与表彰。对优秀的主讲人、好的交流话题与经验等予以表彰。

二、线上线下紧密结合，教师研训"有帖可临"

（一）不花钱，将教育专家"请"进来

该责任区积极督导学校将搜集整理在 QQ 交流群的特级教师讲课实录用于线下教研和师资培训。各校开展教研活动请来了全国著名专家开讲。教研教改有了活的现场，课堂教学改革有了可临摹的"帖子"。

（二）不费力，实现教育的优质资源共享

该责任区将网上搜集或老师们上传的成功案例、优秀课件、微课视频等资料上传至 QQ 交流群，供老师们学习使用，中老年教师可以借鉴使用，青年教师可以再次改创，优质教育资源实现了大融合。

（三）不动员，掀起了教师读书热潮

通过线上学习，老师们认识了窦桂梅等一大批教育名家，教育思想得到了更新，教法改革得到了有力推进。该责任区因势利导，向大家推送并为部分教改积极分子赠送了于永正、薛法根等的课堂教学实录等书籍。一石激起千层浪，众多老师通过网络商店购买特级教师教育教学书籍，各校迅速掀起了"读教育名著"的热潮。

三、取得的实效

（一）收获了满满的正能量

当今社会，物欲横流、利益驱使严重，对教师队伍有所冲击，而教育的目的是通过教师正能量的传递，使学生的正能量增加，负能量减少。因此，在教育工作者队伍中弘扬正能量，传递正能量迫在眉睫。如第 21 期活动，由阆中市城东小学何兴芬老师主讲，就在那一周的星期一，何老师父亲突发急病，被送往南充医院急救，本来，与她合作的该校教科室主任陈倩准备代她发言，但是，何老师安排好家务，准时开讲，交流活动结束之后，她又急急忙忙地跑去照料老人，令人感动。第 22 期活动，由阆中市云台小学教导主任王茂平主讲。当天，他全天在阆中市文成中心学校参与全国义务教育样本校质量监测，这个

活动需要在早上 6 点前赶往市教科局领取试卷、监测工具，中午没有休息时间，而且环节紧扣，要求高，标准严，可以说堪比高考，胜似打仗。监测工作结束就 7 点半了，王茂平老师来不及吃晚饭，来不及休息，便急匆匆赶回学校，8 点准时开讲，令人感动。

记得一位学生曾经在日记中写道："如果我能搏击蓝天，那一定是老师您给了我腾飞的翅膀。"看后的喜悦之情无以言表，以致每每分享此话，大家都不禁感慨：教师的言传身教对学生的影响竟如此之大！由此，希望我们每一位教育工作者都传递给学生正能量，必须给同事传递正能量！

相信，通过引领、传递正能量，教师队伍一定会继续为人师表、快乐进取、博学好思、充满智慧，有责任感、有担当。这样的教师将是学生阳光路上的引领者、给力者，他们给予学生的不仅仅是知识，还有生命的烙印，这些烙印应当成为学生人生道路上金色的风帆，使他们感受温暖，遵守规范，学会坚强，勇于创新。

（二）每周四晚上的主讲教师都是不同层面上的骨干，起到了很好的引领示范作用

有的是阆中市学科专家组成员，有的是阆中市首届名优教师，有的获得过阆中市中小学青年教师技能大赛一等奖，有的获得过阆中、南充乃至四川省课堂教学竞赛大奖，有的是南充市级骨干教师、学科带头人，有的是各个层面的优秀班主任、德育先进工作者等。他们的话题来源于课堂教学、德育工作实践一线，他们的讲稿经过了认真准备，而且提前在校内做了交流，并进行了及时的修改，更加接地气，更加有说服力，深受大家欢迎。正因为有了这些骨干、名师的引领，才带动了片区更多的教师，激发了更多教师参与的积极性、主动性，大家纷纷形成了想把书教好的敬业精神、想提升专业水准的敬业热情。

（三）每期话题交流活动，组织得力，参与面、关注度都较高

每期话题交流主讲，在主动申请的基础上，该责任区根据学科、学校、学段，确定主讲任务，相关学校接到任务，都作为一项议题，在学校行政会议上研究落实，会后，主讲教师和分管校长、教导主任、教科室主任一起，协调教研组、安排年级组，制定交流方案，经验汇总，问题归结，分层审核，督促交流。其中令人印象最深的是，保宁中学副校长汤军分管德育，该校刘秀枝老师的讲稿，他审改了三次，为了保证效果，在全体教师会上，他还做了详尽的安排。其他学校也一样，提前一周就将讲稿发给责任区审定。每一期的话题，每

一期的主讲，不约而至的星期四，如约而至的交流探讨，主讲老师的同事们都非常积极，很多来自片区不同学校、不同学科、不同年段的老师也推掉一些应酬，主动牺牲娱乐时间，毫无保留地探讨，有的甚至交流到深夜，令人感动，有的老师由于打字慢，跟不上节奏，可能正准备交流，就又被速度快的老师给淹没了，但是老师们默默关注，及时下载，积极进行有效运用。

（四）总结、研究、整理出了一些操作性强的教学经验、个性化的教育教学法，推广运用出现积极势头

如阆师附小张翠萍数学课与语文阅读相整合，培养学生自学能力教学法；阆中市城北小学王小容游戏"热身"英语教学法；阆中市实验小学董丽华习作评改八读法；阆中市民族小学袁雪梅循环日记教学法；阆中市保宁中学张小君有效提问四法；阆中市清泉中心校张松"三步走"文言文教学法；阆中市多维学校郑元强"三路径"培养学生能力法；阆中市石子中心校曹文志拓展性问题设计法；阆师附小马艳萍在临摹于永正老师《秋天的怀念》一课后，提出了语文研读法；阆中市博树回族乡中心学校蒲洪波的数学计算能力培养法；阆中市文成中心校蒲正仁的板书设计法；阆师附小杨小雷利用学具解决数学问题教学法；阆中市城北小学唐丽华借鉴王崧舟老师的诗意语文课堂教学策略，创建了从低到高依次为"赤、橙、红、绿、青、蓝、紫"七级的课外阅读考级校本阅读法；阆中市实验小学李燕提高班级凝聚力的四个维度；阆中市多维外国语学校鄢芝芸做一个学生喜欢的老师四方面经验；阆中市保宁中学刘秀枝住校生管理中的"三勤"和家校共育经验；阆中市滕王阁小学王凤清有效借鉴窦桂梅老师经验，建立起符合本班实情的"预学—共学—延学"三部曲的课堂范式；阆中市民族小学刘飞，让验算不再成为一种形式的三种方法；阆师附小宋星辉借鉴吴正宪教学方法，提出数学教学与学生生活有机结合的经验；阆中市城东小学何兴芬四字作文教学法；阆中市云台小学王茂平"关注细节，渗透文化教写字"法；阆中市博树回族乡中心学校江峰绘本教学法等，切合教学实际，很有借鉴性。

（五）学校领导、老师们都把该群真正当成大家庭，及时推送教育教学信息资源。

线上线下研修模式，实现了老师们解决问题的便捷性、即时性，特别是实现了城乡间教师的共同提高，这是"互联网＋"时代开展教研工作的重要形式。但由于知识产权保护等法律法规的约束，网络技术日新月异，通过互联网

搜集下载更多教育教学视频资料,并将之运用于教研工作还有待深入探讨;教师们参与教改的热情高涨,如何顺势而为,培养好一批本地名师专家,成为该责任区奋斗的下一个目标!

第二节　导学案荟萃

前些年,笔者所在片区学校将导学案作为深化课堂教学改革的基础工程,在编写与使用上取得了一定的成绩,但是经过认真审视、反复调研发现,各校的导学案在编写体例、编写内容等方面存在一定的不足,有些导学案甚至只是一些问题或习题的堆积。如何编写导学案才能最大限度引导学生开展自主、合作、探究学习,才能提高学生的学科素养,成了该责任区和学校亟待研究解决的课题。

在这一背景下,笔者所在责任区根据新课改要求,学习全国先进学校的典型经验,结合片区实际,坚持"减负提质"的原则,研究并制定了导学案的指导性编写体例及要求。旨在引导教师站在学生角度研究学法,设计教学过程,培养学生的综合能力,彻底扭转满堂灌的现象。

该责任区指出,导学案是高效课堂的载体和基础工程,主张把学习还给学生,"导"是引导,"学"是目的,"案"是设计。相比于传统的教师教案,导学案主张"服务于学",终极追求是"会学"和"创学",一定要变传统的"研究教材""研究教法"为"研究学生""研究学情""研究学法",变教师"教学目标"为引导学生的"学习目标",变传统的"教师课堂"为"学生课堂",变传统的"惟教"为"惟学"、"惟师"为"惟生",是教师新课改理念下的二次课程开发。

该责任区强调,导学案是为学生服务的,必须从有利于学生的角度思考和创作,要始终把学生放在主体地位。因此,根据学习内容,需增加"加油站""温馨提示""友情链接"等补充说明、方法指导、信息提供的栏目;需多一些激励性的话语,如"试试身手,你最行!""比一比,哪个小组办法多!"等。

该书收录的部分教师的导学案,就是在责任区总体指导性意见的基础上,根据实际大胆改进,创新设计出来的,并在教学实践中广泛运用,已经取得了明显的效果。

《生活中的轴对称》导学设计

（义务教育课程标准华东师大版七年级数学下册第十章第一节第 1 课时）

执教者：阆中市保宁中学王凤鸣
把关者：阆中市保宁中学李蓉

一、教学内容解析

（一）教材内容

"生活中的轴对称"是华东师范大学出版社初中数学七年级（下）第十章第一节第一课时内容。主要学习轴对称图形的概念和两个图形成轴对称的概念，认识并欣赏自然界和现实生活中的轴对称图形。

（二）地位作用

轴对称的知识在小学已有初步的涉及，在初中阶段，它不但与图形的翻折有着不可分割的联系，对于帮助学生建立空间观念，培养学生的空间想象能力有着不可忽视的作用，同时也是今后研究等腰三角形和特殊四边形的轴对称性及其相关性质的重要依据和基础。教师应通过观察、归纳、概括、操作等方式体现学生主动学习的过程，以学生的发展为本，让学生自己去探索去归纳去总结．

二、学习目标解析

《全日制义务教育数学课程标准（实验稿）》（以下简称《标准》）与本节课相关的描述有：通过具体实例了解轴对称的概念，了解轴对称图形的概念，认识并欣赏自然界和现实生活中的轴对称图形。

根据《标准》，依据教材内容和学生的实际情况，确定本节课的学习目标为：

（1）通过欣赏自然景观、折叠图片等活动，认识轴对称图形。找出轴对称图形的共同特征，并能用自己的语言描述轴对称图形的概念。

（2）通过观察图形、折叠各种图片，找出两个图形成轴对称的特点，能用自己的语言描述两个图形成轴对称的概念，并通过对比概念能够初步总结出两个概念之间的区别与联系。

（3）通过对本节课各种活动的尝试，积累数学活动经验，认识并欣赏自然界和现实生活中的轴对称图形。

三、教学问题诊断分析

（一）学生学情分析

1. 知识基础

学生在小学时对轴对称图形已经有了初步了解。

2. 经验基础

自然界和现实生活中具有轴对称特征的许多事物都为学生的认知提供了经验基础。

3. 面临问题

该年龄段的学生数学活动的经验较少，缺乏学习的方法和语言概括能力，因此会出现对概念分析不清、理解不透的问题。

（二）教学难点

理解轴对称图形和两个图形成轴对称的区别与联系。

（三）突破难点的策略

在教学中，教师要抓住学生好奇心强、学习积极性高的特点，在轴对称图形的概念得出以后，设计了折不同图片，找共同点，不仅巩固了轴对称图形的概念，而且为两个图形成轴对称概念的引出提供了素材，设置了层层深入的问题，用一系列的问题来引导学生进行观察、思考、小组讨论、归纳、概括，最终引导学生顺利突破本节课的难点。

四、教学策略分析

数学教学活动应激发学生兴趣，调动学生积极性，引发学生的数学思考，鼓励学生的创造性思维。因此本节课以实践探索为主，直观演示、引导发现、实时点拨为辅作为主要教法。教学中，教师充分运用多媒体资源及实物教具和学具，设计了折叠五角星图片以及形状不一的各种图片、完成教材99页第2个"做一做"等动手实践活动，通过活动引导学生进行观察、思考、操作、归纳、应用等，使学生始终处于积极、主动、有趣的学习状态中，深刻体会到了"做数学、学数学"的乐趣，从而实现教与学的最优化，最终达成本节课的学习目标。

五、教具准备

多媒体课件、实物投影仪、五角星图片及相关图片、三角板、磁铁片等。

六、导学过程

表 3-1

教学环节		教学过程	设计意图	预设时间（40分钟）
欣赏图片，引入新课		学生一起欣赏风景图片。 思考：这些美丽的风景图片有什么共同的特点？ 出示人物对比图体会对称的特征及其带来的美感	让学生感受轴对称的奇妙和美丽，发展学生的审美能力，激起学生学习的兴趣。并通过问题情境自然引入课题——"生活中的轴对称"	3分钟
学习活动	直观感知，形成概念	活动一： 1. 看一看 在初步体会了对称美之后，揭示课题，带领学生一起来探究对称美，探究之初，教师以蝴蝶动画演示折叠过程，引导学生观察图形并用简洁的语言总结特征。 2. 折一折 动手折五角星感知轴对称图形的特征，对学生的回答给予肯定，最后由学生自我总结概念：如果一个图形沿着某一条直线对折后，直线两旁的部分能够完全重合，那么这个图形叫作轴对称图形，这条直线叫对称轴。 教师引导强调：（1）轴对称图形是针对一个图形而言；（2）对称轴是一条直线，不能画成线段	不仅培养学生的观察思考能力和语言表达能力，同时也提高了学生学习数学的兴趣，增强了学生的自信心，帮助学生理解概念	5分钟
	联系生活，突出重点	3. 说一说 列举生活中的轴对称图形。 4. 试一试 引导学生判断几种常见的几何图形是否是轴对称图形并指出轴对称图形的对称轴。 引导得出结论：轴对称图形的对称轴不一定唯一。 另外，在对称轴的描述上学生很容易出错，对于学生的回答及时给以鼓励和表扬，并进行纠正，比如圆的对称轴是它任意一条直径所在的直线（或过圆心的直线），强调对称轴是一条直线	让学生联系生活实际，感受数学来源于生活，巩固概念，使学生学习轻松而愉快，让整节课的气氛非常融洽，更让学生通过动手操作，动眼观察，动脑思考，培养学生发散思维	6分钟

教学环节		教学过程	计意图	预设时间 (40分钟)
学习活动	直观感知，形成概念	5.想一想 学生思考并回答：轴对称图形的对应线段（对折后重合的线段）相等，对应角（对折后重合的角）相等。 活动二： 1.看一看 观察图形，初步感知。 2.折一折 学生折叠手中的各种图片再次感知轴对称的特征。 引导学生对比轴对称图形的概念自我总结成轴对称的概念，把一个图形沿着某一条直线折叠，如果它能够与另一个图形重合，那么就说这两个图形关于这条直线对称，这条直线叫作对称轴．引导强调成轴对称是两个图形的位置关系。 3.想一想 学生完成教材99页第二个"做一做"思考后回答：折叠后完全重合的点、角、线段，依次分别叫作对应点、对应角、对应线段。 对应角相等，对应线段相等。 4.试一试 下列给出的每幅图形中的两个图案 是轴对称吗？如果是，试着找出它们的对称轴 喜喜 FF ꟻF	让学生动手操作、探索发现，不仅活跃了课堂气氛，也让学生联系生活实际，会识别轴对称图形并指出其对称轴 通过折叠图片，培养学生动手操作能力，并自然过渡到成轴对称的学习 培养学生独立思考的习惯，让学生自己去归纳概括。通过观察折叠过程自己发现结论	6分钟
	合作交流，探究难点	活动三： 学生通过对比观察图形，同时结合两者的概念进行交流讨论，完成表格，并请学生代表回答，最后由老师总结并完善表格。重点强调两个概念的区别：轴对称图形是指一个具有特殊形状的图形，只对一个图形而言；对称轴不一定只有一条。成轴对称是指两个图形的位置关系，必须涉及两个图形；只有一条对称轴	通过对比观察图形帮助学生理解轴对称图形和两个图形成轴对称的区别与联系	6分钟
	巩固练习，诊断问题	1.下列哪些是轴对称图形？如果是，请说出它有几条对称轴。 2、如图中阴影图形与_____图形成轴对称（填序号） （1） （2）（3）	第一题体现基础，巩固新知，加深学生对概念的理解；第二题体现轴对称图形与轴对称的区别与联系；第三题体现数学三种语言的相互转换关系，提高学生应用知识的能力	5分钟

教学环节		教学过程	计意图	预设时间 （40 分钟）
学习活动	巩固练习，诊断问题	整个图形有_____条对称轴。 3. 已知△ABC 与△DEF 关于直线 a 对称，若 AB = 2cm，∠A = 55°，则 DE = _____，∠D=_____。（图略）	第一题体现基础，巩固新知，加深学生对概念的理解；第二题体现轴对称图形与轴对称的区别与联系；第三题体现数学三种语言的相互转换关系，提高学生应用知识的能力	5 分钟
	总结提高固化知识	通过本节课的学习：你学到了什么？你还有什么疑问？	培养学生学习的主动性	3 分钟
	课后作业	1. 完成数学书上第 100 页第 2 题，并找出该轴对称图形的对称轴。 2. 根据本班情况，利用轴对称知识制作一枚班徽，要求既美观又要有意义	学以致用	1 分钟

七、板书设计

10.1 生活中的轴对称		
一、轴对称图形：（定义） 一个图形 对称轴（直线）：不一定唯一 二、轴对称：（定义） 两个图形的位置关系 对称轴（直线）：唯一 三、二者联系与区别：	多媒体课件播放	活动展示区

《中国三级行政区域》导学设计

（义务教育课程标准粤教版八年级地理上册第一章
中国的疆域和人口 第一节位置和疆域　第 2 课时。）

阆中市保宁中学　王秋宇

学情分析：

　　八年级学生经过为期一年的地理学习，已经初步掌握了地理读图的方法，在分析地理问题时思路也相对明确。在日常生活中对中国地理知识也具备一定的积累，能够说出我国的领土面积。但是由于本部分内容较多且具有抽象性，因此在教学中要充分利用图像、活动材料及拼图游戏等资源增加学生对学习的兴趣与印象，在教学中注重引导学生通过自己的分析得出结论以便于加深学生学习印象；增进学生对新知识的加工与深化。

学习目标：

（1）了解我国现行的三级行政区域；记住 34 个省级行政单位的名称、简称、位置及轮廓。

（2）能够阅读并使用中国行政地图，找到地理学科记忆的方法。

（3）感受祖国大好河山的壮丽，明白祖国的领土是神圣不可侵犯的。

教学重难点：

如何快速又准确记住 34 个省级行政单位的名称、简称、位置及轮廓。

导学活动：

一、目标导学

1. 同学们，中国的领土面积有多大？这么大的国土，应该如何对它进行管理呢？这就是我们今天这节课要学习的内容：中国三级行政区域。

2. 请同学们自由朗读学习目标，特别注意学习重点。（板书课题）那么什么叫行政区域？

二、预习导学

1. 下面我们通过 VCR 来展示同学们的预习情况。（播放视频）同学们的课前预习很认真，也为接下来的学习打下了良好的基础。现在请组长组织检查，要求……（照课件讲完后切换至展台）

2. 哪个小组愿意自告奋勇上台展示？

3. 请评价这个小组的表现怎么样（书写工整、声音洪亮、朗读流利、协作配合好）。同学们的评价都比较中肯，掌声再次送给你们！

三、探究交流

通过刚才的展示，老师发现同学们的自学能力都非常不错，那么大家合作学习的能力如何呢？请独立完成探究（一）（二）（三）………（按课件读完）

探究（一）：

1. 检测你们合作学习的时间已经到了。在下面的汇报环节中，有这些温馨提示送给你们……哪个小组愿意到前面这个舞台来展示探究（一）？

2. 你们小组阅读地图的能力很强，老师给你们点赞。我们刚刚填的都是省区的全称，每个省区除了全称，还有自己的简称，请看探究（二）。

探究（二）：

1. 哪个小组愿意展现你们的风采？

2. 其他小组的同学还有补充吗？（如没有，师补充（1）：第二种情况中这个字还与本省的历史名称有关，如春秋战国时的鲁国在山东，所以简称鲁。补充（2）：发现第一种情况中的 15 个省区中大多数都是取全称中的一个字作简

称，只有内蒙古自治区是取了三个字做简称，称为内蒙古）

3. 不难发现，双简称的得来包含了这两种情况。

探究（三）：

1. 我们前面学习了34个省级行政区的名称和简称，那么我们如何能又快又准确地记住34个省级行政区，分享你的方法。

方法一：编顺口溜记忆（用小黑板展示），谢谢你们的分享。

方法二：根据省区特别的形状来记忆。老师也整理搜集了几个，同学们看一看并猜一猜。

方法三：……

2. 同学们分享的方法都很好，老师也想给大家分享一种方法：按方位分区域记忆。

3. 老师在这里要特别说明一下，课前杨华栋同学告诉老师，说他在搜集资料的时候发现了改编成地理版本的《小苹果》，希望与同学们一起分享。老师把它放在课件中，希望能对同学们有所帮助。请同学们全体起立，大声唱响这首歌。

四、反思归纳

通过这节课的学习，你有哪些收获、哪些困惑呢?

（收获：知识上的，记忆方法上的，如歌诀记忆法、形象记忆法。情感态度上的，如台湾是中国领土，包括钓鱼岛，是神圣不可侵犯的。）

五、当堂训练

有了这些知识作储备，接下来我们进行当堂训练。（见学案）

寄语：同学们在今天舞台上表现得很精彩，老师也希望你们在今后的人生大舞台上表现得更加精彩，谢谢同学们，再见!

《道德与法治》八年级下第七课　尊重自由平等

第一课时　《自由平等的真谛》导学设计

阆中市保宁中学　纪大为

教学准备

教师准备：认真研读新课标、考试说明和教材，精确把握教学目标和教学重难点；广泛查阅资料、搜集教学资源；找寻与本课有关的案例，设计教学活动，精心编制教案；制作课件。

学生准备：课前自学本课时内容，在有疑问之处做出标记；网络搜集相关法律知识，以备课堂交流展示。

导学过程

一、导入新课

说起自由，人们都会想到匈牙利著名诗人裴多菲的诗句："生命诚可贵，爱情价更高，若为自由故，二者皆可抛。"提及平等，大多数人会想到康有为提出要建立一个"人人相亲，人人平等，天下为公"的理想社会。那么，你对自由平等有哪些新的认识呢？今天我们就一起来学习本课的内容。

（设计意图：通过阐述中外人物对自由平等的向往，唤起学生对自由平等的思考，使学生带着疑问开始本节课的学习。）

二、讲授新课

目标导学一：无法治不自由

活动一：畅谈对自由的看法

同学甲说：自由就是想说什么就说什么，想干什么就干什么。

同学乙说：自由应该是完全由自己做主，但现实生活中怎么有那么多规矩和限制呢？

同学丙说：自由就是做法律不禁止的事情的权利。

思考：你同意谁的观点？并说说你对自由的认识。

教师总结：赞成同学丙的观点。自由不是为所欲为，它是有限制的、相对的。必要的限制是对自由的保护。无限制的自由只会走向自由的反面，导致混乱与伤害。

（设计意图：让学生通过小组讨论，加深对自由的理解。）

活动二：新闻分析

谣言满天飞，互联网言论自由该何去何从？

2017年7月17日，蒙阴县蒙阴街道办事处岔河村村民朱某报案称：在卖桃期间，其应客户的要求用高压水枪向蜜桃喷洒清水用来降温，被他人拍摄视频散发在朋友圈，造谣说临沂运往沈阳的蜜桃喷洒了防腐剂，在社会上造成了极坏影响，导致当地蜜桃滞销，价格暴跌，严重损害了桃农的利益。7月26日下午2时许，山东临沂蒙阴县公安局办案民警在内蒙古兴安盟将网上发布视频谎称蒙阴蜜桃使用防腐剂的犯罪嫌疑人王某国抓获。

探究：

（1）请查阅我国对网络自由的相关法律规定，说一说网络世界自由的边界。

（2）结合材料，说一说法治与自由有什么关系。

学生分组讨论，小组人员畅所欲言，最后共同制定答案。

答案提示：

（1）无论现实世界还是网络空间，自由都是法律之内的自由，二者相互联系，不可分割。例如，《互联网跟帖评论服务管理规定》明确提出，自 2017 年 10 月 1 日起，各网站要按照"后台实名，前台自愿"原则，对注册用户进行真实身份信息认证，未经认证者不得提供跟帖评论服务。

（2）一方面，法治标定了自由的界限，自由的实现不能触碰法律的红线，违反法律可能付出失去自由的代价；另一方面，法治是自由的保障，人们合法的自由和权利不受非法干涉和侵害。法治既规范自由又保障自由。在社会生活中，有边界才有秩序，守底线才能享自由。

（设计意图：让学生通过分析新闻材料，理解法治与自由的关系，明确网络世界的自由同现实世界一样受法律的约束。）

目标导学二：法眼看平等

活动三：阅读故事，分析问题

故事一　世界著名文学家萧伯纳有一次到莫斯科访问，在街头遇见一位聪明伶俐的小姑娘，就和她一起玩耍。离别时，萧伯纳对小姑娘说："回去告诉你妈妈，今天和你一起玩的是世界著名文学家萧伯纳。"不料，那位小姑娘学着萧伯纳的语气说道："回去告诉你妈妈，今天和你一起玩的是莫斯科小姑娘安妮娜。"这件事给萧伯纳以极大的震动，他感慨地说："一个人无论有多大的成就，都应该平等待人，要永远谦虚……这就是那位莫斯科小女孩给我上的课，我一辈子也忘不了她！"

故事二　当年，杜鲁门新当选为美国总统，有人向他母亲祝贺："你有这样的儿子，一定十分自豪。"杜鲁门的母亲回答："是的。不过，我还有一个儿子同样让我骄傲。他现在正在地里挖土豆。"

讨论：从这两个故事中，你感悟出什么道理？

答案提示：每个人在人格和法律地位上都是平等的，没有高低贵贱之分，要学会平等待人。

活动四：探究分析

材料一　根据《第十二届全国人民代表大会第五次会议关于第十三届全国人民代表大会代表名额和选举问题的决定》，第十三届全国人民代表大会少数民族代表名额为 360 名左右，与第十二届相同。

材料二　全国老龄办等 24 个部门联合发布的《关于进一步加强老年人优待工作的意见》，要求政府和社会在做好公民社会保障和基本公共服务的基础上，在医、食、住、用、行等方面积极为老年人提供各种形式的经济补贴优先优息和便利服务，不断提升老年人的生活质量。

思考：你从两则材料中看出了什么？

答案提示：在法律意义上，平等具有两层含义：一是同等情况同等对待，比如男女同工同酬、一次选举一人一票等；二是不同情况差别对待，比如老人、儿童、孕妇、残疾人在乘坐公共交通工具时应获得优先权和得到特殊关照。

活动五：交流分享

时政新闻一　从广州市政府官网获悉，为稳定房地产市场合理预期，促进房地产市场平稳健康发展，广州市政府办公厅印发了《广州市加快发展住房租赁市场工作方案》。方案提出了中国住房租赁史上可能具有里程碑的一条措施：租购同权。如此一来，租房子女也享有了就近入学等权益。

时政新闻二　2017 年 8 月 4 日上午，河北省保定市中级人民法院公开宣判国家开发银行原党委副书记、监事长姚中民受贿一案，对被告人姚中民以受贿罪判处有期徒刑 14 年，并处罚金人民币 350 万元。

探究：(1) 两则新闻共同说明了什么道理？

(2) 结合所学知识，说一说法律是怎样保障人人平等的。

学生分组讨论交流。

教师总结：(1) 法律面前人人平等，是社会文明进步的标志，也是社会主义法治的基本原则之一。

(2) ①任何公民，不分民族、种族、性别、职业、家庭出身、宗教信仰、教育程度、财产状况、居住期限等，都一律平等地享有宪法和法律规定的各项权利，同时必须平等地履行宪法和法律规定的各项义务。②我国公民的合法权益一律平等地受到法律保护，违法或犯罪行为一律平等地依法予以追究，任何组织或者个人都不得有超越宪法和法律的特权。

（设计意图：引导学生深刻理解"法律面前人人平等"的内涵。）

课堂小结

本节课我们共同探讨了自由平等的含义，相信通过本节课的学习，大家对自由平等有了新的认识，能够更深刻地理解法治与自由的关系，做到法律面前人人平等。

Unit 4　I used to be afraid of the dark .

Section A　1a-2d

Teacher：Langzhong Baoning Middle School Li Xiumei

教材分析：

本单元主要围绕着 How to talk about what sb. used to be …这一话题来

进行课堂教学和语言实践的，主要学会运用重点词汇 used to，学会如何表示过去的种种习惯，学会询问和描述别人过去的习惯，学会表达自己及他人过去的喜好及现在的变化等。

学习目标：

知识目标：

1. New words and phrases.

2. Talk about what you used to be like.

能力目标：

1. 熟练运用 used to do sth. 谈论自己、他人过去的习惯、爱好、形象及经常做的事情。

2. The usage of "used to do".

情感目标：

通过本单元的学习，学会观察同一个事物或者人以前和现在的变化，让学生更加关注身边的美好事物，培养交际能力。

教学重难点：

1. 熟记重点单词短语。

2. 正确使用 used to...

教学方法：

创设开放式、探究式的课堂，充分利用多媒体录音等，让学生观察课件画面，激发兴趣；在小组对话中引导学生交际，主动练习。力求使学生在教师的引领中完成本节课的任务。

导学过程：

Step 1：Lead—in

T：Good morning，boys and girls！

We have been a middle school student for three years．We will graduate in some days．We'll have a theme class meeting about graduation party．Tell about our changes．Do you remember what you use to look like？

Step2：Review

This class let us recall together．（PPT 呈现明星郭德纲现在的照片，让同学们自由描述）

S：She is heave．/ She has short hair．（板书句型）

T：What other words we can use to describe our appearance and personality？（PPT 呈现 1a 的表格，学生完成）

279

S：I used to be …? (check the answers, one by one say) （同一张出示答案，允许不同）

Step3：探究交流 (pairwork)

Ⅰ．T：（PPT 呈现郭几年前照片）T：But three years ago she/ He used to be short / thin. He didn't use to be heavy . How about you ? Did you use to be thin ? S：Yes. I used to be thin . / No，I used to be heavy . （学习句型 used to do sth. 抽学生问答，师生就本人练习）

T：How do we describe other people?

T：Did he/she use to …? （生答）But now he/she is... （PPT 呈现明星对比图片）（处理单词 humorous）巩固句型。

板书：黑板右边板书新单词、句型。

Ⅱ．Listening

T：Yesterday，Bob saw some friends for the first time in four years. What did his friends use to look like? Do you want to know? （观察图片回答）

1. Who is Mario ?

2. Is he tall or short?

3. Was he tall when he was young ?

S_1：He was short when he was young.

S_2：He used to be short，but now he is tall.

T：Listen to the tape and write down your answers. （play the tape）

T：What did Mario use to look like ? S：She used to be short.

T：But now what's she like? S：She is tall now. （ask two pairs to answer like this）

T：Ask and answer like us，then answers one by one. （每请一组同学，做完句型的巩固）

T：We have another friend Paula . He has changed a lot , too. Let's listen how changed he has . look at 2a. （PPT 呈现）

T：What did Paula use to be like in the past ? Did he use to be... S：He used to... But now he...

练句型，师问生答，检查答案。

Step 4：归纳点拨

T：OK, Everyone has changed . Do you remember you three years ago ? Can you tell us what your changes?

Ss：I used to... but now I... （思考之后学生发言）

师示范两人对话谈论自己的变化，然后谈论别人的变化。

A：Good morning/Hello!

B：Good morning/Hello!

A：Long time no see.

B：Yes，It has been three years since we last saw our primary school classmates.

A：OK，You have changed so much. Did you use to...

B：Yes/No，I used to... / I didn't use to...

A：...

B：Look，is that XX? He has changed a lot，too.

A：Year，he used to...

...

Step5：当堂训练

学生操练……（注意写上 AB）然后师巡视指导……

请几组同学展示（注意时间）。

两分钟前展示结束。

Step 6：Homework

小结：we have learned to talk about our changes. Used to... in the past. But now sb. 编一段对话。

《分子和原子》导学设计

阆中市保宁中学　　蔡琳玲

一、教材分析

学生将从以往的宏观世界走向微观世界，形成分子、原子的概念。

二、学情分析

在初二物理课的学习中，为后期学习做好知识铺垫，课题引入并不困难，但从化学角度讲解涉及的一些化学微观概念较为抽象，学生不容易理解和掌握。

三、学习目标

认识物质的微粒性，知道构成物质的微粒有质量小、体积小、不断运动、有间隔等基本特征；解释生活现象。

四、教学准备

红墨水、冷热水、大小烧杯、氨水、酚酞试液、酒精、量筒、教学课件、温度计。

五、教学重难点

从微观角度认识物质，理解化学变化的实质。

六、教学方法

实验启发式、探究性学习，多媒体辅助。

七、导学过程

1.创设问题情境：教师在教室第一排喷洒酒精。

【问】为什么全教室的学生都能闻到酒的气味？

【学生活动】由此引入构成物质的粒子的知识解释上述现象。

2.新课学习：

活动与探究一：物质的微粒性。

【PPT 投影】：（1）用扫描隧道显微镜获得的苯分子的图像

（2）通过移走硅原子构成的文字"中国"。

【学生活动】听、看、疑，得出：构成物质的粒子——分子、原子，肉眼无法看见，但微观粒子聚集在一起构成宏观物质。

活动与探究二：分子、原子的基本性质。（分子、原子的特征）

【PPT 投影】

3.分子等粒子体积和质量都很小。

【活动探究】红墨水分别在冷、热水中扩散。

【讨论】以上实验说明什么问题？（同时播放实验过程及微观过程）

【学生活动】想象、理解：分子、原子有多小。

【提出问题】：100mL 水＋100mL 酒精＝200mL 液体；正确吗？

【学生活动】学生实验：量取 100mL 水、100mL 酒精混合在一起观察是否等于 200mL。

【PPT 投影】分子、原子之间间隔的大小与温度、压强有关

活动与探究三：分子、原子的概念。

【提出问题】：从分子的角度看，水的蒸发与水的分解两种变化有什么不同？发生变化的是分子还是原子？

以水的电解为例，通过多媒体课件演示与讲解，引导学生从分子的角度，理解水的蒸发与分解两种变化有什么不同。

4.分子、原子的概念

强调："最小粒子"不是指绝对的最小，而是指"化学变化"中的最小。

5.分子与原子比较。

6.【学生活动】在教师引导下思考分析。（用分子的基本性质区别物理变化和化学变化）

（1）物质没有变，分子本身没变化。（物理变化）

（2）物质变了，分子本身也变了。（化学变化）

【设计意图】

使学生的思维从物理变化和化学变化相互对比的角度深入微观领域，从分子本身是否变化来认识、区别物理变化和化学变化。

【巩固训练】练习册本节的选择题部分。

八、板书设计

课题1：分子和原子

（一）分子、原子的基本性质（分子、原子的观点或特征）

（1）体积、质量都很小。

（2）总是在不断地运动着。（温度越高，分子运动越快）

（3）分子、原子之间有间隔。

（4）同种物质的分子化学性质相同，不同种物质的分子化学性质不同。

（二）分子、原子的基本性质的运用

（1）解释有关常见现象。

（2）区别物理变化和化学变化。

（3）区分混合物和纯净物。

（三）分子、原子的概念

《数学广角——推理》导学设计

阆中市城东小学校 曹再明

教学内容：

新人教版《义务教育教科书·数学》二年级下册第109页。

学习目标：

1. 通过观察、猜测等活动，经历简单的推理过程，理解逻辑推理的含义，初步获得一些简单推理的经验。

2. 能借助连线、列表等方式整理信息，并按一定的方法进行推理。

3. 在简单的推理过程中，形成初步的观察、分析、推理和有条理地进行数学表达的能力。

4. 感受推理在生活中的广泛运用，初步形成有序、全面地思考问题的意识。

教学重点：

理解逻辑推理的含义，经历简单的推理过程，初步获得一些简单推理的经验。

教学难点：

初步培养学生有序、全面思考问题及数学表达的能力。

教学准备：

多媒体课件，练习题单。

导学过程

一、唤起与生成

（一）激趣引入

师（出示课件《爸爸去哪儿》）：同学们，看过这个节目吗？你最喜欢谁？

师：今天，我们把《爸爸去哪儿》这个栏目里的小朋友也请到了我们的数学乐园，想一起去看一看吗？

师（出示课件）：可是数学乐园的大门，需要输入密码，我们一起来猜猜密码是多少呢？

学生乱猜。

师：大家猜了好几个，那么到底是多少呢？请听老师的提示，（逐一出示课件）密码是两位数（生再次乱猜），由数字 3 和 4 组成（生猜是 34 或 43）。

师：这两个密码，到底是哪一个呢？你们能确定吗？

师：请听老师第三个提示，它的个位不是 3。你现在能猜出密码是多少吗？

学生猜出答案，并说明理由。

师：（课件开门）验证答案。恭喜同学们进入了数学乐园的智慧大门，在数学乐园里有 4 个乐园，只要顺利通过了这 4 个乐园，就能获得一份惊喜！

（二）铺垫孕伏

师（出示课件开心乐园）：Kimi 的手上分别拿着白色奥特蛋和黑色奥特蛋，他左手拿的是白色的，右手拿的一定是什么颜色？

学生说出答案及理由。

师（出示课件）：开心乐园里有旋转木马、过山车，Cindy 不敢玩过山车，她只能玩什么？

学生说出答案。

师：你们怎么这么快就知道答案了呢？

生：只有两种情况，不是过山车，就一定是旋转木马。

师（出示课件）：两种情况的推理，只需一个相关的提示，想"不是什么，就是什么"推出结果。

（三）引出课题

师：像这样，根据已经知道的信息，通过我们的逐步分析最终推出结论的过程，在数学上称为推理。今天这节课我们一起来学习一些简单的推理。

教师板书课题：推理。

（设计意图：在日常生活中，学生已经积累了一定的进行简单推理的生活经验，只不过没有意识到这是推理的内容。通过"猜一猜"的游戏活动，能唤起学生已有的生活经验，激发学生浓厚的兴趣。）

二、探究与解决

（一）分析问题

1. 呈现问题

教师（出示课件智慧乐园）播放视频呈现例1。先出示例1的前半部分：有语文、数学和品德与生活三本书，下面三人各拿一本，再分别出示小红和小丽说的话，最后出示问题。

2. 理解题意

师：从这段视频中你能知道些什么？我们要解决什么问题？"有语文、数学和品德与生活三本书，下面三人各拿一本"这句话是什么意思？

3. 分析问题

师：到底他们三人分别拿的是什么书呢？请同学们想一想，应该先从哪个信息开始分析呢？然后把解决问题的过程用自己喜欢的方式记录在学习单上，再把你的想法和同组的同学交流一下。

学生活动、交流，教师巡视指导。

（二）展示汇报

预设1：阅读思考后直接得出结论。（小红拿的是语文书，那小丽和小刚拿的就是数学书和品德与生活；小丽又说她没拿数学书，她肯定拿的就是品德与生活书；剩下的小刚拿的就是数学书了。）

预设2：连线的方法。（把人名和书名写成两行，再根据每一个信息分别连线：小红拿的是语文书，直接把小红和语文书连上线；剩下的小丽和小刚就只能连数学书和品德与生活书了；小丽又说她没拿数学书，那么小刚拿的就是数学书，再连上线；最后，把小丽和品德与生活书连线。）

预设3：列表法。（如下表，只要合理就应当肯定。）

	语文	数学	品德与生活
小红	√	×	×
小丽	×	×	√
小刚	×	√	×

汇报时教师要注意引导学生说自己是怎么想的。

（三）求同引思

师：为什么几位同学叙述自己的思考过程时都是从"小红拿的是语文书"开始？

以此使学生体会：推理首先应抓住关键的信息。层层分析，最终推导出结论。

师（对另外一种方法的学生）：你根据什么信息肯定小丽拿了品德与生活书？你是怎样想的？

师：推理时一般要先找到最关键的条件，由这个条件往往能直接得到一个结论，这个结论可以帮助我们进行下一步的推理。实际推理，方法也很多，可以边阅读，边思考，连线法和列表法能让我们的推理过程简洁、直观，我们可以根据需要选择合适的方法。

（设计意图：让学生在独立思考的基础上主动探究解决问题的策略，学会从众多信息中选择关键信息推理出某种结论，重点掌握用连线法进行辅助推理。）

三、训练与应用

师：看来同学们已经学会了有方法地去猜测和推理，你们敢不敢再次接受挑战？

1. 完成第 109 页"做一做"第 1 题。

第 1 题让学生读题后在学习单上完成，注意让学生说一说自己是怎样判断的。

第 2 题完成后重在让学生思考"你先确定谁的班级？为什么？"

2. 动脑找房子（出示课件幸福乐园）

村主任要给小朋友们分房子，有一、二、三号房，Kimi 住的是一号房，天天没有住在他旁边，天天和石头各住的是几号房？

3. 律动放松游戏（出示课件轻松乐园）

让学生一边说，一边做动作（拍肩，摸耳，跺脚，摆手），游戏做完后，找出做错动作的学生，让其上台表演节目，最后总结经验教训。

（设计意图：根据二年级学生的年龄特征设计了夹练夹趣的应用环节，使思维训练层层深入。由此可以促进学生进一步理解推理的含义，体验推理的过程，同时进一步培养学生有序、全面地思索问题的意识及进行数学表达的能力。）

四、分享与总结

师：恭喜大家顺利通过了 4 个乐园，现在我们一起来分享惊喜！（视频播放《爸爸去哪儿》歌曲，同学们跟唱）

师：这节课你学到了什么？

师：其实在我们生活中，有很多地方，比如警察叔叔破案、科学家搞研究等都会用到推理知识。老师希望你们在以后的学习和生活中遇到问题时，能够善于观察，勤于思考，自觉运用推理知识去解决。

五、拓展与提升

村主任买了苹果、香蕉、橘子三种水果，石头哥哥说每个人只吃一种水果，并且他不吃苹果，天天说他不吃苹果，也不吃橘子，Cindy 想让大家猜猜，他们三人各自吃了什么水果？

《画家和牧童》导学设计
第二课时
阆中师范附属实验小学校　李玉兰

一、学习目标

1. 图文结合，学会 13 个生字。

2. 正确、流利、有感情地朗读课文，背诵课文，体会画家和牧童的优秀品质。

3. 懂得要敢于挑战权威，也要谦虚谨慎。

二、教学重点、难点

体会画家和牧童的优秀品质，懂得敢于挑战权威，也要谦虚谨慎。

三、教学准备

1. 教师准备：课件

2. 学生准备：收集"人无完人"的故事，更多著名画家的图画。

四、导学过程

（一）复习生字

上节课我们学习了本课的生字，大家还记得吗？课件出示生字，大家复习。

1. "开火车"读。（读一个生字，课件出现拼音）

2. 去掉拼音读。

3. 说说记字的妙法。（①组合记：戴，②换偏旁记，③用猜谜记，④我记你指等）

（二）创新板书，设问导思

画家　牧童

1. 画家（两个字写得特别大），学生说说画家是什么意思？（画家：是指擅长画画，画画画得特别好的人），课文中的画家是指谁？（戴嵩）抽学生说说谁查阅过戴嵩的资料。（唐朝著名的画家，以画牛著名，他的名作有《斗牛图》《三牛图》《归牧图》）

2. 牡童（两个字写得特别小），学生纠正"牡"为"牧"（师表示感谢）。牧童是干什么的？（放牧牛羊的孩子）

3. 学生看课题，说说你有什么发现？

4. 你能猜猜我为什么这么写呢？（①年龄，②身份，③地位）

画家　　牧童

板书：　　　　著名　　　普通

5. 板书"和"字，一个大画家和一个普通的放牛娃之间会发生什么事呢？

画家　和　牧童

（三）激发兴趣，朗读感悟

1. 请小朋友轻轻打开课本，自己读课文，在文中找找答案吧！学生自由读文。

2. 刚才同学们读得很认真，谁来说说，读完课文你知道了什么？（学生自由说）

3. 大家知道，戴嵩不仅是一个著名的画家，他还很虚心，这一点，你是从课文中的哪里知道的？请大家再默读课文，用笔把相关的句子画出来，也可用括号做标记。（学生默读课文）

4. 抽生交流讨论：戴嵩是一个著名的画家，你从哪里知道的？

A. 学习第一自然段（课件出示）

（1）出示句子：他的画一挂出来，就有许多人观赏。

①（指导读、齐读）看学生能否把自己的感受读进句子里。

②（抽答）谁能用"一……就……"说一句话（指名说、同学互说、不会说的互相帮助）

③过渡：第一自然段还有哪些地方告诉我们戴嵩是一个著名的画家？

（2）出示句子：看画的人没有不点头称赞的，有钱的人还争着花大价钱购买。

①"没有不"换说法不变句意（换成"都"）

②"花大价钱"是什么意思？说明了什么？

（3）指导朗读第一自然段。

戴嵩的画画得多好呀，提示学生用喜欢的、佩服的语气朗读第一自然段。

B. 学习第二自然段

你还从哪些地方知道戴嵩是个著名的画家?

(1) 戴嵩沉思片刻,决定画一幅《斗牛图》。

沉思片刻——说明戴嵩构思快,这里要读出胸有成竹的语气。

(2) 课件出示:他一会儿浓墨涂抹,一会儿轻笔细描,很快就画成了。

①从课件展示中理解浓墨涂抹、轻笔细描的意思(抽生回答)。

②指导朗读:读出画得很快的语气。

③谁也能用上"一会儿……一会儿……"练习说句话呢?(运用开火车的形式说)

④过渡:戴嵩的画很快就画成了,围观的人是怎么夸赞的?(学生扮演商人和教书先生读相关句子)

C. 学习三至五自然段

课件出示:商人和教书先生的赞美之词。

(1) 谁能读出商人称赞的语气?(指名读、学生评)

①生:我好像听到,他读第一个"画得太像了"读得小声些、短些;第二个"画得太像了"读得更加肯定,所以大声些、长些。(提示学生注意读法)

②师:你听得真仔细,两个重复的词要读出不同语气,全班一起来读商人称赞的话。(理解:绝妙之作指非常好的作品)

③全班齐读。

(2) 谁来读教书先生赞扬的语气?

①指名读　②挑战读(看谁能比他读得更好)

(3) 加上动作表演读。

想扮演商人的起立,想扮演教书先生的起立,读他们各自的话。

(4) 过渡:围观的人只有商人和教书先生夸奖吗?

设问:如果你是围观的人,你会夸赞什么呢?(学生自由说)

(5) 这么多人,你一言,我一语地夸赞,就是课文中说的"纷纷夸赞"。课文中有三个带"赞"字的词(夸赞、称赞、赞扬),他们是一组近义词,学生在写作中也要学习这种写法。

(6) 当大家都在夸戴嵩的画时,也有人有不同的看法,是谁呢?(牧童)

(7) 牧童是怎么做的?

课件出示:"画错啦,画错啦!"一个牧童挤进来喊着。

①指名读。

②提示:他为什么喊得这么大声?

③大家也纷纷扮演牧童(全班齐读)

课件出示句子:这声音好像炸雷一样,大家一下子呆住了。

①师问：听了这句话，你有什么要问的吗？

②生：为什么大家都一下子呆住了呢？（学生自由回答）

③小朋友，你有什么好办法记住这个"呆"字吗？（上面一个口，好像人的嘴巴张得大大的；下面一个木，证明人就像木桩一样站在那里一动不动）

④如果你们听到牧童喊"画错啦，画错啦"，你们的表情会是什么样的？

⑤围观的人们怎么样？

⑥指导朗读。

⑦学生思考：假如你是围观的人，你会想些什么？说些什么呢？

⑧学生思考：假如你是戴嵩，你会想些什么呢？

⑨而真正的戴嵩是怎么做的？怎么说的呢？请同桌互相读戴嵩和牧童的话。（同桌读）

⑩大家都知道戴嵩是个谦虚的画家，从哪里可以看出来？

课件出示：这时，戴嵩把牧童叫到面前，和蔼地说："小兄弟，我很愿意听到你的批评，请你说说什么地方画错了？"

理解"和蔼"（抽生上台表演），谁能读出和蔼的语气？（抽生读）

①谁能做个勇敢的牧童来回答他的话呢？（抽生读）

②孩子们，为什么这个错误只有牧童发现了？（生答）

③你们还从哪里知道戴嵩很谦虚？（导入最后一个自然段）

课件出示：戴嵩听了，感到非常惭愧，他连连拱手，说："多谢你的指教。"

①这里戴嵩为什么会感到惭愧呢？

②你能联系上下文，理解"惭愧"两个字是什么意思吗？谁来读读这句话？

③"拱手"一词的含义。（拱手：古时人们的一种礼节）

提醒学生：什么时候谁会对谁拱手？（①向朋友道谢，②向长辈祝寿，③向朋友道别）

④师：是啊，人们一般只有对长辈和朋友才会拱手致谢，而现在这个著名的画家却向一个小小牧童拱手道谢，多么不容易啊！请大家加上动作再来齐读最后一段。

（四）升华主题

1.学了这篇课文，你想对课文里的人物说些什么呢？

课件出示：

我想对戴嵩说：＿＿＿＿＿＿＿＿＿＿＿＿＿＿＿＿＿＿＿＿＿＿

我想对牧童说：＿＿＿＿＿＿＿＿＿＿＿＿＿＿＿＿＿＿＿＿＿＿

我想对围观的人说：_____
除了课文里的人物，你还想对谁说？
我想对所有的画家说：_____
我想对我们班的同学说：_____

2. 总结：修改课题

同学们通过学习，知道了戴嵩是个著名的画家，他能虚心地听取牧童的意见，同时，小牧童也能勇敢地向大画家提出自己的意见，十分大胆。学到这儿，你觉得老师开始写课题的时候，将牧童两个字写得很小，对吗？为什么？该怎样改？

课件出示：

画家 和 牧童

3. 戴嵩后来又再次画了《斗牛图》。（课件出示）因为他的虚心，这幅图画得更逼真，更栩栩如生了，这幅画成了千古名画，乾隆皇帝还题了诗。戴嵩一直虚心求教，后来他又画了《三牛图》《归牧图》等作品，成了画牛的高手。（课件出示，学生欣赏）

（五）拓展延伸

1. 孩子们，不仅戴嵩喜欢画动物，还有很多著名的画家也喜欢画动物。

课件出示：齐白石的《虾》，徐悲鸿的《马》，马苦禅的《鹰》，黄胄的《驴》。

2. 同学们，有句话说得好："人非圣贤，孰能无过。""文坛巨匠"苏东坡有"菊花萎而不落"的笑谈，孔老夫子也不能解答"两小儿辩日"的尴尬，可是这丝毫不影响他们的伟大。今天我们又认识了这样一位谦虚、知错就改的画家——戴嵩，无论是戴嵩的谦虚，还是牧童面对大人物直言不讳的勇敢，都是我们做人应具备的优秀品质。

3. 课外收集有关中外名人虚心改错的故事或敢于向他人提出意见的故事。

（六）板书设计

画家　　　　和　　　　牧童

著名　　　　　　　　　普通
和蔼　　　　　　　　　挤、喊
惭愧　　　　　　　　　勇敢
虚心　　　　　　　　　大胆
　　　　　　　　　　　了不起

《伯牙绝弦》导学设计

阆中师范附属实验小学校　田春龙

一、学习目标

知识与技能：朗读课文，背诵课文。

过程与方法：能根据注释和工具书理解词句的意思，能用自己的话讲一讲这个故事。

情感态度与价值观：积累中华经典诗文，感受朋友间真挚的友情。感受音乐艺术的无穷魅力。

二、教学重难点

重点：学生能凭借注释和工具书读通、读懂课文内容，在此基础上背诵积累。

难点：感受朋友间相互理解、相互欣赏的纯真友情。

三、教学方法

讲授法、练习法、直观演示法

四、资源准备

多媒体课件

五、导学过程

（一）谈话导入

同学们，茫茫人海，知音难求！因为缘分，我们相聚在美丽的阆师附小，在班上，你的好朋友是谁？他（她）有哪些特长？你能用精短的文字描述吗？（学生自由回答）

同学们的回答简洁明了、言简意赅，非常好，让我们把掌声送给他们！朋友间不仅要相互帮助，更要相互了解和理解。交朋结友，纯真的友谊是基础，情趣相投是关键。"伯牙绝弦"是交朋结友的千古楷模，它流传至今，并给人以历久弥新的启迪。今天就让我们一起走进《伯牙绝弦》这个故事吧！请大家举起右手跟我一起书空（板书）课题：伯牙绝弦。（强调"弦"的读音）

（二）初读课文

请同学们齐读课题。《伯牙绝弦》是我们学习《杨氏之子》后的又一篇文言文，希望通过今天的学习，同学们能更加喜欢文言文。

环节一：请同学们翻开第137页，听老师范读一遍课文。

环节二：请同学们自由读课文，大声读，至少读三遍，有读不通的地方多读几遍。

环节三：请同学们看大屏幕，谁来读读课文（叫 3 名学生），读的时候，应注意古文的节奏和韵味。

环节四：现在请同学们以自己喜欢的方式读课文，在自己认为难读的地方做上记号。

环节五：请同学们将文章再读一遍，看看哪些地方读懂了，哪些地方没读懂？然后组内交流，各小组长应组织组内同学每人一句，边读边交流，一会儿，各组请一名同学交流展示，我们要比一比，看一看，哪组的同学学得最认真，交流展示得最好。（教师巡视）

环节六：现在我们各组请一位同学交流展示，每人一句，边读边交流你的理解。（教师随机点评，并出示"善""谓"的释义，简单介绍一词多义以及理解文言字词的方法。）

环节七：文言文的学习要注重自读自悟，刚才各组的同学交流展示得很好，大家把掌声送给他们。请看大屏幕，这是这篇古文的停顿划分。朗读文言文时要读得充分，读得入情，读出古文的节奏和韵味。朗读这篇课文时，还应注意"哉"和"兮"两个语气词，要读得轻些，要读出赞叹的语气。请同学们带着这些朗读的技巧，自己再读读这篇课文，多读几遍。（先抽 3 名同学读，再男生读、女生读，最后全班齐读）

（三）得遇知音

问题一：现在我们已经了解了这篇课文的大致意思，请同学们想想，课文中描写了哪两个人物？他们各自的兴趣特长是什么？（板书：伯牙、钟子期、善鼓琴、善听）

问题二：哪些句子具体写了"伯牙善鼓琴，钟子期善听"呢？

生汇报，师出示：伯牙鼓琴，志在高山，钟子期曰："善哉，峨峨兮若泰山！"志在流水，钟子期曰："善哉，洋洋兮若江河！"

谁来读读这两句？同学们听听他读得怎么样？

学生读，学生评价，教师总评。（读出气势、由衷赞叹、深深陶醉），男女生赛读，生齐读。

问题三：读到"峨峨兮""洋洋兮"的时候，你的脑海里出现了什么画面？（学生答后，教师出示课件）

古人云：言为心声。文学家用文学作品来表达自己的心声，舞蹈家以舞姿来表现自己的内心世界，作为一位技艺高超的琴师，伯牙是以什么来表达自己的志向和胸怀的呢？子期难道只从琴声里听到了泰山和长江、黄河吗？

问题四：（学生答）既然不只是泰山和长江、黄河，子期还能从伯牙的琴声中听到什么？（学生答，如：皎皎明月、徐徐春风、袅袅炊烟、潇潇春雨）

文中的哪句能说明?(学生答)请同学们齐读这句。

对,无论伯牙心中想什么,钟子期总能听出他琴声中所包含的心意,正如文中所描述的:伯牙所念,钟子期必得之。(板书:念、得)

问题五:请同学们看大屏幕,我们一起了解伯牙(课件出示伯牙资料)。许多人都听到过他那美妙的琴声,可是,他们能从琴声中听出像高山流水那样的志向和胸怀吗?一直以来,伯牙都没有碰到一个真正听懂自己琴声的人,没有碰到一个能从琴声中真正了解自己心意的人。在遇到钟子期以前,他的心情是怎样的?(学生自由回答)

在遇到钟子期以前,伯牙高山抚琴,曲高而寡。现在伯牙遇到钟子期,无论自己弹奏什么,无论寄托自己怎样的心声,钟子期总能"必得之"。这就是说,钟子期从琴声中了解了伯牙,了解了伯牙心中所想,如此钟子期就成了伯牙的——知音(板书:知音),伯牙终于遇到了自己的——知音。

问题六:此时的伯牙看到钟子期为自己琴声深深陶醉的样子,听到对方的由衷赞叹,他的心情怎么样?(学生答,如欣喜若狂)请同学们看大屏幕中课文的前四句,带着欣喜若狂、深深陶醉、由衷赞叹的语气齐声朗读课文。

(四)痛失知音

环节一:得遇知音,相见恨晚。他们约定第二年中秋再相会,可是造化弄人,钟子期因病而亡。约会时间很快就要到了,伯牙正在匆匆前行。思考:伯牙心中会想些什么?(学生自由回答:终于又可以……)

环节二:当伯牙到达钟子期的家乡的时候,伯牙面前的不是钟子期,而是子期的坟墓,齐读(出示)最后一句,读的时候要轻缓、低沉,要读出悲伤的语气:子期死,伯牙谓世再无知音,乃破琴绝弦,终身不复鼓。(学生边读,教师边板书:死、绝弦)此时还有人能听出伯牙琴声中的峨峨高山吗?还有人能听出伯牙琴声中的洋洋江河吗?还有人……一曲肝肠断,天涯何处觅知音?

环节三:伯牙绝弦,难道伯牙绝的仅仅是弦吗?摔碎的仅仅是琴吗?假如你是伯牙,此刻面对子期的坟墓,你心中会想到什么呢?从下面两个角度任选一个写一写:伯牙想对自己说……伯牙想对子期说……开始!(学生汇报)

环节四:同学们想象力十分丰富,写得很有感情,能充分表现出伯牙痛逝知音的悲伤心情。明代小说家冯梦龙在《警世通言》一书中,用生动的笔触描述了这个动人的故事。伯牙曾经在子期墓前写下了一首短歌,来追悼自己的知音。请同学们齐读大屏幕上的这首诗歌。(课件出示)

忆昔去年春,江边曾会君。今日重来访,不见知音人。但见一抔土,惨然伤我心!伤心伤心复伤心,不忍泪珠纷。来欢去何苦,江畔起愁云。此曲终兮不复弹,三尺瑶琴为君死!

环节五：知音已逝，破琴绝弦，这无疑是一个悲剧，但这个荡气回肠的故事却千古流传。古希腊的哲学家曾说："悲剧就是将美好的东西毁灭给人看。"这个凄美的故事感动了历朝历代的人们，也感动了我们，让我们一起来背诵课文吧！

（五）升华主题

同学们，学习了今天这个故事，我想大家在今后的生活中如果遇到了很知心的人，你就可以称他是你的——知音。尽管我们知道，知音难觅，知音难求，知音难得（板书：难得），但我们依然怀抱美好愿望，在生命中努力寻觅我们的——知音！

《圆锥的体积》导学设计

阆中市民族小学　侯朝勇

教学内容：

九年义务教育六年制小学数学教科书第十二册第49～50页。

学习目的：

1. 了解圆锥体积计算公式的推导过程，掌握公式，运用公式求解圆锥的体积。

2. 通过小组实践活动形成合作、交流等实践能力。

3. 形成观察分析和逻辑推理、空间想象能力。

教学重点：

运用圆锥体积公式正确计算体积。

教学难点：

通过小组实验、交流得到圆锥体积的计算公式。

教学关键：

通过观察、操作和小组讨论突破难点。

教学方法：

学生主动探求获取新知识，同时采用电教手段辅助课堂教学。

教学准备：

多媒体软硬件一套，等底等高圆柱、圆锥各一个，圆锥、圆柱若干个，实验用的水等。

学具准备：

等底等高圆柱、圆锥各一个，圆锥、圆柱实物若干个，实验用的沙子。

教学过程

一、复习旧知，铺垫孕伏

1.（电脑出示一个透明的圆锥）仔细观察，圆锥有哪些主要特征呢？

2. 复习高的概念。

（1）什么叫圆锥的高？

（2）请一位同学上来指出用橡皮泥制作的圆锥体模型的高。（提供刀片、橡皮泥模型等，帮助学生进行操作）

二、创设情境，引发猜想

1. 电脑呈现出动画情境（伴图配音）。

夏天，森林里闷热极了，小动物们都热得喘不过气来。一只小白兔去"动物超市"购物，在冷饮专柜熊伯伯那儿买了一个圆柱形的雪糕。这一切都被躲在一旁的狐狸看见了，它也去熊伯伯的专柜里买了一个圆锥形的雪糕。小白兔刚张开嘴，满头大汗的狐狸拿着一个圆锥形的雪糕一溜烟跑了过来。（图中圆柱形和圆锥形的雪糕是等底等高的）

2. 引导学生围绕问题展开讨论。

问题一：狐狸贪婪地问："小白兔，用我手中的雪糕跟你换一个，怎么样？"（如果这时小白兔和狐狸换了雪糕，你觉得小白兔有没有上当？）

问题二：（动画演示）狐狸手上又多了一个同样大小的圆锥形雪糕。（小白兔这时和狐狸换雪糕，你觉得公平吗？）

问题三：如果你是森林中的小白兔，狐狸手中的圆锥形雪糕有几个时，你才肯与它交换？（把你的想法与小组同学交流一下，再向全班同学汇报）

过渡：小白兔究竟跟狐狸怎样交换才公平合理呢？学习了"圆锥的体积"后，就会弄明白这个问题。（板书课题：圆锥的体积）

三、自主探索，操作实验

1. 大胆猜想：把铅笔头（圆柱）削成一个圆锥后，圆锥和圆柱的体积有什么关系？你们的猜想是否正确呢？我们用实验来证明。

2. 学生实验：

（1）要求：用老师为你们准备的实验材料分组操作。第一次：先用小纸杯把空圆锥装满水，然后往空圆柱里倒，看几次可以倒满？第二次：用小纸杯把空圆柱装满水，然后往空圆锥里倒，看几次可以倒满？在装水的时候，手要注意端平，不要把水溢出来。每一组由两个同学做，其余人认真观察，并做好记录。

（2）学生分六组做实验，教师下台指导。

（3）学生汇报：几次？（三次）

3. 教师实验：

现在老师用第一组的空圆锥和第二组的空圆柱来做刚才的实验，请同学们认真观察，有什么样的现象？（三次没有倒满）想知道为什么吗？请同学们现在将手中的空圆锥和空圆柱比较一下，它们的高怎么样？（相等）它们的底怎么样？（相等）再看看老师手中的这两个，它们的高？（不一样）它们的底？（也不一样）要想三次倒满，所用的圆锥和圆柱必须等底等高。下面我们来一起回顾一下我们刚才做过的实验。

4. 课件演示实验：（播放课件）

重点让学生观察实验中两个容器的高和底面积

5. 总结归纳：

通过刚才的实验我们可以得到什么样的结论？学生讨论回答。教师完善板书：圆锥的体积是等底等高的圆柱体积的1/3。

教师：圆柱的体积等于什么？

学生：等于"底面积×高"。

教师：那么，圆锥的体积可以怎样表示呢？

引导学生想到可以用"底面积×高"来替换"圆柱的体积"，可以得到圆锥体积的计算公式。板书：圆锥的体积＝底面积×高×1/3

教师：用字母应该怎样表示？

然后板书字母公式：$V = 1/3Sh$

（1）这里 Sh 表示什么？为什么要乘 1/3？

（2）要求圆锥体积需要知道哪两个条件？

（3）如果知道了圆锥的体积和底面积，该如何计算高呢？

让学生读两次公式，加强记忆。

6. 问题解决。（课件）

童话故事中的小白兔和狐狸怎样交换才算公平合理呢？它需要什么前提条件？（动画演示：等底等高）之后播放狐狸拿着圆锥形雪糕离去的画面。

四、应用公式

1. 课件出示例 1：一个圆锥形的零件，底面积是 19 平方厘米，高是 12 厘米。这个零件的体积是多少？

（1）教师：这道题已知什么？求什么？

指名学生回答后，再问：已知圆锥的底面积和高应该怎样计算体积？

引导学生对照圆锥体积的计算公式代入数据，然后让学生自己进行计算，做完后集体订正。

（2）做第 86 页"做一做"的第 1 题。

让学生独立做在练习本上，教师行间巡视。

做完后集体订正。

2. 课件出示例2。

（1）分析——教师：这道题已知什么？求什么？

学生：已知近似于圆锥形的麦堆的底面直径和高，以及每立方米小麦的重量，求这堆小麦的重量。

教师：要求小麦的重量，必须先求出什么？

学生：必须先求出这堆小麦的体积。

教师：要求这堆小麦的体积又该怎么办？

学生：由于这堆小麦近似于圆锥形，所以可利用圆锥的体积公式来求。

教师：但是题目中没有给出圆锥的底面积，应该怎么办？学生：先算出麦堆的底面半径，再利用圆的面积公式算出麦堆的底面积，然后根据圆锥的体积公式求出麦堆的体积。

教师：求得小麦的体积后，应该怎样求小麦的重量？

学生：用每立方米小麦的重量乘以小麦的体积就可以求得小麦的重量。

（2）指定两名学生板演，其余学生将计算步骤写在教科书第86页上。做完后集体订正，注意学生最后得数的取舍方法是否正确。

师：在实际生活中，小麦每立方米的重量随着含水量的多少而有所不同，需要经过测量才能确定，这里的735千克并不是一个固定的数值。除此之外，我们还能利用圆锥体积的计算方法求出圆锥形沙堆的重量、稻谷堆的重量、煤堆的重量，解决我们生活中的许多实际问题。

五、巩固练习（课件出示）

第一关：我是小判官（判断对错，并说明理由）

（1）圆锥的体积相当于圆柱体积的。（　　）

（2）圆锥的体积比圆柱的体积小。（　　）

（3）圆柱体积比它同底等高的圆锥的体积大2倍。（　　）

（4）圆锥的底面半径扩大2倍，高不变，那么圆锥的体积扩大2倍。（　　）

第二关：比比谁聪明

（1）等底等高的圆柱体积和圆锥体积，圆柱的体积是圆锥体积（　　），圆锥的体积是圆柱体积的（　　）

（2）一个圆柱体积是27立方米，与它等底等高的圆锥体积是（　　）立方米。

（3）把一段圆柱木材刨成一个最大圆锥，体积是150立方厘米，这个圆柱体的体积是（　　）立方厘米。

（4）一个圆锥的体积是 8 立方分米，底面积是 2 分米，它的高是（　　　）分米。

（5）一个圆锥与圆柱等底等高，圆柱的高是圆锥的高的 2 倍，那么，圆柱的体积是圆锥体积的（　　　）倍。

（6）一个圆柱体木料，把它加工成最大的圆锥体，削去的部分的体积和圆锥的体积比是（　　　）

（7）一个圆柱和一个圆锥等底等高，体积相差 21 立方厘米，圆锥的体积是（　　　）立方厘米．

第三关：考考你

（1）将一个直角三角形绕一条直角边旋转一周，会形成什么图形？

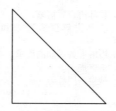

（2）如果沿斜边旋转一周，又会怎样呢？现在已知斜边为 10 厘米，斜边上的高为 2 厘米，那么，旋转后体积是多少？

第四关：思维训练

有等底等高的圆柱和圆锥各一个。如果圆柱的底和高都不变，那么：①当圆锥的底面积不变，高升高 3 倍后，它与圆柱体积有何关系？②当圆锥的高不变，而底面积扩大 3 倍后，它与圆柱体积有何关系？③当圆锥的高升高 3 倍后，而底面积缩小 3 倍后，它与圆柱体积有何关系？④圆锥的底面积和高都扩大 3 倍后，它与圆柱体积有何关系？

六、拓展深化

课件出示：如果小狐狸只用一只圆锥形的雪糕和小狗公平交换，那么这只雪糕应该是什么样的呢？老师相信聪明的同学一定能想出来，想好了下次再告诉老师好吗？好，下课，谢谢同学们！

表 3-2 体育课《单跳双落》导学设计

教学内容	单跳双落	执教者	阆中市石子中心学校　敬清平		
学习目标	1. 认知目标：理解单跳双落的动作概念。 2. 技能目标：学会起跳迅速用力、起跳后向前上方跃起、两腿屈膝上提、落地轻巧的基本技术。 3. 情感目标：培养团结协作、积极进取的集体主义精神				
教学重难点	难点：协调用力，轻稳落地。 重点：单脚用力蹬地起跳，双脚轻巧落地。				

教学程序	教学内容	教师活动	学生活动	组织方法
开始部分	一、上课： 1. 体育委员集合、整队，报告人数。 2. 师生问好。 3. 宣布本课教学内容和目标。 4. 检查服装，安排见习生。 二、热身活动 游戏"快乐的动物园" 学生听音乐跟随教师模仿各种动物的跳跃动作	1. 教师语言要清晰。 2. 教师讲解课堂要求和任务。 3. 讲解准备活动的要求。 4. 语言提示。 5. 师生一同练习	1. 快、静、齐。队形整齐，使学生精神饱满。 2. 动作准确有力。 3. 移动迅速，重心平稳、精神饱满	X X X X X X X X X X X X X X X X X X X X X X X X ◎ 四列横队，体操队形
基本部分	一、示范讲解 1. 利用教具自由练习。 2. 引出本课学习内容：单跳双落。 难点：协调用力，轻稳落地。 重点：单脚用力蹬地起跳，双脚轻巧落地。 3. 单跳双落体验练习。 4. 单跳双落接力比赛。 二、游戏 1. 踏板过河。 方法：在起点线后站成一行，发令后每组第一人拿呼啦圈铺路，各组齐心合力将后面剩余的呼啦圈往前传，连续移位前进。 规则：人不能离开呼啦圈内，否则为失足掉进河里，以先到达的小组为胜。 2. 搬运青草。 方法：在起点线后站成一行，发令后每组第一人采用跑步或跳的形式通过呼啦圈把青草运回起点，第一人返回后，第二人开始，依次进行，以完成快的小组为胜。 规则：脚必须踩在圈内，否则为失败	1. 教师引导学生用呼啦圈进行多种方式的练习。 2. 教师示范并讲解单跳双落的动作，方法及要领。 3. 组织学生体会练习。 （1）一步踏跳，双脚落地。 （2）走 2~3 步，单脚起跳，双脚落地。 （3）助跑 3~5 步，单脚起跳，双脚落。 4. 通过提问讨论示范等方法帮助学生建立正确的动作概念。 1. 讲解游戏的方法及规则。 2. 引导学生设计游戏的比赛方法。 3. 巡回指导，语言鼓励。 4. 组织比赛，并评定游戏结果	1. 学生充分发挥想象，敢于练习。 2. 仔细观察教师示范，开动脑筋，回答教师提问。 3. 学生根据教师的示范和提示进行体会练习。 4. 学生分组进行练习、观察、模仿，自主练习，安全地进行小组练习。 5. 热情地参与比赛。 1. 学生认真听讲游戏方法和规则； 2. 设计游戏的方法； 3. 齐心合力进行比赛； 4. 体验比赛的成功感； 5. 学生自评和互评； 6. 进入场地摆放呼啦圈的位置	X X　　X X X X　　X X X X　◎ X X X X　　X X X X　　X X 四列纵队 X　X　X　X X　X　X　X X　X　X　X X　X　X　X ■　■　■　■ ↓　↓　↓　↓ ■　■　■　■ X　X　X　X

续表 3-2

教学程序	教学内容	教师活动	学生活动	组织方法
结束部分	1. 放松活动 2. 小结 3. 安排回收器材	1. 领做放松操 2. 点评本课学习情况 3. 同学们再见	1. 听音乐做放松操 2. 认真听讲 3. 各组回收器材 4. 老师再见	成四列横队
器材	音响　呼啦圈若干			

表 3-3　地理课《大洋洲概述》导学设计

课题（内容）	大洋洲概述	课时数	2	第 1 课时
课型	新授课	执教者	阆中市文成镇中心学校　陈小玲	
三维目标	知识与技能：（1）学会运用地图说明大洋洲澳大利亚的范围、地理位置极其重要性。 （2）了解澳大利亚特有的生物，运用澳大利亚自然环境的基本特点和相关材料说明这些生物的生存原因。 （3）学会运用地图和资料，说明澳大利亚自然环境的基本特点和特有的自然现象。 过程与方法：（1）通过读图析图、分析资料，掌握澳大利亚自然环境的特点；通过分析各地理要素之间内在联系的探究活动，掌握综合分析地理问题的方法。 （2）通过对旧知识的联系和应用，掌握分析一般地理问题。 （3）通过资料搜集、合作学习、小组探究等活动方式，培养自主学习的习惯，提高学生的学习能力。 情感态度价值观：通过探究澳大利亚人、动物与环境的关系，初步形成正确的人地观和可持续发展观念			
重难点	重点：澳大利亚的自然环境的特点。 难点：澳大利亚有独特古老生物的原因；分析区域地理各要素之间的内在联系			
资源准备	课件			

学案	导案
一、自主学习 活动一：结合课本 90 页图 10.27，完成 91 页活动 1——说出大洋洲的纬度位置、海陆位置、半球位置。 活动二：澳大利亚陆地面积 769 万平方千米，人口约为 2349 万，计算澳大利亚的人口密度，说出它的人口组成特点？ 活动三：结合课本 92 页 10.31、10.32 和 93 页的知识之窗，1. 说说澳大利亚国徽上两种动物的名称。2. 还有哪些古老动物？ 二、合作探究 活动一：结合课本 90 页图 10.27，完成 91 页活动 2 和活动 3： 1. 在图上找出澳大利亚大陆，塔斯马尼亚岛，新西兰南、北二岛，新几内亚岛及太平洋中的三大群岛。 2. 读图 10.28、10.29，比较格陵兰岛与澳大利亚大陆面积的大小。	一、教师导学 多媒体展示澳大利亚古老动物，让学生猜猜是哪个大洲？ 二、教师参与 引导学生读图 10.27，课件展示"大洋洲国家和区划图"，布置学习任务。师生总结归纳。 教师提示求人口密度的公式，总结出人口是欧洲后裔，白色人种，本地土著居民是黄种人和黑种人，讲英语。 教师解说古老动物的一些特点和生活习性。 进一步指导学生读图 10.27，出示课件，引导学生归纳出大洋洲由 1 个大陆、4 个大岛、3 大群岛组成。 教师点拨格陵兰岛是世界最大的岛屿，澳大利亚大陆是面积最小的大陆

学案	导案
活动二： 1. 结合课本 92 页图 10.30 "澳大利亚地形图"，找出澳大利亚的位置和组成部分。	课件展示澳大利亚地形图，指导学生读图，找出澳大利亚由 1 个大陆 1 个大岛和附近的岛屿组成。
2. 读图 10.32，小组合作探究澳大利亚有哪些地形？分布在哪些地方？澳大利亚的地势特点？	进一步指导学生读图 10.30，引导学生归纳出澳大利亚三大地形区。指出它的地理位置的独特性。
活动三：读图 10.31、10.32 以及 P93 知识之窗，小组合作探究：澳大利亚特有古老动物及存在原因。	教师点拨：运用海陆变迁的知识来解释。
三、成果展示 活动一：小组合作学习，汇报成果。 大洋洲的组成：1 个大陆 4 个大岛 3 个群岛。	三、教师激励 表扬成果汇报流利、叙述完整、准确的小组。 教师引导学生说出大洋洲地理位置的重要性。 教师课件展示自然景观，解释大自流盆地形成原因。
活动二：小组合作学习，汇报成果：澳大利亚三大地形区：东部大分水岭，中部平原，西部低矮的高原。	教师总结：1. 具有古老性和独特性。2. 位置孤立，自然条件单一，动物演化缓慢。3. 从动物与环境的关系看出，人类社会应有持续发展、保持生态平衡的观念。
活动三：小组合作学习，汇报成果。	
四、拓展延伸 澳大利亚的房子阳台朝哪个方向？为什么？在澳大利亚能不能过白色圣诞节？为什么？	四、教师引领 教师点拨：澳大利亚在南半球，季节与北半球相反；房子阳台朝向以接受更多阳光为主要因素。
五、达标检测 记忆本节课的重要知识点、考点	五、教师测评 教师抽查

《最后一头战象》导学设计

闽中市城东小学校　吴朝芬

一、学习目标

1. 理解课文内容，有感情地朗读课文。

2. 养成快速阅读的能力，画出感动的语句，体会嘎羧的情怀。

3. 体会作者通过对嘎羧神态、动作、叫声的描写把动物情感写真实、写具体的方法。

二、教学重点

有感情地朗读课文，感受战象嘎羧的情怀。

三、教学难点

体会作者通过对神态、动作、叫声的描写把动物的情感写真实、写具体的方法。

四、导学过程

（一）谈话导入

孩子们，曾经，吴老师不相信猫也会懂得爱，不相信熊与人可以生死相依，更不相信野狼还有善良的一面。直到有一天，我的心灵深处停落了一只洁白的小鸟，我才发现，动物与动物之间，动物与人之间，原来还可以这样。让我们一起来朗诵这首小诗吧。

学生齐诵《我们与所有动物一起发誓》。

（二）整体感知课文，概括主要内容（板块一）

1. 导入：1943 年，日寇侵占我国云南边陲，抗日战士奋起反击。有一群特殊的士兵，它们破城门、踏敌军，勇猛无敌，被称为"战象"。战斗结束后，八十头战象也倒在了血泊之中。人们在清理战象尸体的时候，惊喜地发现一头浑身是血的公象还活着，它就是"最后一头战象"。教师板书课题，生齐读。

2. 上节课我们经过思考、概括，已经提炼出每个情节的主要内容，并用了四个词语来概括，还记得是哪四个词吗？

3. 抽生回答，并出示课件，集体回顾。

（三）学习重点情节，走进嘎羧内心（板块二）

1. 交代任务：学生默读课文，找到感动的情节，画出感动的语句。

2. 学生自学，相互交流。

3. 交流汇报

第一部分：学习"重披象鞍"

（1）聚焦语句。

"没想到，嘎羧见了，一下子安静下来，用鼻子呼呼吹去上面的灰尘，鼻尖久久地在上面摩挲着，眼睛里泪光闪闪，像是见到久别重逢的老朋友。"

（2）读出画面。

自己读读，你的眼前浮现出了怎样的画面？读出你想象到的画面。

（3）指导读出情感。

（4）初步体会写法，再次指导朗读。

嘎羧不会说话，它在用什么来表达自己内心的情感呢？（动作、神态）

（5）小结：学习这段话，我们知道嘎羧是用动作和神态来表达情感的。

第二部分：学习"再回战场"

（1）聚焦语句。

"它站在江滩的卵石上，久久凝望着清波荡漾的江面。然后，它踩着哗哗流淌的江水，走到一块龟形礁石上亲了又亲，许久，又昂起头来，向着天边那轮火红的朝阳，发出震耳欲聋的吼叫……"

（2）发现写法，读出情感。

第一个画面大象用它的动作和神态来表达它的情感，这段话又是怎么表达的呢？

指导读出情感。

（3）对比朗读，体会情感。

出示两段话：

老师读："嘎羧脖子歪得厉害，嘴永远闭不拢，整天嘀嘀嗒嗒地淌着唾液……本来就很稀疏的象毛几乎都掉光了，皮肤皱得像脱水的丝瓜。"就是这样一头老象重回战场之后，却发生了如此巨大的变化。

学生读："它身体膨胀起来，四条腿皮肤紧绷绷地发亮，一双眼睛炯炯有神，吼声激越悲壮，惊得江里的鱼儿扑喇喇跳出水面。"

老师读："嘎羧躺在地上拒绝进食……朝你看一眼……"就是这样一头老象重回战场之后，却发生了如此巨大的变化。

学生读："它身体膨胀起来，四条腿皮肤紧绷绷地发亮，一双眼睛炯炯有神，吼声激越悲壮，惊得江里的鱼儿扑喇喇跳出水面。"

激发情感

配乐朗读

（4）小结：同学们，26个春秋，9000多个日日夜夜，再次回到战场嘎羧心潮澎湃，读着这样的文字也让我们心潮激荡。

第三部分：略读"光荣归去"

（1）聚焦语句。

"土坑有三米深，嘎羧卧在坑底，侧着脸，鼻子盘在腿弯，一只眼睛睁得老大，凝望着天空。"

（2）朗读出情感。

（四）回顾文章整体，总结写作方法（板块三）

1. 出示三段话

（1）体会精神。

嘎羧去世了，但我相信它在生命弥留之际的壮举会永远印刻在我们的心中，它留下的是什么呢？

（2）发现写作方法。

2. 小结：动物没有人类所明了的表达方式，但是作者通过对嘎羧动作和神态的描写，让我们感受到嘎羧就像一位战士，深深地震撼着我们。

（五）拓展课外阅读，体会表达特点（板块四）

1. 教师出示作者的话："美好的情感并非人类专有，在特定环境下，许多动物也会表现出可歌可泣的高尚情怀。这种情怀震撼心灵，涤荡灵魂。"

2. 拓展阅读：《斑羚飞渡》《红奶羊》《第七只猎狗》。

（六）板书设计

最后一头战象

动作、神态、叫声——情感

（善良　忠诚）

《秋天的雨》教学设计

阆中市民族小学　杨秀琴

学习目标：

1. 认识本课生字，理解重点词语。

2. 展开想象，感受秋天的美好，感悟语言的优美。

3. 正确、流利、有感情地朗读课文，表达对秋天的喜爱。

重难点：通过朗读，感悟语言的优美，感受秋天的美好。

教学准备：教具、多媒体教学课件。

导学过程：

一、创设情境，导入课文

1. 教师有感情地背诵课文第一自然段并附简笔画板书。

2. 梳理第一课时的主要内容：课文是从哪几个方面来描写秋天的雨？

3. 观看课件《秋景》。

二、自读课文，探究感知

1. 自读课文，边读边思考：秋天的大门打开了，为我们带来了什么？

2. 你最喜欢秋天的什么？找出自己最喜欢的语句或者段落。

3. 把你喜欢的语句多读几遍，并把你的感受和组内同学交流。

三、探究细读课文，指导朗读，感悟语言

（一）品读学习第二自然段，体会语句的生动形象，读出秋天的色彩美

1. 找出本段描写颜色的词语，初步理解秋天的色彩美。

2. 创设意境，激活学生的想象，指导朗读本段优美的语句。重点点拨以下几处：

①它把黄色给了银杏树，黄黄的叶子像一把把小扇子，扇哪扇哪，扇走了

夏天的炎热。它把红色给了枫树，红红的枫叶像一枚枚邮票，飘哇飘哇，邮来了秋天的凉爽。想象句中描写的画面，读出凉爽的感觉。相机教学多音字"扇"字。

②橙红色是给果树的，橘子、柿子你挤我碰，争着要人们去摘呢！

③菊花仙子得到的颜色就更多了，紫红的、淡黄的、雪白的……美丽的菊花在秋雨里频频点头。指导朗读，创设想象空间，激活想象，让学生看到更多的菊花的色彩。相机引领学生理解省略号的作用。

3. 理解"五彩缤纷"的含义。

4. 词语扩展训练。

5. 配乐美读全段。

（二）品读交流第三自然段，体会用词的形象传神，读出被香味"勾住"的感觉

1. 指名朗读本段，让老师从你的朗读中闻到香味。

2. 指导读好"香香的""甜甜的"。

3. 引导学生体验并读出被香味"勾住"的感觉。

4. 拓展，你还能闻到哪些水果的香味。

（三）表演朗读第四自然段，体会大自然的勃勃生机，读出语段中蕴涵的积极情感

1. 熟读课文。通过表演入情入境，以演促读。

咱们就来把小动物和植物们是怎样准备过冬的演一演，怎么样？

2. 师生互动演一演。

3. 指导朗读。

这么快乐的景象，就让我们来快乐地读一读吧。放开声音读出你的快乐，自己读自己的。

四、拓展、积累，升华感情

1. 小结。难怪课文第一自然段说秋天的雨是一把钥匙，带着清凉和温柔，轻轻地、轻轻地，趁你没留意，把秋天的大门打开了。课文最后一个自然段说秋天的雨带给大地的是一曲丰收的歌，带给小朋友的是一首欢乐的歌。（美读首尾段）

2. 梳理本课的脉络及中心句并品读。

3. 拓展。小朋友们，秋天的雨就像魔术师，为我们打开了秋天的大门，让我们看到了美丽的景色，闻到了诱人的气味，听到了爱的声音，此时的你想对秋天说句什么话？

五、作业设计

秋天是个美丽的季节，是一个丰收的季节，秋天的美景数不尽，道不完，如果你想留住这美好的景色，你可以在课后：

1. 收集描写秋天的优美词句。

2. 选择你喜欢的内容背下来。

3. 仿照课文内容，也写写秋天见到的景色。

4. 课下读一些有关描写秋天的文章、诗歌。

表3—4 三年级数学《数字编码》导学案

课题 （内容）	数字编码		课时数	2	第1课时
课型	新授课		执教者		阆中师范附属实验小学校　何国锋
三维目标	1. 知识与技能：了解身份证号码中蕴含的一些简单信息和编码的含义。 2. 过程与方法：通过观察、比较、猜测来探索数字编码的简单方法。 3. 情感态度与价值观：学生在数学活动中养成与人合作的良好习惯，初步学会表达和交流解决问题的过程和结果
重难点	了解身份证号码中蕴含的简单信息和编码的含义，探索数字编码的简单方法
资源准备	多媒体课件；学生收集自己和家人的身份证号码3~5个

际学过程	优化案
一、情景激发，接触问题 同学们，你们知道我是谁吗？ 猜猜看，下面哪一条是我，哪些又不是，为什么呢？ 1. 某公司出纳员何国锋在银行取出巨款遭飞车抢夺。 2. 女青年何国锋勇救落水儿童。 3. 全国象棋比赛中，湖北的何国锋晋级32强。 4. 我市教师何国锋被授予"模范教师"的称号。 5. 教师何国锋撰写的论文获得我市二等奖。 二、示标导学，提出问题 确定一个人的身份，只要知道一个号码就可以了，知道这是什么号码吗？ 我国每一个公民都有一个，唯一的、不变的，用来表示自己身份的号码，就是身份号码，现在老师给出这两个何国锋的身份号码。 4. 我市教师何国锋被授予"模范教师"的称号。511381194105202×××（　） 5. 教师何国锋撰写的论文获得我市二等奖。512930197311188×××（　） ①找一找，有答案了吗？为什么？②验证身份 三、合作探究，分析问题 ①平时什么时候要用到身份证，出示身份证号码呢？你有这样的生活经验吗？ 身份号码在我们平时生活中非常重要，身份号码中的这些数字表示什么含义，知道的举举手，（学生举手），有知道的，也有不知道的，没关系，课前老师让你们收集身份号码，你们带来了吗？请填写下表：	

姓名	身　份　号　码																

导学过程	优化案
有在收集的过程中遇到困难的吗？是什么原因呢？怎么解决的呢？ 身份证号码是代表自己的个人信息，在平时生活中，我们的确应该妥善保管，注意保密。 ②小组活动研究身份号码：把你们收集到的身份号码放在一起比一比，然后试着猜一猜，老师的身份号码里的数字代表什么什么含义？ 　　身份号码共有（　　）位，前（　　）位表示居民的常住户口所在地，我们把它叫作（　　）；第（　　）位到第（　　）位表示的是出生日期，叫作出生日期码；第 15 位到第 17 位叫作（　　），是在户口所在地，同一日期出生的人在办理身份号码的时候，派出所要按照一定的顺序给他们分配的号码；倒数第二位是性别码，单数表示（　　），双数表示（　　）；最后一位是检验码。像身份号码这样，把数字、字母或其他符号按预先规定的方法排列起来来表示一定含义的，数学上我们把它叫作编码。 四、交流展示，解决问题 玩"我是小警察"的游戏： 在一个偷盗案发现场，从目击证人口中得知作案人的年龄大约 40 多岁，操外地口音，根据目击证人提供的线索，通过排查找出了一些嫌疑人，这些是他们的身份证号码： A.440603197002011×××　　B.511381199302012××× C.511381196010307×××　　D.511381199311199××× E.230103193909051×××　　F.511381197512231××× ①你们知道作案人可能是谁吗？把他的身份号码圈起来。 ②嫌疑人拿到了失主的存折和身份证，到银行为什么没有取出钱来呢？ 　五、练习拓展，实践问题 运用刚才学习到的数字编码知识设计借书证： 如果设定末尾数字 1 表示男生，用 2 表示女生，使图书管理员一眼就能看出你是哪年入学，现在在几班，学号是多少，你能给自己编辑一个借书卡号吗？ **借书证** 姓名：＿＿＿＿＿＿＿ 卡号：＿＿＿＿＿＿＿ 阆师附小	

	数字编码
板书设计	□□□□□□□□□□□□□□□□□□ 地址码　　　出生日期码　　　顺序码　X　　校验码 范围

《扫雷大比拼》导学设计

小学三年级信息技术

阆中市城东小学校 侯莉娟

一、教材分析

本课选自四川教育出版社"四川省义务教育课程改革实验教科书"小学三年级上册的第 2 单元第 1 课《学玩扫雷游戏》，本课内容承上启下，一方面强化鼠标操作训练，另一方面，为接下来的信息技术学习做好铺垫。

二、学习目标

1. 知识与技能

(1) 掌握鼠标"单击"和"右击"的操作技能。

(2) 初步学习"扫雷"游戏的玩法及一些简单的技巧。

(3) 培养逻辑思维能力及判断能力，养成学习计算机的兴趣。

2. 过程与方法

由于"扫雷"游戏具有较强的逻辑性，在学习中配以思维训练，增强逻辑思维能力。

3. 情感态度与价值观

(1) 激发对新知识强烈的探究兴趣和欲望。

(2) 自我展示、自我激励，体验成功。

(3) 通过游戏学习鼠标使用方法的同时增强观察能力和逻辑思维能力。

三、教学重点、难点

重点：通过"扫雷"游戏，熟练地操作鼠标。

难点：对地雷点的准确判断。

四、教学方法

本节课实践性较强，采用讲、演、练相结合，寓教于乐、任务驱动。

五、教学内容及过程

课前准备：扫雷游戏 学生机房。

（一）复习法导入

同学们，从今天开始，我们将正式踏上精彩的电脑之旅，大家准备好了吗？好，上课之前呢，老师先问问，我手中的这个鼠标，这里叫鼠标的什么？（左键），这里呢？（右键）这个可以滚动的叫（滚轮）。回答得真不错！那现在老师这么握着鼠标对吗？（不对）那给大家展示正确握持鼠标的姿势？真棒！

现在把鼠标放到桌子上，然后移动鼠标，我们显示器上也有个白色的箭头在跟着移动，这白色箭头又叫什么呢？（光标）对了，通过这小小的鼠标我们就能让电脑听我们的话。现在我们就来学习鼠标的一些基本操作。

（二）新课讲授

1. 学习鼠标的两种基本操作：单击和双击。

教师：请翻开书第 15 页，同学们自学本页中间的小字部分，看看鼠标的单击和右击是怎么操作的？

（出示课件）教师讲解操作动作，学生对照课件上的提示学习鼠标的两种基本操作。

抽两个学生分别示范操作方法，并集体训练单击和右击几次。

2. 扫雷大比拼【任务驱动】

任务一：启动游戏

教师：同学们很快就学会了鼠标的两种基本操作，想不想马上去实践一下？好，那我们一起来玩"扫雷"游戏吧！"扫雷"游戏在哪里呢？请同学们跟随老师一起找到它，单击"开始"按钮，依次选择"程序"→"附件"→"游戏"→"扫雷"，单击"扫雷"启动游戏。都打开了吗？同学们真棒！（巩固所学鼠标操作技能"单击"）

任务二：学习"扫雷"游戏玩法，进行"扫雷"比赛

（1）查看帮助，试玩游戏。教师带领学生认识游戏窗口的组成，演示怎么打开窗口上的"游戏"和"帮助"后，提出任务，要求学生在一分钟之内阅读"帮助"中的"游戏概述"和"扫雷玩法"；并且复述给小组的其他同学听；开始游戏；让学生提出玩游戏中遇到的问题。

（2）解决问题。教师出示课件讲解扫雷游戏的游戏界面、游戏规则、游戏技巧。

教师：游戏区包括雷区、地雷计数器和计时器。

"扫雷"游戏的目标是尽快找到雷区中的所有地雷，而不许踩到地雷。如果踩到地雷，便意味着输掉了游戏。

单击就可以挖开方块。如果挖开的是地雷，便意味着输掉了游戏。

如果方块上出现数字，则表示在它周围的八个方块中共有多少颗地雷。

要标记你认为有地雷的方块，请右键单击它，标上红旗。（通过演示让学生熟悉玩游戏的方法）

（3）再玩游戏，汇报经验。学生再次玩游戏，把刚才学到的知识应用到游戏中，尝试到胜利的乐趣。

（4）扫雷大比拼。给出五分钟的时间，统一开始，比一比，谁先玩成功。保留成绩界面，教师统计成绩。

3. 评价交流

请胜出学生展示任务成果，介绍经验和技巧。

评价内容：鼠标操作是否正确，鼠标操作技能是否熟练掌握，哪位学生"扫雷"方法更好。

4. 知识拓展

老师在我们电脑里边还藏了一些好玩的小游戏，老师现在给你们一个路径，看哪些同学最先找到它们。"我的电脑"→"新加卷（D)"→"三年级小游戏"

5. 总结

今天我们握着我们的好朋友小鼠标一起做游戏了，请哪位同学告诉大家这节课学会了鼠标的哪几种操作（"单击""双击"），非常好！现在计算机要"休息"了，我们也该下课了，谢谢同学们，再见！

表3-5 《小猪变形记》导学案

课题	小猪变形记		课时	第1课时
课型	作文指导课	班级 三年级	教师	阆中市民族小学：庞秋菊
三维目标	1. 借助《小猪变形记》的绘本，领悟童话故事的特点，体会其写作手法。 2. 通过由导到放，由仿到创的方法，逐步形成创编童话故事的能力和创新思维能力。 3. 通过小猪变形的经历，逐步明白：做自己，最快乐			
重点难点	重点：激发学生创编童话故事的兴趣，进而培养学生创新思维能力和想象能力。 难点：通过童话故事说明一个道理或给人以启迪			
资源准备	FLASH课件			
学习过程	**学案** 一、创设情境，走进童话 学生倾听老师动情的语言，并顺着老师的动作观看大屏幕，迅速进入童话情境。 二、引说故事，理清思路 1. 生仔细观察小猪遇长颈鹿的图片，循着老师的引导，准确说出图片的主要意思。 2. 生观看小猪踩高跷图，边看边想图意。 3. 生观看小猪遇见斑马图，想象小猪和斑马之间会说些什么话？ 4. 生看小猪摔跤图，观察其表情、动作		**导案** 一、创设情境，走进童话 师：孩子们，这节课，老师想给大家介绍一位新朋友，瞧，他来了！（出示动画课件）。 二、引说故事，理清思路 1. 出示图一，指导学生观察。 2. 出示图二，指导学生观察。 3. 出示图三，指导学生观察。 4. 出示图四，指导学生观察	

课题	小猪变形记	课时	第1课时
	学案		导案

| 学习过程 | 5. 生有序地观察小猪变长颈鹿的过程图，整理好思路，然后把它分享给大家。
三、对照美文，领悟写法
1. 生读故事，边读边想其意思，领悟其写作方法，并找出美文中精彩的地方。
2. 生汇报美文中精彩的地方。
3. 生用心听取老师小结。
4. 学生猜测小猪除了变成长颈鹿以外，还可以变成其他什么？
四、小组合作，个性创编
1. 生听完老师的提示后，在课件的提示下，展开想象的翅膀，选择一个动物在小组内说一说自己的故事。
2. 学生在小组内自由交流，然后选派小组代表班内汇报。
3. 生展示自己的口头作品，生评价。
五、总结故事，明白道理
生边看课件，边回忆小猪变形的历程，然后总结出：做自己——最快乐！
六、课后习作，拓展延伸
生阅读习作小超市。
七、紧扣主题，结束本课
生看课件，欣赏歌曲 | | 5. 出示以上四幅图，聆听学生讲故事。
三、对照美文，领悟写法
1. 课件出示故事。
2. 抽生汇报。
3. 小结。
4. 抽生反馈。
四、小组合作，个性创编
1. 师提出要求：小猪想变成谁？想的什么办法？变了以后，他会向谁怎么炫耀？结果如何？请孩子们选择一个动物在小组内说一说你的故事。（出示课件）
2. 师请小组代表班内汇报。
3. 老师予以点评。
五、总结故事，明白道理
谈话引入：小猪做谁最快乐呢？
（出示课件）
六、课后习作，拓展延伸
出示课件：习作小超市。
七、紧扣主题，结束本课
（出示课件）做自己——最快乐！ |
| 板书设计 | 小猪变形记（童话）
语言　动作
物————————————————人
表情　心理 | | |

《蝙蝠和雷达》导学设计

阆中市滕王阁小学　张素华

学习目标：

1. 识记本课生字新词。

2. 能正确、流利地朗读课文。

3. 把握课文主要内容，理解蝙蝠探路的原理及飞机夜间飞行的原理，并能理解两者间的联系。

4. 激发热爱科学、乐于观察和探究的精神。

教学重点：

理解飞机夜间飞行和蝙蝠探路的原理及二者之间的联系。

教学难点：

用自己的语言描述飞机夜间飞行与蝙蝠探路的原理，联系实际说说身边的仿生学。

学法指导：

本课教学重点采用学生自读自悟的方法和分组合作学习的方法，借助PPT课件生动直观地演示蝙蝠的夜间飞行和雷达的工作原理，鼓励学生大胆用自己的语言来表述，引导学生理解。

教学准备：词语卡片、课件

教学课时：第二课时

导学过程：

一、创设情景，导入新课

师：孩子们，大自然神奇而美丽，是我们人类的老师。它蕴藏着无穷无尽的奥秘，带给我们许多人类的启示。我们人类的许多发明创造，都是从自然界生物身上受到的启发。今天，我们要认识两个朋友，一个是夜间飞行的高手——蝙蝠，一个是探测装置——雷达，它们之间有什么故事呢？让我们走进蝙蝠和雷达，一探究竟。请齐读课题。（板书：11、蝙蝠和雷达）

二、重温旧知

1. 复习生字词。

2. 学生展示课前收集的实物、资料。如：生活中的吸力挂钩，锯齿草等。

三、深入阅读，理解课文内容

1. 师：（用PPT出示自主学习的要求）请同学们选择自己喜欢的方式读课文。

（1）想想课文给我们介绍了什么？

（2）看看文中哪几句话直接写出了蝙蝠和雷达的关系？

（3）蝙蝠有什么特殊的本领，能给人类带来启示呢？

（4）哪些词语能看出蝙蝠飞行的灵巧？用自己喜欢的符号进行勾画。

2. 师：课文读完了，谁能告诉大家课文的第几自然段描写了蝙蝠飞行技巧娴熟。

（生：第三自然段）

3. 师：真不错，我们一起来把这一自然段读一读。

出示句子齐读：蝙蝠是在夜里飞行的，还能捕捉飞蛾和蚊子，而且无论怎么飞，从来没有见过它跟什么东西相撞，即使一根极细的电线，它也能灵巧地避开。

4. 师：在这一段中从哪些地方可以看出蝙蝠飞行技巧的娴熟。

（生：a 蝙蝠是在夜里飞行的，还能捕捉飞蛾和蚊子。

b 无论怎么飞，从来没有见过它跟什么东西相撞，即使一根极细的电线，它也能灵巧地避开。）

5. 师：既然蝙蝠的飞行技巧这么娴熟，谁能用你的朗读来体现一下。

（1）请一位同学来读。

（2）读后师范读。

（3）分组赛读，生点评。

6. 师：听了大家的朗读确实让我感觉到蝙蝠的飞行技巧相当的娴熟，那我猜它一定有一双敏锐的眼睛。（生：不对）

7. 师：的确不对，100 年前科学家为了弄清蝙蝠探路的方式，做了大量的试验，现在请孩子们分组合作学习课文第 4~6 自然段，探究老师出示的问题，并填写张老师发给你们的表格。

8. 师：在自学前张老师给大家提几点要求：

（1）小组内的同学先读课文 4~6 自然段。

（2）看清楚表格的要求。

（3）组长安排一个同学填表格、其他同学举手回答。

试验顺序	试验方式	试验结果	试验结论
第一次	蒙上蝙蝠眼睛	绳子一根也没碰着	蝙蝠飞行不靠眼睛
第二次	塞住蝙蝠的耳朵	蝙蝠到处乱撞，铃铛响个不停	说明蝙蝠飞行与耳朵有关
第三次	封住蝙蝠的嘴巴	蝙蝠到处乱撞，铃铛响个不停	说明蝙蝠飞行与嘴巴有关

9. 师：现在分组展示你们的学习成果。哪个小组的孩子愿意来跟大家交流一下？

10. 师：（出示 PPT 表格）待生汇报后，师适时加以点拨、小结。从以上的试验可以看出，第二次试验证明蝙蝠靠耳朵探路，第三次试验证明蝙蝠靠嘴巴探路，那蝙蝠探路到底是靠耳朵还是嘴巴呢？（生：耳朵和嘴巴的配合）

11. 师：蝙蝠的嘴巴和耳朵是如何配合飞行的，请一个同学读课文第 7 自然段。

12. 师：请同学们看大屏幕上的动画示意图，师边放边说。一道学生看着图用自己的话说一说。

13. 师：好，你们说，老师板书，蝙蝠飞行时从哪里发出超声波，遇到障碍物反射回来，传到蝙蝠的耳朵里，蝙蝠就立刻改变了方向。（师一边画图一边引导学生。）

14. 师：现在我们知道了蝙蝠探路的方式，那么雷达又是如何工作的呢？抽生说说飞机夜间安全飞行与蝙蝠探路之间的联系，然后齐读课文第 8 自然段。

15. 师：谁来说一下雷达是怎么工作的？哪位同学能仿照前面的方法上台来帮老师画一画雷达工作示意图？

（预设生：一个学生画图）

16. 师：从这两幅图我们知道了。

出示填空：雷达的天线就像是蝙蝠的＿＿＿＿＿＿。

雷达发出的无线电波就像蝙蝠的＿＿＿＿＿＿。

雷达的荧光屏就像蝙蝠的＿＿＿＿＿＿。

17. 演一演。师：知道了蝙蝠飞行方式也知道了雷达工作的原理，大家想一想，如果有一天蝙蝠碰到了雷达，他和雷达会说些什么？今天张老师请了两位小演员给我们表演一下。好不好？待生表演完后，师及时评价。

18. 生扮演小记者，随机采访老师和听课的领导。

小记者1：老师，如果想利用科技改善自己的生活，应该怎么做呢？

小记者2：要想科技兴国，需从教育着手，请问我们学校从哪些方面培养了同学们热爱科学的兴趣？

四、拓展延伸

1. 默读资料袋，人们从（　　　）身上受到启示，发明了（　　　）。

2. 老师展示一些仿生学的图片，激发孩子们探究科学的兴趣。

五、布置作业

仿照《蝙蝠和雷达》的写法，写写自己从动、植物身上得到了什么启示，设计出自己的小发明。

六、总结升华

师：处处留心皆学问，老师相信，只要你们养成留心观察的好习惯，勤于动手、动脑，努力学习，未来的科学家就在你们的中间。

表3-6　音乐课《青春舞曲》导学设计

课题（内容）	《青春舞曲》		课时数	2	第1课时
课型	综合课	执教者	闫中市石子中心学校　席坚		
三维目标	知识与能力：了解新疆和西部民歌的风格特点，培养学生热爱民族音乐的感情。 方法与过程：能够根据歌曲风格，结合一些舞蹈表现，加深对歌情绪感受。 情感态度与价值观：懂得青春易逝的道理，知道珍惜光阴				
重难点	重点知识：有表情地演唱歌曲 难点知识：新疆民歌节奏的把握，能说出典型的新疆节奏型				
资源准备	多媒体、PPT、钢琴				
学案			导案		
一、自主学习 1. 欣赏民歌《达阪城的姑娘》，引入各地民歌。 民歌的特点：第一，和人民的社会生活有着最直接最紧密的联系。第二，民歌是经过广泛的群众性的即兴编作、口头传唱而逐渐形成和发展起来的。它是无数人智慧的结晶。第三，音乐形式具有简明朴实、平易近人、生动灵活的特点。 2. 播放《青春舞曲》了解歌曲别样的风格特点；了解歌曲歌词内容，并说出歌词表达的主题和意义； 二、合作探究 1. 进入本课题《青春舞曲》的学习，老师示范，学生欣赏。			一、教师导学 情景导入 了解学生对民歌的理解。 二、教师参与 学习歌曲		

学案	导案
2. 西部歌王：王洛宾简介。 3. 学唱歌曲《青春舞曲》。 4. 节奏练习：一部分学生打节奏，一部分演唱。 三、成果展示 1. 有表情地演唱歌曲，能通过合作完成歌曲； 2. 能举例说明不同地区的民族歌曲特点。 四、拓展延伸 新疆素有"歌舞之乡"的美誉，只要你踏上这片辽阔的土地，就会被那悠扬的歌声和翩翩的舞姿所陶醉，你能根据歌曲编排新疆舞蹈吗？ （伴随歌曲，师生共同参与舞蹈编创） 五、达标检测 青春是永远的课题，我们要学会珍惜时间，努力学习，做对社会有用的人	体验歌曲 加深对民歌的理解 三、教师激励 小组展示 教师认可 四、教师引领 师生展示 将音乐课堂变成活动课堂 教师测评 能学习到歌曲的道理

《大树的故事》导学设计

阆中市滕王阁小学校　罗春彦

一、学习目标

1. 通过回忆、观察，了解大树的基本结构（树根、树干、树枝、树叶等）。

2. 通过看看、画画、做做等方法大胆自由地把自己的想法表达出来，体验造型活动的乐趣；培养自己的发散性、创造性思维以及语言表达能力。

3. 初步认识人与自然的关系，激发学生热爱大自然、保护绿色生命的情感。

教学重难点：

重点：围绕大树的特点进行充分的想象和表现。

难点：画面构思和组织。

教具准备：课件、范作、彩色纸、画笔等。

二、学情分析

二年级学生天真，好动，活泼可爱，思维独特，个性鲜明。在教学中只有充分运用各种教学手段创设一定的情境，激发他们的求知欲，并让他们时时体验成功的乐趣，从而形成良好的学习习惯。

三、导学流程

（一）创设情景、感受、体会

利用大屏展示茂密森林清晨薄雾环绕的情景，在一曲《苗岭的早晨》优美的旋律中与孩子们一起开始艺术之旅。

教师:"早上,天刚刚亮,太阳都还没出来,空气非常的清新,一只鸟儿起床了,梳洗好自己的羽毛,唱起了一首动听的歌,你们听!旋律穿上了舞鞋,看,其他的小鸟也加入进来,随着旋律翩翩起舞;亮出迷人的五彩羽,展开优美的翅膀,嘹亮的歌声直冲云霄,红舞鞋托着轻盈的身子在旋转……"

学生:伴随音乐,学生自由地模仿小鸟舞蹈,体验小鸟快乐的心情。

这时,教师提示:从音乐中知道这些故事发生在什么地方?你还感受到了些什么?山林中、大树上、树下、树周围还有些谁?

学生:有学动物、植物、人……表演、叫、做动作。各种动物、植物它们生活在和谐、温暖而富有情趣的大家庭里,那每天都会有新奇的故事发生。

(二)体验、学习、创新

1.“借手画树”呈现构图知识

学生帮助老师利用手掌外形勾画大树。增强游戏性,降低造型难度,巧妙而直观地呈现构图知识。

2.了解大树的结构

师生合作添画一棵完整的树:树根、树干、树枝、树叶。充分体现造型与表现,直观、生动、有趣。让孩子们在玩中轻松地学习了解大树的结构。

3.欣赏各种“新奇”、“罕见”、造型不同的树

欣赏不同的树,不仅拓展知识面,并且激发学生热爱大自然之情。使学生得到美的熏陶,并了解艺术来源于生活。

4.引导学生欣赏、评述“大树的故事”

(1)观看影片,了解发生在大树上的故事。

通过影片,增强学习趣味性。

(2)欣赏、分析、评述教材上的作品。

欣赏教材中的作品及学生绘画中的大树,对其进行评述,以提高孩子们的语言表达能力;扩大学生的视野,拓宽知识面。让学生知道,可以用不同的绘画方式去表现大树。了解不仅可以画整棵大树,还可以针对大树的某一部分进行创作绘画。引导学生进一步了解表现大树的构思和构图,学生也会在素材中获得一定的创作灵感。

5.分组讨论,创编故事并交流

在小组里相互说说自己的想法,让每一个孩子都有自由发言表达的机会,和大家一起分享,也为下一步创作表现提供素材。

(三)实践、创作、表现

学生自由创作,教师指导。

此时，播放优美动听的音乐，并开始启迪、引导，使学生们在所扮角色的引导下自由驰骋于想象的王国之中，并进入创作的忘我境界。

（四）展示评价

1. 学生举起自己的作品，相互观摩。

2. 学生主动将作品拿到展台上展示，并把故事讲给大家听。

3. 教师参与其中，送给孩子一个个微笑、赞同、赏识、鼓励或称赞的手势，激励的语言。

（五）拓展延伸

大树的故事很美，有绿色生命的世界更美！引导学生初步认识人与大自然的关系，激发学生热爱大自然、保护绿色生命的情感。

表 3-7　《口算除法》导学案

课题	《口算除法》		科目	数学	年级	四	备课人	张存高
学习内容	教材第71页例1、例2及"做一做"，第78页练习十二第4题		课型	新授课	总课时	1	学校	阆中市滕王阁小学
导学目标	知识与技能		1. 在理解的基础上，掌握用整十数除商是一位数的口算、估算方法。 2. 形成类推迁移的能力和抽象概括的能力					
	过程与方法		1. 在具体探索过程中，了解并掌握用整十数除商是一位数的口算、估算方法。 2. 在探索学习过程中，通过观察，发现规律，发展思维					
	情感态度与价值观		在数学活动中获得成功的体验，进一步增强对数学学习的兴趣和信心，初步形成探究问题的意识和习惯					
导学重、难点	重点		理解并掌握整十数除整十数或几百几十数的口算方法					
	难点		理解掌握整十数除（商是一位数的）口算方法					
导学方法	自主探究、合作交流、分层练习等方法							
导学准备	电子白板、多媒体课件、计数小棒							
导学案来源	自撰							

导学环节	学案	导案	导学设计说明
导入新课	1. 口算下面各题。 $7 \times 50=$　　$6 \times 3=$　　$20 \times 5=$ $24 \div 6=$　　$12 \div 3=$　　$42 \div 6=$ 2. 填一填 (1) 20 里面有（　　）个十 (2) 80 里面有（　　）个十 (3) 30 里面有（　　）个十 (4) 120 里面有（　　）个十 (5) 50 里面有（　　）个十 (6) 150 里面有（　　）个十	本环节采用开火车的形式由学生作答	通过复习旧知，巩固口算方法，引起知识的迁移，为后面的学习做好铺垫
新课学习	1. 出示例 1 学校最近要举行数学节，打算装扮学校。有 80 面彩旗，每班分 20 面，可以分给几个班? (1) 题目中已知的是什么? 要求的是什么? (2) 你能自己提出问题，并列出算式吗? (3) 为什么这道题都用除法计算	引导学生理解: (1) 题目中已知一共有 80 面彩旗，每班分 20 面，要求"可以分给几个班"。因为 80 里有几个 20，就可以分给几个班，所以用除法计算。 (2) 这道题是把一些物体平均分成若干份，所以用除法计算	创设情景，引入新知识，让学生自己提问题，培养学生的问题意识
	2. 探索口算方法。 $80 \div 20=$ (1) 你是怎么想的? (2) 学生用小棒摆一摆，感悟算理。 （　　）个 20 是 80， $80 \div 20=$（　　） (3) 你最喜欢哪种方法? (4) 完成 71 页"做一做"第 1 题的上方四个算式	教师归纳学生的思考方法，大致有以下几种: 方法一: $20 \times 4=80$　$80 \div 20=4$ 方法二: $8 \div 2=4$　$80 \div 20=4$ 方法三: $80 \div 2=40$　$80 \div 20=4$ 方法四: 8 个十除以 2 个十等于 4，$80 \div 20=4$	让学生亲历探索的过程，获得新的口算方法。通过讨论、交流，让每个学生都有说话的机会，并通过"说"提升学生对口算过程的认识，培养学生的数学表达能力
	3. $150 \div 50=$ (1) 你是用什么方法算出来的? (2) 课件出示: 第 71 页"做一做"第 1、2 题的上方四个算式，学生口答。（并说说怎么算出来的。） 4. 探索估算方法。 (1) $80 \div 20=4$ $83 \div 20 \approx$　　$80 \div 19 \approx$ (2) 拓展: 由 $120 \div 30=4$ 你能联想到哪几道估算的题目呢? 这些题目的想法都一样吗? (3) 课件出示: 第 71 页"做一做"第 1、2 题的下方四个算式，学生口答。（并说说怎么算出来的）	引导学生总结: 上面两题，和我们以前学过的口算除法有相同的地方（都可以用乘法口诀来解决）有什么不同的地方（除数是两位数而且是整十数的除法。）如果不是整十、整百数，估算时可将除数或被除数看作整十、整百或几百几十的数，再口算。得出课题: 除数是两位数的口算除法	每一组的上下两个算式是有联系的口算，估算试题，意在帮助学生掌握简单的估算方法

导学环节	学案	导案	导学设计说明
本课小结	今天的学习，我学会了_____。我在_____方面的表现很好，在_____方面表现不够好，以后要注意的是_____： 总体表现（优、良、差），愉悦指数（高兴、一般、痛苦）	学生在老师的引导下，对本节课所学知识及自己在本节课中的表现进行综合小结	让学生对本节课所学的知识有更清晰的认识
当堂练习	1. 算一算 $90÷30=3$　$80÷40=2$ $\underset{(140)}{143}÷70≈2$　$\underset{(630)}{632}÷90≈7$ $360÷40=9$　$240÷\underset{(80)}{77}≈3$ 2. 算一算、说一说 除数不变，被除数乘几，商也乘几。被除数不变，除数乘几，商反而除以几。 一共要寄240本书，要捆多少包？ 每包40本。	教师引导进行当堂作业练习： 1. 让学生独立完成当堂练习。 2. 完成练习之后，学生同桌相互检测、交流作业中存在的问题。 3. 老师巡视，参与到有争议小组的交流中去，并及时提示点拨	1. 通过练习，让学生熟悉用乘算除的口算过程，掌握"想乘法算除法"的口算方法。 2. 通过解决实际问题，巩固整十数除几百几十数的口算过程，同时培养学生分析问题、解决问题的能力
作业布置	练习十二第4题		
板书设计	口算除法 　　　$80÷20=4$　$150÷50=3$ 因为$20×4=80$，所以$80÷20=4$　$15÷5=（3）$ 因为$8÷2=4$，所以$80÷20=4$　$150÷50=（3）$ （3）个50是150，$150÷50=（3）$		

表3-8　《小数的初步认识》导学设计

课题（内容）	小数的初步认识		课时数	5课时	第1课时
课型	新授课	执教者	阆中师范附属实验小学校陈玉秀		
三维目标	1. 结合生活经验初步认识小数，能正确读写小数部分不超过两位的小数。知道以元为单位、以米为单位的小数的实际含义。 2. 结合具体情境知道十分之几可以用一位小数表示，百分之几可以用两位小数表示。 3. 在自主探索的过程中，提高学习能力。体验数学与生活的联系，培养热爱生活、热爱数学的情感				
重难点	知道以元为单位、以米为单位的小数的实际含义。结合具体情境知道十分之几可以用一位小数表示，百分之几可以用两位小数表示				
资源准备	多媒体课件、实践活动操作题、卡片等				

导学过程	设计意图
一、情景激发，接触问题 1. 我们一起来做个猜数游戏，猜猜看，它是多少？ 6.9 用色板遮住渐渐往下移，让学生猜数。学生预测：60、68、69。等色板移开发现原来它是6.9。 2. 师问：在生活中你见过这样的数吗？课前老师请同学们搜集这样的数，谁来给大家汇报一下你搜集的成果？ 3. 揭示课题：学生汇报，师板书：像4.95、0.6、98.5这样的数就叫作小数。 师：同学们搜集到这么多的小数，说明小数在我们生活中的用途十分广泛。这节课我们就一起走进小数、认识小数。（板书课题） 二、示标导学，提出问题 1. 认识小数点及各部分名称。 师：老师也搜集到一些小数，请看大屏幕。看一看，这些小数与以前所学的整数有什么不同？ 生：小数有一个小圆点。 师：小数当中这个小圆点叫什么？ 生：小数点。 师：小数点把小数分成了两部分，左边是小数的整数部分，右边是小数部分。（击课件显示） 2. 学习小数的读写。 师：小数的读法也与整数不同。整数部分还是按照整数的读法来读，小数点就读作"点"。小数部分要按顺序一个数字一个数字地读，就像读电话号码一样。哪位同学愿意大胆地读一读第一个小数？ 生：五点九八。 师：大家认为他读得对不对？（生：对）大家一起读。（生：齐读）谁想读第二个小数？ 生：零点八五。 师：他读得非常好，大家一起读。（生齐读）一齐读第三个。 生：二点六零。 三、合作探究，分析问题；交流展示，解决问题 1. 真了不起！自己学会了读小数！从刚才大家搜集的结果上看，生活中经常用元作单位的小数来表示商品的价格。那么这些以元为单位的小数到底表示几元几角呢？投影：数学课本第88页的表格	生活中充满着数学，数学教学应建立课内外相结合的教育空间。小数在现实生活中有着广泛的用途，在超市及一些宣传单上经常会接触到小数，因此通过让学生课前搜集生活中没有学过的数，引出小数，让学生感到亲切，调动他们学习的积极性。体现了数学知识在生活中的价值 生活中学生大都对小数有所接触，关于小数的读写方法，其实是属于知识领域中的所谓"陈述性知识"（另一类是"程序性知识"），无法也无必要进行探究性学习。所以让学生根据已有知识经验自学自教小数的读法。教师作适当的补充、讲解

321

导学过程	设计意图

商品名称	价格/元	表示
火腿肠	5.98	____元____角____分
牛奶	0.85	____元____角____分
面包	2.60	____元____角____分

生汇报，师填表。

师：请同学们仔细观察，这些用元作单位的小数，小数点左边的数字，小数点右边第一位的数字、第二位的数字分别表示什么？（小组内讨论）

小结：这些以元为单位的小数，小数点左边的数字表示几元，小数点右边第一位表示几角，小数点右边第二位表示几分。

2. 我们知道了以元为单位的小数的意思，那怎样用以元为单位的小数来表示商品的价格呢？这张书签的价格是8角5分，把它改成用元作单位的小数来表示它的价格，应该是多少元呢？

生汇报。

师：到底谁的对呢？我们先来探讨一下怎样把几角改成用元作单位的小数来表示？

（课件出示）这个正方形表示1元，1元=10角，把它平均分成十份，涂其中的1份，就表示1角。

师：你看刚才平均分的过程，在学习什么数的时候用到？ 生：学分数。

师：你是不是想到哪个分数了？ 生：十分之一。 师：1角也就是1/10元，1/10元还可以用0.1元来表示。

小结：这样的1份用整数表示就是1角，用分数表示就是1/10元，用小数表示就是0.1元。所以1/10元就是0.1元，0.1元也就是1/10元。（板书：1角=1/10元=0.1元）

3. 师：你们实践活动上的第一个正方形，它也表示"1元"，老师已经把它平均分成了10份，请你再涂几份，然后完成下面的填空。

学生实践活动，老师巡视指导。

师：哪位愿意来展示一下？

生1上台：我涂了几份，用整数表示就是几角，用分数表示就是十分之几元，用小数表示就是零点几元。

师：还有不一样的吗？有没有更多的？

生2：我涂了其中的几份，用整数表示就是几角，用分数表示就是十分之几元，用小数表示就是零点几元。

师：我把同学们的结果整理了一下。看黑板：这些分数的分母都是10，我们把这样的分数称为十分之几。这些小数的小数部分都只有一个数字，我们把这些小数叫一位小数。

师：观察这些整数、十分之几的分数和一位小数，你能发现什么？

学生思考。小组讨论。

生：几角就是十分之几元，也就是零点几元。

小结：十分之几可以用一位小数表示。

抢答：5角=（　　）元=（　　）元　　7角=（　　）元=（　　）元

4. 师：我们已经知道几角改成用元作单位，就可以用一位小数来表示。接下来我们来探讨几分改成元作单位，用小数又该怎样来表示呢？请看大屏幕：如果我们把表示"1元"的长方形平均分成100份，每份是多少？

师：这样的1份用整数来表示就是1分，用分数表示就是1/100元，用小数表示就是0.01元。所以1/100元就是0.01元，0.01元也就是1/100元。（板书：1分=1/100元=0.01元）

设计意图栏：

学生学习的过程应该是探索的过程，在这个环节中，把学生推向学习的前台，首先通过让学生自主探究，初步感知几角或几分用元作单位时，不仅可以用分数表示，还可以用小数表示。其次分层次检查学习效果，层层递进，加深难度，引导学生展开思路，在合作交流探索的基础上不断完善自己的想法，不仅独立探究出用元作单位的小数各部分的含义，而且发现十分之几可以用一位小数表示，百分之几可以用两位小数表示。使学生在认识小数的首次感知时就了解小数的来源和含义，初步知道小数与整数、分数之间的密切联系。让学生在经历有序的数学思维活动过程中逐步感知小数的含义

导学过程	设计意图
请你在第二个长方形上多涂几份，写出它用元作单位的分数和小数。 生汇报，师板书。 仔细观察，你又有什么发现? 小结：百分之几可以用两位小数表示。 抢答：56 分＝（　　　）元＝（　　　）元　35 分＝（　　　）元＝（　　　）元 　　　78 分＝（　　　）元＝（　　　）元 师：其实在生活中我们习惯把 78 分说成 7 角 8 分，所以 7 角 8 分＝（　　　）元＝（　　　）元 那么：8 角 5 分＝（　　　）元＝（　　　）元 5. 课件出示：8 角 5 分＝（0.85）元 四、练习拓展，实践问题 1. 基础训练： (1) 请看大屏幕：(出示课件)这是一把米尺，为什么叫它米尺? (因为它有 1 米长) 把它平均分成 10 份，每份是多长? 3 份呢? 把它们改成用米作单位，分别用分数和小数来表示是多少呢? 生：1 分米＝1/10 米＝0.1 米 　　3 分米＝3/10 米＝0.3 米 (2) 把它平均分成 100 份，这样的 1 份是多长? 18 份呢? 把它们改成用米作单位，分别用分数和小数来表示是多少呢? 生：1 厘米＝1/100 米＝0.01 米 　　18 厘米＝18/100 米＝0.18 米 (3) 这样的 30 份就表示 30 厘米，把它改成用米做单位，直接用小数表示是多少? 生：30 厘米＝（0.3）米 2. 巩固提高：用小数表示动物的身高。 3. 拓展延伸：6 米 9 厘米＝（　　　）米 五、回顾整理，反思提升 1. 通过这节课的学习，自己有什么收获? 2. 这节课只是我们探索小数的开始，关于小数的知识还有很多，以后我们会继续学习。 3. 布置课外实践活动：调查、了解身边亲人、朋友的身高体重，并用小数表示	设计层层递进的练习，既突出了重点，又突破了难点。还兼顾了不同层次学生的需求，使课堂百花齐放 学数学，并不单纯是掌握知识，更要把它延伸到课外，升华到生活中去，发展解决问题的能力

第三节　课堂实录集锦

　　课堂中，当老师走进孩子的情感世界，当课堂弥漫着民主、平等、阳光、积极、和谐、愉悦的情感，当课堂成为师生交流的平台，当置身于课堂中的教师以全部的生命力投身其中时，往往可以点燃学生们智慧的火花，激发他们灵感、思维之光。

　　高效课堂吹来一股股清新的风，它要求师生和谐对话，一堂课结束，给学生留下思考、留下探索的兴趣、留下解决问题的能力，让学生变被动为主动，变学会为会学，既传授知识，又培养能力，还培养学生的人文素养，智慧流淌、诗意栖居、思绪飞扬。

该书收录的部分教师的课堂实录，就是老师们对高效课堂实践的回答。学生是主人，孩子们兴致勃勃，侃侃而谈；学生是轻松的、愉快的，学习过程是开放的，老师解除了对他们的封锁、限制，让孩子们在课堂上做他们乐于做的事情，在轻松愉快的气氛中学到知识，得到发展。老师是洒脱的、轻松的，课上如行云流水。从师生关系来看是融洽的，二者之间是良好的合作关系。老师是引导者、合作者，又是鼓励者、赏识者。孩子们在老师的指导、组织和鼓励中，一步步地获取知识、向前发展，给我们以启迪、思考、借鉴。

先学后导　语言与精神同歌共舞
——《普罗米修斯》第二课时课堂教学实录
阆中市城北小学　苟　欣

一、引题
师：孩子们，在遥远的欧洲有一个国家叫希腊，它有着悠久的历史和动人的神话故事，在那里，火已经演变为一个滚烫的名词，那就是——普罗米修斯。（齐读课题）

二、自主检查
师：我们已经初步了解了课文内容，完成了学案，现在是自主检查时间。（课件：词语）

学科班长检查：

1. 朗读词语

驱寒取暖　　气急败坏　　风吹雨淋　　挽弓搭箭

惩罚　悬崖　鹫鹰　动弹　肝脏　吩咐　双膝

普罗米修斯　　阿波罗　宙斯　火神　赫拉克勒斯

2. 理清线索

师：刚才，我们抓住神话故事中的人物关系，说清了故事内容，以后遇到这样人物众多、关系复杂的故事，也可以用这样的方法试一试。

【设计意图】以众神的名字带出课文的故事梗概，能有效地调动学生积极的情感和学习的主动性，进而为实现快乐教学打下良好的基础。通过这样的引导，帮助学生轻松愉快地把内容弄清楚。

三、合作探究

1. 师生合作

师：孩子们，说起这个神——普罗米修斯，他的一句铿锵有力、荡气回肠的话语始终回响在我们的耳边。（课件出示："为人类造福，有什么错？我可以忍受各种痛苦，但决不会承认错误，更不会归还火种！"）

A. 自由读读这句话。

B. 谁来读读？（学生点评）

C. 决不会、更不会是它坚定不移的声音，是它强大的内心发出的感叹。让我们一齐读读这句响彻天宇的话。

D. 师：普罗米修斯所说的为人类造福是指什么？（取火）为人类造福当然没有错，拿取火种到底是不是在造福人类呢？他说的忍受各种痛苦又是怎样的呢？【板书：造福人类？忍受痛苦】

【设计意图】在普罗米修斯的话语中感受课文的主旨，帮助学生快速把握课文的情感。

2. 分配展示任务

【课件：合作探究：A. 找出描写没有火的情景的句子，谈谈自己的感受，并尝试想象没有火的生活场景。（口头展示）B. 自从有了火，人类的生活发生了怎样的变化？你仿佛看到了什么场景？把课文第二自然段的省略号加以补充。（口头展示）C. 划出6、7自然段描写普罗米修斯痛苦的词句，想想哪些地方深深刺痛了你的心，说说自己的感受，并走进人物内心，理解人物心情。（分段书面展示）】

3. 小组准备

四、交流展示

1. 感受"无火"的痛苦

生1：同学们，我们找到的句子是：很久很久以前，地面上没有火，人们只好吃生的东西，在无边的黑暗中度过一个又一个长夜。我感到没有火的日子是痛苦的，那时的人们生活真困难。

生2：没有火，黑夜笼罩，我仿佛看到了人们在摸黑做事。他们听到林子外豺狼、虎豹的声音心会怦怦直跳，很恐惧。

生3：我来补充一下，没有火，他们只能吃生的东西，我仿佛看到他们拿出打猎的食物洗了洗，直接放到嘴里，毛噎住了喉咙，血还在往下滴。请问同学们还有没有补充？

（我还想到了人们喝生水、吃生的食物，因而常常生病，又无药可医，甚至因寒冷而被冻死。）

生4：我想给大家读一读。

你们认为我读的怎么样呢？希望大家为我点评一下。（强调"一个又一个""无边""只好""生"）（课件：第一二句）

师：孩子们，没有火的世界是很可怕的，让我们齐声朗读，读出自己的感受。

2. 感受有火的幸福

师：孩子们，面对茹毛饮血的生活，面对漫漫长夜的恐惧，我们似乎听到骨瘦如柴的人们在呼唤火，瑟瑟发抖的人在呼唤火，惊恐万状的人们在呼唤火。有一天，普罗米修斯冒着生命危险从天上盗来了火种，人们的生活又是怎样的呢？请第 X 组展示第二题。

生1：我们想象了一下：自从有了火，人们的生活完全不一样了，他们不再吃生的食物，而是用火烧熟食物，驱寒取暖。

生2：这里有一个省略号，我想把这个省略号补充一下：有了火，人们开始用火烧开水，用热水洗菜，不再受冻了。

生3：人们用一些干树枝把火种围起来，变成了一个更大的火源，人们围着篝火唱啊、跳啊，那是一个欢乐的海洋。请问其他同学还有没有补充？（有了火，人类才能烧制陶器，冶炼金属，制作更精细的工具和武器。）

师：细心的孩子读书时，标点都不会放过，刚才大家从一个省略号中读出了很多内容，老师很欣慰。是啊，有了火，人类才领略了熟食的美味，脱离了茹毛饮血的时代；有了火，人类才能烧制陶器，冶炼金属，制作更精细的工具和武器；有了火，就有了快乐的日子，有了安全的日子，有了温暖幸福的日子！孩子们，这样的日子是谁带来的？（普罗米修斯）是的，他让人类从黑暗走向光明，从寒冷走向温暖，从痛苦走向幸福，从疾病走向健康，从野蛮走向文明！

师：所以他才会如此坚定地回答——齐读"为人类造福，有什么错？我可以忍受各种痛苦，但绝不会承认错误，更不会归还火种"！

【设计意图】（通过勾画、朗读、想象等方法，帮助学生认同并真正理解"为人类造福"的内涵，让学生更加明确了"火"对于人类意味着什么，这时候，普罗米修斯的高大形象在学生心里已初具雏形。）

3. 体会难忍之痛

A. 师：普罗米修斯痛苦着人类的痛苦，幸福着人类的幸福，为了人类，他甘愿承受各种折磨，去看看那个惨不忍睹的场面吧。请第 X 组展示第三题。（找找哪些词句描写了普罗米修斯的痛苦，哪些地方深深刺痛了你的心，说说自己的感受和心情。）（课件：忍受痛苦的画面、文字）

生1：请大家跟我看黑板。"死死的锁、既……也……、日夜、风吹雨淋"这些词刺痛了我，我感到很悲愤。我想，他不能与亲人团聚，不能吃、不能睡，连口水都不能喝，宙斯真是太可恨了。

生2：我来补充一下，联系上文，我想普罗米修斯尽管遭受了这么惨重的惩罚，但他就是不向宙斯承认错误，他为人类造福的决心是坚定的。

生3：我从"风吹雨淋"这个词想象开去，有时阵阵狂风吹来，他眼都睁不开；有时电闪雷鸣，暴雨如注，他浑身发抖，又始终不能动弹。同学们还有没有补充？

师：谢谢同学们带来的深刻感受。是的，普罗米修斯遭受风吹雨淋的痛苦，寒冷的冬天，大山结满了冰，堆积了雪，寒风如刀割，他始终被锁在高高的悬崖上；炎热的夏天，烈日如火，毒辣辣的太阳炙烤着他，他的皮肤都被烤焦了，但是他还是被死死地锁在悬崖上，不能动弹，不管是碎石砸身，还是暴雨侵袭，他都不能动。把这个"锁"字圈起来吧！这是冷酷无情的锁、死死的锁、悲惨的锁、永无止境的痛苦的锁，让我们带着自己的感受，读读这些句子。（音乐、图画、文字）

B. 师：他所忍受的还有更残酷无情的痛苦。请下一组同学为我们展示第二个画面。（痛苦）

生1：大家跟我看黑板：凶恶、尖利、啄食、永远没有尽头刺痛了我。宙斯实在太可恶了，我感到很难受。

生2：同学们，宙斯派鹫鹰啄食他的肝脏，你们知道被啄食肝脏的痛苦吗？我们可以想象一下，当我们的手指被针扎了一下，感觉是什么样的呢？（痛）那骨头被扎，是什么感觉呢？（疼痛难忍）可凶恶的鹫鹰啄食他的肝脏，你认为又是一种怎样的痛呢？（撕心裂肺）

师：老师可不可以补充一下，那啄食的不是他的肌肉，甚至不是他的骨头，而是天神最娇嫩、最敏感的肝脏啊！啄就是用力扎进去，然后再扯出来，连着血、带着肉，这种痛让人生不如死，痛不欲生。

生3：谢谢老师，谢谢同学们。我想，尽管他那么痛，但是他心里可能在想：为了造福人类，我一定要将正义坚持到底！我决不会屈服！其他组还有补充吗？

生3：没有其他补充的话，大家跟我一起读这几句话。（课件：第二画面）

师：孩子们，如此血腥的画面，如此撕心裂肺的痛，肝胆俱裂的痛，他这样忍受，为什么？（板书：擦去"?"）因为他深深地爱着人类。他只有一个信念——为人类造福。（板书：爱！）

【设计意图】在学习普罗米修斯受难这部分时，通过对语言文字的品读、揣摩，抓住重点词句，通过想象、体验、反复诵读，深刻地感受普罗米修斯所承受的苦难，从中感受伟大的"普罗米修斯精神"。

C. 师：亲爱的孩子们，虽然铁链锁住了他的身体，却锁不住他的心；鹫鹰啄食了他的肝脏，却啄食不了他的意志；他的心比风还自由，他的意志比岩石还坚硬。因此，这许多年来，坚持正义，不向邪恶低头的他一直被锁在高高的悬崖上，你知道这许多年是多少年吗？（据神话资料记载是整整三万年）此时，相信我们的心都在隐隐作痛，和老师一起合读吧。（课件：朗读）

师：三万年来，普罗米修斯的双手和双脚戴着铁环，

生：被死死地锁在高高的悬崖上。

师：三万年来，他既不能动弹，也不能睡觉，

生：日夜遭受着风吹雨淋的痛苦。

师：三万年来，狠心的宙斯派了一只凶恶的鹫鹰，

生：每天站在普罗米修斯的双膝上，用它尖利的嘴巴，啄食他的肝脏。

师：三万年来，不论多么残酷，多么漫长，普罗米修斯始终坚守着自己的诺言——

生：为人类造福，有什么错？我可以忍受各种痛苦，但决不会承认错误，更不会归还火种！

【设计意图】层层推进的朗读形式，有利于帮助学生不断完善对普罗米修斯的认识，使其被普罗米修斯不畏强暴，为人类造福的精神所折服。这一次次的朗读，燃起了学生的情感之火，让课堂充满了生命的活力。

五、写话赞英雄　情感再升华

1. 师：纵然折磨再残酷，痛苦再漫长，普罗米修斯依然没有屈服，这个诺言掷地有声，荡气回肠，响彻天地。让我们用自己的话赞美一下这个伟大的神吧。

【设计意图】通过写话练习，让学生进行练笔，实现阅读与写作相结合。同时，让学生在自然流露、表达情感的过程中对普罗米修斯产生无限敬佩之情，并且自觉学习普罗米修斯的那种伟大精神。通过想象写话，引导学生运用自己独特的体验丰富文本和自我，从而更深切地体验到英雄的高尚人格，并受到健康情感的熏陶，让语文的人文性在教学中得到落实，让学生感受成功的喜悦，收获成功的幸福！

2. 拓展延伸

师：英国诗人雪莱为他写下了一首赞歌，让我们带着敬佩之情来学习，表达我们的心声吧！（课件：普罗米修斯赞歌）

师：马克思说，希腊神话是人类最美的诗，希望同学们课后多读读希腊神

话故事。

六、学习总结

学科班长：今天，我们在老师的带领下学习了《普罗米修斯》这一课，这个伟大的英雄为了造福人类，以顽强的意志承受着巨大的痛苦，我们从他身上学到了勇敢、坚强、博爱、无私。同学们表现都不错，展示最好的小组是第 1 组，补充点评最好的组是第 3 组，希望大家继续努力，争做最好的自己。

《平行四边形的面积》课堂实录

阆中市实验小学　廖亚东

一、创设情境，导入新课

1. 师（出示情景图）：这是哪儿？（生：停车场）你们有什么发现？能提出哪些数学问题呢？（生：有长方形和平行四边形的停车位，它们的面积一样大吗？……）

2. 师引导学生大胆猜想：请同学们猜一猜它们的面积一样大吗？（……）怎样才能求出它们的面积呢？说说你的想法吧。（生：先测量后计算；数方格）

3. 师引出课题并板书：这就是这节课要研究的主题——平行四边形的面积。

二、初步探究，大胆猜想

1. 师：前面我们在探究长方形和正方形的面积时用了数方格的方法，现在我们也用数方格的方法来探究平行四边形的面积。

2. 课件出示学习单。

师：一个方格代表 1 平方米（不足 1 格的按半格计算），那么每个方格的边长是多少米？（生：1 米）

师：请同学们完成课中学习单第一题。（教师巡回指导）

学生独立完成，并交流展示。

师：你是怎么数出平行四边形一共有 15 个方格的呢？

生：方法 1：我数出一共有 11 个整格和 8 个半格，合起来就是 15 个整格。

方法 2：我数出一共有 11 个整格，其他不足 1 格的通过平移拼在一起可以拼成 4 个整格，合起来就是 15 个整格。

师：看来大家都是善于思考的孩子。接下来请同学们观察下表，你们发现了什么？

生：我发现长方形的长和平行四边形的底相等，长方形的宽和平行四边形的高相等，长方形的面积和平行四边形的面积相等。我发现长方形的长乘宽等于长方形的面积，平行四边形的面积等于底乘高。

师：那是不是所有的平行四边形的面积都可以通过底乘高来得到呢？接下来，就是我们动手操作验证结果的时刻。

设计意图：通过数方格和剪拼方格的方法让学生初步探究出求平行四边形面积的方法，初步感受通过剪拼的方法可以将没有学习过的图形转化成已经学习过的图形，初步树立转化的思想。

三、动手操作，深入研究

1. 课件出示操作要求。

操作要求：

（1）小组合作，组长组织组员先互相交流，确定方案后动手操作。

（2）通过画一画、剪一剪、移一移、拼一拼的方法将平行四边形转化成长方形。比一比哪个小组找到的办法最多！

（3）找一找长方形的长、宽、面积和平行四边形的底、高、面积之间有什么关系？

教师叙述操作要求后学生开始操作，教师巡回指导。

学生交流展示。（学生先展台演示，接着画图表示割补的过程。）

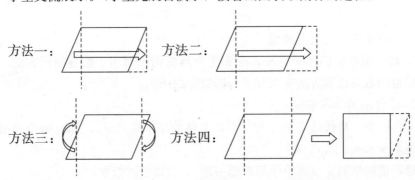

师：同学们的方法各不相同，但它们又有一些共同的特点，聪明的孩子们，你们知道吗？

师生共同总结：以上方法都是沿着平行四边形的一条或几条高剪下，然后通过平移或旋转，将平行四边形拼成了一个长方形。

教师适时板书：割补 转化

设计意图：通过学生动手操作，帮助其树立转化的思想，培养其从不同的方法中归纳出本质特征的能力。通过学生画草图，帮助其进行思维可视化训练。

2. 总结归纳平行四边形公式。

师：（课件演示）当我们通过割补法将一个平行四边形转化成长方形后，请你们找一找长方形的长、宽、面积和平行四边形的底、高、面积之间有什么关系？

生：我们把一个平行四边形转化成一个长方形，它的面积与原来平行四边形的面积相等。

这个长方形的长与平行四边形的底相等，这个长方形的宽与平行四边形的高相等。

因为：长方形的面积＝长×宽

所以：平行四边形的面积＝底×高

教师适时板书：长方形的面积＝长×宽

平行四边形的面积＝底×高

教师教学用字母表示公式 $S=ah$

设计意图：培养学生语言表达和合情推理的能力。

四、巩固练习，拓展提升

1. 一个平行四边形的停车位的底是 5 米，高是 3 米，求这个停车位的面积是多少平方米？

学生独立解答，教师抽生展台展示，学生评价及订正。

2. 课件出示：求出下面图形的面积。

师：谁能求出这个图形的面积？请同学们完成课中学习单的第二题。

生独立完成，教师抽生展示。

师：我们能用 6×12 来计算面积吗？

生：不能。

师：那我用 12×8 可以吗？

生：我们将平行四边形割补后得到长方形，长方形的长和宽分别是 8 厘米和 6 厘米，而不是 12 厘米和 8 厘米，所以不能用 12×8。

师：如果我一定要以 12 厘米作底来求平行四边形的面积，那还需要知道哪些条件？（生：12 厘米为底边上的高）你能在课中学习单上将它画出来吗？

生操作。

师：如果现在要求这个平行四边形的面积？接下来又该怎么办？

生：量出画出的高，再计算。

师：非常棒！请你们观察一下这两组底和高有什么特点呢？

生：互相垂直。

师：像这样互相垂直的一组底和高，我们可以用一个词"相互对应"来描述它。

教师适时板书："相互对应"

强调：在计算平行四边形的面积时，我们一定要用底乘相对应的高。

师：那现在不测量能求出这条高是多少厘米吗？请同学们小组内交流交流。

师生交流得出结论。

3. 师：在我们的生活中，很多图形会发生变化，在这些变化中，也往往存在一些不变的量。那我们就来找一找下面的这些变化中有哪些量发生了变化，哪些量没有发生变化？

设计意图：巩固基础，提升思维，加深学生对求平行四边形面积方法的理解。帮助其初步树立辩证的思维。

五、激趣结束，课外延伸

师：今天我和同学们相处得非常愉快，在最后，老师告诉你们一个小秘密："如果将一个平行四边形沿对角线剪开，你会发现三角形面积的计算方法。大家在课后试一试吧！"

活跃的思维　灵动的课堂

阆中市城东小学校　曹再明

师生交流探讨四年级上册第86页第13题："育英小学的180名少先队员在'爱心日'帮助军属做好事。这些少先队员平均分成5队，每队分成4组活动。平均每组有多少名少先队员？"

师（投影出示习题）：谁能说说图上的少先队员在干什么？

生1：育英小学的少先队员在"爱心日"帮助军属打扫卫生做好事。

师：我们应该向他们学习什么？

生2：乐于帮助别人。

师：我们每个人都应该具有"拥军""乐于助人"的优良品质。

师：你能独立完成这道题吗？

（生在练习本上独立完成，教师巡视指导）

师：同学们完成后在小组内相互交流。看哪个组的办法多？（生分组交流不同的办法）

师：谁能给全班同学分享你的想法？

生1：先求出平均每队有多少名。列式：180÷5=36（名），再求出平均每组有多少名。列式：36÷4=9（名）。也可列成综合算式：180÷5÷4。（师随机

板书）

师：还有不同的方法吗？

生2：还可以先求出180名少先队员一共分成了多少组。列式：5×4＝20（组），再求出平均每组有多少名。列式：180÷20＝9（名）。还可列成综合算式180÷（5×4）。（师随机板书）

师：你能把这道应用题的问题变成已知条件，把其中的一个已知条件变成问题吗？（学生沉思片刻）

生：……这些少先队员平均分成5队，每队分成4组活动，平均每组有9名少先队员。一共有多少名少先队员参加？（师随机出示课件）

师：你能解决这个问题吗？请在练习本上完成。（生独立试做）

师：谁能给大家分享你的成果？

生1：先求出每队有多少名。列式：9×4＝36（名）。再求出一共有多少名。列式：36×5＝180（名）。

师：还有不同的方法吗？

生2：先求出一共有多少组。列式：5×4＝20（组）。再求出一共有多少名。列式：9×20＝180（名）。

生3：先算9×5＝45（名），再算45×4＝180（名）。

生4：（连忙站起来反驳）没道理，不能那样做，9×5＝45算的是什么呢？根本就不知道算的是什么，不能因为答案一样，就说做法正确。（其余同学也有反对意见）

师：生3，你能讲一讲其中的道理吗？

生3：因为每队中都有4个组，可以先取出每队中每组的9名少先队员，那么从5队中就可以取出9×5＝45（名），像这样，就有4个45名，即45×4＝180（名）。

师随即在黑板上画出线段图来帮助学生理解。

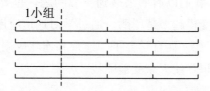

（全班学生观察沉思片刻后，不由地发出啧啧的赞叹声，表示同意。）

师：看来，我们在解决问题时，不论用哪种方法，都得有理有据，以理服人。

师（课件同时展示原来习题和变化后的习题）：请同学们观察，这两道应用题之间有什么区别和联系？

（生在组内交流后，汇报）

生：这两道应用题，一个是连除应用题，另一个是连乘应用题。它们之间是相互联系的，连除应用题实质上是由连乘应用题变化而来的，把连乘应用题的问题变成了已知，其中的一个已知变成了问题而已……

师：讲得太棒了！谁还能把这道题再变一变呢？

生：育英小学的 180 名少先队员……平均分成若干队，每队分成 4 组活动，平均每组有 9 名少先队员。这些少先队员总共分成了多少队？（师随机出示课件）

师：谁能解决这个问题？

生1：$9×4=36$（名），$180÷36=5$（队）。

生2：$180÷9=20$（组），$20÷4=5$（队）。

师：大家同意他们的想法吗？（同意）还能把原题再变一变吗？

生：育英小学的 180 名少先队员……平均分成 5 队，每队分成若干组活动，平均每组有 9 名少先队员。每队分成了多少组？（师随机出示课件）

师：谁又能解决这个问题呢？

生1：$180÷5=36$（名），$36÷9=4$（组）。

生2：$180÷9=20$（组），$20÷5=4$（组）。

师：还能变吗？

生：可以。如果在劳动过程中又增加了一些同学，或者因事走了几个同学的话，还可以编出一些问题来。

师：真聪明！同学们可以在课后再交流。现在如果我们暂时不考虑增加或减少人数的特殊情况，只考虑前面同学们说的几种情况，你们又能发现什么？

生：这几道题中都有四个数量，只要我们知道其中的任何三个数量，就可以求出第四个数量。

师：Very good！我们以后如果遇到类似问题，也要像这样多向思考，长此以往，我们一定能变得越来越聪明。通过学习这道应用题，我们不但懂得了"助人为乐"的传统美德，而且学会了"连乘和连除应用题之间的关系""一题多变"等多方面的知识，使大家受益匪浅。

……

《荷叶圆圆》新课导入课堂实录

阆中市城北小学校　王　春

师：小朋友，我们知道现在是春天，春天过后是什么季节呢？谁知道？

生齐答：夏天！

师：你喜欢不喜欢夏天呢？为什么？

生1：我喜欢夏天，因为夏天可以穿裙子。

生2：我喜欢夏天，因为夏天可以游泳。

生3：我喜欢夏天，因为夏天可以吃西瓜。

生4：我不喜欢夏天，因为夏天太热。

生4：夏天的荷花很漂亮。

……

师：夏天是美丽的，也是炎热的。今天老师要带着小朋友们提前走进夏天，去感受夏天的美好与情趣。你们瞧，这是什么？（大屏幕展示池塘荷叶图）

生：荷叶！

师：这荷叶多美啊！你们觉得这是一片怎样的荷叶呢？

生：绿油油的荷叶！

师："绿油油"用得好，关注到了荷叶的颜色，还有呢？

生：圆圆的荷叶！

师：好，从荷叶的形状来说。你呢？

生：大大的荷叶！

师：对呀，大小也不同。

生：惹人喜爱的荷叶！

师：好极了！看来这片荷叶已经长在了大家的心里。看来小朋友们都挺喜欢荷叶的，谁能带着自己的喜爱之情来读一读？

（大屏幕展示：荷叶圆圆的，绿绿的）

生1读：荷叶圆圆的，绿绿的。

师：读得真好！老师听出来了，荷叶又圆又绿。谁看到的荷叶比这位同学看到的还圆还绿呢？你来！

生2读：荷叶圆圆的，绿绿的。

师：多投入呀！让我们一块儿来读。

生齐读：荷叶圆圆的，绿绿的。

师：是呀，我们经常看见又大又绿的叶子，但是这么圆这么绿的荷叶却少之又少。今天就让我们一起学习《荷叶圆圆》，共同走进这美丽的荷塘，欣赏美丽的荷叶，感受夏天的情趣！

（师板书：荷叶圆圆。师边板书边讲解）

师：荷花是一种植物，所以"荷"字是草字头的；而下面的部分也念"荷"，表示字的读音。像这种一部分表示读音，一部分表示意思的字，我们就叫形声字。

师：这样的字好记吗？

生：好记！

师：题目中用了两个"圆"字而不是一个，二者之间有什么不一样？

生："圆圆"突出了荷叶的形状。

师：真棒！谁来读一读？

生1：荷叶圆圆！

师：读得快了些，如果能边想象荷叶的样子边读就更好了！

生2：荷叶圆圆！

师：可以读慢一点，再加上自己的动作！

生3：荷叶圆圆！

师：这位同学读出了自己对荷叶的喜爱之情，大家都学着她的样子读一读！

生齐读：荷叶圆圆！

师：同学们读得非常的好，你们张开手的时候，老师感觉到那荷叶是那么大，那么圆。除了你们，还有很多人也喜欢这么大这么圆的荷叶。是谁呢？我们翻开课文认真读一读，看着课文的拼音，把所有的字音读正确，把句子读通顺，遇到难读的句子多读几遍，读完的同学请坐端正，用手势告诉老师。（生自由读课文）

Unit10　I'd like some noodles.
Grammar Focus－Section B 1d

By Wang Xiaoyan

阆中市保宁中学校　　王小燕

T：Good morning, boys and girls. （幻灯片1）

S：Good morning, teacher.

T：I'll tell you a piece of good news. A group of foreign visitors （ppt呈现旅行团图片）will come to Langzhong and have lunch （PPT呈现餐馆图片）

at Mr. Wang's restaurant tomorrow. But Mr. Wang can not speak English. Let's help him. （ppt 呈现服务员的图片）Try to be a good waiter or waitress，OK?

S：That sounds good.

（设计意图：交代任务，明确要求，激起学生的兴趣，使学生带着任务去学习，逐个突破。）

T：What can we do to help Mr. Wang?

S：Order food.

学生回答或者议论后（ppt 呈现单词 Order food）

T：We will ask the customers …

S：What would you like?

（学生回答或者议论后）（ppt 呈现单词 food）

T：Yes，you're right. What else?

S：kind，size.

T：Great! What kind /What size would you like? Maybe some others. （ppt 呈现单词 kind，size，others）

T：Now let's see the food first. This is the menu of Mr. Wang's restaurant. （ppt 呈现饺子屋图片）

T：There is lots of delicious food here. （ppt 呈现很多食物的图）They have main food，vegetables，meat，fruit，drinks and so on. （ppt 呈现食物分类图片）For the main food，they have...

S1：rice, noodles and hamburgers.

T：For the vegetables, they have...

S2：some tomatoes, carrots and cabbages.

T：For the meat, they have...

S3：chicken, beef and mutton.

T：For the fruit, they have...

S4：apples, oranges and strawberries.

T：How about drinks?

Ss：They have milk, green tea and orange juice.

（设计意图：复习以前所学食物的名称，为后边的听说读写打下基础。）

T：And here are today's specials. Look at the first special. （ppt 呈现 porridge 图片以及单词读音）

T：What would you like? （拼读带读个别读）

S：porridge

T：or

S：…

T：por

S：…

T：ri

S：…

T：The whole?

S：porridge.

T：porridge（升），porridge（降），three times.

T：Is there any porridge here?（问学生）

S：Yes，there is some.

T：Please learn the following specials by yourselves.

（ppt 呈现 fish 及音标）指着图片问：Would you like some…?

S：Fish fish.

T：OK. pairwork.（抽一组学生）

S1：What would you like?

S2：I 'd like some fish.

T：同样的方法教授饺子、肉、洋葱、煎饼。

T：Now we got some words about food（ppt 呈现 order food－food）and how to talk with the customers.（ppt 呈现句型 What would you like? Is/Are there …?）

T：What else can we talk about?（问学生）（ppt 出现 kind，size）

S：kind，size.

T：What kind of porridge would you like?

Is there any porridge with carrots here?

T：Pairwork.（抽一组学生）

S：…

T：As for size, we know …

S：small, medium and large.

T：Would you like some noodles?

S：Yes，please.

T：What size would you like?

S：…

T：Is there a large bowl of noodles here?

How about you? Pair work.

S：...

（设计意图：通过食物图片学习本节课的新单词，直观形象，印象深刻，并运用 A 部分的 what kind，what size 来练习，旧句带新词，达到学以致用。）

T：We learnt something about food，kind and size just now. Yes? Please use them to make a conversation. （ppt 呈现 make a conversation）

找一名学生当服务员和我做示范。

T：One more pair.

T：Well done，children. Look at the form，we can see the customers can use there be to order food.

T：From your conversations，I've got some sentences. （ppt 呈现句型）

T：Look at these two sentences，they both have what kind ，and look at the answers，so we can see what kind 对物体的种类提问。

And the sentence what size...，the answer a large bowl ，we see...

S：what size 对物体的尺码、大小提问。

Would you like some...? How to answer it?

S：Yes，please. /No，thanks.

T：Look at what kind of noodles/meat and find out their differences. （ppt 呈现圈 noodles，meat）学生回答后，PPT 呈现 cn 复数，Un.

T：These sentences all have... （问学生）（ppt 出现下划线 would like）

S：would like.

From these sentences，we can see...

S：would like some＋n.

（学生回答后 ppt 显示 would like some＋n）

T：Here are some sentences about... （ppt 呈现 there be 句型的一般疑问句）

T：（ppt 圈 s，porridge，bowl）S （ppt 呈现 c. n 复数）Because of s，so here is...

porridge （ppt 呈现 un）Porridge is... so here is...

Ss：un. is...

bowl （ppt 呈现 c. n）Bowl is... and only one，so here is… （ppt 呈现）

T：And from the sentences，we know some...，Any... （ppt 呈现）

T：Some words can be cns，some can be uns. Do you know their

differences? So easy. Follow me, please. (ppt 呈现 Let's chant)

S: ...

（设计意图：通过顺口溜的方式使枯燥的语法变得生动有趣，朗朗上口，帮助学生准确记忆。）

T: Are you clear? Look at the picture and answer my questions quickly. Ready? Go! (ppt 呈现 Let's challenge)

T: There is a/ an... Is there a/an...

from a, an , we know they are cns. Only one.

There is some... Is there any...

From is, some and any, we know

S: they are uns.

T: There are some... Are there any...?

From are , some and any,

S: we know they are cns.

At least two. /More than one.

T: Good job, children. Let's go on. Look at the following words and tell me:

Which are cns? Which are uns? And which can be both cns and uns?

S: cns: orange , apple, bowl, strawberry, carrot.

Uns: milk, beef . un/cn: fish, chicken.

（设计意图：通过练习，让学生能辨析可数和不可数名词，单词正确分类。将理论应用于实践中）

T: Boys and girls, now we know a lot about specials at Mr. Wang's restaurant. But to be a good waiter or waitress, we have to know what we should say. So take out the paper I gave you . Write C for the customer and W for the waiter or waitress.

One minute, go. (ppt 呈现练习题那一张)

T: Finish it? One by one check the answers. (ppt 呈现答案那一张)

T: Can you be a good waiter or waitress? Show me your conversation. Have a try. (PPT 呈 waiter, customer 句型) 抽两个学生练习对话.

S1: ...

S2: ...

（设计意图：通过做练习，学生能清楚地知道服务员和顾客所需的语言，为后边的语言输出做好准备。）

T：Great，children! The phone is ringing .Maybe somebody wants to order food. Now let's listen. Please turn to Page58，1c. Listen and finish the order form. （ppt 呈现 listening）

T：Let's check the answers.

S：...

（设计意图：通过做听力练习，培养学生听音、辨音和理解目标功能句的综合能力，是输入性的学习。语言学习的最终目的是为交际之所运用，语言的输出量是衡量语言学习的效果的主要指标之一）

T：Now we know if the customer orders food by phone，we should know the customer's address，phone number and tell him or her the price of the food. And how to ask. （ppt 呈现 Order food）

T：Do you understand ? 问学生

OK，please make your own conversations .

First. . Second... Third... （ppt 呈现 Pair work）

T：Look at the menu and work with your partner. Pair work. One，two，go. （ppt 呈现菜单）

抽两组学生展示

T：Thank you，my dear students. you are the best waiter or waitress today. See you at Mr. Wang's restaurant tomorrow. Don't forget to do your homework. Bye.

T：Thank you，teacher.

（设计意图：锻炼学生的口语能力，通过创设真实的语言环境，激发学生的兴趣，在愉快的氛围下较好地掌握了本节课的内容）

《画杨桃》教学片段实录

阆中市实验小学　任　芸

一、品读句子 体会标点

1. 师：当我把我画好的杨桃交出去时，本以为能够得到老师和同学们的赞扬，但我怎么也想不到，却引发了永远难忘的一刻。同学们看了我的画是怎么说的？请大家找出描写同学反应的句子。（出示课件）（老师听出了嘲笑的语气，老师听出了大家认为杨桃不是这个样子的）

"杨桃是这个样子的吗?""倒不如说是五角星吧。"

第一句话运用了什么修辞手法？谁能把它转化为陈述句？

2. 同学们的嘲笑让我一定很难过。这时，老师是怎么做的呢？（出示课件）

（1）出示：老师看了这幅画，走到我的座位上坐下来，审视了一下讲桌上的杨桃，然后回到了讲台。

（2）理解"审视"和老师为什么审视。"审视"是什么意思？指认真仔细地观察。老师为什么要走到我的座位上坐下来，审视讲桌上的杨桃？

3. 因为老师要弄清：从我的座位上看到的杨桃到底是什么样子的，他要根据真实情况进行评价。所以，才有了这样的对话：（现在，我演老师，你们演学生，我们分角色朗读这几句话）

"这幅画画得像不像？""不像！"同学们_____。（不假思索地大声说）

"它像什么？""像五角星！"大家_____。（异口同声地回答）

4. 理解"严肃"。

师：听了同学们的回答，老师的表情是"严肃起来"，"严肃"是什么意思（非常认真，令人敬畏的样子），用你的表情告诉我。此时，老师为什么要严肃起来？

师：老师发现我明明画得很准确，但同学们却说"不像"，这种现象引起了老师的深思。因此，老师的神态变得严肃起来。接着，老师便请这几个同学轮流坐到我的座位上。（现在，我演老师，你演学生，我们分角色读读这几句话）（课件出示）

"现在你看看还像杨桃吗？""不……像。"_____。（你为什么读得吞吞吐吐的呢？那个同学发现，自己此时看到的杨桃还真像个五角星，他有点难以置信）

"那么，像什么呢？""像……五……五角星。"_____。（他迟迟疑疑地说）

师：面对我画的杨桃，老师与同学们有两次对话，请大家看着屏幕和同桌分角色读一读，体会同学们态度的变化。（指明两名学生范读）

5. （标点传情）朗读对比（课件出示）。

不像！ 不……像。

像五角星！ 像……五……五角星。

师：大家看，同学们的两次回答有什么区别？第一次对话中同学们的答句后面都是叹号，表示肯定、不假思索的语气；第二次对话中多了两处省略号，说明同学们发现自己错怪了别人时，回答得吞吞吐吐、结结巴巴的。标点符号也能说话，同一句话加上不同的标点符号，意思也会不同，所以我们要学会正确使用标点符号。请女生当老师，男生当同学，再次有感情地朗读这段对话。

6. 理解文章中心：出示老师的话（出示课件）。

老师从同学们结结巴巴的回答中，已经知道同学们发现了自己错误，此时，他的表情是"和颜悦色"。"和颜悦色"是什么意思？用你的表情告诉我。现在，请大家和颜悦色地读读老师的话，找出你认为最重要的句子，说说理由。

A. 看的角度不同，杨桃的样子也就不一样，有时候看起来真像个五角星。（学会多角度看问题）说到这里，老师想起了苏轼的一首诗，会背诵的一起背："横看成岭侧成峰，远近高低各不同。"诗中虽然说的是从不同角度看庐山，庐山的样子也会不一样，但告诉我们的道理也是一样的：同一事物，从不同的角度看，会有不同的结论。

B. 当我们看见别人把杨桃画成五角星的时候，不要忙着发笑，要看看人家是从什么角度看的。（要尊重别人，不能嘲笑别人）

C. 我们应该相信自己的眼睛，看到是什么样的，就画成什么样。（实事求是）

二、拓展延伸

美术课结束了，但画杨桃这件事让作者和他的同学都受到了深刻的教育。老师的话像一盏明灯，照亮了我们的心，启迪着我们要脚踏实地、实事求是地做人、做事（板书）。这就是本文作者岑桑，他现在已经80多岁了，他写出了很多优秀的文学作品，他曾经说："多年来，我一直脚踏实地、实事求是地做人、做事，这都是缘于小时候老师、父亲对我的教诲。"（课件出示）让我们也再一次大声朗读父亲和老师的话，并把其中的道理记在心里，落实到以后的行动中。（课件出示）

《地震中的父与子》课堂实录

阆中市城北小学　杨春会

一、创设情境，激情导入

师：地震是一种特别可怕的自然灾害！短短数十秒，天地间就如同发生大爆炸一般，房倒屋塌，桥梁断裂，公路瘫痪，电讯中断，繁华的城市瞬间变成一片废墟，数不清的人死的死、伤的伤，惨不忍睹！地震是残酷的，但是当大地震袭击1994年美国洛杉矶时，一对父子却演绎了一段感人至深的故事，谱写了一首感人肺腑的亲情颂歌。今天的语文课堂，就让我们一起走近这对父子！

生：（齐读）地震中的父与子。

二、自由朗读课文，整体感知内容

师：地震中的/父与子（更有感情地读）。这是一场什么样的地震？在地震中，这对父子之间又发生了一个什么样的故事呢？请同学们打开书翻到第 93 页，自由地朗读课文，寻找这两个问题的答案。注意读准字音，读通句子。听明白了吗？生：听明白了。

师：那就开始吧。（学生自读课文，老师巡视，提醒学生的坐姿，读书发出声音。）

师：都读好了？生：读好了。

师：问题想好了吗？生：好了。

师：那咱们来交流交流。这是一场什么样的地震？

生 1：这是一场大地震。

师：一场大地震。你从哪儿看出来的啊？

生 1：30 万人在不到四分钟的时间里受到了不同程度的伤害。

师：你能读出这种伤害的严重性吗？指导读出重音。

生 1：30 万人、不到四分钟的时间里受到了不同程度的伤害。

师：30 万人、不到四分钟，灾难的来临就是这样突然，伤害巨大。你从哪儿读出了这是一场非常严重的大地震？

生 2：那个昔日充满欢声笑语的漂亮的三层教学楼，已变成一片废墟。

师：昔日充满欢声笑语的地方，如今沦为一片废墟。这就是大地震带给我们的惨痛经历。老师这儿有一组洛杉矶大地震后的图片，请看（播放洛杉矶大地震的图片）。高高的立交桥眨眼间变成了残垣断壁；豪华的小轿车被倒塌的房屋硬生生拦腰砸断；消防队长望着豪华的商业街变成了一地瓦砾，束手无策；地震过后引发的大爆炸吞噬着人们最后的希望；昔日美丽的家园如今变成了这副模样。地震过后，洛杉矶遭受了巨大的破坏，变得如此荒凉，这样的地方就叫作——（课件出示"废墟"一词）

生：（齐）废墟。

师：在这样的一场大地震中，（语气是缓慢的，沉重的）父与子之间发生了一件什么事呢？谁来？

生 1：在美国洛杉矶发生的大地震中，儿子阿曼达被压在废墟中。阿曼达的父亲不顾旁人的阻拦，救出了儿子以及他的十三个同学。

师：说得清楚、明白。这其实也就是咱们这篇课文的主要内容。如果把时间、地点、事情的起因和结果说得更明白就更好了。还有谁愿意试一试？

师：好，请你说。

生 2：在美国洛杉矶。（师提醒：有一年）

生2：有一年，美国洛杉矶发生大地震，（师帮助）7岁的阿曼达被埋在了废墟里，父亲冒着危险，经过38小时的挖掘，终于在废墟中救出了阿曼达和他的同学。

师：地震无情，人间有爱。伟大的父爱让这对父子创造了生命的奇迹。请同学快速地浏览课文，看看课文中是怎么评价这一对父子的？

师：请你来说。

生3：这是一对了不起的父子。

课件出示："这对了不起的父与子，无比幸福地紧紧拥抱在一起。"（生齐读）（教师示意全班一起说）

生：（齐）这是一对了不起的父与子。

师：是啊，这是一对了不起的父与子。（板书：了不起 父亲 儿子）

三、抓细节描写，体会父亲的"了不起"

（一）一句话，感受父爱

师：首先让我们走近这位了不起的父亲。请同学们静心地默读课文1~12自然段，这部分课文当中，有许多有关父亲的描写，仔细读一读，看看哪些语句让你感受到这是一位了不起的父亲。画下来，也可以做上批注。开始吧！

（学生默读课文，圈点批注，教师巡视）

师：许多同学已经读完了，咱们来交流交流。你从哪儿读出了这是一位了不起的父亲？好，请你说。

生：他挖了8小时、12小时、24小时、36小时，没人再来阻挡他。他满脸灰尘，双眼布满血丝，衣服破烂不堪，到处都是血迹。

生：我还从第3自然段看出这位父亲很了不起，因为他想起了自己对儿子的承诺，所以他就去兑现他的承诺。

生：别的父母哭喊过后就离开了，而他无论别人怎么劝也不离开。

师：同学们可真会读书，从字里行间读出了父亲的了不起。地震中，随时可能发生大爆炸，多危险啊！人们都劝这位父亲尽快离开，可他并没有放弃，而是继续挖掘。老师也看到了一位非常了不起的父亲！有哪些人劝说父亲呢？

生：许多孩子的父母，消防队长，还有警察。

师：可是父亲没有听从劝阻，后来就没人再来劝阻他了，为什么呢？

生：人们判断他精神失常了。

师：为什么人们判断他精神失常了？

生：无论人们怎么说，怎么劝，怎么做，父亲反反复复地说着这样的话。

课件出示："谁愿意帮助我？"

"你是不是来帮助我？"

"你是不是来帮助我?"

师:我们合作分角色朗读体会,请同学们读父亲的三句问话。

师:(引读)当有些人走上前来劝他时,父亲双眼直直地看着这些好心人,恳求地问——

生齐:"谁愿意帮助我?"

师:(引读)当消防队长出现在他面前时,父亲觉得儿子有获救的希望了,急切地问——

生齐:"你是不是来帮助我?"

师:(引读)当警察走过来,让他马上回家时,这个一心要救儿子的父亲简直崩溃了——

生齐:"你是不是来帮助我?"

师:父亲之所以没有听从劝阻,因为他心中只有一个念头,什么念头?

生:"儿子在等着我!"

师:父亲凭什么断定儿子在等着他?

生:因为父亲曾多次对儿子说过一句话。师:哪句话?

生:"不论发生什么,我总会跟你在一起!"

课件出示:"不论发生什么,我总会跟你在一起!"

师:你们是怎样理解这句话的?

生:这是父亲对儿子的承诺,父亲也是凭着这句话知道儿子在等着他。

师:这是父亲对儿子郑重的承诺,它凝聚着深沉的父爱和一份沉甸甸的责任!

师:于是,当父亲看到一片废墟悲痛欲绝时,让他重新挺立并执着坚持的正是这句话——

生:"不论发生什么,我总会跟你在一起!"

师:当众人前来劝他,让他放弃时,不断回响在他耳边的也是这句话——

生:"不论发生什么,我总会跟你在一起!"

师:当危险来临时,给他信心和力量的还是这句话——

生:"不论发生什么,我总会跟你在一起!"

师:当人们摇头叹息,说他精神失常时,支撑起他的仍是这句话——

生:"不论发生什么,我总会跟你在一起!"

师:"不论发生什么,我总会跟你在一起!"这句话既是父亲对儿子的承诺,也是他支撑自己的坚定信念。他断定儿子在等着他,他不停地挖啊挖啊,他挖了……

（二）一个场景，浓缩坚持的父爱

课件出示并引读：他挖了 8 小时、12 小时、24 小时、36 小时，没人再来阻挡他。

请全班男同学来读读这句。

男生读：他挖了 8 小时、12 小时、24 小时、36 小时，没人再来阻挡他。

师：你从哪里感受到了父亲的爱？

生：挖，父亲完全是用手来挖的，而且"挖了 8 小时、12 小时、24 小时、36 小时"，让人感到他挖的时间很长，很艰难。

师：你读懂了这个"挖"字，请你说。

生：父亲当时没有任何工具，就靠一双手，坚持挖了那么久，非常辛苦劳累。

师：体会很深刻，请你读。

师：其实在父亲挖掘儿子的时候，可能还会用到搬、刨、扔……可是，这么多动作，作者只写了一个"挖"字，一个"挖"字坚持了 36 个小时。这就是作者的匠心，这就是文字的魅力。让我们定格这个"挖"字，读好这个"挖"字。

师：他挖了——

生：他挖了 8 小时、12 小时、24 小时、36 小时，没人再来阻挡他。（朗读指导：4 个时间词语，如何读出漫长的感觉？四个时间词语不能在一个调上，要：平、平、低、高）

师：作者这样罗列时间的进程，他为什么不直接写挖了 36 小时呢？（课件出示）同桌讨论讨论。

生：这样写，更能体现他挖了很久。

师：更能体现出时间的漫长。

生：更能表现父亲的坚持。

生：更能体现父亲的艰辛、劳累、疲倦。

师：带着各自的体会自由练读，你会怎样读这时间的进程？（一生读句子，很急促。）

师：你为什么读得这么急促？

生：我要读出父亲心里的焦急。（另一生读句子，语速缓慢。）

师：你为什么读得这么缓慢低沉？

生：因为时间过得那样漫长，父亲那样劳累。

师：都读出了各自不同的理解，了不起。

师：是啊，那可是地震中的 36 个小时呀！随时可能发生大爆炸。

师：可是这位父亲依然坚持挖了 36 小时，是什么支撑着他 36 小时苦苦挖掘？

生：是信念。

生：是父亲对儿子的承诺。

生：是父亲救出儿子的决心。

生：是父亲对儿子深深的爱。

师：而这一切的一切，让我们不得不再一次感叹，这是一位——

生：了不起的父亲。

师：36 小时过后，我们看到的是这样一位父亲。

（三）一个形象，定格父爱的伟大

课件出示并引读：他满脸灰尘，双眼布满血丝，衣服破烂不堪，到处都是血迹。

师：这是对父亲的什么描写？父亲为什么会成这个样子？

生：外貌描写。因为他在瓦砾堆中不顾一切地挖了 36 个小时，36 个小时不吃、不喝、不睡，加上极度悲伤、着急、担心，自然是"满脸灰尘，双眼布满血丝，衣服破烂不堪，到处都是血迹"。（师相机引导）

师：多么伟大、多么崇高的父爱啊！让咱们带着深深的敬意齐读这句话。

生：他挖了 8 小时、12 小时、24 小时、36 小时，没人再来阻挡他。他满脸灰尘，双眼布满血丝，衣服破烂不堪，到处都是血迹。

四、小组合作，体会儿子的"了不起"

师：了不起的父亲自然有一个了不起的儿子，课文哪些句子表现了儿子的了不起呢？

生："我告诉同学们不要害怕，说只要我爸爸活着就一定会来救我，也能救大家。因为你说过，不论发生什么事，你总会和我在一起！"

师：说说你的体会。

生：儿子记住了爸爸的话，也是爸爸的话在支撑着他。

师：还有不同的吗？

生：父亲声音颤抖地说："出来吧！阿曼达。""不！爸爸。先让我的同学出去吧！我知道你会跟我在一起，我不怕。不论发生什么事，我知道你总会跟我在一起。"

师：通过这句话你感受到了什么？

生：我感觉儿子非常了不起，在这么危险的情况下让同学先出去，先人后己。

师：多么坚强勇敢，多么无私无畏，多么了不起的小小男子汉！在生死关

348

头，始终牢记父亲的那句承诺——

生接读："不论发生了什么，我总会和你在一起！"

师：就这样，这对了不起的父与子，凭着坚定的信念，凭着对彼此深深的信任，凭着永不言败的执着精神，谱写了一个荡气回肠的传奇故事！让我们紧扣住"了不起""无比幸福""紧紧拥抱"这些字眼，一起来祝贺这对劫后余生的父子吧！

生齐读：这对了不起的父与子，无比幸福地紧紧拥抱在一起。

课件出示小诗《父与子》，师生对读：

儿子，你在哪里？我看不见你，你的呼喊——却刻在我的血液里。

不论多么艰难，我总要找到你！

爸爸，您在哪里？我看不见您，您说的那句话——却响在我的脑海里。

不论多么难受，我总要等到你！

不论发生什么，我们生死不离！

相信生命不息，爱是全部动力！

血脉创造奇迹，彩虹在风雨后升起！

五、拓展延伸

1. 小练笔：想象一下，阿曼达在废墟下会想些什么，说些什么呢？把你想到的写下来。

2. 推荐阅读《父爱，在拐个弯处》《奇迹的名字叫父亲》《感悟父爱》

《流体压强与流速的关系》课堂实录

阆中石子中心学校　宋　伟

一、新课引入

播放飞机起飞视频。

师：几百吨的飞机为什么可以腾空而起呢？（学生思考）

二、完成自学思考题

教师巡视，指导学生完成自学思考题

三、新课教学

游戏1：甩动软管吸取纸屑。

游戏2：漏斗向下吹乒乓球。（学生思考后教师演示）

师：具有流动性的物质，统称为流体，比如液体和气体。

两个实验都是流体在运动时才产生的现象，事实表明流体流速与压强存在某种关系。那这种关系可能是什么呢？（引导学生进行猜想）

提出问题：

生：流体压强的大小与流速有关。

猜想：

生：（学生提出的三种猜想）

流体流速越快，它的压强 1 越大、2 越小、3 不变。

【设计实验与进行实验】

师：今天，我们来探究流体的流速与压强关系。

学生的实验器材：乒乓球两个、玻璃棒两根、饮料吸管一支、装满水的水槽一个、两只小船、一杯水、一根中间切开（未断）拆成直角的吸管、两张纸等器材。

师：自由选择器材，做一到二组实验，提供几个参考实验装置，同学们也可以自己设计别的实验。

【学生进行实验与收集证据】

师：以小组为单位讨论实验方案，用眼睛去观察，用大脑去思考，将发现的问题记录下来，然后进行小组交流，看看在实验中能发现些什么？看看哪一小组做得最好？

学生实验，教师巡回指导。

【学生分析、论证与交流】

师：把你所看到的、所想的说出来与大家交流，那么从第一组开始吧。

【分析实验现象】

学生展示（用实物投影仪投影）并回答：

（1）图 1：把两个乒乓球放在两根小木条上，相对靠近一些，用一支饮料吸管向它们中间吹气，两个乒乓球互相靠近。

结论：流动气体的压强，流速较大的位置压强小。

（2）图 2：在两张纸中间吹气，结果看到两张纸不但没有被吹开反而向中间靠近。

结论：流动气体的压强，流速大的地方压强小。

（3）对着硬币吹气，硬币会飞起来。

结论：流动气体的压强，流速大的地方压强小。

（4）按照图 4 中的吹气口吹气，将会出现什么样的现象。

结论：流动气体的压强，流速大的地方压强小。

得出结论：

生：流体在流速大的地方压强较小，在流速小的地方压强大。

联系生活实际：学生举例，并能用本节所学知识简单解释现象。

【生活应用】

（1）为什么火车站台都有一条安全线？

（2）解释升力产生的原因。（学生解释后，教师利用多媒体课件模拟展示）如果将飞机的机翼倒置过来，会怎样？你知道"倒置的翅膀"有什么应用吗？（赛车的压风片）

（3）解释龙卷风为什么可以将屋顶掀掉。

四、扩展

出示卡洛斯的射门镜头。解释香蕉球（弧线球）的原理。

《妈妈睡了》课堂实录

阆中市城北小学　凌冬萍

一、课前预习

1. 师布置预习作业：

（1）梳理本课生字。

（2）分析段落大意，找出关键词进行概括。

（3）体悟母子情感。

2. 学生通读课文，初步感知：

（1）浏览、略读课文，初步感知课文内容，确定文章的类型或初步感知文章的中心思想。

（2）在原文章中划出生字；概括段落的主要内容。

3. 学生结合文章和导图，对文章进行思考归纳，提炼出生字、主要内容等的关键词。

4. 学生使用思维导图专用本进行思维导图的绘制。（在这个过程中，学生是不受任何拘束的，他们可以自由地勾勒出对文章解读的过程，充分地感知课文和了解课文）

二、课中复述修正导图，师生交流

1. 生字归纳：

生1：本课生字有哄、先、闭、紧、润、蛋、等、吸、发、粘、汗、额、沙、乏。

师：还有更细致一点的归纳吗？

生2：有！可以用翘舌音作为关键词把"沙、粘"分出来。

生3：可以用前鼻韵作为关键词把"先、紧、润、汗"分出来。

生4：可以用多音字作为关键词把"发"分出来。

师总结：对！这样细分，我们对音节的掌握就更准确了，记得也更牢固了！

2. 主要内容的归纳。

生5：文章主要写了妈妈很美丽，也很温柔。

生6：还写了妈妈很累。

师：大家找找体现三个内容特点的句子，勾出来。你发现什么规律了吗？

生7：三个句子都在段落的开头位置。

生8：三个句子内容有重复部分，只是关键词不一样。

生9：这三个句子都能概括整段的意思。

师：真有观察力！那这样的句子叫什么句？

生：首括句！

师：对，你们以后写话也可以用首括句打头阵，让文章思路清晰明了。

3. 揣摩、感悟关键词、句的含义。

师：你能根据相关词句谈谈自己的感悟吗？

生10："明亮的眼睛"体现了妈妈的眼睛又大又亮。

师：有道理。你准备把这一点归纳到谁的阵营里？

生10：我准备归纳到"美丽"关键词的阵营里。

师：归纳准确！

生11："红润"体现了妈妈的皮肤很滋润、很健康，健康的肤色就最美。这个词也应该归到"美丽"阵营中。

师：见解很深透！

生12："微微地笑"体现了妈妈的笑很轻微，很柔和，应归到"温柔"的阵营中。

师：有道理！那又从哪些词句可以感受到了妈妈的劳累呢？说说你的看法。

生13："呼吸沉、头发黏在额头上"体现妈妈干完了活非常劳累，睡得很香，应该归到"很累"的阵营中。

生14：妈妈完全听不到风儿、小鸟的声音，更能体现妈妈劳累的程度，也应归入"很累"的阵营中。

师：同学们越来越像福尔摩斯了，越钻研越深入，真能干！

生15：读了这篇文章，我深深体会到了妈妈的辛苦。我以后要多多体贴妈妈，为妈妈做点力所能及的事，消除她的疲劳。

师：那我们再想具体一点，可以用哪些行动去爱妈妈呢？

生16：我想帮妈妈洗碗、拖地。

生 17：我给妈妈按摩。

生 18：我给妈妈唱歌、跳舞。

······

师：那我们用什么关键词来概括这部分内容？

生 19：这是我们爱妈妈的行动。

师：可以。还可以补充什么关键词？

生 20：我们还可以提炼出"修辞"关键词。我发现这篇文章里有几个句子是拟人句。

师：有哪些句子？

生 20：比如"眉毛睡在脸上"。

生 21：还有"小鸟在唱歌，风儿在散步"。

4. 说说心里话

师：孩子们，你们已经拥有了一定的独立探究思维了，真让老师佩服！此刻，你想对自己的妈妈说点什么心里话吗？

生 22：妈妈，如果您是蓝蓝的大海，我就是你怀里快活的小鱼。妈妈，我爱你！

生 23：妈妈，即使您老了，在我心中您还是最美的！您放心，我一定会好好照顾您的！

······

师总结：孩子们，你们的心里话真暖！心动不如行动，大家今晚就积极一点，用自己喜欢的方式表达出你对妈妈深深的爱，好吗？

生齐：好的！

三、课后完善思维导图

课后，学生根据课堂交流结果完善以下内容：

（1）补充生字二级关键词：前鼻韵、翘舌音、多音字。

（2）梳理主要内容一级关键词——美丽、温柔、累；补充二级关键词：明亮、红润、微微地笑、呼吸沉、头发粘在额头上、全听不见。

（3）补充二级关键词——首括句。

（4）增加一级关键词——爱妈妈的行动；二级关键词——具体行动（洗碗、按摩……）。

（5）增加一级关键词——说说心里话；补充具体内容。

（6）增加一级关键词——修辞，二级关键词——拟人，补充相关句子。

学生根据完善后的思维导图复述、背诵课文，梳理、巩固本课知识。

《画杨桃》课堂实录

阆中市石子中心学校　杨红英

一、导入

上课（师生问好）。

师：同学们，请看这是什么（展示杨桃实物）？这节课我们继续学习《画杨桃》，通过上一节课的学习，我们知道了小作者把杨桃画成了五角星的样子究竟是怎么一回事。

生：他看的角度不同，看到的杨桃像个五角星。

师：还有不一样的说法吗？

生：因为他记住了父亲说的话。

师：父亲说的什么话？

生：你看见一件东西，是什么样的，就画成什么样，不要想当然，画走了样。

师：是的，他是这样做的？而且是认认真真地看，老老实实地画，结果这幅画交上去的时候，同学们又是怎样的反应呢？

二、新授课

师：请同学们读课文的3~5自然段，看有什么发现。

抽学生说：同学们在嘲笑他。

师：把书上的这句话读给我们听听。

师：生活中你们哈哈大笑过吗？

生：笑过。

师：有什么不同？

生：文中的笑是嘲笑，而我们哈哈大笑是开心、高兴的笑。

师板书：嘲笑。

师：有了这样的体会，谁来读读这两个句子？要读出嘲笑的语气。

师：听到了同学们嘲笑他，但老师没有笑，他是怎样做的呢？

抽学生读课文第6段。

师：从老师这一连串的动作中，哪一个词最能体现老师和同学们的态度是截然不同的？（审视）

师：审视什么？（杨桃）

师：现在就请同学们把我当作杨桃，谁来做做这个动作吧！

师：告诉同学们你是怎样审视的？

师：你们看到了吗？他是怎样审视的？

师：老师是在我的座位上审视杨桃的，我看到的杨桃是五角星的样子，那老师这一看会发现什么呢？

师：正是因为有了这样的发现，所以老师举起了我的这一幅画，接下来又会发生什么呢？请同学们拿起笔，大声读课文的第 7~17 段，看看有什么发现。

抽学生说：他们还说像五角星。

师：从哪些句子可以看出来？

师：他们还以为像五角星，说明他们还在……（嘲笑）

师：老师审视了课桌上的杨桃，同学们还在嘲笑，后来同学们的态度又发生了怎样的变化？

师：从这几句话中看到的，对吧，下面请同学们仔细观察，认真读老师和同学们的两次对话，细心的同学一定会发现什么？

抽学生：第一次：他们没有考虑就说不像，回答得干脆直接，第二次：老师让他们到我的座位看了以后，再问他们，他们就变得吞吞吐吐的了。

师板书：吞吞吐吐，是从哪里看出来的？

师：相同的语言，用上不同的特点符号，我们可以读出不同的情感，谁愿意来读读这两次对话，强调语气。

师总结：面对这幅画，同学们先是嘲笑，后来他们变得吞吞吐吐，在同学们的变化过程中，你还发现了谁的变化？

师：老师先是……

师：当老师审视了课桌上的杨桃，见同学们还在嘲笑，老师的神情变得严肃了。

师：书上有个词语告诉我们老师严肃的神情延续了一段时间是哪个词语？

师：你们猜猜"半晌"指多长时间？

师：时间不太长，也不算短，在这样长的时间里，老师没有说话，也没有做什么，如果你是文中的老师，你会想什么？

师：他的办法是什么？

师：我把杨桃的一端正对着同学们，请把你们看到的杨桃的样子，和同学们朗声交流。

师：从刚才同学们的话语中，我感到了同学们的歉意，看出同学们知道自己错了，老师的神情不再严肃，他变得和颜悦色。

师：老师还对同学们说了这样的话（幻灯：18 段说的话）老师把其中的一句话读出来，请同学们认真听，听了以后你想对我说什么呢？

生：你读得太严肃了，应该和颜悦色地说。

师：和颜悦色应该怎样读？

师：为什么要这样？（抽生和颜悦色地读这段话）

师：听了你的朗读，我知道什么叫"和颜悦色了"。

师：让我们和颜悦色地读一读这段话。

师：多亲切呀，老师的每一句话都让我们有所启发，那么哪一句话给你的启发最大呀？请同学们朗读这段话，做上记号，并说说为什么。

师：好了，我想听听你们的意见。

抽生说分析，说体会。

三、拓展延伸

这让我们对苏轼的一句诗"横看成岭侧成峰，远近高低各不同"有了深刻的体会。

师：老师的话朴实而深刻，让我们试着记下来。看谁能在较短的时间里记下来。

师：杨桃的风波结束了，但老师的话使我们受到了深刻的教育，这种教育可用文中的哪个词概括？（教诲）

（音乐）

师：从作者小时候画杨桃这个简单的故事中，我们明白了深刻的道理，其实在我们的生活中也有别人嘲笑我们自己的时候，也有误解别人，别人说我们的时候，当时你们都是怎样说的、想的、做的呢？

师：先想，再互说，看谁能把自己的经历说成一段完整的话。

（抽学生说）

师：老师也想送给同学们一句话：生活是我们习作的源泉，刚才这位同学向我们介绍了他的一段亲身经历，思路清晰，表达清楚，老师非常欣赏你。在老师的教诲下，稳重的小作者长大成为一名优秀的作家，我相信你们的将来一定会更有出息，最后我把这句话送给大家（课件出示），并希望同学们记住。

全班站起来，认真而自信地对自己说一次。

第9课　红灯 绿灯

阆中市特殊教育学校　刘丽娜

一、课前准备：点名、检查安全隐患、师生问好

师：上课！

生：起立，老师好！

师：同学们好，请坐！

二、创设情景，引入主题

师：今天，刘老师想先跟同学们分享个小故事，大家想不想听啊？

生：想！

师：故事的主人公登场了（同时出示教具小汽车）！这是什么呢？

生：小汽车！

师：对，小汽车！今天的故事就是：小汽车出门。（此时使用 PPT 展现马路情景，教师在声情并茂地讲故事的同时，小汽车在"马路上"表演）

小汽车出门。

有辆小汽车刚从汽车制造厂里出来，它对一切都感到好奇。它看到马路上、大街上这么热闹，开心得"嘀嘀"直叫（将小汽车喇叭打响）。它一会儿开到东，一会儿开到西（小汽车在"马路上"开到东开到西），可自由了！忽然，它看到大街上有样东西总是不停地眨眼睛，一会儿变成绿色（将绿色的磁钉贴于绿灯处），一会儿又变成红色（将红色磁钉贴于红灯处），觉得非常奇怪。你们能告诉小汽车这是什么吗？

师：同学们猜猜，你们觉得是什么呢？

生：红灯和绿灯！

师：啊！猜对了，你们太棒了！今天我们学习的就是第 9 课《红灯 绿灯》（板书）。

师：老师的问题要来了噢，同学们仔细想一想，红灯亮是告诉我们什么？

生：停！（回答的声音较小）

师：大点声，我听不见。（将一只手放于耳旁，无辜的眼神望向同学们）

生：停！（此时声音洪亮）

师：红灯亮的时候告诉我们要停下来，红灯停。（板书）

师：绿灯亮的时候又是告诉我们什么呢？这时候可以走了吗？

生：可以了！

师：嗯，绿灯行。（板书）

师：红灯停，绿灯行。同学们都知道了。那同学们想一想，如果没有红绿灯的话，道路会变成什么样子？

生：乱。

师：同学们看一看，没有红绿灯的话，我们的道路会变成……（PPT 展示一张人和车挤在斑马线上的图）

生：哇！

师：这个是不是有点乱了啊，人车拥挤在一起。我们再看一幅图（PPT

展示无红绿灯的十字路口俯瞰图，人多车多、拥堵停滞的画面）。

生：哇！好乱啊！（此时，同学们看到如此景象非常惊奇）

师：是不是更乱了啊！行走在这样拥挤的道路上安全吗？

生：容易撞车，受伤，不安全！

师：对！如果没有红绿灯，道路上容易引起交通混乱，易发生危险，不安全。那么红绿灯的作用是什么？

生：指挥行人和车辆，保障道路的畅通。（在教师的引导下说出）

师：小汽车不认识红绿灯，这样在马路上行驶行吗？

生：不行！

师：现在我们来教小汽车认识红绿灯好不好？（出示红绿灯的课件）

师：同学们看，路上的红绿灯就是这个样子的。红色的灯叫……

生：红灯。

师：绿颜色的灯呢？

生：绿灯！

师：我们看到还有一种黄颜色的灯，这叫什么灯呢，谁能猜到？

生：黄灯！

师：好，跟着老师一起念一念，红灯、绿灯、黄灯。（生跟读）

师：每个灯亮的时候，我们该怎么做呢？（PPT 出示马路上会出现的不同形式的红绿灯）上边的一排是什么颜色的？

生：红色，红灯。

师：仔细看一下，红灯里的手势和人（老师依次用动作展现），他们都没有动是不是？红灯的时候就不能走了啊！我们叫：红灯停。

生：红灯停！（齐读）

师：非常棒啊！我们再看下面的一排绿颜色的灯，是什么灯？

生：绿灯！

师：看一看各个绿灯里面的标识，里面的小人儿在干什么？

生：走路！（老师做走路状）

师：啊，绿灯的时候就可以走了，我们叫：绿灯行。

生：绿灯行。（齐读）

师：我们看这里还有一种颜色的灯，是……

生：黄灯！

师：黄灯的时候我们能抢着过马路吗？我们应该怎么做呢？

生：不能，要停！

师：对！黄灯只有 3 秒，时间短暂，这个时候我们要等一下，等绿灯出来我们才能行。我们叫：黄灯出来等一等！

生：黄灯出来等一等。（齐读）

三、新授

师：我们刚才教小汽车认识了红灯、绿灯和它们的作用以及它们代表的意义，老师这里有一幅图，要请同学们猜一猜。

（一）出示课本插图

师：这幅图是我们课文里的插图，老师的问题来了，图中的小朋友在做什么？

生：过马路！

师：小朋友可以过马路了，那猜一猜小朋友们对面的灯是什么颜色的呢？

生：绿色、红灯。（出现错误答案）

师：刚才老师听到有人说红灯！是红灯吗？

生：绿色！

师：绿灯亮的时候我们才能通过，绿灯行的呀！所以他们对面亮的灯是绿色的！（教师把绿色的磁钉贴于绿灯处，给同学们视觉刺激）

师：我们上学、放学的时候，都会经过车来车往的马路，遵守交通规则对我们来说非常重要。如果随意而行，那我们的安全就会受到威胁，也会给交通带来阻塞。

我们过马路的时候应该怎么做呢？现在我们来看一下课文中的儿歌，它会告诉我们方法。

（二）学习儿歌《红灯　绿灯》

出示儿歌课件如下：

> 我们走路不贪玩，
> 过马路时左右看。
> 红灯停，绿灯行，
> 从小养成好习惯。

师：大屏幕上已经把我们今天要学习的儿歌展现出来了，首先跟着老师读，老师读一句，同学们跟读一句。（师领读，生齐读）

师：同学们今天的状态很好，声音洪亮又整齐，太棒了！现在我们再来读一遍，看看哪个同学表现最棒！（师领读，生齐读）

师：哇，你们太厉害了，每个同学的读书的声音我都听到了！听得出来，大家都很努力！

师：现在，老师有个想法，我们一个一个地开火车读！这样我就知道谁读得最棒啦！火车开起来！（两只胳膊做前后滚动状）

师：车头在这里，后面的车厢跟上。车头要给我做好榜样噢！

开火车读儿歌，一人一句。

师：坐了这么久，我看同学们都有点累了呢，那我们站起来活动一下吧。（同学们扩胸、伸展）刚才这首儿歌，我们已经读过了，现在，我们加上动作，把我们的儿歌演一遍。认真跟老师学好不好？

生：好！（此时同学们精神十足）

师生共同边读边表演2次。

（三）考一考

师：哇，同学们表现得太棒了！我们读了这么多遍儿歌，大家现在对它熟悉了吗？

生：熟悉了！

师：好，熟悉了是吧，刘老师就喜欢考大家，这样才能把我们同学们厉害的一面表现出来。大家看屏幕上又出现了我们的儿歌，但是它是完整的吗？

生：……（无人回答）

师：有括号对不对？括号里面有字吗？

生：没有！

师：没有字的地方就需要我们开动脑筋，把它填完整。我们大家先一起来填一下，看一看我们能不能填好。

师：我们走路（　　　）

生：不贪玩

师：那老师要问问大家了，我们走路的时候能不能贪玩？

生：不能！不安全。

师：对，我们走路的时候不玩耍、不游戏、要认认真真地走路！好，我们的来看第二句：过马路时（　　　）

生：左右看！

师：太棒了！左右看，看什么？

生：看车。

师：为什么要看车？

生：不看车就过马路，危险！

师：非常对，过马路时我们要观看来往的车辆，确认安全，才可以通过！

红灯（　　　）

生：红灯停！

师：对！红灯停，我们刚才的动作姿势是什么？接下来，绿灯（　　　）

生：行！（大部分同学把"行"的姿势做了出来）

师：哎，非常好，同学们还把我们的动作记住了。要记住，我们要从小养成好习惯。

师：现在大家会填了吗？

生：会了！

师：那我就抽几个同学来填一填。（随机抽同学填空）

师：刚才我们填的空里的：不贪玩、左右看、红灯停、绿灯行，就是我们过马路的方法。同学们现在会过马路了吗？

生：会了！

师：一是走路（不贪玩），二是（左右看），看见红绿灯时，红灯（停），绿灯（行）。（括号里是同学们回答的）

3. 情景演示。（用自制教具，模拟红绿灯，同学们过马路）

师：现在，老师又要考考大家了，我准备了一个红绿灯，我们来过一过马路。这个简易的红绿灯来到了大家面前（教师拿着自制红绿灯走到同学们面前），上面的是……

生：红灯！

师：下面的是……

生：绿灯！

师：如果要过马路，我们怎么才能分辨哪个灯亮了呢？看这是什么？（老师从兜里拿出一个手电筒）

生：手电筒！（同学们感到很惊喜）

师：这个就是让我们的红绿灯亮起来的法宝！（边说边把手电筒光源移至简易红绿灯背面，光透过红纸，"红灯"亮了）

生：红灯啊！

师：红灯的时候，我们怎么做？

生：停、行。（出现错误答案）

师：红灯怎么样？再告诉我一遍？

生：停！

师：现在亮的是什么灯？（将光源移至绿纸背面）

生：绿灯！绿灯行！

师：好的，千万要记住红灯停，绿灯行。现在我们分两组，第一组先到马路对面去吧。（教师拿着红绿灯站一边，一组同学站对面，模拟过马路）你们要过马路了，注意看老师这里的红绿灯是哪个灯亮了，想清楚该走还是停。

第二组如上。

师：刚才我们过了一次马路，你们平时过马路有没有看红绿灯呀？

生：有！

四、总结

师：好，我们今天学习了红灯、绿灯。学习了一个儿歌。希望同学们今后都能遵守交通规则，红灯停、绿灯行，走路不贪玩，还有左右看。老师希望大家安全快乐地度过每一天，好不好？

生：好！

师：今天同学们的表现都非常棒，我们竖起大拇指，朝向自己，对着自己说一声：我今天表现真棒！

生：我今天表现真棒！

师分发奖励贴纸贴于同学们的手上。

师：今天的课就上到这里了，下课！

生：起立，老师再见！

师：同学们再见！

《背影》第6自然段教学实录

阆中市清泉乡中心学校　郭艳秋

一、找感动

师：请同学们用自己喜欢的方式自由朗读第6自然段，圈点勾画出最令你感动的一句话，思考让你感动的理由，并在书中作批注。

（学生自读，教师巡视，适时点拨）

二、品感动（PPT出示原文第6段）

学生交流令自己感动的词句

生1："我买几个橘子去，你就在此地，不要走动。"这句令我感动，父亲怕我路上口渴，又怕我跟去丢了行李。可见对"我"的关怀无微不至。

生2：父亲的穿着令我感动，父亲给我准备的是紫毛大衣（第5自然段）而自己穿的是"黑布大马褂、深青布棉袍"。可见父亲宁愿自己吃苦也不愿委屈儿子。

生3：父亲爬月台的动作令我感动，"他用两手攀着上面，两脚再向上缩，他肥胖的身体向左微倾，显出努力的样子"，从这里可以看出父亲爬月台的艰难。

……

师：同学们品得真好，有人物的语言，有外貌，有动作……可以说字里行间无不流淌着浓浓的父爱。然而在这众多描写中，最为人称道的就是父亲爬月台时的动作。（PPT 出示）（教师板书：攀、缩、倾）让我们细细地品味这三个词背后的深情。

（学生先自己独立思考品味，再交流讨论，教师适时点拨：可用替换法，即将文中的动词换成另一个词，如将"攀"换成"抓"，再进行比较，看意思是否发生变化）

生 1："攀"说明月台很高，且父亲的手无物可抓。

生 2："缩"说明父亲肥胖、年老、衣着臃肿。

生 3："倾"这个动作很危险，可能稍不注意就会掉下去，让人揪心。

……

师：我们来体验一下父亲的不容易吧，请两个同学上台，一个朗读，一个表演。

（生踊跃参与，亲身感受父亲爬月台的艰难）

师：是啊，这些文字看似质朴，却极富表现力，内涵丰富，感情深厚。所以在朗读时，就应努力读出蕴含在字里行间的深情。

（学生试着自己朗读，体会如何读出感情）

教师指导朗读：首先，确定本段感情基调（感动）。其次，根据基调确定如何朗读（读得深情一些）。最后，处理好重音。（PPT 出示处理重音的方法）

方法 1：重音重读，如"攀"。

方法 2：重音轻读，如"缩"。

方法 3：利用停顿突出重音，如"他肥胖的身子向左/微倾"。

更多时候是这几种方法综合使用如："我的泪很快地/流下来了"。

师：提醒大家两点，第一，朗读是个性化的行为，不要一味地模仿别人，要读出自己的理解。第二，作品若真能把你打动，你又用自己的声音传达出了这种感动，那么你的朗读就是成功的。如何进入这种情景获得这种体验呢？我们可以联想自己的父亲，想想自己父亲的不容易，之后再来品读相信你的理解就不一样了。

（学生用此方法自读，互读，推荐优秀者朗读。）

师：这些句子感人至深，让我们把它积累背诵下来吧！

（学生背诵从"我看见他戴着黑布小帽……我的泪很快地流下来了"）

探讨背景描写的作用。

师：可以说，这个背影感动了和正在感动着无数读者，那么作者为什么一开始不直接写，而是从家中变故写起呢？（教师板书：丧、闲、借）

生：交代事情起因，渲染悲凉气氛，为下文做铺垫，更衬托出父爱的可贵。

师：说得真好，我想在黑板上这两组字后面分别加上几个字，大家就更能理解这种感情了。（板书：尤见爱子意，更衬舐犊情）

师：学习这篇文章我们深深沉浸在这种感动中，在感动之余，我们可以悟出作文选材时的一种方法：当我们在写以"爱"为主题的文章时，选择困境中的爱、艰难中的爱就更能打动读者。（板书：艰难中的爱更动人）同学们能不能举一些例子说明呢？

生：同样是爱心捐款，环卫工人捐一千块就比百万富翁捐一千块更打动人。

师：就是这个道理，所以恭喜同学们又掌握了一种作文选材的方法！

三、说感动

师：同学们，世间的爱千万种，唯有父母之爱最无私，时间的长河可以带走一切，但带不走父母的爱。即使他们忘记了一切，也从未忘记爱你。让我们一起观看一则公益广告，来感受这种人间至爱吧！

（播放公益广告《爸爸从未忘记爱你》）

师：看完这则广告，想必大家感触颇多，父母把我们从小养到大，把最好的东西给了我们，可年轻气盛的我们常常忽略父母的爱。现在就请大家认真回忆你与父母在一起生活的场景，谈谈那些也许你当时并未理解，甚至反感，却最能体现父母对你的爱的琐事。

生：每周星期一去学校时，妈妈总是叮嘱我要吃饱，不要挑食，天冷了要加衣服，好好学习……我总是不耐烦。现在想想，那都是爱的叮咛啊！

······

师：同学们说得真好，学完这篇课文相信大家在感动之余又多了一些对父母的理解，那么就请同学们将这种理解化作行动吧，用爱去回报爱，为劳累的父母端上一杯热茶，送上一声问候，就是对他们最大的安慰。从现在做起从小事做起，去告诉你的父母，正如歌中所唱：多想靠近你，告诉你其实我一直都懂你，多想伴着你，告诉你其实我多么的爱你！

（播放歌曲《懂你》）

四、写感动

青春年少，我们也曾对挚爱我们的父母任性过，也曾误解过他们的爱心，请以"_____我想对您说"为题，给你的亲人写一封信。

《一个中国孩子的呼声》课堂实录选摘

阆中市文成镇云台中心学校 胡 垚

师：我多么期盼爸爸凯旋，期盼爸爸能亲手把蓝盔戴在我的头上，可是现实是残酷的，蓝盔回来了，可爸爸呢……（播放课件，师配乐朗读"现在这顶蓝盔回来了……"）

教师的范读，读出了感情，感人肺腑、催人泪下，孩子们在屏息倾听的过程中，看见了老师眼中闪烁的泪花。（全场一片寂静）

师：我看到了你们眼中闪烁的泪花，看来大家都动情了。你们觉得老师读得怎么样？请你来说，我看到你流泪了。

生1：我觉得老师读得非常好，读出了作者悲痛的感情。

师：（声音哽咽，极力控制自己的情绪）啊，这位同学情绪非常激动，老师也很激动。还有谁能说说？

生2：老师读得很好。让我想到，如果我的爸爸这时也像文中的爸爸……（表现出悲痛状摇着头）

师：会让你感到非常的……（悲痛）。哪句话最能让你体会到这种感情？

生2：（动情朗读句子）我们如约捧着鲜花，接到的却是爸爸那覆盖着……国旗的……遗体。

师：你觉得她读得怎么样？

生3：我的感受和她是一样的。我们如约捧着鲜花来接亲爱的爸爸，爸爸却不能平安归来。

师：我们简直不敢相信自己的眼睛，不敢相信这个事实，对吧？请你也读一遍好吗？

（生3读句子）

师：你的感情是对的，我建议你读的时候语调更低一点，语速更慢一点，就更能表达你的感情了。

师：还有哪个句子最让你感动？

生4：（读文中句子）鲜血染红了他的征衣，腕上的手表浸满了凝固的血。

师：在这个句子中，"血"有两个读音。（板书）"血"在词语中读（xuè），单个字出现时念作（xiě）。请同学们跟我读一遍。

（生跟老师齐读）

师：让我们闭上眼睛想象一下，爸爸浑身都是血，爸爸牺牲时一定流了很多血。这真让人感到心痛，谁能读出心痛的感觉？

（生读句子）

师：谁能比她读得更好？

（另一名学生动情地读句子）

师：我也感觉到自己的心在痛。还有哪个句子让你感动？

生5：（读文中句子）爸爸的嘴张着……和平，和平，和平！

师：在这个句子中，连续出现了四个"听见了"，这是一个——（生：排比句）我发现你在读的时候，语气一步一步地加强，让我们像她这样读一遍好吗？

（生齐读）

……

《卖炭翁》课堂教学实录

阆中市文成镇中心学校 侯 莉

一、熟知导入，温故知新

1. 教师背："离离原上草，一岁一枯荣。"同学们知道这首我们耳熟能详的诗叫什么名字吗？它的作者是谁呢？

学生回应"野火烧不尽，春风吹又生""《赋得古原草离别》白居易"。

2. 大家说得都很好，白居易写过很多诗，谁来说说看，你对白居易的了解？

经过2、3个同学的补充后仍不够系统。对白居易诗歌风格也许不能点到。由课件补充。

3. 刚才我们一起了解到白居易的诗"广泛尖锐地揭发了当时政治上的黑暗现象，也反映出人民的痛苦生活"。那么，今天我们一起来学习白居易的叙事诗——《卖炭翁》。

二、检查预习，落实字词

学生课前借助工具书完成预习单后回答，注意多音字 。

三、朗读指导，整体感知

1. 好，现在我们一起来把这首诗读一读。

评价学生：预习后，读音较准，但是停顿有误，节奏感不强。

2. 大家读音不错，但是要读好一首诗，除了读准字音之外，还需要注意什么呢？

学生：停顿、感情、语气。众说纷纭。

3. 追问：这首诗基本上每句7个字，如何停顿比较好呢？请大家读一读，试一试。

学生：有的学生说 4 个字后停顿。有的学生说 2 | 2 | 3 这样停顿。

（《卖炭翁》朗读录音）

和学生一起听朗读录音，并让同学、小组之间比赛朗读，并相互点评。

4. 注意停顿以后，同学们读得好多了，刚才有同学说还要注意语气和读出感情，才能读得更好，他们讲得非常不错，那我们一起来探讨下，这首诗读完后让你有什么样的感受？能用一个词或一句话概括吗？

学生：苦，非常苦，卖炭翁太苦了。学生：残忍，宫使非常残忍。

5. 追问：你从哪里感受到卖炭翁苦？引导学生把握全文。

学生：炭从很远运来，卖也卖不出去，最后还被抢了！

四、分析鉴赏，朗读深化

1. 同学们说得很好，老师也深有同感。卖炭翁和宫使这两个人物在我们心底已经有了很深印象。人物形象是通过对人物的描写来表现出来的，诗中对这两个人物从哪些方面进行了描写？

学生回答，老师板书：卖炭翁：外貌、心理、动作

宫使：神态、动作

2. 描写卖炭翁外貌的语句是？谁能读一读这两句？读得好不好？应该读出什么？

学生"满面尘灰烟火色，两鬓苍苍十指黑。"应该读出烧炭之苦，满脸的灰尘，脸因为长年烟熏火烤而颜色深暗。头发花白，十指乌黑。

描写卖炭翁心理的语句是？我们一起来读一读这两句。这两句写出了卖炭翁怎样的一种心理？衣服单薄，又在下雪，一般人都希望天气暖和，而卖炭翁却因为想能把炭卖个好价钱而希望天气更寒冷。这里，一般人的心理和卖炭翁的心理有着极大的（　　　　）？为什么会有这种反差？因为炭对他来说意味着……？

学生："可怜身上衣正单，心忧炭贱愿天寒。"反映了他明明自己衣服单薄，却希望天气更寒冷的心理。

学生：反差，卖炭翁急于要把炭卖出去。"身上衣裳口中食"生活的全部希望。

3. 希望是战胜一切困难的力量，然而，这满怀着卖炭翁希望的一车炭卖出去了吗？我们读一读炭被抢的这一情节。写宫使的神态的词语有哪些？为什么？谁来读读这一句？哪些词语写出了宫使的动作？这些动作描写出了宫使的哪些特点？

学生：路途遥远。"牛困人饥"，油还被宫使抢走了！希望破灭。学生：得

意忘形的样子。"把、称、叱、牵"。学生明确：非常残暴。

五、课堂小结，主旨归纳

真是一个残暴的宫使！就这样，作者通过一步步的铺垫渲染，通过细腻的肖像、动作、心理的描写反映了卖炭翁的悲惨遭遇，揭露了宫使残暴掠夺的本质。为了突出二人的形象，除了精彩的描写以外，还有三个地方用了对比的写作手法。大家注意到了吗？（出示课件）

学生：看课件，回想本节课所学。

预习单上有同学质疑：为什么卖炭翁不让皇帝管一管呢？那我们大家一起来想想，文中有句话其实已经回答了这个问题，哪句话？

学生："手把文书口称敕"。"敕"是皇帝的诏书或命令，说明宫使这么做完全是皇帝的意思，根本就是当时的黑暗社会现实造成了这一悲剧。

诗中无一字谴责，但我们在字里行间能深切地体会到同情、痛恨，能触摸到诗人善良的心。

第四节　教学反思精选

著名教授叶澜曾指出："一个教师写一辈子教案不一定成为名师，如果一个教师坚持写三年反思有可能成为名师。"可见，教师的专业成长离不开反思，教学反思不失为一种促进教师改进教学策略、不断提升自身教学水平的好方法，更是教师专业成长的重要途径。其中，反思性课堂教学实践更是受到高效课堂教学的高度关注，并被普遍认为是提高教师专业发展水平的最为有效的载体和路径。作为教师，只有在课堂教学前后通过经常性反思，才能使自己的一些有效经验上升到一定理论高度，才会对后续的教学行为产生积极的影响。

该书收录的部分教师的教学反思，就包含了执教者反思性说课、自我反思性点评等内容，以期给读者们一点启发。

《把液体倒进水里》教学反思

阆中市实验小学　雷　宇

我执教的是苏教版小学科学教材三年级下册第三单元第四课《液体倒进水里》。教学中我尝试践行了"科学概念与科学探究"相结合的新课程理念，着力去培养学生科学的观察方法和细致、认真的观察态度，力求把孩子们的能力培养贯穿于教学始终。下面，我从以下几方面对本节课进行反思：

一、三维目标的落实情况

（一）科学概念

教学中为了落实好这个目标，我利用了多媒体把配制鸡尾酒的过程演示给学生。通过层次分明、五颜六色的液体在一起看起来非常漂亮，激发了学生的兴趣与好奇心。让学生感受认知什么是液体和把液体倒进液体的概念。

（二）过程与方法

我采用提问的方式，比如菜籽油、蜂蜜、热水倒进冷水里，冷水倒进热水里会出现什么现象呢？让学生经历猜想——验证——得出结论的过程，让他们真切地感受到科学结论必须通过实验去验证的道理。

1. 教师演示和讲解实验方法、步骤和注意事项。

2. 在教师的指导下学生分组实验实现目标教学"认识液体的沉浮"和"认识液体的溶解"。

实验一：先把蜂蜜和油分别倒进水中，初步认识把不同的液体倒进水中会有不同的现象发生，有的会溶解、有的也会像固体一样浮在水面上。

实验二：把液体按照不同的顺序倒入杯中，认识液体的浮沉与倒的顺序无关。从而进一步引发学生思考液体的浮沉与倒的顺序无关。

实验三：观察热水在冷水中是怎样流动的。在热水中加一点红墨水，现象非常明显，红色的热水在冷水中上升，浮在上面，视觉效果相当好。在此基础上，教师补问："热气球是怎么升空的？"进一步拓展学生的思维。

教学中让学生根据实际观察到不同液体倒进水里和不同液体在水里的溶解现象得出结论，其目的在于让学生通过观察用各种形式表述事物特点的一个过程。本节课中学生对于液体的沉浮理解得十分好，他们根据自身观察到的液体倒进水里的各种状态进行对比，明白了一些科学道理的最终目的。而本课的最后是让学生将新旧知识联系起来，采用多种形式来认识常见液体在水里的溶解，教学中学生以小组为单位进行讨论、交流、填写、汇报，从而将此目标完成得十分顺畅。

（三）情感、态度、价值观

此目标在本课中体现得十分明显，在教学的各个环节中都有体现，特别是在观察活动结束后，学生都能积极主动地把实验后的液体倒进水槽中，将实验用品摆放整齐，向老师做汇报。

二、本课的成功之处

（一）情境的创设

在教学开始，教师利用多媒体，让学生观看把液体倒进液体的状态的情境，点燃了他们的好奇心，使他们对液体倒进水里的不同现象产生了浓厚的探究欲望，激发他们的学习兴趣，让每一位孩子都能积极主动参与互动。

（二）师生角色的转变

在本课教学中，教师是教学的组织者、引导者、合作者、指导者，而学生占据着课堂的主体地位，使本节课充满了童趣。

（三）实验教学介入

将液体倒进水里的反应这一环节中，观察实验的介入，不只增强了学生对科学探究的浓厚兴趣，更大程度上培养了他们动手和观察的能力，使学生的探究欲望更加强烈，同时烘托出小组合作学习的氛围，体现团队合作学习的精神，让学生在合作、交流、展示、分享中完成对科学现象的概念总结。

三、本课教学的不足之处

教师的指导和监督还不够到位，如在开始小组分工进行合作学习时，学生的表现有点无序，个人意识较强，教师在学生合作探究学习时要注重加强指导和监督，要充分考虑组内的实际情况和对突发因素的处理。

教师应更加注重学生观察技能和方法的指导。由于三年级下册着重于培养学生的观察能力，在本节课上对于这种能力体现更加明显，而在本课中学生的观察能力大部分还可以，但有少部分学生不知怎样观察，更不知如何去观察，对于观察的要求和目的不够明确，所以在今后的教学中还应注重学生观察能力培养的具体引导。

教师应注重学生语言的归纳表达准确性。这个问题对于三年级的学生来说是有一点难度，但是我们作为科学教师应指导学生尽可能地规范科学课堂语言的准确性，因为科学这一学科的课堂语言要求规范、严谨、准确，所以从低年级开始我们就要注重培养学生这方面的能力。

《川剧变脸》教学反思

阆中市滕王阁小学校　田小娜

2007年接到学校通知让我准备一堂课，去参加市里的美术竞教。经过左右挑选，我选择了小学美术第六册第十九课《川剧变脸》。

仔细阅读、分析教材后，我写出了自己的教学方案：首先以多媒体课件播放"川剧变脸"节目引入课题。其次教师介绍川剧变脸的历史演变、戏曲特色，学生汇报课前搜集的资料。然后师生一起分析各种脸谱的特征：生、旦、净、末、丑逐一道来。最后学生合作完成三张脸谱作业。按照这个模式，不用其他老师评价，我自己都很不满意，整堂课呆板，说教性太强，根本不符合所教年级学生的心理特点。那怎么改呢？学校里的领导和老师纷纷给我出主意：

"加入游戏，活跃课堂氛围。""教师应少说教，多启发学生思考，让学生探讨研究。""降低教学难度，理清教学重点。"根据这些意见，我又重新写了一个教学方案：教师表演川剧变脸，欣赏名家表演片段，以此导入课题。接着，教师以主持人的身份宣布"你问我答挑战赛"开始，以闯关的形式开始后面的教学。第一关，学生汇报课前搜集的川剧变脸的历史知识；第二关欣赏各种脸谱，分小组探讨脸谱的特征，回答老师所提的问题；第三关以小组合作完成作业的形式制作出各种脸谱；第四关学生研究分析出各种表演形式；第五关学生表演自创川剧变脸，感受戏剧魅力。最后教师总结并给优胜队颁奖。这堂课上下来，我自我感觉挺好的，整堂课学生学习兴趣高，课堂氛围活跃，作业完成效果也很好，我想这下应该能通过了吧。可学校领导和其他老师却纷纷摇头："这堂课看似热闹，可却本末倒置，这是什么课？是美术课！那么美术课的特征在哪里？教师对学生有没有美术技巧、美术知识的传授和示范？""让你少说教，并非让你不教，出示几个问题学生自己讨论就能完成教学？""大部分时间是在表演川剧变脸，这还是美术课吗？""要求学生绘制的脸谱要造型夸张，色彩鲜艳，那么到底该怎么夸张？什么才是鲜艳的色彩？"一针见血的意见让我再次否定了教学方案。怎么办呢？到底该怎么设计呢？通过对两次教学方案中出现问题的梳理和反思，结合大家给我的意见和建议我又拿出了第三稿。

第三稿我首先确定了新的教学思路：《川剧变脸》是一节综合、探索类型的课。本课的目的是让学生了解川剧及川剧变脸的基本常识，学习脸谱的设计与制作，并尝试用各种不同方法表演"变脸"，教学重点放在脸谱的设计、制作方法上。第二因为本课知识容量大，教学难度高，我打算设计多种教学方式方法，从"戏"开始，以"戏"结束，以师生互动为课堂主要形式，以美、乐为课堂的灵魂，让学生体验到参与学习与主动学习的乐趣。

在第三稿中我融入地域文化，先由教师表演几位地方人物的川剧变脸引出课题。介绍川剧的来历、欣赏名家表演激发学生的表演欲望并由此引出本课的重点——脸谱的制作。紧接着安排了两个游戏："表情游戏"和"小组脸谱拼贴比赛"，穿插表情小游戏是让学生明白表情的变化是通过五官表现出来的；而贴脸谱的练习又让学生明白，造型夸张的脸谱实际也是在五官的基础上进行演变的。然后将表情游戏中学生的绘画作品与脸谱比较，让学生感受到色彩在作品中的重要性，体会到色彩根据不同造型进行不同搭配所带来的变化。为了拓展学生的作业表现形式，我特地用不同材料不同表现方法制作了三张脸谱，让学生观察后思考自己能用什么独特的方式、材料制作脸谱，并将自己绘制的表情画改制成脸谱。脸谱做好了以后就该表演变脸了，在分析课本上所展示的变脸方法以后，我让学生分小组讨论能否设计出更独特的变脸形式，用竞赛的形式激发他们的表演欲望。最后在学生的分组表演汇报中结束本节课的教学。

第三稿得到了学校领导和同事的肯定，在他们的指点下，我进行了进一步的修改和完善，参加了市里的教学竞赛，通过层层选拔，最终在全国第五届中小学美术课堂教学比赛中荣获二等奖。

这次竞赛的准备过程出现的问题，我觉得有几点值得我反思：

第一，课堂教学中教师就是教师，不能将自己等同于主持人、表演者。在第二稿中我用一个主题竞赛游戏贯穿整个教学过程，这样的课看起来很热闹，学生精力也非常投入，但殊不知在实施这种综合教学时却很容易出现偏差。教师作为教学过程中学生的引导者，必须要传播信息：对学习内容的叙述、解释和拓展；相关程序的介绍；相关技法的演示和示范。而不能只单一地提出问题——学生进行探究比赛——提出作业要求——学生制作比赛。

第二，正确处理好学科与学科之间的关系，美术课应该有美术课的特色。第二稿中我让学生表述、表演，但没有围绕着美术要素，学生的语言不是美术的，更多的是文学的或音乐的。虽然这些能激发学生的想象力与情感，能增加学生的文学和音乐修养，但占用了大量的学生操作的时间，就显得有点本末倒置了。提倡学科综合，考虑教学形式是一件很好的事情，可以让学生在充满激情、充满探究和快乐的气氛中学习，但是我们对教学设计的各方面应该有个度，要主次分明，不能本末倒置。

第三，美术基础知识的传授欠缺。一、二稿中我在讲解色彩的时候就是简单的——鲜艳、对比，讲解造型的时候就是——夸张、变形，这对学生来说都是一些概念性的词语，不容易理解，也谈不上掌握美术基础知识。讲就应该讲清楚：色彩怎样对比？造型怎样变化？怎样夸张？在第三稿中，我通过比较的形式进行讲解，就比较清楚了。

"如果有来生"
——《猫》教学反思
阆中市保宁中学　蒲晓岚

《猫》是作家郑振铎于1925年创作的一篇散文，叙述了一个发生在一家人与三只猫之间的故事，真切表现了作家复杂的内心情感。全文以浅显直白的话语将三只小猫勾勒得形神兼备，借助形象的刻画和故事的推进道出了人的恩怨情感，托出了人生哲思，情深性挚，警示醒人。

我在执教《猫》第二课时，按照我校的"3、4、5"生本课堂教学模式，灵活设计了目标展示—预习检查—自主学习—合作探究—拓展延伸，五步教学流程。其中在预习展示时，要求学生用拟人手法，第一人称讲述三只猫的故事，学生们个个激情飞扬，思维灵动跳跃。以"我是一只……的猫"开头，将故事娓娓道来，结合课文内容，合理想象，气氛活跃，让学生初步走进文本，激发了学习兴趣。

在合作探究环节中，精读15～34自然段，我又巧妙地设计了：我是小法官——分组破案。

"芙蓉鸟被害案"

案发现场情况：（1）鸟死了一只，一条腿被咬去了，笼板上都是血；（2）一只鸟死了，羽毛松散着，好像它曾与它的敌人挣扎了许久。

犯罪嫌疑人：丑猫

犯罪嫌疑人作案证据：案发前的表现——那只白花猫对这一对黄鸟，似乎也特别注意，常常跳在桌上，对鸟笼凝望。隔一会，它又跳上桌子对鸟笼凝望着了。

案发后的表现——它躺在露台板上晒太阳……一定是在吃着这可怜的鸟的腿了。

对犯罪嫌疑人的惩戒：我拿起楼门旁的一根木棒，追过去打了一下。

案件真凶：一只黑猫。

案件定性：冤案。

案件反思：在知道案件真相后，作者的心情怎么样？（品读31～34段）

关键词：十分难过、良心受伤、妄下断语、刺我良心的针。

——这个冤案中，作者错在哪里？从这件事中，你明白了什么道理？

让学生扮演一次小法官，分小组庭审"芙蓉鸟被害案"，霎时，学生们个个踊跃参与，积极讨论，人人献计纳策，连一向淡定沉默的孩子也在课文中勾勾画画，捕捉证据，俨然一个个小法官，忙得不亦乐乎，教室里热烈异常。讨论探究中，高潮迭起。让孩子们真正走进文本，达到精读研读的目的，实现了读者与文本的真正对话。课文主题在探究中被一一道出。主题一：善待生命，同情弱小，关爱动物，平等公正待人接物；主题二：做事不能单凭主观臆断，妄下断语，那样会伤害无辜，也会给自己留下终身的痛。学生也会感悟到冲动是魔鬼，遇事要理智冷静，不要在愤怒之时做任何决定，勇于自省，反躬自省是通向美德和道德的途径。

在拓展延伸的环节中，我又设计了为猫代言的说话训练：

（1）天堂的控诉（那只冤死的可怜猫，死不瞑目，来到天堂，控诉人类……）

（2）心灵的叩问（作者面对含冤而死的那只猫，痛苦万分，忏悔不已，叩问心灵，勇于解剖自己……）

（3）如果有来生（世事轮回，那只冤死的猫再次回到作者家……）

有同学说道：我就是那只冤死的猫，我反思良久，自己也有太多的错，我本是一只猫，应该活泼好动，讨主人喜欢，应该勤练基本功，多捉老鼠，为主人服务。但是，我自己那么懒惰，毛色极不好看，又经常对芙蓉鸟深情凝望，垂涎欲滴，芙蓉鸟出事后，我当然就是最大嫌疑人。本不喜欢我的主人在气急之下追打我，情有可原。现在想来，不能只怪罪主人啊。如果来生有幸与大作家相遇，我一定活泼可爱一点，当作家读书写作疲惫时，我会"咪咪"地叫着，跳到他身旁，撒撒娇，消除他的疲劳。在他专心工作时，我不再靠近打扰他，努力当好一只惹人喜爱的猫，与作者一家温馨相处，和谐共生，尽享快乐，何不美哉？此时，教室里掌声不断，频频点赞。课文主题在说话训练中延伸，在学生们的灵魂中升华。这样的回答对作家而言也许是一份意外的惊喜。

这样的训练让学生的情思飞扬，想象活跃，思维灵动，实现了学生与作品的对话，实现了努力建设开放而有活力的语文课程新标准要求，实现了语文课程工具性和人文性的统一。看似超越了主题，却对处处自以为是、动辄怪罪他人、不知反思的学生进行了一次洗礼，真正体现了以生为本的课堂特色。生活有多丰富，语文的外延就有多宽广。让学生自己代言：在人生之旅中保持积极向上的心态，尽力展示自己，不用人夸颜色好，撸起袖子加油干，成就精彩人生。即使身处逆境，即使遭遇不公，也要努力拼搏，像小草一样顽强生长，像野百合一样尽情怒放，给世界奉献一缕芬芳，点亮一个美丽的春天。

始于"迎合" 终于"生活"
——《三角形三边关系》教学成长反思记
阆中市城北小学校 廖秀清

"三角形三边关系"是人教版四年级第八册三角形这一单元的内容，教材不仅给出了三角形三边的大小关系，还提供了判断三条线段能否组成三角形的标准——"三角形任意两边之和大于第三边"，要求学生能熟练灵活地运用这一标准判断三条线段能否围成三角形。

三个不同长度的小棒能否围成三角形肯定与小棒的长度有关，可怎样引导学生自觉运用"用两边长度之和去与第三边比较"呢？如果要学生自己动手拼摆，又将是怎样的操作过程呢？是从三个不同方向摆好三根再移动，还是在一根的两段摆好再旋转呢？看来不管学生怎样拼摆，"做中学"是这节课中必不可少的环节。动手实践、自主探究与合作交流是学生学习数学的重要方式。为了迎合当时流行的"小组合作交流"学习法，加之小学生有喜欢看动漫的特点，我初次设计了导学案。

教学是一门艺术，需要我们不断地去尝试，用心地去体会，在反复的实践推敲中历练自己，弥补不足。这一节课从面上看，课前通过激趣引入调动了学生的积极性；课中通过小组合作、交流、讨论发挥了学生的主观能动性；课后又首尾呼应，使课前问题得到了完美的解决。但亲历课堂的我谨小慎微，时时担心有不可控的意外出现。（1）为了把学生的探究结果往教材结论"三角形任意两边之和大于第三边"上引，教师可能会不惜一切努力去强拉。（2）在怎样的三根小棒能围成三角形的交流过程中，学生只能盲人摸象，站在个例的立场上予以总结。（3）在时间的控制上，由于学生在 4 厘米、6 厘米和 10 厘米的三根小棒能否围成三角形的问题上产生了争论，后面只能草草收场，部分练习没有来得及处理，任意两边之和大于第三边的难点没有真正突破。

"生活即教育"是陶行知生活教育理论的核心。在陶老看来，生活教育是"供给人生需要的教育"，是"以生活为中心的教育"，教育蕴含于生活之中，必须以生活为前提，不与实际生活相结合的教育不是真正的教育。脱离生活的死书本、死课堂费时低效，无用无趣。我能否将具体的生活场景运用于这节课的教学，从而引出三角形的两边之和大于第三边呢？让学生思考是否每一个三角形三条边的长短都具备这样的关系呢？如何真正理解和掌握判断三条线段能否围成三角形？带着尝试和期盼，我再次修改了教学设计，最终达到了好的教学效果。

《数学教程标准》中指出：教师是学生学习的组织者，合作者和引导者。再次设计时，可以从学生生活入手，让学生用自己的眼睛去观察，用自己的心灵去感悟，用自己的头脑去判别，用自己的语言去表达。课堂充分发挥了学生的主观能动性，把探究的主权还给学生。教师引导在关键之处，点拨在必要之时。师导得轻松自如，生学得开心快乐！

关于"探究式教学法"的教学反思

阆中师范附属实验小学校　廖雪平

案例："圆的面积"导学设计。

一、教师抛出问题

回顾长方形、正方形直线图形的面积计算方法用的是拼一拼、算一算、说一说、写一写；三角形面积是利用复制与组合法，将其转化为长方形或正方形来计算；进而提出曲线图形面积如何计算。

二、学生动手操作

分析：自主探索、合作交流、动手实践是新课程倡导的学习数学的重要方式。探究活动应真正围绕目标进行充分的小组讨论，由小组制定出不同的简单方案，经过充分讨论后，最终决定采取一种最可行的方案进行探究。活动的生成过程出自学生的认知需求，建立在学生已有的知识基础之上，从学生的认知需求出发，更易激发学生的求知欲望，使探究更具实效性。

当老师把设计方案的主动权下放给学生后会发现，学生的设计方法是多种多样的，并不局限于已有的思维导图，这样更能让学生在合作中比较，发现各自方法的优点与不足，这里也得益于学生在交流中进行表达与阐述，从而对圆面积公式有了更深层次的理解，更重要的是让学生认识到，解决问题的方法不止一种，为今后微积分观念的形成有了简单的积累。

三、几点反思

1. 探究活动的设计应突出"重方法"甚于"重结论"

应遵循小学生的认知规律，学生营造平等、和谐、活泼的探究氛围，让学生表达各自的观点，不否定、不打消探究积极性，要利用认识上的不统一来不断引起学生的认知冲突，让学生在不断克服定式思维的过程中真正理解和掌握数学知识，从而达到对知识理解的广度与深度要求。

2. 为学生提供充分的探究时间与空间

探究学习可以帮助学生通过探索活动获得知识、技能、情感与态度的发展，在探究过程中，要给学生充分的时间进行讨论，同时，在教学时为学生提供合适的探究材料，更要为学生提供一定的时间和空间。

3. 重视探究性学习课前知识充分积累

当自身知识积累到一定程度后，在认知上会有一个突破。探究性学习贵在精而不在多，每月能真正地落实一次探究活动，对学生探究能力的培养非常重要。掌握了探究活动的方法后，学生可以向课外延伸，生活中每一个问题的背后都有一项非常有意义的探究性学习活动等待人去参与和发现。

《花钟》教学反思

阆中市城东小学校 何兴芬

《花钟》是一篇科学性较强的课文，根据本单元的教学要求，何老师设计了两个教学重点：教会孩子用概括的方法来阅读课文，在读中体会运用不同的表达方式来表达同一个意思。因此，在教学本课时，让学生"读"成了最大的亮点。

一、阅读要有"量"

对于老师来说，这个量不仅仅指读多少书，还指一个内容要多次读，要给学生充分的时间来读，"书读百遍，其义自见"。在课堂上，我一般并不急于对课文进行逐字逐句的讲解，而是先让学生认真地读课文，初读时想想课文主要讲了什么，再次阅读时将不懂的地方画出来，三读时要想一想，是否可以运用联系上下文的办法来解决自己的困惑。这样，给了学生充分的时间自由阅读，可以让学生自行先解决掉一部分问题，剩下的则需要老师充当"指导者"。在本课的教学中，我课前给了学生大量的时间阅读，每次阅读都要让学生带着明确的目标，上课时进行重点讲解。

二、精读重在"巧"

在阅读教学过程中，教师要引导学生细心咀嚼文中的精彩语段，让他们自己动脑筋，进行比较、揣摩，争取读有所得。学生的阅读水平毕竟是有限的，这时，老师有重点、有目的地给予指点就显得相当重要，教师的"点"必须"点"在关键之处，"拨"必须"拨"在疑难之处。本课教学的一个主要目的就是要学会用拟人的方法来写句子，让学生在读中加上动作、表情等，这样他们在读的过程中自然就明白了什么是拟人。

三、读的方式要"多"

课堂上的问读方式一定要多样，否则，学生会感到非常无趣。读一读画一画，读一读演一演，读一读比一比，读一读评一评，读一读讲一讲，都不失为一些好方法，只要能提高学生的阅读兴趣，能让学生展示自己的个性，让学生从中感受到阅读的快乐，你的课堂阅读就一定会精彩纷呈、亮点不断，课堂教学也一定会非常成功。

读，能帮助理解语义，能提高学生的语文水平和思维发展水平，还能提高课堂教学效率，但读并非一日之功，须长期扎实训练。我们要灵活选择读的方式，合理运用，这样，我们的语文教学会在有声的环境中获得大丰收。

《圆锥的体积》教学反思

阆中市民族小学校　侯朝勇

一、收获

探究圆锥体积计算方法的学习过程。

学生不再是实验演示的被动的观看者，而是参与操作的主动探索者，真正成为学习的主人。在整个学习过程中，学生不仅获得了新的数学知识，同时也获得了探究学习的科学方法、探究成功的喜悦以及探究失败的深刻反思，在这样的学习中，学生会逐步变得有思想、会思考，会逐渐发现自身的价值。

每个学生都经历："猜想估计—设计实验验证—发现算法"的自主探究学习的过程，学生在教师的引导下根据自己的设想自由探究等底等高的圆锥体和圆柱体体积之间的关系以及圆锥体体积的计算方法。我平时非常重视让学生参与教学的全过程，重视培养学生的思维想象力，因此，学生在这节课上表现也相当的出色。我在教学中注意调动学生的学习积极性，采用分组观察、操作、讨论、动手做实验等方法，突出了学生的主体作用。

二、不足

许多学生在计算过程中常忘记除以 3，需要加强训练；实验教材数量有限，不能实现人人都进行实验操作探究。

初中英语词汇教学的几点反思

阆中市清泉乡中心学校　赵小明

一、根据拼读的难易程度分类

第一类是最容易拼读的词汇，如 a and ask at back bag bed big black box bus but by cake can car cat class dad desk. 对于这类词汇，教师可以让学生先听，然后试着去拼写。

第二类是规律性的由字母组合构成的词汇，如 car star all Walk which who that this slow know play gay. 这些词汇就需要教师加以归类和总结，告诉学生一般的发音规律以及例外的读音情况，如 ow 字母组合读/ ou/音，但在 cow 中读/au/音。

第三类就是一些无规律的词汇，如 half one uncle. 在这些词汇中，个别字母的读音须引起同学们的注意。

二、根据读音来分类

例如，把有 /ei / 的单词归类。a away baby cake day eight eighteen eighty eraser game grade great hey late make name OK plane play same say stay table take they today way weekday。通过这种方式的分类，可以使学生意识到字母与读音的关系，他们自己就会认识到，a，ei，ay 通常在单词 中读 /ei/ 音。

三、按照字母组合进行分类

例如，把字母组合 al 归类。all ball football small wall half. 通过该项分类，学生认识到同一字母组合会有不同的读音，一般情况下读什么音，特殊情况下读什么音。

在词汇教学中，要避免过分强调记忆词义，特别要避免强调记忆其所对应的汉语意义。这是因为，要掌握一个词，并不仅仅要掌握其意义，因为词义只是其中的一个方面。除了意义之外，还应该掌握该词的读音、拼写、词性、搭配等。

《吃在四川》教学反思

阆中市实验小学 彭艳雯

《吃在四川》这一课是以小吃为切入点的艺术课，整个教学设计都以小吃为主线，表面看来主要是了解四川的小吃，所以由此也牵出了很多美食方面的相关知识，有利于逐步加深和开阔这节课的容量，使学生从各种小吃深化到各种味道以及人的脸部表情和身体动作的表现。由于课程内容非常贴近生活，孩子们对四川的小吃也非常熟悉，所以他们学起来都很积极主动，这就很好地体现了艺术与生活之间的联系。在欣赏与感受环节，学生欣赏各种味道，感受酸、甜、苦、辣对人们脸部表情和身体动作的带动。最后学生在回想小吃的味道中作画，在画中抒情，用手中的笔画出心中各种味道的小吃，这一环节不但是对本课内容的进一步深化，还体现了生活与美术的结合。四年级的美术课并不要求孩子对各种艺术门类有很清楚的了解和掌握，只是给孩子一种潜移默化的影响，让他们从中去感受和体会。或许以后会有那么一天，孩子们在杂志或是图片中看到各种小吃，还能回想起在美术课中曾经看到过，老师也曾经介绍过，能想起各种味道应该如何通过脸部表情和身体动作来表达，这样的话这节课的效果就达到了。

《吃在四川》这堂课采取了让孩子们现场感受不同的味道，由脸部和身体的动作来自然地表现出对这种味道的感受，并让其他的孩子通过他们的表现来猜测味道的教学活动方法。这样能更好地把握少年儿童的心理特点与身心发展规律，努力为学生创造一个轻松愉快、有趣味的学习环境和气氛。同时，我们还要把德育教育和美育教育相结合，让学生掌握一定的绘画基础知识和基本技能技法，这要求我们不仅本身要具有一定的创造性思维，思路活跃，方法新颖，吸引学生的注意力，取得预定的效果，而且还必须根据学生不同的年龄特点采取不同的教学方法，通过美术教学活动唤醒他们对生活的感受，引导他们用基础的艺术形式去表现内心的情感，陶冶情操，提高自身的审美能力，从而实现认识、操作、情感、创造的整合，这值得每一位美术教师去研究与探索。

不要让说教代替学生的直观体验，扼杀学生探索的自由，而要让学生成为学习真正的主人。在教学过程中，我们还要善于发现问题、分析问题，关注学生的情感，改进教学和组织形式，只有这样才能实现教学目标，创设教学的新境界。

《灿烂的中华文化》教学反思

阆中市保宁中学　石建军

一、学生课前准备，为新课学习做足铺垫

在思想品德教学中，除认真备课，改进教法，有针对性地上好课外，学生充分的课前准备也是教学取得成功的重要因素。在进行本课教学前，教师要安排学生查阅资料，收集我国历代先贤的名言警句、历朝历代的文化典籍、传承至今的文学艺术作品和凝聚智慧的科技工艺制品等，让学生亲身感受中华文化的魅力，体会中华文化的特点，为提升民族文化的认同，做了很好的铺垫。

二、精彩的导入，有力地激发学生的求知欲

古人说：起句当如爆竹，骤响易彻。一堂思想品德课的开始亦如此。本课导入让学生观看《G20杭州峰会浓浓的中国元素》视频，视频集文字、声音、动画于一体，化虚幻为实在，使学生在视觉的审美愉悦中体验到中华文化既对当今国人产生了深刻影响，也对整个世界意义深远，从而有效吸引了学生的眼球，让学生迅速进入学习状态。

三、精选教学"活动"，注重情感体验

初中思想品德课程大部分教学内容理论性强、枯燥晦涩，学生难于理解。长期以来，教师在施教中只注重知识的传授而忽略了学生在教学活动中的情感体验，这与新课程标准是相悖的。在本课教学中，我设计了自主学习活动和探究交流活动，放手自主学习，充分发挥学生的主体作用，在实施过程中让学生带着问题去读、去感、去思。探究交流时，先为学生留足思考时间，再让他们分组讨论，形成小组答案后再全班展示。本课在探究中华文化的特点时，让学

生从中华文化的一脉相承与世界文明古国的文化湮灭中去对比、分析不同文明演变的历史原因。通过这样的探究，加深学生对中华文化的认识和理解。

《桃花源记》教学反思

阆中市石子中心学校　何　萍

《桃花源记》语言美，如歌；景色美，如画；意境美，如诗；人文美，如酒；结构美，如玉。可以毫不夸张地说，《桃花源记》完全可以被看作一篇唯美主义的力作。

文言文教学过程中，让学生最感枯燥的往往是疏通文义环节，对于基础相对较弱的学生来说更甚。若老师指定学生翻译，便会发现他们要么哑口无言，要么不动脑筋拿着参考书照念；若以老师串讲为主，学生便无所事事，亦不愿主动记笔记。对于这一问题，我一直苦苦思索，想方设法走出困境。我充分利用小组学习的优势，让学生以小组为单位，结合课下注释翻译第1、2段，教师再加以点拨。设置此环节的目的就是充分调动学生学习积极性，但效果没有我想象的那么好，学生活动还不够积极。

本文的重点是感悟桃花源的环境美与生活美，体会作者对美好生活的向往之情。我先让学生感悟桃林美景，出乎我的意料，学生居然没有举手，等到出示了桃林的图片后，才有一个同学主动描绘了桃林美景。再次感悟桃源的美及感情时，我认为这是较难的，并且是教学的重点，就设置了合作探究的环节。但就学生的掌握情况看，桃花源的美这个问题可以不用合作探究的方法；表达作者的思想感情这个问题偏难，可以用合作探究的方法。为了进一步启发与引导，我也出示了相关图片，但这些图片所起到的作用不大，于是我又在黑板上画了桃源美景图，但由于水平有限，画出来的效果并不是很好。体会作者的思想感情时，我启发并引导学生结合作者的时代背景去分析理解，之后，学生便顺利地答了出来。

在拓展迁移的环节我让学生畅谈现在美好的生活，但由于剩下的时间已经不多，学生不能畅所欲言，不能听到他们富有个性的发言，让人很是遗憾。

《认识10以内的数》教学反思

阆中市特殊教育学校　何翠华

一、多感官参与促进教学目标的实现

在教学中，我利用多媒体对学生进行"数数"的训练。当屏幕中出现5只

小鸟的时候，屏幕上同时出现4、5、6三个移动的彩色数字，学生手持遥控器点击相应的数字，如果点中5，屏幕上会出现"答对了，你真棒"，并播放声音；如果选择错误，屏幕上会出现"答错了，请努力"！通过各种感官的结合，加深了学生对10以内数字的认识。

二、游戏贯穿教学活动始终

游戏可以启发学生的心智与兴趣。在教学中有计划地嵌入一些游戏，寓教于乐，可以大大提高学生的学习兴趣。在本课中，我除了教学生们唱数字歌以外，还与另外一名老师一起设计了户外"跳格子"的游戏，在不同的格子中写上不同的数字，让学生们按顺序跳跃或者按照数字分单脚或双脚站立。对于这种方式，学生们表现出了极大的兴趣，我们也觉得卓有成效。

三、给予足够的空间，鼓励自我表达

每个学生都是个性化的存在，有着不同的思维方式。在学习"2"的过程中，我让每个学生寻找身边的"2"并说出来，看谁找得多。这时我发现，很多学生的思维还是比较发散的，能够发现很多生活中隐藏的"2"。要给予学生足够的空间，鼓励他们表达自我，只有这样，才能调动学生学习的主动性和积极性。教师要时刻以学生为主体，尊重每一个孩子的思想，引导学生观察生活、联系实际。

侯燕苹《zcs》教学反思

阆中市滕王阁小学校　侯艳苹

上完《zcs》这堂课，我感受到学生的学习兴趣浓厚，学习的积极性和主动性得到了较为充分的发挥。总结经验，大致有以下几点。

一、善于创设情境，使拼音教学情境化、生活化

（1）充分利用情境图，把学习内容有效地整合起来，既有利于学生学习拼音，帮助记忆字母的音和形，又增强了学生的学习兴趣。

（2）通过游戏和活动调动学生多种感官协调参与，如小猴闯关游戏，从而使学生的学习态度和学习情感都得到了升华。

二、善于运用激励手段，使课堂气氛轻松、和谐、愉悦

教师要想得到儿童的反响，归根到底取决于他对儿童的态度。课堂上及时使用激励性语言，如"你真棒！太厉害了！哇，你真行"等，肯定同学们的学习效果。

三、注重引导自主学习，使学生的创新能力、合作探究能力得到发展

（1）让学生自编顺口溜，如"像个2字Z、Z、Z，像个半圆C、C、

C" ……

（2）在教学第一组音节的拼读之后，我让四人小组合作，利用课前发下去的音节卡片拼读第二组音节。虽然学生的合作探究能力还不是很强，但他们的合作意识已经开始萌芽。

当然，本节课也有许多不足之处：

常规培养需强化。学生年龄小、自制力差，需要做出有效的引导与调控。特别是对于一两个比较好动或特别内向的学生，还需多费苦心。合作小组的构建、强化也有待于提高。

难点的突破还不够。拼法一直是拼音教学的难点。虽然前几节课一直学习三拼法，但学生很容易忘记。本节课中，我的示范不够多，学生的练读还不到位。

营造气氛，创设情境

——一节小学英语课的教学反思

阆中市文成镇云台中心学校　梁荣国

在学习完 I have Chinese、English and math 句型后，处理 Group work 时采用分层设计，通过启发学生一步步观察、思考、讨论，从而达到预期效果。

一、营造宽松愉悦的课堂气氛

著名心理学家罗杰斯强调：只有让学生处于一种无拘无束的空间中时，他们才会尽情表达、自由参与。因此，在教学中创设和谐、自由、宽松的学习氛围和建立民主的师生关系，有利于学生接受新知识，开创想象力。

二、创设真实生动的情景课堂

在课堂教学中，应选择日常生活、生产中的实际材料为背景，设置具有一定容量和开放性的课型。使学生以探索者、研究者的角色独立思考，亲自尝试，全身心地参加各种教学活动。

三、积极调动、发挥学生的主观能动性

在教学活动中，教师要充分发挥学生的个性化行为，让他们自主参与，积极尝试，努力创设情境，营造良好的学习氛围，这样更能激起学生的探求欲望，使他们通过体验和探究实践，对知识的掌握与运用更加渴求，学习兴趣也越来越浓，思维也更加活跃。

《苏州园林》教学反思

闽中市文成镇中心学校　侯　莉

　　教学八年级上册《苏州园林》一课时，因为学生们很多都没有去过苏州园林，只让他们阅读课文难以有很大收获，所以我选择通过欣赏苏州园林的图片让学生在脑海中对其有个直观的了解，这样对学习本课有很大的帮助。

　　要使学生心情愉快、精神饱满地投入课堂学习中，可通过展示与课文内容有关的画面来吸引他们的注意力，从而撞击出情感的火花。教学时，我先展示园林的经典图片，让学生们专注欣赏苏州园林的美景。在他们欣赏完毕，陶醉其中发出啧啧赞叹声之时，我插入自己游览扬州园林的图片（因为时间关系，我很遗憾当时没去成苏州园林），看着同学们惊异的眼神，我适时地配上自己简短的讲解，顺势帮助他们拓展园林知识。江南各处古典私家园林，当以苏州和扬州为代表。总的来看，扬州园林大气而疏朗，苏州园林则委婉而精致，这可能与城市的文风和习俗有关。教师身临其境的情感体验，无疑拉近了学生与课文内容的距离。同时，还要注重对学生进行热爱祖国大好河山的爱国主义教育和励志教育："世界那么大，我想去看看!"孩子们，我们凭什么去看看？瞬间，学生们的学习激情被点燃，效果不言而喻。我觉得这是这堂课最大的亮点。

　　除了亮点之外，这节课的不足之处也不少。首先，课件制作还不够熟练，尤其是在插入自己游览扬州园林的图片时，请了同事帮忙，平时还要多下功夫。农村学校的孩子们，父母常年在外打工，很多因素决定了他们对外面的世界知之甚少。作为他们亲爱的老师，我每年有机会外出旅游时，内心总想带着孩子们的眼睛和心灵一起去旅游。但遗憾的是由于体力、精力不济，加上照相水平一般，这一块我做得不够好，感觉愧对孩子们。其次，给学生想和说的时间还不够充分。让学生结合课文用自己的话来说说苏州园林的美，有利于帮助他们熟悉课文内容和培养他们的口头表达能力，但时间上比较仓促，实现得不够好。

生活语文教学反思

闽中市博树中心校　陈蛟龙

一、从身边事探究思想情怀

小学语文有一个目的，就是对学生心灵的启迪，让学生能够明辨是非，区分善恶。对于一篇文章，字词是最基本的，学会记背就可以，但是文章中蕴含的道理和感情却是教师在教学中应该花费大力气去教导学生的。语文课文中有很多短小的文章，但其中却蕴含着极大的道理，比如说《爸爸的花儿落了》，带给我们的是思想上的洗礼，文章中蕴含的父爱和母爱是值得教师反复进行探讨的。小学语文的基础性也表现在语文的基础素质建设上，其中情感培养是一个非常重要的版块，教师训练学生去完成课文中的内容，探讨思想感情也是对学生思想的一种牵引，引导他们拥有正确的价值观，明白做人的基本道理。

现在的很多孩子在家里都是小公主、小皇帝，通过语文学习，学生意识到了要理解他人，感恩他人，保持爱心去看待身边的小事，这才是我们教学语文的根本。学生的成绩其实是一个方面，更重要的是，学生应该逐渐成长起来，身体和心灵上都要成长。

二、捕捉生活中的美感

语文是一门浪漫的学科，所以其中的很多项目都可以采取较为灵活的手段，教师在布置作业时不必那么固定，非要一个星期写两篇文章，随性一点的教学也许更利于学生学习语文。作文的这个项目也让学生异常头疼，很多学生总是说自己写作的时候没有话题、没有思路，这是因为学生把写作当成任务去完成，而没有享受写作的过程。我们现在写作和古人作诗一样，都是抒发自己内心的情感，因此，题材不必太大，身边的小事足矣。我们身边有很多美景可以出现在写作里面，一片树叶，一朵小花，都是写作的题材，现在的学生没有细心发现身边的事物，便越发觉得自己的生活是枯燥的、乏味的。为此，教师在课堂上应该多训练学生的探索能力。

在秋天，在学生昏昏欲睡的时候，不妨停下繁忙的课堂教学，让学生观察教室外面的银杏叶，也许会给学生留下一种特别的印象，而这种印象再经过学生的思维加工，或许可变成他们宝贵的财富。在语文教学中，不紧不慢的态度，发现身边小事的热情，都是学好语文的必要属性。

第五节　议课集萃

议课就是参与者相互提供、共同收集、一起感受课堂信息，在充分拥有信息的基础上围绕共同关心的问题进行对话和反思，以改进课堂教学、促进教师专业发展的一种研修活动。笔者认为，议课，议的不是一言堂，而是面对共同的问题大家在一起贡献彼此的智慧，分享彼此的思考，交流大家的方案。贡献、分享、交流需要参与者积极言说的意愿，需要参与者足够的言说和表达的机会，需要营造平等对话的氛围和环境。促进思想，鼓励对话，提供对话机会和平台是高效议课的前提。

为此，该责任区明确要求，议课不是对执教者所上课的好坏下结论，而是面向未来谋发展。基于发展的目的，议课的对象不是执教者，而是课堂上的现象和事件。对课堂上的现象和事件进行讨论，不仅仅是要促进执教者及时反思和改进，更是为了促进参与的每一位教师理解教学、检视教学、改进教学，促进课堂高效运转。议课不具备攻击性，而是致力于开发创造性。通过此举，参与者不再置身事外，而是"同在共行"。为了构建高效课堂、提升教育教学质量、促进学生发展，老师们走到了一起。老师们肩并肩、手挽手，努力实现教研相长。

议课实录

【时间】2018 年 3 月 27 日

【地点】阆中师范附属实验小学校学术厅

【参加人员】田春龙、杨小清、何国锋、马艳萍、孙艳、胡黎明、文利

【主持人】杨小清

【评课课题】《秋天的雨》

【执教者】马艳萍

【记录人】马艳萍

【议课实录】。

杨小清：

今天我们一起观摩了马艳萍主任《秋天的雨》这堂语文课。下面先请马主任谈谈自己的收获。

马艳萍：

收获一：我充分发挥了导学案导向的作用，把课堂放手交给学生，通过自学、自测、自评，给了学生充分展示自我的机会，让学生们得到了不同层次的锻炼和收获。

收获二：我在每个小组交流展示完毕之后，及时总结学习方法，对学生的终身学习起到了一定的引导作用。

收获三：我坚持"想比会更重要"的教学理念，让学生充分发挥自己的想象，勇敢地与老师和同学交流，充分体现了课堂的公平性。

收获四：我在课堂上做到学生会的不用讲，讲了也不会的更不用讲，只讲那些学生似懂非懂、一点就懂的关键处，比如句子的仿写和抓课文中心句，这

些都是我这节课要引导的重点。

收获五：教学中，我努力营造了一个美的氛围，通过音乐、图片等渲染，创设了良好的气氛，通过学生自读、挑战读、齐读、教师范读等多种形式，让学生走进文本，感受秋天的美，感受语言文字的美。

杨小清：

课堂是多变的。课堂是遗憾的。课堂需要反思，在遗憾中反思。在遗憾和反思中，让我们带着新的收获再次走进课堂。请大家各抒己见，谈谈自己对这节课的看法。

文利：

各位老师，我和马主任是同年级组的好姐妹，同时，我也刚刚结束这篇课文的教学，因为我一直处在小学语文教学第一线，对于一堂课，我更多关注的是，老师是采用怎样的教学方法让学生有效进行学习的？因此，本着交流和学习的目的我就先来就本课在教学方法的使用方面谈一谈我个人的一些体会吧。

听完马主任利用导学案演绎的《秋天的雨》一课，我切实体会到"给学生一个机会，还老师一个惊喜"这句话的深刻含义。反思我自己教学这节课时，对于学生，我没有足够大胆地放手，比如让学生来组织生生之间的互动和交流以及反馈。因此，学生带给我的惊喜不多，我想在下节我的语文课堂中，我会把更多的信任和时间留给我的学生。记得大教育家夸美纽斯在他的《大教学论中》提出，要找出一种教学方法，使教师因此可以少教，但是学生可以多学。我想，在马主任的这节课中，她找到并灵活地运用了这样的一种教学方法。她摒弃了以讲授为主的传统教学方法，采用学案教学法，把课堂还给了学生，让学生的自主学习代替了老师的口若悬河，让学生在导学案的引导之下从课前大考验，到展示汇报，再到课外拓展，层层深入，步步落实。同时，马主任所用的并非流于形式，她在第一课时利用课前预习和课前自测两个环节让学生先预习，再针对学生没有弄懂的问题进行具体教学。因此，学生在听课时听得更认真，大大地提高了听课效率。把学生的自读感悟放在第一位，老师的引导调控放在第二位，遵循了先读后导、先练后训、先放后扶的学生自主发展的过程。

其中，最值得我学习的是，在每个学习环节，马主任都给予了学生关键性的指导，使得学生得以顺利地完成了学习任务。特别是在每组汇报完后，马主任会及时对学生的学法进行归纳总结。我想，从三年级开始这样训练下去，对学生以后的语文学习大有裨益。

小语教学永远都是门遗憾的艺术，也正因为它的不完美，才促使我们加强学习、反复实践、深入思考。在马主任的这堂课中，我也在思考这样一个问题：学生完全按照学案上的问题进行思考，对拓展其思维空间是否会有限制？对培养学生的创新能力是否有利？如果在学案中，考虑根据学生个体间的差异而设计分层学案，让学生根据自己的需要进行选择，这样，是不是可以避免前面的疑虑呢？

通过这堂课的学习，我发现，每个老师都有他独特的教学个性，在以往的课堂中，我们很容易通过一堂课去发现老师们的教学风格。比如，在座的王英老师的激情课堂、宋晓英老师的民主课堂、张永红老师的深度课堂、蒲小莉老师的魅力课堂，以及杨晓雷老师的情趣课堂。那在今天使用导学案的教学背景下，如何将老师们的教学个性充分展现出来呢？

孙艳：

刚才文利老师的点评非常精彩，现在我就马主任这节课的教学环节和教学过程谈谈自己的一些看法。从整堂课来看，马主任以导学案为载体，实践"先学后导"的教学理念，教学过程呈现出"激趣导入—自学探究—小组合作—点拨导学—课堂拓展"的新课堂教学结构。在自学探究和小组合作的环节中，学生做了很多事，不但有感情地朗读了课文，还尝试提出并解决问题，这让学生实现了自主发展，真正成为学习的主人。从后面学生反馈的信息来看，这十多分钟对于学生来说是高效的，也说明了马主任把课堂还给学生的重要性和正确性。在点拨导学的环节里，马主任充当了"导演""评委"的角色，适时进行点拨，合理进行评价，在学生遇到困难时进行适当的讲解，比如指导文中的修辞手法和朗读技巧。我认为，这堂课也给了我们一些启示，关于"度"的把握值得我们每一位同行去思考、去解决。

胡黎明：

《秋天的雨》是一篇抒情意味很浓、文笔很优美的写景散文，指导学生有感情地朗读是教学本文的一个重点，马主任抓住了这个重点。

一是读中有悟，学中指导。正确、流利、有感情地朗读课文，已成为语文课堂上必不可少的教学环节。在这节课中，马主任把读贯穿于整个教学过程，通过自由读、指名读、配乐读、挑战读、师生赛读等多种形式，让学生充分感悟课文的语言美和情感美。

二是民主、平等营造和谐氛围。课堂教学中体现了民主、平等的师生关系，和谐、融洽的学习氛围。课堂上没有呵斥、没有讥讽、没有批评，有的只是老师那始终带着微笑的脸，以及充满鼓励、赞赏、期待的眼神。学生因为有了信心，有了勇气而变得想说，敢说，愿说。"你读得真好，小朋友们都想来试一试，老师也想来读一读"。一句话，一下子拉近了学生与学生、老师与学生之间的距离。

三是图文结合注重语言训练。在阅读教学法中，突出语言文字训练是很必要的。马主任不仅注意让学生反复读书，还重视培养学生有条理的说话能力。例如，在小组汇报完第二段内容后，就让孩子们尝试照着课文的句式说出精彩的句子，老师出示相关的图片，让学生看图练说，给学生一把拐杖，降低了说的难度，这样的说话训练不仅帮助学生巩固了所学的知识，而且通过对语言文字的运用，使学生把知识转化为能力。

其他的如渗透修辞方法、学法小结的方法也很好，她那亲切的笑容、自然的教态，都非常值得学习。总的来说，这节课让我收获良多。

何国锋：

今天，马主任采用导学案给我们上了一堂观摩课，其最大的亮点就是把课堂交给了学生。整堂课大部分时间用于让学生自读自悟、合作探究、汇报交流，教师则充当辅导员、引导者的角色。我相信，这样的教学模式远比教师在课堂上侃侃而谈，而学生在座位上昏昏欲睡要好得多。

语文课要有语文味，而语文味很大程度上要从朗读中体现。教师的讲解再生动也比不上学生的亲自朗读，也不能代替学生在读中所获得的独特的感悟。读，是一种体会；读，是一种感悟；读更需要指导——每一次朗读，都应该树立具体目标，让学生更上一层楼。马主任的这堂课，有学生的汇报朗读、挑战朗读，更有师生达成一致意见后的齐声朗读。这些都体现了语文课堂浓浓的学习氛围。

联系课文实际，重视语言表达能力的训练，这是语文课要达到的重要目标之一。在马主任的这堂课中，她利用多媒体课件出示了葡萄、苹果、梨等秋天常见水果，让学生仿照课文中的句子说话，既锻炼了学生的语言表达能力，又训练了学生的思维。这样的训练落实在每一堂课中，日久天长，必能聚沙成塔，集腋成裘。

田春龙：

各位老师，刚才，我们语文中心教研组的老师对马主任的课进行了公正、客观的评价，今天的教研活动氛围很浓，老师导在关键，学生学得精彩，大家听得认真，评得实在，学得虚心，下面我代表学校对今天的常规教研活动作一个总体性评价。

对于马主任的课来说，在"想"比"会"更重要的学生学习评价理念的引领下，深入实践"郑晓华体验式悦读教学法"，让学生通过读、悟、写理解文本思想，深深体会秋天的雨给大家带来的诗情画意和无限之美，从而达到"三个有效"，实现课堂教学有效性的最大化。

第一个有效是教法有效，主要体现在三大教学策略的运用上。①先学后

389

教：组织学生根据学案中的探究问题自主合作学习，然后根据学情确定教学内容，从而培养学生的自主学习习惯和探究能力。②高效提问答问：向40分钟要效益，提问答问都讲求高效，不仅拓宽了提问面，帮助学生养成快速答问的习惯，也使每位学生答问的机会增多了。③当堂训练：马主任在学生掌握生词后听写，在了解比喻、拟人这两个句子后，适时安排仿写，又如新课后面的写作训练等，这种当堂训练的策略既能巩固新知，又能对学生的学习效果进行及时检测。

第二个有效是学法有效，主要体现在三大学习策略的运用上。

自谋自学策略。马主任把本节课应掌握的知识点转化为要探究的问题呈现在学案中，新课开始，让学生根据学案自学，事实上，我们发现，有70％的学生可借助工具书自主学会学案上70％的内容，长时间这样训练，学生的自学能力就会大大提高，也就为学生的终身发展奠定了很好的基础。

兵教兵策略。马主任在各小组巡视时，发现有一部分学生难以独立解决学案中的疑问，一个人的辅导能力有限，她就借助优生，帮助学困生弄懂学案中的疑难，学困生在弄懂疑难问题的同时，学优生增强了对知识的理解，合作相互提高，促进了全体学生的发展。

课堂参与展示策略。学生自主学完导学案上的内容后，各个小组争先恐后把自己的学习情况展示出来。小组长，不仅组织本组学生把学习情况展示出来，还充分调动其他小组的同学参与到本组的活动中，为他们的展示进行评价。学生"参与"说明她在"想"，学生敢"展示"说明他认为"会"，只有学生积极主动参与课堂，才可能更好地展示。因此，每位老师在课堂上都应帮助学生树立"课堂参与无错"意识。

第三个有效是评价有效。整堂课中的评价主要体现在两个方面，一是学生自评，小组展示完自学情况后，由小组长抽学生点评，这样做既有利于学生学会倾听别人的发言，又可以让老师通过点评了解学生的知识掌握情况，还可对学生的自学起到促进作用。二是教师点评，在课堂上马主任不仅对小组的合作学习予以点评，还对个体进行了激励性评价，着重学生的学习过程和内心生成，突出了评价的整体性、综合性和激励性。

因此，语文中心教研组把这堂课评定为优等，马主任当之无愧。对于语文中心教研组的课堂评价来说，我认为其体现了"三个到位"。

首先是成功之处总结到位。各位老师认真听课，把这堂课的成功之处——提炼和总结，值得老师们学习和借鉴。

其次不足之处建议到位。虽然这堂课的优点很多，但老师们出于对学术的尊重，虔诚地指出其中的不足之处，并提出了很好的建议，也可以说，这也是我们课堂教学中易出现的一些问题，如果大家都能很好地克服，那么，课堂教学的有效性就会更大！

第三个到位是课改理念学习到位。老师们在发言中都明确指出马主任这堂课中一些前卫的教学思想和教学策略，大家能总结出来，说明每个人都在认真学习新课改理念，希望老师们把这些好的方法也运用到自己的教学实践中去，并带到各自的教研组予以推广，也就实现了我们学校安排示范观摩课的真正目的和用意。因此，语文中心教研组今天的评课等级为优，让我们以热烈的掌声表示祝贺！

（整理执笔人：马艳萍，阆中师范附属实验小学校教导处副主任。）

观看古诗课堂实录议课摘录

【教学内容】《望庐山瀑布》
【授课教师】南京市北京东路小学孙双金（特级教师）
【议课实录】

罗秀华：孙老师在古诗教学中努力营造平等的对话氛围，促进了师生之间积极有效的对话。例如孙老师的"说错了，不批评"，是老师为学生精心构筑的又一个对话平台。

刘　敏：孙老师在课堂上善于赞美学生。在古诗课堂中对学生的巧妙赞美随处可见。例如，"我看到一个小李白""让我看看你的眼睛，慧眼噢""你这个脑袋怎么这么聪明""看你的眼睛炯炯有神的，你来读"，等等。

赵兴兰：孙老师的教学语言幽默风趣。在课堂中，不时运用轻松的幽默，营造轻松愉快的课堂氛围。如"某某某同学，你是什么脑袋""让我看你的眼睛，不仅是慧眼，而且是火眼金睛"。

何翠英：孙老师教学功底扎实，具备深厚的文化素养。带领学生学习李白的古诗时，孙老师首先对李白进行了全面的了解，在课前读了不少李白的诗，引出徐凝的诗与李白的诗进行对比，让学生更加深刻地理解了李白诗歌的特点。在教学中，孙老师的课堂小结也是出口成章，信手拈来。

邓　英：孙老师在课堂教学中，语言生动，善于入情入境地渲染、描述，很好地调动了学生的情感，让课堂教学层层推进。例如，在学习李白的古诗时孙老师这样描述："哎！虚无缥缈的，如梦如幻的浪漫仙境，我已经感受到了，这就是诗仙风格……"

李　燕：孙老师始终把学生定位为课堂的主人。例如，在学习李白的古诗时，老师会预设一个词："神奇的想象"，但孙老师的学生说到了"超凡"，孙老师在板书中充分尊重了学生独特的感受，用上了"超凡"二字。又如"香炉峰为何生紫烟"，对"生紫烟"的提问紧扣难点，加上让学生进行自由表述，孙老师进行精彩小结，让教学难点迎刃而解。

崇海燕：孙老师善于教给学生学习方法，让学生的学习能力得以升华。课堂上，在学生学会《望庐山瀑布》的基础上，孙老师继续让学生学习《夜宿山寺》和《秋浦歌》，通过一堂课的学习，学生弄清了三首诗的含义，理解了李白丰富的想象力，领悟了诗歌中表达的情感。

【优点归纳】

孙老师的古诗课堂教学有以下几个显著的优点：一是努力构建了平等对话的平台；二是会巧妙地赞美学生；三是课堂语言幽默风趣；四是教师文化素养底蕴丰厚；五是语言生动，富有感染力；六是始终把学生视为课堂的主人；七是注重拓展，教会牵引。

【改进建议】

对学生的古诗朗读指导可以再到位些。

（整理执笔人：杨雨玲，阆中市实验小学副校长、南充市学科带头人、南充市骨干教师、阆中市优秀教师。主研课题《小学科技教育的实践性活动体系研究》荣获省人民政府二等奖，《利用新媒体优化家校共育策略研究》荣获南充市二等奖；参与编写的校本教材《在阳光下成长》《育心启智 快乐阳光》均荣获南充市一等奖。多篇论文在四川教育、教育科学论坛上发表。）

议课实录

【教学内容】《安塞腰鼓》

【授课教师】阆中市保宁中学岳琳辰

【议课实录】

杨谊琳：基本功扎实，知识点落实到位，注重朗读，课堂气氛活跃，让学生感受到了文本美，教学思路清晰。

华 丽：以生为本，以朗读为亮点。对语言的品析还可以更完善，可抓住"好一个安塞腰鼓"的"好"字来挖掘文本。

谭 卓：开头用生朗读切入很好，短句变长句的点拨过于简略。

董小明：抓住了主线"好一个安塞腰鼓"，段落语句来品析，突出了重点。由于地域风俗等原因，学生对安塞腰鼓不太理解，仅仅通过读还不能让学生真正体会安塞腰鼓的壮美。初中生还是要注重字词教学。

薛晓红：很"难"的一篇文章，学生对腰鼓、后生等概念较为陌生。教学者语言功底深厚，文字信手拈来。用视频加强朗读，但朗读指导还不够到位。品析语言，与朗读相结合，使学生能深入理解文章内容。

蒲晓岚：朴实、清新的一堂课。安塞腰鼓的内容方面还有拓展空间，语言、环节等还值得期待。老师讲解过多，学生还不够活跃。主题可以与阆中文化相结合，作为当堂训练也许更好。

王淑蓉：选择这篇课文是一大挑战。课堂上使用了不同形式的教学方式，如短句改长句等，全面品味语言艺术。通过朗读、品味活跃了课堂气氛，调动了学生的学习热情，让学生得到了充分的语言和技能训练，有利于其感悟文章的魅力，提升了学生的审美能力。

【优点归纳】

本堂课为该课第二课时，教者在梳理文章脉络的基础上抓住"好一个安塞腰鼓"的"好"字引导学生朗读、品味，感受安塞腰鼓带给人的不一样的"好"的感受，从而把握文章的情感。整堂课注重了多种形式的朗读，让学生在读中品、读中悟、读中感，同时注重了独立思考和合作探究，思考探究的题目具有层次性、启发性，学生思考探究的空间大，课堂气氛活跃。

【改进建议】

要相信学生的能力，学会大胆放手。不要讲解过多，包办代替。在朗读指导上还要多下功夫。

（整理执笔人：徐玲，阆中市保宁中学骨干教师，多次获学校优秀教师荣誉称号，多次参加地、市、区、校展评课及竞教课均取得优异成绩。）

议课实录

【教学内容】《生活中的轴对称》第一课时
【授课教师】阆中市保宁中学王凤鸣
【议课实录】

王凤鸣：本节课设计说明：根据义务教育阶段数学课程的要求，结合教材的编写意图，在本节课设计时，我遵循以下原则：观图引入激发兴趣，学习过程体现自主，知识建构循序渐进，思想方法有机渗透。

李 蓉：本节课的设计体现了新课程标准的精神，从学生的兴趣出发，通过"观察—操作—体会"来获取知识，遵循数学来源于生活，又应用于生活的理念，注重在培养学生实践能力和审美能力上做文章。课堂教学中很好地运用了我校课改的"三、四、五教学模式"。

蒲　雄：在情境导入上，用阆中的风景图片引入，这点王老师把握得相当好，充分考虑到了初中数学的课改目标要求贴近于生活、来源于生活。这组阆中风景图片不仅让学生感受到了生活中的轴对称美，也对学生进行了情感教育，让学生热爱家乡、热爱大自然，帮助学生在原有认知的基础上从生活走向数学。

李沛峰：学生通过动手实验，对教具五角星纸片进行折叠，分析得出轴对称的概念，结合实例欣赏，仔细分析轴对称概念中须注意的几点，并总结出轴对称图形和轴对称的区别。轴对称图形是一个图形自身的对称，轴对称是两个图形关于某条直线对称。教师在这个环节上充分利用了媒体教学和传统教学的结合，从实践过程中得出结论，符合学生认识事物的客观规律。

赵　蓉：突破难点方面：学生对"平行四边形是否是对称图形"有异议时，通过折一折，使学生在思维和经验方面顿悟。让学生利用教师提供的材料，充分发挥自身的想象力、创造力，动手"做"。在这一过程中，学生手脑并用，以"动"促"思"，轴对称图形的特征被深深地印在脑海里，空间想象能力得到加强，创新意识得到培养，并且体验到成功的快乐。

黄超成：在学以致用上，王老师所设计的题目与实际联系密切，将英语字母、数学中的数字与语文中的汉字相联系，综合性强，增强了学习的趣味性。如果能对本题稍微进行一下扩展，让学生联想生活中对称的字和英语字母，比比谁想得又快又多，会使学生在不知不觉中感受到轴对称图形不单单局限在图形上，也表现在身边很多事物上，这样更能加深学生对轴对称的认识。

陈国勇：生动形象的课件制作、安排合理的学生活动使本节课生动、有趣、有效。整个教学过程中，学生在活动中参与，在参与中学习，促进了学生主观能动性的发挥，关注了学生学习能力的提升，体现了学生的主体性和教师的主导性。很好地达成了预设的三维目标。

席莉玫：在整个教学过程中，王老师更多地作为学生学习的引导者、组织者、合作者，更多地关注学生的观察力、捕捉美感的能力，关注学生创造力、想象能力的培养，使我受益匪浅。

赵　斌：学生在课堂中展示自己对所学内容的理解，交流对某一问题的看法，动手操作并演示，尝试解答各种问题，有利于使教师从学生思维活动、有关内容的理解和掌握，以及学生参与活动的程序等多层面地了解学生。

【优点归纳】

注重培养学生实践能力和审美能力，很好地运用我校课改的"三四五"模式举例，力争贴近于生活、来源于生活。让学生在活动中参与，在参与中学习，促进了学生主观能动性的发挥，关注了学生学习能力的提升。

【不足之处】

课堂气氛不够活跃，教师对学生的评价有待加强。新课标指出，对数学学习的评价要关注学生学习的结果，更要关注他们学习的过程；要关注学生数学学习的水平，更要关注他们在数学活动中所表现出来的情感与态度，帮助学生认识自我，建立信心。

（整理执笔人：蒲雄，阆中市保宁中学数学教研组长，阆中市级数学骨干教师，2017年中考被阆中市教科局评为"初中教育质量先进个人"，主研课题"乡土教材的整合"获南充市教学成果一等奖。）

议课摘录

【教学内容】人教版九年级物理第十五章第三节《串联和并联》

【授课教师】阆中市保宁中学张莎莎

【议课实录】

涂　均：张老师从新课程理念出发，采取了分阶段逐渐深入的教学模式，给学生创设了一个开放的、动态的课堂，充分让学生开展合作学习和自主学习。在轻松、平等的氛围里让学生小试牛刀，初步品尝了进行科学探究的喜悦，又通过教师的例题讲解和习题落实了知识与技能目标。引入生活，由节日的彩灯引入课题，用肢体游戏让学生认知串联和并联，无一不体现了教师从生活走向物理、从物理走向社会的理念。在课堂教学中穿插了控制变量法和类比法。张老师落落大方，亲切自然，板书规范。本节课取得了良好的教学效果。

袁天文：我从张老师这节课中学习到了很多东西，值得肯定的地方也很多，总的来说，有这些亮点：①引入——以生活中的节日彩灯引入课题，亮闪闪的小彩灯很漂亮，一下子就抓住了学生的眼球，激发了他们的兴趣。兴趣是学生最好的老师，也是学生进行探究活动源源不断的动力。在进入新课时，张老师又以肢体游戏帮助学生认知串联和并联，形象生动。②探究部分——发挥了学生的积极性和主动性。学生亲身体验，自始至终都在观察，如游戏的参与、动手操作、学生间的相互指导帮助，等等。③以探究性学习为主，注重教法多样化。本节课无论是在结构设计还是实际操作中都营造了浓厚的探究氛围，让学生自始至终都处在积极思考和踊跃探索中。例如，为学生设计独立思考、合作、小组竞赛等学习环节，让他们取长补短、相互促进，让所有的学生都明白"探究的科学过程"和"探究的科学方法"，在教给学生物理知识的同时，也教给学生科学探究的思维和实事求是的科学精神。

张小君：张老师从到我们学校以来，虚心学习，热爱工作，教学技能和教学效果的提高非常之大。在这堂课上，张老师大胆创新，使教学资源更贴近生活。新颖的设计的效果十分明显，体现了教师别出心裁的创新意识，让学生明白，科学探究并不是神秘不可及的。以人为本，注重感情目标的培养。整堂课上，学生始终处于教学活动的中心，教师在其中起引导、过渡等作用。通过教师的帮助，学生们积极参与、体验、合作、讨论和交流，每个人都获得了探索和成功的体验，充分体验了全面育人的新课标精神。

汤军：多媒体辅助与板书相得益彰。多媒体动态展示实验过程和连接特点，形象直观，学生看得清楚，学得明白。板书规范、美观，二者配合默契。

【优点归纳】

1. 开篇创设情境：上课开始时提示学生："我们快过什么节了？"（学生答出圣诞节和新年）随即打开课前在墙上布置好的彩灯，闪烁的灯光把学生带入节日氛围中。紧接着，教师话锋一转，设疑道："拧下一只灯泡，剩下的还亮吗？"教学内容从生活中切入，亲切自然，饱含人文气息。

2. 用肢体语言——手拉手表示串并联：这是我见得最新颖最贴切的类比方式，直观地让学生体验"串并联"，易于学生接受。

3. 注意细节：学生动手连接电路，教师提示，应断开开关——安全和节能——养成良好的习惯。

4. 竞争、交流与合作：教师引导学生连接电路，让学生上台演示和发表自己的见解，讨论实验的结论。

5. 生活：引入新课、复习旧课、实验操作、解决问题、应用举例等过程，都围绕生活展开，真正体现了从生活走进物理、从物理走进生活的新课标理念。

【改进建议】

1. 培养学生提出问题的能力。开篇通过节日气氛的小彩灯引入课题，学生很难做出科学性的回答，这里缺乏必要的引导。

2. 学生的实验设计能力和动手能力也须进一步提高，学生动手设计使两个灯泡同时发光的电路时，只能设计出一种情况。

3. 在教学过程中，张老师在电路连接过程中使用了用电器标注正负极的做法，并没有交代学生。这只是一种方便辨别、画出串并联的电路的方法而已。

总的来说，张老师这节课把握了以学生为中心，以培养学生参与实验动手能力的科学素养和探究精神，培养了学生的独立自主性，有效促进了学生的全面发展和终身发展。教师不但是知识的传播者，而且更应该成为教育科学的探究者和研究者。本堂课为广大教师同行树立了一个良好的榜样，告诉我们在传授知识的同时也应拉近与学生的距离，全方位地对学生施行教育。

（整理执笔人：张小君，阆中市保宁中学物理教师，理综教研组长，学科带头人。）

议课摘录

【教学内容】I'd like some noodles.

本课是 Go for it 七年级下册第八单元的第二课时，本单元的核心话题是 order food，内容围绕就餐展开，与学生的实际生活密切相关，易于引导学生用英语进行交流。

【授课教师】阆中市保宁中学王小燕

【议课实录】

康凤鸣：以学生的发展为根本，运用任务型教学方式引导学生积极参与教学活动。在整个过程中实现了师生、生生互动，活动内容丰富多彩，接近学生生活，在互动、交流、合作、探究中实施教学。

刘秀枝："在用中学，在学中用"，在活动中让学生体会学习英语的乐趣，帮助学生激发和培养学生学习英语的兴趣，树立学习英语的信心；模拟生活场景，培养学生的语言运用能力。

李秀梅：充分对教材进行整合，以教材为依据又不拘泥于教材，属于趋向真实交际的教学设计。自然而巧妙地展开本课话题，使课堂教学从一开始就进入真实的交际场景，形成活跃的课堂气氛。

王紫怡：任务设计从易到难，通过个人学习、小组讨论、成果展示等活动来指导学生进行自主学习。

佘桂萍：教学过程分提示注意、观察发现、分析思考、归纳小结、练习巩固几步走，使学生对于知识的掌握更加牢固。

李　亨：每个活动都有明确的目标与要求，并在一定的语境和情景中进行，突出了培养学生用英语做事和进行交流的能力，体现了交际语言教学的思想。

常丽琼：整堂课节奏流畅、环环相扣、气氛活跃，能使学生较为熟练地掌握本课的内容，达到预期的教学目的。

【优点归纳】

本堂课采用任务型语言教学法创设生活情境。设置任务活动主线，把关于食物的单词，本课的功能句 what kind ，what size，would you like···及教材各项活动放入各个环节，再整合各环节与生活情境任务主线。整堂教学从一开始就进入真实的交际场景，促使学生感悟和体验教学内容与生活的内在联系，有利于在交流中增长学生的生活经验，激发学生的兴趣，形成活跃的课堂气氛。

【改进意见】

（1）导入部分不需花费过长时间，可直接介绍主任务 A group of foreign visitors wil come to ···and have lunch in Mr Wang's restaurant.

（2）介绍 Mr Wang 餐馆菜单时，可以结合后面的食品分类来处理食物的表达方式，然后推出本餐馆的特色菜，（即本课生词）porridge ，dumpling···

（3）介绍 order food 时，可以分列出现，先出现 food，再出现 kind，size，显得层次更为分明。

（4）对于本课重点句型 What kind ，What size，Would you like 梳理过快，可让学生自行归纳总结。

（5）在处理可数名词和不可数名词 Let's challenge ourselves 那里 check 学生答案时，PPT 播放过快。

（6）老师在布置任务或操练句型前未能起到很好的示范作用，导致操练时，少数学生无所适从。

（整理执笔人：康凤鸣，阆中市保宁中学骨干教师、学科带头人。）

议课摘录

【教学内容】《让我们选择坚强》

【授课教师】阆中市保宁中学刘蓉

【议课实录】

李蓉：（课改教学模式）

我认为刘老师这节课是比较成功的。她能够贯彻新课程改革的理念，采用我校"三四五"教学模式组织教学，充分发挥了学生的主体性，并营造出了轻松、愉快、相对开放的教学氛围，使学生在合作中学，在交流中提高。

纪大为：（教学重、难点）

这一节重点是"坚定正确的人生方向"，难点是"意志品质的表现"。刘老师采用分组讨论、合作学习的方式，让学生结合自己日常生活中的经历举例说出意志品质的作用，掌握丰富的感性材料，形成直接经验，再加以归纳和升华，形成理性知识，从而促进三维教学目标的实现。

石建军：（教学方法）

刘老师的这节课，教学中将讨论教学法、情境教学法、案例教学法等教学方法融为一体，运用了多媒体的辅助教学手段，激发学生学习兴趣，活跃了课堂气氛。在学生自主学习时，首先她围绕学习目标设计了六个问题。其次，对学生自学过程中普遍存在的疑难问题进行梳理、归类，为研讨做好准备。在师生研讨、共同交流这一环节，刘老师让学生充分发表自己的意见，畅谈自己的理解与疑惑，教师则进行点拨和诱导，并及时对学生进行表扬鼓励，以激发其积极性。且能适时精讲，做到讲练结合。

苟文彦：（教学过程）

我认为这是一节值得学习、值得肯定的课。这堂课也促使我思考，作为一名一线的初中政治教师，如何借助新教材提供的平台，根据初中生好奇善动的特点，真正克服过去枯燥而机械地照本宣科的弊病，让学生乐学、好学呢？

首先，刘老师能从当前的热点"九寨沟地震"图片揭示课题，引发了学生的共鸣，唤起了学生强烈的求知欲望。教师因势利导引入新课，为后面的活动做好了铺垫。

其次，刘老师还能在教学过程中把课内基础知识与课外热点相结合，真正让学生走向社会，把时事请进课堂。接着，刘老师又引导学生结合自身经历畅谈，使学生在实际的情境中开展有效的学习，通过自己对生活的感受和体悟，迸发关注社会现实和参与社会生活的热情，从而提高自身的思想道德水平，树立坚强的意志。

【优点归纳】

刘蓉老师不管是在教学理念上，还是在教学手段和教学方法方面，都力求从提高课堂教学实效性的角度出发，坚持"以学生为主体，以教师为主导，学生参与教学活动为主，教师讲解为辅"的新理念，从学生已有的经验和知识水平出发，采取各种教学方法激发学生兴趣。如此能充分发挥直观、生动的教学手段，运用书中教学资源引发学生兴趣，从而获得更好的教学效果。

【改进建议】

学生活动面还不够广，对细节关注度不够。如最后的教学环节没有板书，顾此失彼；没有对出示的材料和问题进行适当的处理。

（整理执笔人：李际蓉，阆中市保宁中学地理教师、骨干教师。）

议课摘录

【授课内容】教科版一年级上册道德与法治第五课《路上的安全标志》

【授课教师】阆中市实验小学刘敏

【议课实录】

杨雨玲：从 2016 年秋季起，人教版《品德与生活》更名为《道德与法治》。新教材的发布实施意味着一线品德课教师将展开新的教学探索。本堂研讨课内容充实、活动丰富、亮点频出，为了能探索《道德与法治》的课堂新模式，请各位老师就这堂课谈谈自己的意见。

任 芸：刘老师通过"螃蟹过马路"的动画故事引入，增强了课堂趣味性，让学生明白螃蟹因为不遵守交通规则而受伤，借此帮助学生初步建立规则意识。

同时，刘老师充分借助教材中的"主题图"。在找标志的环节中，刘老师抓住了学生的年龄特征，使用"魔法圈"激发学生的学习兴趣，引导学生积极认识各种标志从而去解救"魔法圈"中的"标志宝宝"，在激发学生求知欲的同时也渗透了"助人为快乐之本"的思想。

董丽华：小学低年级道德与法治教育需要遵循儿童的身心发展规律，贴近儿童的生活实际，才能帮助儿童逐渐树立道德与法治意识，让学生在自主参与活动的过程中形成自己的认知，充分地发挥了教师的主导作用，突出了学生的主体地位，构建了精彩的、充满生机与活力的课堂。

赵兴兰：本堂课老师注重细节的处理，具体体现在课堂上适时地插入适应低段学生年龄特征的歌谣和 FLASH 动画。这些细节的设计尽可能地满足了儿童的心理和个性特征。从真正意义上落实了"从儿童出发"的理念。具体体现在以下两方面：

教师在引导学生认识红绿灯后，立即和学生做了一段"交通手势操"。歌谣朗朗上口，手势操简单易学，这样的细节处理充分体现了老师的用心和"以学生为中心"的教学理念。

"送标志宝宝回家"的环节中，老师设计了 FLASH 动画，学生动动手就能把自己认识的标志送到各自的位置，在参与的过程中，老师没有指定而是让学生选择自己认识的、喜欢的标志，这样的细节处理充分体现了"尊重学生个性发展"的教育理念。

"用心"方能"育心"，这堂课包涵了教师与学生思维的碰撞，是教师与学生心与心的交流，是一堂很成功的课。

何翠英：课堂激励机制和教学评价是教学的重要组成部分，是促进学生主动学习的有效手段。刘老师机智巧妙的评价语言使教学信息的传递风趣而幽默，评价过程充满了人文关怀。使学生在笑声中，在被欣赏、被肯定的过程中欣然接受评价，让学生以愉悦的心情去主动、积极地学习，从而使课堂生花，让学生如沐春风，为教学增色。

【优点归纳】

刘敏老师以主题图为切入点，以学生为主体，以学生发展为主旨，创新性地设计了三维目标，并与核心素养紧密对接，组织开展教学活动。以"找标志"—"识标志"—"用标志"为教学活动的主线，做到了环环相扣，以螺旋上升的逻辑达到了强化学生规则意识的作用。期间穿插童谣、手势操、FLASH动画、卡通视频等，让学生在参与中收获认识，在活动与体验中构建自己的知识体系和价值体系，以"身"体之，以"心"悟之，真正做到了知、情、意、行完美结合。

【改进建议】

在本节课中，老师引导学生认识了三种安全标志："警告标志""指示标志""禁止标志"，对于一年级学生来说内容偏多，所以课堂内容稍多，如果能删减一些内容，也许效果会更好！

（整理执笔人：刘敏，阆中市实验小学教科室主任、南充市骨干教师。参加四川省、南充市《品德与社会》课堂教学展评，分获二等奖、一等奖。多篇论文在省市级刊物发表。）

议课摘录

【教学内容】人教版三年级下《她是我的朋友》第二课时

【授课教师】阆中市城北小学校张驰

【议课实录】

郑小敏校长：语文课堂的实效性我个人认为应该体现在老师的细备文本和教学设计的理念上，要让自己的教学设计有效服务于自己的教学内容、课堂、学生，就必须做到有目标性、针对性、启发性。而张老师的设计中的导入环节、初读环节、再读环节、品悟环节，用问题牵引，关键词突破重难点教学，有效地解决了课前预设和课堂生成的整合问题，教学实效性很高。

王一副校长：张老师教学思路清晰，教学内容安排得当。初读—细读—精读，环环相扣，层层深入，让学生在不知不觉中感悟人物的内心活动，接受情感的熏陶，最后使自身得以升华。教学如行云流水一般，把学生自然带入课文中的意境。教学中重点、难点突出，分析透彻，朗读到位，学生学习态度积极，效果好。

王小容主任：本节课，学生深刻地了解了描写哭的几个词语"啜泣、呜咽、低声哭泣、抽泣"的不同含义；学生不仅朗读能力有了发展，表达能力、思维能力也得到了最大限度的提高，并能抓住阮恒献血时的表情和动作体会人物内心的变化，让"朋友"的内涵在心里有所提升，再通过理解课文内容，感受到朋友间真挚的友谊，从而树立了正确的"朋友观"。

李翠清老师：张老师在教学中注重对学习方法的指导，如词语理解，既可以查字典，也可以联系上下文进行理解。教师循循善诱，语言富有吸引力，不断激发学生进行深入思考。教师的心中有教案，眼里有学生，课堂有扶有放，确实做到了"咬文嚼字"，有浓浓的语文味。

任芙蓉老师：张老师的这堂课充分体现了新课程理念，把语文阅读教学建立在充分阅读课文的基础上，让学生在读中感悟，在读中理解人物的形象以及其所表现出来的思想内涵，帮助他们在读中产生独特的情感体验。

【优点归纳】

以人为本，体现了人文性。学习氛围轻松、和谐，激发了学生的学习兴趣和主动性。

教师从容淡定，课堂既能达成预设目标，又能生成精彩。

课堂充分体现了"教师主导，学生主体"的教学理念，让学生读、悟、议、说，切实提高了学生的语文学习能力，语文味很浓。

【改进建议】

建议将感悟文章内容与学习文章表达特色有机结合起来。本课教学应让学生在品词析句、揣摩人物内心、读懂人物情感世界的同时，感悟"通过人物神态、动作描写，展示人物内心世界"的表达方法。如果能再设计一点简单的描写人物方法的写作训练，这个知识点的教学会更加到位。

（整理执笔人：李翠清，阆中市城北小学校语文教研组长，被评为阆中市"小学语文学科带头人"、阆中市"首届青年名优教师"，多次参加阆中市、南充市语文课堂教学竞赛，荣获一等奖。）

议课实录

【教学内容】人教版四年级下册《可贵的沉默》第二课时

【授课教师】杨芙蓉老师、赵晓慧老师、姚小华老师

【议课实录】

郑小敏校长：有幸听到杨芙蓉老师、赵晓慧老师、姚小华老师的同堂异构课《可贵的沉默》，文章美、童真美、课堂美，同一篇课文被三位老师演绎得十分精妙，让人如沐春风，回味无穷。

这篇课文选取的题材很简单，就像是发生在我们身边的故事，非常贴近学生实际生活。但经过大师的手笔，简单的故事融入了浓浓的爱意，展现了深邃的主题。而三位老师的成功之处在于：在朗读中感悟语言，在情境中体验真情，在关键词句中体会人物的内心活动，在娓娓动听的讲述中对学生进行爱的教育。课堂很精彩，老师们辛苦了。

赵华北主任：

我想说说这几堂课的导入特色。姚老师的课堂开头是一个故事《妈妈的礼物》，入情入境地将孩子带入了一个充满爱的世界。而杨老师和赵老师的课堂则是在一段优美的耳熟能详的生日歌中徐徐展开。美丽的故事温暖感人，动听的歌曲脍炙人口，未成曲调先有情，一开头，爱的情愫便已经蔓延于整个课堂，调动了孩子们的兴趣，做好了新课的情感铺垫。好的课堂开头能够极大限度地调动学生的积极性，一个好的开头就是成功的奠基。

王小容主任：好课是简洁的、朴素的。主要教学流程往往只有几步，三位老师的课堂教学分为两大块：热闹—沉默，在热闹中感受爱，在沉默中思索爱、回报爱。板书也一目了然，让学生对全文的思路有了清晰的了解，这样更便于学生了解与把控。版块间的衔接，无论语言还是情感上的过渡，都自然得体、对接和谐，如行云流水。

苟欣老师：语言是情感的载体，情感是语言的内蕴，要使语言训练与情感熏陶融为一体，须引导学生入其境、通其心、感其情。这三堂课以朗读贯穿教学全过程，抓重点词语、句子引导学生感悟文中人物的情感，强调在读中悟，在悟中读，升华文章主旨。如在学习第一部分时，姚老师和赵老师会在课件中描红一些重点字词，如"左顾右盼""神气十足"等。并且让学生通过表演动作去体会文中人物当时的心情，使学生真正融入课文情境，让整个语文课堂活了起来。

唐丽华老师：几堂课的最大特色就是图文结合，入情入境。在教学过程中，每位老师都抓住课文中的两幅插图整体感知课文内容，重点提醒学生观察图中人物的动作、神态，猜测人物的内心想法。引导学生概括插图的场景，如"热闹""高兴""神气十足""左顾右盼""沉默""无精打采"等，再在文中找出相关段落进行学习。特别是杨老师，紧紧抓住文中的两幅图进行设计，图文并茂，循序渐进，引导学生深刻体会沉默的可贵之处，学会感恩父母。课堂中还有很多亮点，如老师仪表端庄、优雅自然、温柔亲切，三位老师普通话标准、声音甜美、语言精练、一看便知是行家里手。

【改进建议】

课文内容浅显易懂，教学时可以适当引进源头活水，补充一些新的信息，帮助学生开阔视野；或者紧扣感恩这一主题，讲一些名人轶事，补充一点其他学科的知识，这样对孩子的教育才不至于空洞无趣。把学生的课堂学习与现实生活联系起来，学生会兴趣盎然，收获更多。也可以向学生推荐一些如《感恩父母全集》《爱的教育》之类的感恩系列书目，让学生爱上阅读，多读书，读好书。

（整理执笔人：唐丽华，阆中市城北小学骨干教师。先后被表彰为"阆中市优秀班主任""阆中市教研工作先进个人"，两次在阆中市中小学青年教师技能大赛中荣获一等奖，在阆中市中小学班主任主题班会竞教课中荣获一等奖；在"我与《名城教育》"全市教师征文比赛中获得第一名；多次在学校和片区的课堂教学竞赛中获奖。多篇文章发表或获奖。）

议课摘录

【教学内容】人美版小学二年级上册《茂密的花》

【授课教师】阆中市城北小学校吴丹

【议课实录】

代常春主任：美术课是学生了解自然、了解生活的有效途径。艺术来源于生活，又服务于生活。吴老师通过本堂课的教学，让学生了解了生活之美，也尝试表达了生活的美，帮助学生陶冶了情操，训练了审美能力。

王安东老师：《茂密的花》一课，是让二年级学生初步尝试运用前后遮挡的方法来表现物体的层次，从而训练学生空间意识的课程。让学生学会运用前后遮挡的方法来表现出花草的层次是本课的重点，也是难点。吴老师巧妙地运用了模具叠放的方式，形象直观地让学生理解了遮挡的概念，起到了很好的教学效果。

朱莎老师：本课的重点是让学生掌握用遮挡的方法来表现花草的技法。吴老师在课程设计时大胆地去除了给花草着色的环节，单纯让学生以线描画的方式来进行创作。这样可以让学生有更充足的时间来体会线条与层次，突出了教学重点。

李斌老师：在表现层次与空间关系的同时，能够让画面体现出线条的疏密变化，画面布局具有节奏与韵律的美感也是本课应该给孩子们渗透的审美技巧。吴老师通过精选的图片让孩子感受画面的节奏与变化，提高了学生的审美能力。

【优点归纳】

1. 以人为本，开发了学生自身的潜能，锻炼了学生的艺术欣赏能力、创造力的知识和能力，提高学生的艺术素养。

2. 教学过程设计合理，教学环节精练高效。

3. 教师教态自然大方，教学基本功扎实。

4. 课堂充分体现了"教师主导，学生主体"的教学理念，让学生主动参与到教学的各个环节中来，课堂氛围活跃。

【改进建议】

由于教师在学生心目中的权威性，因此，教师进行示范操作时要慎之又慎。不全面的简单示范很容易束缚学生的思维，导致学生作品形式较为单一。本课建议将教师示范演示画花的环节调整成师生合作或者是学生演示的方式。这样有利于帮助学生释放天性，从而让他们大胆地展现出不同的风格。

（整理执笔人：王安东，阆中市城北小学校骨干教师。潜心研究儿童美术教育十余年，有着丰富的儿童美术教育经验。善于将平常学生感兴趣的话题、身边刚发生的热门事件或者学生熟悉的本土文化等资源改编成校本美术课程，并积极地在教学过程中进行教学实践。）

议课摘录

【教学内容】人教版五年级上册《植树问题》第一课时

【授课教师】阆中市城北小学校蒲丽君

【议课实录】

王一校长：数学教学是数学活动的教学，是师生之间、学生之间交往互动与共同发展的过程。蒲老师的设计分为观察手指数与手指间隔入手、从生活中找类似间隔现象、动手模拟植树三个环节，引导学生动起来，让学生在活动中进行观察，在活动中对比思考，在活动中交流提升。让学生通过一系列活动真正从"形"上认识了植树问题，掌握了植树问题中两端都栽这种情况下植树棵数与间隔数之间的关系，教学实效性很高。

赵华北主任：蒲老师把教学内容融于学生的实际生活，充分利用学生的生活经验，拉近了学生与学习内容之间的距离，整个教学过程中，学生的参与度和参与热情都很高。学生轻松地在头脑中构建起了"植树问题"模型，并学会了植树问题两段都栽这类问题的解决方法。整个教学过程重点突出、引领适当、指导到位，教学效果好。

王小容主任：蒲老师不紧不慢、从容自如的引导给人一种舒适感。每一个问题抛出后，蒲老师都给了学生充足的思考时间，这对培养学生形成良好的思维习惯有好处。学生在动手模拟植树时，蒲老师深入各小组了解学情并予以及时指导，让不同小组产生的不同困惑都能得以及时解决，让不同层次的学生都能得到充分发展。

廖秀清老师：蒲老师的课把数学知识与学生生活经验紧密相连，从手指引入，到建立植树问题模型，再到探究两端都栽以及最后练习，环环相扣，每一环节都注重学生思维训练。同时蒲老师在课堂细节方面把握得也很好，如联系生活列举植树问题时，学生说到窗户，在蒲老师的引导下，学生认识到窗户上的防护栏的表达更准确。在认识两端时，让学生拿出笔摸摸两端，这些都有利于建立清晰的植树问题数学模型。

熊军老师：蒲老师的这堂课充分体现了新课程理念，把数学教学与生活紧密联系。注重数学本质，在活动与合作交流的过程中发展学生数学思维。伴随着每一次活动，学生的思维始终处于兴奋状态，在不断地交流碰撞中得以发展。

【优点归纳】

1. 生为主体，师为主导。整个学习探究过程学生参与度高，老师点拨指导到位。

2. 数学来源于生活，又为生活服务。从生活现象引入，最终又解决生活中的问题。

3. 注重思维训练，不忽视细节。课堂既能达成预设目标，又能生成精彩。

【改进建议】

建议创造性使用例题素材。例题直接给出 100 米的小路一边植树，每隔 5 米栽一棵（两端都栽）在一定程度上束缚了学生的思维。学生在探究这个问题时，只能是被迫解决问题，不能有自己的想法和创意。如果在例题前加上"12 米长的花坛里，等距离种 5 株玫瑰，你打算怎样种"，可能更有利于体现学生的自主性。

（整理执笔人：廖秀清，阆中市城北小学校数学教研组长，被评为"阆中市骨干教师"，多次参加阆中市、南充市小学数学课堂教学竞赛，荣获一、二等奖。）

议课实录

【教学内容】人教版二年级下册第三单元《平移和旋转》
【授课教师】阆中市城东小学校杨晓雪

【议课实录】

陈香华校长：《平移和旋转》的教学主要是培养学生的空间观念。理解平移和旋转的本质是本节课的教学难点。平移和旋转这一概念对于二年级学生来讲比较抽象、复杂。数学来源于生活，其实平移和旋转的现象在生活中较为常见。对此，杨老师利用了一些学生身边的生活情景图，如游览车、摩天轮、滑翔索道等，让学生充分感受，数学就在我们身边，生活中处处有数学。

平移、旋转的现象在生活中虽随处可见，但平移旋转的特点要让学生用语言表述很难。杨老师用动作的准确性（用手势比画、肢体演示）弥补语言表达方面的不足。在教学平移、旋转现象时，教师让学生比画平移、旋转的运动方式，让学生在比画演示中感知平移、旋转的运动方式。我觉得这点做得很好，教师让学生通过用眼观察、动手操作、自身体验把抽象的概念化为看得到、摸得着的现象。因而学生都能举出生活中许多有关平移、旋转的现象。如：屏幕拉伸与收缩时做平移运动；国旗冉冉升起或降落时做上下平移运动；汽车在公路上行驶时做平移运动，车轮却在做旋转运动。

郑元强：杨老师就从学生已有的生活经验、生活背景出发，创设学生熟悉的游乐场画面，让学生观察画面上的运动现象，用动作表示并进行分类，引导学生对平移和旋转两种运动现象进行辨析，在引起学生兴趣的同时加深了其对平移与旋转的初步感知。接着，让学生观看、寻找生活中各种平移与旋转的现象，进一步加深了学生对所学数学知识的感悟，同时也加深了他们对数学来源于生活、应用于生活、与我们的生活息息相关的体会。

这节课以活动为基础，让学生在多个活动中亲身经历和体验，调动手、脑、口多种器官一起参与学习活动，使学生在活动化的情景中感受数学、理解数学。学生在获得对数学理解的同时，思维能力、情感态度也都得到了发展，效果很好。

张 俊：新课标指出，在教学空间与图形时，应注重所学知识与日常生活之间的密切关系，应注重使学生在观察、操作时获得对简单几何和平面图形的直观经验。

在教学过程中，杨老师提供了大量的感性材料，让学生用眼观察、动手操作、自身体验，化抽象的概念为看得到摸得着的现象，因而学生都能举出生活中有关平移、旋转的现象。老师利用多媒体展示了小火车、摩天轮、木马等图片，让学生说出哪种是平移现象，哪种是旋转现象。同时，联系生活实际，创设孩子们熟悉的生活情境，引导学生观察和发现，充分激发学生的学习兴趣和探究欲望，使学生对平移和旋转的特点了解得更加深刻。

张晓丽："重视学生的动手实践活动，使学生从数学现实出发"是课改中的一个新理念。平移、旋转的现象在生活中虽随处可见，但平移旋转的特点要用语言表述却很难。杨老师把学生放于主体地位，让学生用独创的形体语言来表示这两种运动方式的特征，从中获得积极的体验，从而充分感知这两种运动方式。通过操作、判断和发现生活中的平移和旋转现象，帮助学生更深刻、更准确地理解概念，并能正确地区分这两个数学概念，从而突破知识建构过程中可能存在的困难。

王　橦：杨老师以活动为主线，达到了"做中学，乐中学"的目的，使学生在活动化的情境中感受数学、体验数学。在教学这部分内容时，杨老师首先让学生观看画面，亲身模仿运动，结合讲解，初步感知平移和旋转的现象。课件直观地让学生体会缆车沿笔直的索道滑行、国旗沿着旗杆徐徐上升的画面，引导学生观察、模仿它们的运动方式，并说出它们的运动方式有什么不同。

【优点归纳】

1. 情境创设引人入胜。平移和旋转这一概念对于二年级学生来讲比较抽象，不易理解。数学来源于生活，其实平移和旋转的现象在生活中能经常看到，同学们也曾亲身经历过。杨老师以学生生活中熟悉的游乐园为切入点，分别出示了旋转木马、小火车、电梯、缆车、水上滑梯等图片，让学生感受到数学就在我们身边。在此基础上，引导学生观察运动方式、讨论运动特征、比较两者异同，使学生在轻松愉悦的数学活动中感知平移和旋转的含义，初步建立两种运动方式的数学模型。

2. 教学设计层层递进。本节课的难点是区分平移和旋转，二年级学生正处于由具体形象思维向抽象逻辑思维过渡的阶段。杨老师放手让学生自己平移书本，然后让学生回顾自己平移的过程，体会平移的特征以及平移的步骤。学生在自主学习的情境中学习，知识结构也在不知不觉中得到了完善和提升。

3. 合理运用多媒体辅助教学。本节课内容是从运动变化的角度去探索和认识空间与图形，如果本课教学时没有呈现动态素材，是很难达到教学目标的。课件动态地呈现了富有情趣的动画，提高了学习的乐趣。学生通过自主探索和合作交流，对平移和旋转有了丰富的表象积累，在获得知识技能的同时，也获得了积极的情感体验。

【改进建议】

1. 在平移和旋转的概念形成时，应尽量先让学生自主操作，这样学生的记忆会更深刻一些。

2. 教材中没有设计如何平移的题目，但是在补充习题中却有相关内容，应在练习中设计相关题目，进行拓展。

3. 教师还可以让每个学生准备一个风车，来亲身感受平移和旋转的区别。

（整理执笔人：陈倩，阆中市城东小学校教导主任，阆中市语文骨干教师；多次获得优秀教师、先进个人等荣誉称号；多篇论文获得省、地、市级一二等奖。）

同课异构　精彩无限

阆中师范附属实验小学校语文中心教研组的宋孟琼、郑晓华两位老师分别执教了《去年的树》这一课，两位老师导在关键，学生学得精彩，学习效果也非常理想。作为"同课异构"教学活动，这两堂课有哪些共同点值得我们学习和借鉴？

共同点之一：创设情境，导入新课。新课开始，宋孟琼老师通过播放配乐PPT，声情并茂地讲述大树与小鸟的故事，宋老师甜美的音色和极具亲和力的仪态，深深地吸引着每一位学生，把孩子们带入梦幻般的童话世界，激发了学生的学习欲望。郑晓华老师则通过让孩子们一起唱《找朋友》，一起参与课堂，从歌声中体会朋友的真诚，充分调动每个孩子的情感细胞，渲染课堂气氛，使课堂一下子活跃起来。

共同点之二：遵循了目标性原则和教育性原则。两位老师不仅紧紧围绕"三维目标"开展系列教学活动，而且还在让学生"学会多元交流、多向对话"的同时顺势对学生进行了思想教育，做到了教书育人两不误。

共同点之三：注重对学生朗读技巧的指导与培养。两位老师通过个别朗读、自由朗读、分角色朗读、师生朗读、齐声朗读等方式，激发了学生学习兴趣，帮助学生理解文本，深刻领会大树与小鸟间的深厚友情，从而让学生感悟到真正的友情是建立在诚信的基础上的。同时，两位老师还根据不同学生的不同回答，给予适当激励性评价，使学生的学习行为受到肯定和表扬，增强学生的学习兴趣和自信心。

共同点之四：注重培养学生的想象力和表达力。两位老师在让学生品味重点词句、读懂文本后，针对性地设计了写话练习，充分发挥了学生的想象力，培养了学生的表达力。例如：宋老师设计的"拓展延伸、交流升华"这个环节，让学生发挥想象，完成"我想对小鸟说……我想对伐木工人说……"这个写话练习，学生自然而然说出"要爱护环境，不能乱砍滥伐，我们不能再失去朋友"，等等。又如：郑晓华老师设计的让学生选择下面的一组关联词语说一说，"不管……都"等，通过这种形式培养学生的遣词造句能力；还有文末帮助学生理解两个"看"时，郑老师让学生自由想象鸟儿会说什么？学生发挥想象，自由发言，学生的口语表达能力也就会在老师有的放矢的训练下渐渐增强。

共同点之五：多媒体课件对教学起到了很好的辅助作用。两位老师课前都制作了精彩的多媒体课件，不同内容的变换出现，不仅增加了课堂容量，还集中了学生的注意力，激发了学生的求知欲，对教学起到了很好的辅助作用。

共同点之六：板书设计精心，书写工整、美观，一目了然，能突出本课的重点。

当然，两位老师的授课风格各异，有许多不同之处，具体表现在：

第一，教学模式不同。宋孟琼老师采用的课堂教学模式是"引导发现式"，其基本教学程序是"激发动机—讲读新课—引导概括—巩固练习"，整堂课上，宋老师边分析课文，边指导学生朗读，边引导学生理解、概括文本，学生跟着教师的教学节奏，按部就班地完成教学任务。郑晓华老师采用的课堂教学模式是"合作探究式"，其基本教学程序是"激发动机—自主探究—小组合作—展示交流—巩固练习"，整堂课中，老师把学生真正置于学习主体地位，进行适当引导，为学生营造了一个民主、宽容、和谐的教学环境，充分发挥了学生的主观能动性。

第二，教学方法不同。宋孟琼老师采用了以讲读法为主，谈话法、直观演示法和练习法相结合的教学方法。无论是初读课文、整体感知，还是研读课文、细细品味，这之前宋老师都要适当进行讲解和引导，帮助学生揣摩文本思想，体会大树与小鸟之间的真挚友情。学生获得了大量的知识和信息，学习的主动性、积极性得到了充分发挥。郑晓华老师采用以指导小学生自学的方法为主，谈话法、讨论法、直观演示法和练习法相结合的多种教学方法，一个小组的学生展示完预习情况后，由学生自主学习、合作探究，教师较能大胆放手，学生在获取知识的同时，还培养了学生发现问题、分析问题和解决问题的能力。

第三，课堂参与率不同。宋孟琼老师的课中，虽然有很多学生参与朗读，很多学生参与汇报展示，但还有相当一部分同学只是被动地接受，没有参与到教师设计的活动中来，小组合作学习的作用没有得到充分发挥，因此，学生是否完全参与课堂，仅凭老师一个人难以完全了解。而在郑晓华老师的课堂中，她不仅从形式上分组坐，学生自己给小组命有组名，每组安排学习小组长，组内学生自主学习、合作探究后，先在组内汇报交流，然后再参加全班的展示交流活动，虽然参与全班展示的同学很有限，但充分发挥了小组合作学习的作用，保证了全班同学百分之百参与课堂。我们每位老师都应树立"参与无错"意识，尤其是语文课，要让学生敢说、会说、愿说和想说，要真正把"想"比"会"更重要的学生学习评价理念用于课堂，努力实现课堂教学有效性的最大化。

第四，教学效果不同。通过两位老师的课堂教学，两个班各层次的学生都有不同的收获，在原有的基础上都有了较大幅度的提升和发展，但无论是从课堂上反馈的信息看，还是从课后抽查看，无论是有感情地朗读、对文本的理解，还是写话练习，郑晓华老师的课堂教学目标达成率均较高。

第五，师生幸福度不同。宋老师对文本理解透彻，加之精彩的讲解、适当的引导和优美的朗读，宋老师与积极参与课堂的学生一起，沉醉于美妙的课堂教学之中，深深感受到了课堂教学带来的幸福。在郑晓华老师的课中，学生主动参与、快乐合作、展演精彩，学生是演员，老师是主持，师生融洽，课堂气氛和谐而热烈。

（整理执笔人：田春龙，高级教师，南充市学科带头人、阆中师范附属实验小学校副校长）

议课摘录

【教学内容】《小壁虎借尾巴》
【执教者】阆中市实验小学刘思铭
【议课摘录】

罗秀华：刘老师这节课向我们展示了一个理念——课堂是属于学生的。课文中的小壁虎分别向小鱼、老牛伯伯和燕子借尾巴，第一次借尾巴由教师导学，学完以后，教师总结学法，然后放手让学生自学，要求学生读文—划句—圈词—分角色朗读课文。

何翠英：刘老师的课堂采用了多种形式的朗读，如范读、自由读、分角色读，这样使学生深入课文，既加深了对课文内容的理解，又发挥了学生的创造性思维与表演能力。但是表演效果不是很理想，有待于继续提高。

赵兴兰：刘老师的这堂课拓宽语文学习和运用的领域，注重跨学科的学习，让学生了解了壁虎为什么能爬上墙，什么叫"牛蝇"，以及燕子是如何用尾巴掌握方向从而激发了孩子们的学习欲望。

杨雨玲：刘老师课件教具制作精美。一是课件，从激发兴趣的动画到触动思维的动画片段，从重点字到重点词不同色彩的提示，都体现了刘老师的用心；二是头饰，虽只是用在最后学生的表演这一环节，但是它所起到的激发兴趣的作用，带给学生的愉悦感是不可忽视的。

【优点归纳】

刘老师的这堂课活而不乱，井然有序，给我留下深刻的印象：

1. 打破传统的讲读模式。整堂课老师讲得很少，体现了由"扶"到"放"的过程，把课堂还给了学生，让学生成为课堂的主人。

2. 现代教学媒体的运用，激发学生的学习兴趣。看动画片是学生最喜欢的，老师把动画引进课堂，让学生给动画配音，这不仅发展了学生的语言能力，发展了学生的思维，更激发了学生表演的欲望。

3. 注重对学生朗读能力的培养。"读"似一串串闪亮的珍珠，粒粒闪耀着光芒。学生在不同形式的朗读中走进各种动物的内心世界，读出小壁虎的内心，也读出了对文本的理解。

【课堂建议】

拓展延伸，学生戴上头饰表演朗读，找寻了语言实践运用的平台，促进了学生评议能力的不断生长，如果刘老师课件出示关键词语，而学生认这些"词语"为脚手架"串讲故事"，会更加从容。

（整理执笔人：崇海燕，阆中市实验小学骨干教师，多次获得学校、区、市级表彰。）

议课摘录

【教学内容】《自己的花是让别人看的》

【授课教师】阆中市实验小学侯雪芹

【议课摘录】

崇海燕：侯老师的课是实实在在的课，没有虚假的成分。从字、词的教学，到句、篇的领会都是扎扎实实的，一步一个脚印。尤其是侯老师的声音，纤细、柔美而清亮。有如清风徐来，又如山泉流淌，有一种天然的吸引力。所以她的课堂学生都全神贯注侧耳聆听。但课堂上学生"读"的时间略为少了点儿。

何翠英：侯老师的教学引人入胜。因为她的语言干练，设问精当，每一个问题都深深地吸引着学生，引导学生去思考，去探究。言语无多，却简洁、明快，让人轻松、愉快。相对而言，课堂拓展思维方面的训练少了些，因而内容教学略显单薄。

赵兴兰：侯老师的课堂很注重基础知识的教学与夯实，如多音字"莞"的教学，对词语"应接不暇""姹紫嫣红""莞尔一笑"的理解与运用，对于好句子的辨析，都体现了侯老师的教学对基础知识是十分重视的。但对新词的教学，侯老师有些先入为主的习惯。

杨雨玲：雪芹老师的这堂课，老师的"导"与学生的"学"都运用十分灵活，使人精神满满，活力四射，整堂课都在轻松、愉快的氛围中进行，不知不觉中就完成了教学任务。这样的课堂让人享受，让人喜欢。尤其是教学过程中人文素养的渗透，让人深感侯老师的教学不仅是在教书，更是在育人。

【优点归纳】

侯雪芹老师是我们学校一位"80后"教师。她的这堂课仅仅是我们校园内的一次研讨课。没有外来嘉宾听课，也没有庞大的阵容，但却让我们受益良多。

1. 以"声"夺人，以"调"取胜。侯老师声音轻轻柔柔，但语调有轻重缓急、抑扬顿挫，如万有引力，深深地吸引着每一位听课者。

2. 设问精当，语言干净。侯老师对课文的解读十分深刻，她的每一次设问都那么精巧，深深地吸引着学生的注意力。语言不多，言简意赅，却又那么活泼、那么和谐。

3. 基础知识与说写训练双管齐下。侯老师的教学很重视基础知识的教学，狠抓一些多音字、新词、重点句子、重点段落的教学，但说写训练也贯穿课堂始终，毫不放松。

4. 人文教育，直达人心。侯老师的课堂活力四射，却又娓娓道来，让人轻松愉快。尤其是思想教育、人文教育，总是不露痕迹地直达学生内心，有助于净化心灵，陶冶情操。侯老师的这堂语文课是朴实的，也是美好的。

【改进建议】

金无足赤，人无完人。侯老师的课也有值得商榷的地方。

1. 新词教学总是"词语先行，一叶障目"。语文教学应该做到"字不离词，词不离句"。让学生在具体的语境中去理解新词的意思，然后，让学生根据自己对词语的理解，结合自己的生活实际进行语言文字的训练，便达到了教学目的。

2. 学生"读"的时间少了些。注重"读"的训练是我们实验小学语文教学的一大亮点。教学时，应以"读"贯穿始末。让学生充分朗读，在读中进行整体感知，在读中有所感悟，在读中受到情感的熏陶。

（整理执笔人：罗秀华，阆中市实验小学高级教师。多篇教研论文获得南充市、阆中市一等奖。在2015年教学质量监测中，所教学科、所带班级均获得阆中市第一名的好成绩。）

议课摘录

【授课内容】《鸡兔同笼》

【授课教师】阆中市实验小学刘瑾

【议课实录】

汪惠容：这节课充分体现出解决问题策略的多样化。由于刘老师在课堂上适时引导学生从多角度思考问题，呈现出猜测、列表、假设、"抬脚法"等多种解题方法。但这些方法并不是孤立存在的，相互之间是有本质和必然的联系。教学中，教师抓住了各种方法之间的联系，由猜想过渡到按顺序列表的方法；由观察表格找到规律并过渡到假设法。将多种方法有机结合，使整个教学过程衔接紧密，过渡自然流畅。通过学生的独立思考、自主探究、合作交流，将多种解题方法进行观察和对比，使学生充分体验到解题策略的多样性。

张素丽：刘瑾老师这堂课的成功之处主要有三点：一是新课引入，当有学生用到假设法时，老师及时抓住这个问题是怎么来的这一点，为突破假设法这个教学难点做了很好的铺垫。二是让学生观察表格，通过表格规律的发现，去理解假设法，也就是将列表法和假设法进行有机结合。三是借助课件的动态演示，用古人的"跳脚法"帮助学生理解，很好地突破了教学难点，让学生获得直观的体验。

廖亚东：整节课，刘老师教态自然、沉稳老练、点拨到位，充分地发挥了教师的主导作用。教师扮演了引导者、组织者和合作者的角色，在探索的过程中，充分地发挥了学生的主体作用，真实呈现了学生平时扎实的基本功及良好的课堂状态、思维的缜密性等，构建了精彩的、充满生机与活力的课堂。

权少林：刘老师利用多媒体画图法化繁为易，形象直观地帮助了学生对假设法解决鸡兔同笼问题的理解，达到良好的教学效果。大多数学生学会了用假设法解决鸡兔同笼问题，达成了预定的教学目标。

贾晓梅：好的课堂，教师的语言应该是简洁明了的，至简的数学语言有助于学生形成清晰的逻辑思维，刘老师做到了这一点。同时也注重民族文化的传承和学生的思维拓展，介绍了从古人鸡兔同笼的研究到国外龟鹤问题的应用，让学生的应用能力得到了提高。

【优点归纳】

1. 学生自主合作，探究学习氛围浓，激发了学生的主体性。

2. 能根据教学内容创设信息性、情感性、交互性的课堂教学环境。重点内容得到强化和突出，容量密度适当，难点得到突破。

3. 能根据教学内容合理整合各种课程资源，设计符合逻辑与学生的认知规律。

4. 教师仪表端庄，语言简洁、规范，阐述清楚。

【改进建议】

1. 板书很工整，如果再完整、完善一些，就更好了。

2. 中年级教师语言语调更需要抑扬顿挫，教师讲解一个音调、一个节奏，会让学生听觉疲劳。如果普通话咬字再清楚一些，再说慢一些，就更完美了。

（整理执笔人：张会玲，阆中市实验小学骨干教师，阆中市小学数学学科带头人。2017年秋季，所教的四年级四班在南充市组织的统一考试中，获得阆中市第一名。）

议课摘录

【授课内容】三年级（下）Module8 Unit1 It's on your desk.

【授课教师】阆中市城东小学校陈唯

【议课实录】

胡铭艺：陈老师这节课充分体现了素质教育所提倡的以教师为主导、以学生为主体、以训练为主线的"三为主"的教学思想和民主教学思想，结合低年级学生喜欢做游戏的特点，通过 let's do、let's sing、let's guess 快速反应、直观演示等多种活动途径进行愉快教学，充分调动了学生的积极性，课堂气氛活跃，目标达成率较高。

唐茜萌：陈老师在课前对教材进行了合理的分割，本课内容适中，难易程度相当，学生能够在课堂上与教师很好地互动。教学思路也很清晰，学生学得很容易，课堂气氛就活跃得多。成功创设情境也是本课的一个亮点。如开始播放与课文相关的 VCD 片，以声音、图像调动了学生的多种感官，使地道的英语在学习中形成定势。

王 棋：对于小学低年级的英语教学，着重培养学生学习英语的兴趣，适当培养自主学习的能力。陈老师在教授完新课以后，变生活为课堂，自主学习。充分运用语言这一媒介，在多媒体创设 Happy birthday 情景中，学生分组开着车子，在优美的乐曲中，在儿歌般的 Let's go to the party 中，把课堂当作幸福生活的快乐。学生乐于学，教学效果自然提高。

陈 倩（教导主任）发言：陈唯老师的这节课非常成功，是我们学习的典范。这节课亮点很多，开篇儿歌的朗读，不仅可以激发学生的兴趣，还可以培养学生的语感和对单词的熟悉程度。让学生迅速地进入英语学习的氛围。而且儿歌的训练还为后面单词的操练做了很好的铺垫，通过熟悉的儿歌操练单词，学生朗朗上口，印象深刻，兴趣也很浓。

【优点归纳】

1. 教学目标明确，定位恰当且充分体现在每一个教学环节中，从课堂的 chant 引入、生日礼物展示、单词卡展示、多媒体课件展示一直到最后的课堂表演，都紧紧围绕本课教学目标展开，环环相扣。

2. 教师个人素质较高，课堂驾驭能力强，口语流利，富有激情，具有亲和力和感染力。

3. 板书设计独特、新颖、实用。

4. 活动方式多样化。

5. 准备充分，有课件、实物、图片、卡片等。

【改进建议】

1. 要注意创景和情景的真实性。本节课几乎没有体现交际活动的环节，可以在课堂的结尾游戏环节创设一个开 party 的情景，让学生寻找生日礼物，可能效果会更好。

2. 课堂设计在时间分配上有些前松后紧，导致结尾稍显匆忙。

（整理执笔人：陈倩，阆中市城东小学校教导主任。）

议课摘录

【教学内容】《整十数加一位数及相应减法》

【授课教师】阆中市城东小学校刘枥蔓

【议课实录】

1. 上课教师说课，陈述本节课构思与反思。

2. 听课老师点评。

陈开兵：年轻教师教学方式新颖，教态自然，教学教态组织富有特色，能融入学生，师生的互动性好。要求要较高，应让学生从数的组成上来理解算理，让学生来说一说算理，也可以板书。做题时，应让学生多读一读题，弄清题意，培养学生分析问题、解决问题的能力。

何丽华：上课时节奏有点快，对于差生来说没有足够的思考时间，不能很好地培养学生的思考能力，应放慢语速，节奏慢点，多给学生点思考时间。在算理上还需要加强，注意细节。

苟小玲：教学手段先进，手机与电脑联网，师生配合度较高，但节奏稍快，新课的时间点较少，可适当放慢语速，板书更加完整。对于低段学生在算理上应多花功夫，强调算理。

赵雪琴：后半节课完成作业时，可以适当进行拓展，提高习题的难度，看学生是否已真正掌握了算理。

【优点归纳】

1. 教学手段新颖。

2. 教学教态自然，能有自己的特色。

3. 能融入学生，师生的配合度较高，课堂氛围积极活跃。

【改进建议】

1. 多给学生一些思考时间，培养学生的分析问题的能力。

2. 对于低段学生应加强对算理的认识，在教学算理时手段还有待改进。

3. 在发现大部分同学掌握较好时，应对知识点进行拓展，一是了解学生对知识的掌握情况，二是培养学生举一反三的能力。

（整理执笔人：刘栎蔓，阆中市城东小学数学骨干教师，就读于南充职业技术学院期间，获社团辩论赛最佳辩手、社团说课大赛一等奖、社团试讲大赛一等奖等奖励。）

议课实录

【教学内容】初三身体素质训练

【授课教师】阆中市保宁中学赵毅

【议课实录】

李沛峰：赵毅老师从来到我们学校，热爱工作，虚心学习，教学手段和教学效果都非常好。这堂课学生积极配合老师，组织练习形式最多采用的是由教师指定固定学生带练；较多采用的是由教师带练；很少采用的是由学生自己组织练习。

张永强：赵毅老师就本堂课来说，立定跳远：①深蹲纵跳；②跑楼梯；③立定练习；④蛙跳练习；⑤力量练习；⑥脚尖跳。实心球练习：①腰腹肌练习；②上肢力量练习；③悬垂举腿练习；④头上前抛实心球练习。800 米/1000 米练习：①室外跑练习；②室内练习，主要是跑步机、自行车练习。以上几种训练方法既让课堂丰富多彩，又给学生安排了课余训练，让学生能在快乐中自觉地练习，取得了良好的教学效果。

郑　豪：我在赵毅老师这节课学到了很多东西，值得肯定的东西很多，亮点有：准备活动结束后，由游戏引入正课，各种训练方法多样，不呆板；学生在课堂能积极主动的配合老师，课堂气氛活跃。

高　鹏：教学形式多样，课堂气氛活跃，师生互动较多，学生自主练习积极。

【优点归纳】

时间安排合理，教师亲身示范，注意细节，对学生的错误动作及时纠正。

【改进建议】

要加强对学生竞技规则与赛场道德的教育，平时不仅要在室外上课，同时每个学期可以安排几次理论课，对学生进行体育竞技运动的相关知识传授。

总的来说，赵毅老师这堂课把握了以学生为中心，培养学生独立自主性，有效地促进了学生的全面发展；教师不但是知识的传播者，更应该成为教育科学的探究者和研究者。

（整理执笔人：赵毅，阆中市保宁中学骨干教师，多次获阆中市运动会的优秀教练员。）

议课摘录

【教学内容】《分数能否化成有限小数的规律》

【授课教师】阆中市实验小学汪惠蓉

【议课摘录】

姚乾平：让学生参与到知识的形成之中，你准备采取哪些方式让学生的思维真正地参与到学习中去？

汪惠蓉：学生只有思维的参与，才能算得上是真正的参与。这节课，我根据我班学生的情况（年级中成绩不太理想的学生集中的班级），把思维梯度降低了一部分，采取由特殊到一般再到特殊的思考方法来让学生探究规律。为了让学生都能思考，有些问题难度很小，但学生必须动脑。如你能说出一个分子是1的真分数吗？这样，有利于促使学生真正地思考。

何秋梅：你准备让学生参与什么？怎样让学生参与？

李丽华：我觉得这一节课思维含量较高，数学课的总结，特别是规律的总结是学生高级思维的表现，是教学的一个难点，我在让学生总结规律时，从语言表达到内容的概括都很费力。我觉得这节规律课让学生充分参与规律的探究、总结较为不易，特别是这一班，情况更为特殊。

张会玲：我觉得让学生说为什么分母只含有2和5而没有其他的质因数时，能化成有限小数？这个问题好多教师都没有认识到位，那么学生能认识到吗，他们对这个过难的问题该怎样去参与呢？

董国先：学生的思维速度不同，参与时的深度不同，特别是你这一班，学习的基础普遍较差，让学生真正地参与思考，应考虑到学生的基础，我们在学习《教学的革命》中培养学生高参与的策略时，有一句话：不要指望学生对所学内容全部掌握、完全理解。那么学生参与到知识中，你这班的学生时间需要肯定很长，在学生还没有完全掌握时，你采取什么方法来使各层学生能参与到知识中去呢？

权少林：提问学生的目的在于把握学生的思维参与状况，可你发觉了没有，你提问涉及几人？其中，崔林峰一节课就回答了五六次，而有的学生却一次也没叫到。

姚乾平：开课让学生说分子是1的真分数后，接着让学生把这些分数化成小数，光学生把这些分数化成小数用了5分钟，这一节课中让学生把分数化成小数目的是什么？用5分钟是否合适？

李丽华：本节课学生的参与率从课堂回答还是能看出反馈情况的，如采用手势，一个人回答，其他人胸前手势判断，能看出所有人的思维情况而不受他人的影响，当然，这样会使氛围较为安静，而显现不出那种活跃的氛围。从参与的角度来看，是学生高参与可行的方法。

【教学总评】

1. 学生没有达到预定的参与目标，出现了太多与平常行为不符的意外。

2. 学生没有参与探究而直奔主题后，在引导学生读书时，以读规律、讲规律来看学生的理解水平时，总有一种水过地皮湿，再润不浸的感觉。

3. 总结方法时一反平时你一句我一句的交流状态，一直重复而无争辩。学生的意外导致了教师的意外：

（1）在引导学生探究时，学生说出了规律之后，明知自己的理解肤浅，当堂却不知从何入手，导致对规律把握不好。

（2）由分母是1的真分数直接到结论后，把预设时推广到一般规律的环节掉了，致使本节课在思维上不太严密。学生的思维更没有真正地融于规律的理解。

其实太多的意外，其原因根源在于自己想关注课堂的生成却无机智的应变能力，在学生直奔主题时没有创造机会让学生去参与到对知识的验证中，从而错失良机。

（整理执笔人：汪惠蓉，阆中市实验小学一级教师，2002年荣获全国先进实验教师称号，2015年被评为阆中市先进教育工作者。）

议课摘录

【教学内容】义务教育课程标准人教版语文一年级下册《四个太阳》

【授课教师】阆中市石子中心学校滕玉梅

【议课记录】

青松老师：这节课导入新颖，课堂气氛活跃，学生积极参与，教师互动合理。通过多媒体情境的创设、语言文字的理解、课文内容与生活的联系，让学生充分感受到学习语文的兴趣。对于孩子们说的好句子教师及时让学生动手写一写，使得学生的听、说、读、写能力都得以培养。教师恰当的、及时的、激励性评价，也让学生有了更强烈的学习欲望，从而真正成为学习的主人。但教师语言要简洁、亲切、符合学生特点。

牟霞老师：这节课在训练学生的语言上突出了重点，让学生积极参与，并采用多种的朗读方法，让学生融入阅读氛围。其中，滕老师还强调停顿和阅读的语气语调，这一点值得我学习。

杨红英老师：多媒体课件制作精美，运用也很娴熟。课件起到了创设情境、启发思维想象的作用。依课件而抒情、而升华，鲜活了语文教学。但是也有不足的地方，个别学生朗读得并不是很好，教师可以再次给学生范读，强调学生朗读的语气语调。

黎书老师：听了这堂课，感触颇多。这节课老师让学生充分读，采用师范读、自由读、个别读、分男女读等多种形式，让学生在读中感知、读中理解、读中体会、读中思考。让学生在阅读中放飞想象，培养良好的阅读习惯。但是，我觉得个别细节处理得还不是很完美。

李伟校长：这节课总体来讲是一堂优质的课。导入新颖，激发了学生的学习兴趣。教师语言丰富，引导也很到位，读和说在这节课充分体现了出来，特别是拓展部分，学生说得非常好。但是在组织教学上还不够完美，还需加强。

【优点归纳】

1. 创设情境、激趣导入。老师在导入新课时，用一曲富有童趣且孩子们都很熟悉的歌曲《种太阳》把孩子们带入了美妙的音乐世界，激发了学生的学习兴趣，老师的问题也激发了孩子们的好奇心和探究欲望。

2. 注重识字教学。识字教学是小学低年级语文教学的重点，它要求我们在识字教学过程中努力激发学生识字的兴趣，探索识字方法，提高识字效率。通过教学 PPT 摘苹果的游戏教学生识字，在教学过程中充分发挥了学生的主动性，使学生真正喜欢识字，感受识字乐趣。

3.注重读和说的教学。本堂课，教师采用多种形式让学生朗读，在朗读中感受，在朗读中体会，在朗读中理解。"说"对于低段教学非常重要，这堂课把"说"体现得非常好，特别是在拓展部分，学生们积极举手，说得非常好，这也是本课的亮点。

4.板书设计简单明了。本堂课老师准备了不同颜色的四个太阳图片，老师贴上图片，配上简单的文字，让孩子们明白课文的主线条和大致脉络，获得整体上的印象，在视觉上获得了美的感受。

【改进建议】

1.本文的教学重点是指导学生正确、流利、有感情地朗读课文。但个别学生平翘舌不分，前后鼻音不分，老师没有及时纠正指导。

2.低年级教师的课堂语言要简洁、亲切，具有明确的导向作用，不要过于深奥。

3.教师要积极学习，不断提高自身素养。

（整理执笔人：青松，阆中市石子中心学校教科室主任，阆中市级骨干教师。）

议课摘录

【教学内容】《老王》
【授课教师】阆中市石子中心学校何萍
【参加人员】初中文科组
【议课实录】

何老师：本课我通过布置几个问题让学生读课文，然后分组讨论、合作探究，分析老王和作者一家的人物形象，借此机会拓展迁移"你周围有哪些不幸者，你是怎样对待的？""在当今的商品大潮中，人与人之间还需要真诚与友善吗？"以此来唤醒学生们对不幸者要怀有一颗爱心，学会关心人、爱护人，感受生活中的那份厚重。这节课虽然完成了教学任务，但还有很多不足之处，希望老师们提出宝贵的意见。

兰老师：新课标中重点提出，要让学生"关注人类，关注身边的人""提高学生阅读能力的同时，提升学生的情感态度价值观"，从这点来说，何老师这节课的目标"能在快速阅读课文过程中，抓住主要信息，概括内容要点""全面把握课文，领会作者与主人公的思想感情"设计得十分恰当。

戚老师：何老师这节课引导学生注意紧绕所设计的问题，扣住文中的关键语句，结合当时的时代背景，联系自身的生活实际来体会理解文中的感情，对文末的主旨句的理解很到位。

任校长：导入设计得不错，使学生一进教室便能进入音乐所营造的气氛，为进入主题作铺垫，为下面的教学打好情感基础。

冉老师："评说老王"环节在感受文章之后，引导学生概括老王的品质，寻找文本依据，理解老王的善良、朴实，引导学生从文章局部进行自主阅读，进一步深入文本，在提高学生对内容要点概括能力、语言感受能力的同时，强化他们的情感体验，体现教学重点。

【优点归纳】

"读书是为了明理"，由书本向现实生活的思维拓展，是使学生加深对课文理解的途径，也是书本学习的目的。语文学习的外延和生活的外延是相等的，本环节何老师把课本和生活有机结合在一起，同时锻炼了学生的表达能力，提高了写作水平。

【改进建议】

1. 在教学过程中，教师不应说得过多，要充分调动学生的自主性，尽量让学生自己做。

2. 不能过于依赖多媒体课件，制作的幻灯片过多，黑板上板书过少。

（整理执笔人：冉芙蓉，阆中市石子中心学校语文骨干教师，阆中市级骨干教师，多篇文章发表或获奖。）

议课摘录

【教学内容】《排球正面双手垫球》
【授课人】阆中实验小学姚妍
【议课摘录】

李红：要进一步提高学生上课的积极性，从开始热身部分就要做好，热身部分不要只是慢跑，可以加入一些轻松愉快、运动强度低的游戏，以提高学生上课的积极性。在练习中多次中断学生的练习，让他们靠拢讲解的次数多了几次。对于学生在练习中发现普遍存在的问题，应该聚拢讲解，对个别学生练习中出现的问题可以一对一当面指导，以减少学生练习的中断次数，提高练习量，从而达到练习效果。

帅孟东：学生在练习垫球一段时间后手臂会红、痛，就会产生消极练习的情绪，也会用错误部位垫球，达不到提高技术的效果，所以在下次课中可以让学生带着袖套练习，或是穿长袖或薄一些的衣服练习，以减轻手臂红、痛的感觉，从而积极练习提高技术动作。

缪吉春：在学习中，教师应该帮助学生形成主体概念，确立主体意识，做自主学习和发展的主人。要使学生认识到"我是学习的主人而非学习的奴隶"，教学过程是"我和老师共同完成的"。

【优点归纳】

让学生参与了知识的形成，根据学生的情况来具体教授动作技术。体现了学生的主体地位和教师的主导作用，整堂课学生练习的积极性很高，身体、心理都得到了一定的锻炼。技术动作教学比较科学合理，从徒手模仿练习到垫固定球到一抛一垫练习，技术动作层层叠进，逐渐提高难度，让学生能较好地掌握动作。本节课，学生不仅学习了技术动作，发展了体能，同时也培养了学生团结协作的精神，较好地完成了教学目标。

【改进建议】

学生基本达到预期的参与目标，个别学生未能完成学习任务。在学习中，教师应该帮助学生形成主体概念，确立主体意识，做自主学习和发展的主人。

（整理执笔人：姚妍，专科学历，阆中市实验小学二级教师，2006年参加工作。自参工以来一直从事体育教学和训练队培训工作，所带的排球队、田径队先后取得了优异的成绩，多次获得市优秀教练员称号。）

议课摘录

【教学内容】《找次品》

【授课教师】阆中市城东小学校鲜艳

【议课实录】

1. 创设有效教学情境。兴趣是学生学习的直接动力。教师把学生喜闻乐见的《喜羊羊与灰太狼》动画形象贯穿课堂始终，没有游离于形式，而是以故事情节为明线，以逻辑思维能力的培养为暗线，同时推进，相得益彰。整堂课中学生情绪高涨，思维活跃。

2. 科学处理运用教材。教者撇开例1中5瓶的教学，仅选择了待测物品数量为3的倍数，教学内容相对集中，保证有足够的时间让学生操作、分析、思考、归纳与总结。

3. 培养学生良好的思维品质。整堂课的教学注重对学习过程的参与，引导学生探索数学规律的形成，采用猜想—验证—结论模式，使学生在合作交流、与人分享和独立思考的氛围中，倾听、质疑、说服、推广而直至感到豁然开朗，培养了学生科学、严谨的思维品质。同时，数学思想润物细无声的渗透，有效地提升了学生的数学素养。

【优点归纳】

1. 问题明确，环环相扣。

2. 在难点处导问，帮助突破难点。

3. 在亮点处追问，引导深入思考。

【改进建议】

1. 难点转化，降低教学起点，由少到多才形象直观。

2. 层层推进，注重数学思想方法的培养。

3. 重视操作活动，发挥主体作用。

（整理执笔人：鲜艳，阆中市城东小学校数学骨干教师，曾在 2008 年、2009 年荣获文成片区优秀教师称号。）

议课摘录

【教学内容】《平移和旋转》

【授课教师】阆中市滕王阁小学校汤艳

【议课实录】

张雪琴：平移的距离是这节课的难点，汤老师能注重从学生的知识基础出发，循序渐进、由浅入深，在轻松愉悦的氛围中充分借助多媒体的演示讲解了本课的知识点，让学生通过用眼观察，就对平移的距离有了一定的了解，就能正确地说出平移的距离。让学生在愉快的情境中学习这一知识，从而达到了提高课堂教学实效性的目的。

刘春莉：在教学画平移后的图形时，汤老师则采用先让学生自主探索，再在全班交流，最后形成共识的方法，整堂课层次清楚、步步紧扣，学生学习兴趣浓厚，教学效果好。

何永波：新课标指出，在教学空间与图形时，应注重所学知识与日常生活的密切关系，应注重使学生在观察、操作中获得对简单几何和平面图形的直观经验。因而在教授平移和旋转一课时，汤老师注重创设情景、设计疑问，让学生在与同伴合作中探索问题，与同伴交流中得出结论，尝试获取成功的喜悦。在这节课中，汤老师从学生的知识基础出发，循序渐进、由浅入深，在轻松愉悦的氛围中很自然地掌握了本课的知识点，有效地解决了难点环节，真是"润物细无声"。

廖清华：数学来源于生活，又应用于生活。这节课中一个突出的特色就是以学生已有的生活经验为背景，将数学知识与生动形象的现实生活密切联系起来，使学生在一种真实、自然的状态下感受、体验、理解数学知识形成的过程。汤老师收集了一些图片，比如银行的自动门、电梯、汽车、风扇、风车等许多真实的生活事例，让学生从这些活生生的现象中感受平移和旋转，体会到原来数学如此地贴近我们的日常生活，它就在我们的身边。

张艳平：能够充分发挥主题作用，让学生积极主动地参与。在课堂上，汤老师始终将学生放在主体地位，创设情境与活动，给予足够的时间，使他们在自主观察、思考、操作中逐步感知，理解平移和旋转。

赵　滋：汤老师先让学生将整个图平移，接着引导学生找出对应点的方法，让学生一步步地掌握移图的方法。而且整个环节都重视学生的真实感受，重视知识的形成过程，使学生在获得知识的同时，思维能力也得到了进一步的锻炼与提高。

侯　跃：通过实践操作，丰富了学生对空间图形的认识和感受，发展了空间观念。整堂课中，汤老师十分重视实践活动，比如在上课一开始，就让学生用手势比画出自动门、电梯、风扇、风车是怎样运动的，在画移图时，让学生通过动手画一画的实践中，感受平移和旋转的奇妙，在动手、动脑、动口的过程中"做数学"。培养了学生的空间观念，发展了学生的数学思维。

杨善政：整节课教师课前准备充分，课件制作精美，注重学生数学能力的培养，师生互动真实，课堂教学效果非常好。

【优点归纳】

1. 课前积极准备。本节课重点是让学生观察后想象、体会，再操作运用。为此，教师收集了很多生活中的素材，在教学中，汤老师提供了大量感性材料，通过让学生用眼观察、动手操作、自身体验，化抽象的概念为看得到摸得着的现象，因而学生都能举出生活中有关平移、旋转的现象。老师出示缆车、转盘、大摆锤、跳楼机、激流勇进、龙卷风等，让学生说出它们的运动方向，认识了平移现象和旋转现象。让学生体会到了生活处处有数学，为学生的直观理解和比较想象打下了基础。其中特别值得肯定的是学生作业纸的准备和使用。

2. 学生主体参与意识强。体现在观察图片的师生互动、生生互动；学生积极上台表述知识，联系生活大胆举例，主动操作、比较。

3. 教师主导作用得当。表现在教师语言组织的简洁性、有效性，耐心倾听学生发言，给学生充分的时间进行自主学习，与学生互动自然等。

4. 教学流程清晰。先是引导对平移、旋转的直观理解，接着是举例、判断，然后是平移方法和过程。

5. 注重学法指导。如由生活中平移旋转现象引出概念，又回归生活实践；不同平移方法比较；学生操作时的细心指导、示范等。

【改进建议】

1. 直观理解平移、旋转现象后可让学生比较其中异同。

2. 作业纸的运用教师可深入学生中了解真实的学习情况，并针对性的指导。

3. 平移方法应尽量让学生自主探索，充分比较，对学生的思维碰撞教师应积极引导，可用视频展示台进行有效评价。

4. 图形平移了几个格和画出图形平移后的位置是难点，如果能在电脑上出示格子图，图形大一些，然后再平移，让学生观察思考，让学生发现从整体看图形移动了几个格不太容易，而看一个点或线移动了几个格更容易一些，学生会不会更容易掌握一些？

（整理执笔人：汤艳，阆中市滕王阁小学骨干教师）

议课摘录

【教学内容】人教版四年级数学下册《小数的读法和写法》

【授课教师】阆中市石子中心学校杨丽君

【观课老师交流】

曹文志主任：杨老师从生活实际——超市的商品价格引入教学，让学生感受生活中的数学知识，从而激发了学生的学习兴趣，调动了学生的积极性，学生在学习活动中更愿意自己去经历、去实践。

青松主任：在这节课中杨老师重点培养学生的归纳总结的能力，特别是在教学小数的读法和写法时，杨老师要求同学把自己读数和写数的方法介绍给其他同学，其实就是一次学生的归纳总结能力的训练。

马洪喜老师：通过让学生分两次去读小数的读法和写法的方法，让学生去体验比较这两次不同的读法的好处，让学生真正领会书上的每句话是什么意思。

侯兵老师：杨老师在教小数的读法和写法时，并没有直接告诉学生方法，而是要学生先独立尝试，然后同座合作、互相学习、互相指正。

李伟校长：常说数学知识是让学生"做"出来的，纵观整节课，以活动为主，特别是读的教学中，不光是为了有效地组织学习，更重要的是想通过有趣的活动这一形式还原数学的本质，让学生感受到数学带给他们的快乐，让学生在"做"数学的过程中体验到成功。

【优点归纳】

1. 灵活运用了自主—合作—探究的学习方式，让学生"做"数学，经历探究的过程。数学的五个关注非常重要：关注学生的自主探究；关注学生的思维特点；关注知识与生活的结合；关注学生的切身体验；关注课堂的生成资源。在教小数的读法和写法时，没有直接告诉学生方法，而是要学生先独立尝试，然后小组合作学习、指正。

2. 导入简约，开门见山。以生活中超市商品价格引入课题。这种理念很好，能给学生提供风趣的课堂。

3. 注重了学生读数学的教学，老师要求"带着自己的感情和想法去读"，边读边想—边读边议—边读边算—边读边比—边读边记，促进了学生对小数的掌握。

4. 列举身边的小数，利用知识迁移，培养学生发现和概括的能力。认识小数数位顺序，是正确读写的基础。首先让学生寻找身边的小数，并把这些活生生的有意义的小数板书到黑板上，让学生发现小数的结构特点。当学生发现小数是由小数点将小数分成整数部分和小数部分后，再让学生由整数的数位顺序迁移到小数部分的数位顺序，完成了新旧知识的转化。

5. 给学生提供有意义的数学。在学习小数的写法时，让学生了解关于全球气温逐年升高和海平面上升的真实数据，并说一说自己的感想。同学们通过有意义的数字，由衷地发出了保护环境、保护地球从自身做起的呼声。

【改进意见】

1. 重知识目标，轻情感态度与价值观。本节课，当让学生听到全球气温逐年升高的相关数据，让学生说一说自己的感想和体会时，学生显得知识贫乏，与老师交流不畅。反思我们的数学课堂，我们要重视双基知识的教学，对教材上提供的信息往往只看到数学本身，而未透过数字对学生进行情感、态度与价值观的培养，可以说只见树木，不见森林。因此，当我们在抱怨学生的时候，更应该反思自己的教学方法和意识，是否创造性地理解和使用了教材，是否重视了学生多种能力的培养，是否把课堂当成了学生获得多种知识的乐园。

2. 小数数位之间的关系有待进一步讲解。本节课采取了"以旧促新，迁移类推"的学法，但从课堂作业反馈的信息来看，对于中等以下的学生效果不好，需要下课进一步辅导，关注每一位学生。

3. 在教学中，个别学生在书写小数点时，把小数点写成逗号，杨老师还需要多强调纠正。

（整理执笔人：侯兵，阆中石子中心学校骨干教师，阆中市级骨干教师。）

议课摘录

【活动时间】2018 年 4 月 20 日

【活动地点】阆中市文成镇中心学校办公室

【出席对象】初中理科教研组全体老师

【授课教师】阆中市文成镇中心学校刘毅

【教学内容】相似三角形的性质及判定

【出缺席情况】全教研组 8 位教师全部出席评课活动。

【议课摘录】先由上示范课的数学课刘老师谈教学设计思路和上课体会。

数学课刘老师：本节课通过复习三角形的基本知识，学习相似三角形的性质与判定。形式是与学生互动，让学生上台展示解题的思维过程，既挖掘了学生思维的闪光点，又暴露了解题过程中存在的典型问题。希望改变过去那种单纯由教师主导的所谓讲评课，让学生自主或合作完成适应性练习题，最后完成拓展思维习题，课堂基本按预设进行。但前提测评、当堂检测等环节做得还不够到位。

数学李老师：教学内容合理，教学方式多样，改变了学生学习的方式。但上课过程中感觉课前设想与实际课堂环节有偏差，学生回答也不一定按预想进行，效果总有差异。想想也是正常的。

数学廖老师：要求学生归纳相似三角形的判定结论还有一定的差距，充分调动学生学习积极性。课后巩固的模式感觉不够理想。讲的时间较长，时间利用效率仍需再提高。

物理李老师：相似三角形是初中数学课重要知识点，考虑到学生已经具备了三角形基本知识，因此，本课的重点在于如何判定三角形相似知识方面。本堂课复习基础知识到位，题目设计很典型，与函数知识结合较好，完成了教学目标。本堂课基本按照设计思路进行，但感觉讲得还是偏多了些，给学生自由思考的时间还不够。

物理杨老师：听了刘老师上的数学课，感觉很好。课题引入比较符合学生的认知进程。有预习提问检查，也有当堂检查，环节比较完备，基本符合高效课堂的要求。

生物张老师：刘老师这堂数学课师生互动、师生归纳到位，教学环节紧凑科学，效果很好。我认为，高效课堂模式并不是固定不变的一种模式，所谓教无定法，关键是运用得当。

生物蒲老师：刘老师这堂课的讲评形式比较新颖。让学生上黑板展示思维过程，效果较好。讲课的效率较高。学生上台讲解然后由学生评判等都可作为前提测评或当堂检测的形式。

化学王老师：刘老师这堂课授课脉络清晰，思维严谨，板书设计好，注重学生反应，重视师生互动，能够吸引学生的注意力，激起学生学习数学的兴趣。

教研组长总结性发言：今天各位老师对这堂数学课进行了认真的点评，气氛很好，体现了学术民主，提出的意见比较中肯，略显遗憾的是存在问题指出得还不够。总的来说，刘老师是努力按照中考课堂和新课程理念备课上课的，上课环节基本到位。存在的问题是在前提测评和当堂检测的形式和时间安排上。另外，总体上来说，老师总结得过于到位，替代了学生的思考，这不利于学生学习能力的提升。对此，该放手的坚决放手，可以不讲的坚决不讲。要让学生去悟。经常地创造机会让学生去悟，当学生具有了悟性，我们的教育也就成功了。

（整理执笔人：王银章，阆中市文成镇中心学校高级教师。）

议课摘录

【活动时间】2017 年 11 月 4 日

【教学内容】

本次阆中市文成镇中心学校小学语文组教研活动采用的是"同课异构"竞教方式，选用的课文是小学语文人教版三年级上册第五单元：《掌声》。

【授课成员】

参加本次同课异构竞教活动的教师为一至六年级的语文任课老师，他们分别是：何小华、廖会玲、杨秀华、廖天科、李秀云

【议课实录】

各位评委就上课老师的情况进行了充分的发言：

首先发言的是初中文科组组长贾晓清老师，她说：听、说、读、写是语文课堂教学必不可少的几个环节，几位老师都做得很好，值得大家学习和借鉴。

然后发言的是初中理科组组长王银章老师，他说：参赛的各位老师准备都非常充分，普通话都比较标准，这是值得理科组老师学习的。

接着发言的是学校教导处陈小玲主任，她首先肯定了大家的积极参与，强调了"读"在语文教学中的重要性。在这次教学中，何小华老师引导学生有感情地朗读，体会主人公英子前后不同的变化就做得很好。老师先声情并茂地示范读，再让学生从文中找出描写英子神态及动作的词语和句子表演读，师生挑

战读。经过练读，一位残疾、自卑的英子走进了孩子们的内心，他们能够自然而然地体会文中主人公的处境，有感情地朗读也就顺理成章、水到渠成。

接下来蒲正仁校长就这次活动做了点评：语文教学的方式灵活多样，但最终都是要让学生理解文章内容，从中受到教益，正确引导大家学习和生活。其实可以让学生设置一些有价值的问题，再带着问题读课文，最后解决问题。（及自主学习、合作探究的方式）这样能充分发挥学生的主观能动性。拓展学习时，还可就身边的真人真事讲起，这次上课的班级中杨雨豪同学就与文中主人公英子的境况相似，何老师就提到了这一点，还号召其他孩子要多关心帮助他，起到了正面引导和教育的作用。

最后熊华杰校长做了总结性发言：这次教研活动，再现了本真的课堂教学，也是各位老师教学风格和教学方法的真实体现。大家各有所长：李秀云老师板书设计有特色；廖天科老师循循善诱，不厌其烦；杨秀华老师运用音乐渲染气氛；廖会玲老师语言简练；何小华老师应变力强，师生互动较好。

【优点归纳】

围绕"掌声"，大家引入课堂教学的方式各不相同。有的采用对比教学的方式，有的以文后的书信引入，有的以故事的形式引入，有的用优美的乐曲引入。这样极大地激发了学生的学习兴致，为后面的学习打下了扎实的基础。

课堂上孩子们读书的方式也不尽相同，有分角色朗读的，有比赛朗读的，还有师生挑战朗读的。不同的朗读方式使原本活跃的孩子更加情绪饱满。

学习的目的就是启发孩子的心智，陶冶孩子的情操，使其受到潜移默化的影响。学完课文后，让孩子们各抒己见谈谈平时是怎样对待身边需要关心帮助的人，开展批评与自我批评及表扬的方式。

【改进建议】

课堂小组合作的学习方式要落到实处，要时刻关注后进生的学习，尽量多表扬、少批评。

对于重点词句可让学生结合上下文理解。教师还可适当放手，让学生进行相应的板书，这样无形之中提高了学生的注意力。

书读百遍，其义自见。语文课堂教学中尽量做到"以读代讲"，达到"角色互换"的目的。这个"读"当然是入情入境地读。

读写结合是语文课堂教学中必不可少的环节。光说不写或者光写不说都是不完善的。只有两者兼备，逐步训练，语言表达能力和写作能力才能逐步提升。

（整理执笔人：何小华，阆中市文成镇中心学校骨干教师，多篇文章发表或获奖。）

议课摘录

【教学内容】五年级《草船借箭》第二课时
【授课教师】阆中市文成镇云台中心校王茂平
【议课实录】

赵怀军：在学生潜心探究了诸葛亮神机妙算的基础上，抓住诸葛亮神秘的一"笑"和"周瑜到底在哪些地方不如诸葛亮"这两个关键点，引导学生感悟隐藏其中的深刻内涵和众多信息，使学生对课文内容的理解更为透彻，对人物形象的把握更准确，大大深化了探究的成果，教学效果好。

王　惠：王老师的课堂精彩，特别是善于利用启发式提问。体现了新课程要求的"教师主导、学生主体"的要求。通过重点字词分析人物。学生也能从提问中去感受诸葛亮的神机妙算。

胡　垚：王老师的这堂课围绕"诸葛亮的'神机妙算'表现在哪几方面?"这一问题展开教学。先让学生默读课文，找出最能表现诸葛亮神机妙算的句子，然后进行交流。通过交流得出诸葛亮的神机妙算体现在他"知天文、懂地理、识人心"，人物形象清晰明了。

【优点归纳】

1. 教学过程紧扣教学目标，环环相扣，目标达成度较高。

2. 教学形式灵活多样，将自主学习、合作学习、朗读等有机地整合在一起，学生参与度高。

3. 尊重学生个人的兴趣与爱好，营造轻松、愉快、和谐的学习和活动氛围，使学生在积极的状态下放心地读，尽情地说，自由地表达。

4. 注重方法指导，让学生通过具体事件和细节描写，尤其是语言描写体会人物性格特点。

【改进建议】

本节课教师在学生的引导上花费了较多的时间，在朗读方面花的时间就显得少了。如果把更多的时间用到学生充分地朗读体会上（合作读、分角色读、分组读等多种形式的读），在读中领悟人物形象，可能达到的效果会更好。

（整理执笔人：廖员菊，阆中市文成镇云台中心校骨干教师。）

议课摘录

【教学内容】四年级数学《小数点移动引起小数大小的变化》第一课时

【授课教师】阆中市文成镇云台中心学校侯泽民

【议课摘录】

邢淑敏：课题导入的方法很多。本节课侯老师采用了故事和情境导入法。利用学生熟知的金箍棒长短变化（0.009~9米）孕伏了小数点移动引起小数大小变化的教学目标。既激发了学生的学习兴趣，培养了学生的思维能力，又自然地提出了本课的学习目标。

李小平：侯老师充分借助多媒体创设生动有趣的问题情境，通过一个个具有挑战性的问题调动学生的参与热情，激活学生智慧的火花，使学生在主动参与、独立思考和交流讨论的过程中逐渐学会探索、学会表达、学会质疑。

杨 平：教法得当，侯老师有效地利用了文中素材组织学生进行探究活动，让学生在活动中对小数点移动引起小数变化的规律越来越明晰。将小数点移动这一抽象的过程生动形象地展现在学生面前，尊重了学生的认知规律，学生掌握较好。

张万水：侯老师在这节课中注重了学生能力的培养。他通过讲练结合，使学生在经历观察、思考、对比的基础上进行概括，让学生自主发现规律、建构知识，既注重了知识的学习，又注重了技能的培训。

王茂平：侯老师在这节课的教学中注意了由感性到理性、由具体到抽象的思维过程，并通过已有的知识引入新课，充分调动学生学习的积极性，从而引导学生发现和掌握这一规律，充分体现了"教师主导、学生主体"这一教学原则，注重了学生能力的培养。

【优点归纳】

1. 以学生熟知的故事创设情境，让学生体会数学与生活的密切联系，有效地激发了学生的学习热情。

2. "教师主导、学生主体"的作用体现较为充分。

3. 尊重学生认知规律，注重学生思维和分析能力的培养。

【改进建议】

如果教师的板书再设计得简洁明了一些，让学生从板书中体会到小数变化的规律就更好了。

在引导学生探究时还需大胆放开些，让更多的学生发表意见，会使学生对知识的理解更为深入。

（整理执笔人：王正春，阆中市文成镇云台中心学校副校长。多篇论文发表或获奖，多次荣获片区、市教科局表彰。）

议课摘录

【教学内容】三年级体育课《立定跳远》
【授课教师】阆中市博树回族乡中心学校邓鸿
【观课老师交流】

江峰主任：邓鸿老师这堂课教学生立定跳远，先从提问方式导入课题，通过游戏方式去引导学生尝试练习，再教师示范学生模仿领悟，思路清晰，环节得当。整体看来还是不错的，希望今天观课的老师对他再能提出建议，共同成长，共同进步。

马志刚主任：邓老师的课给我们做出了示范，值得我们学习。①提前热身能使学生把各个关节活动开很不错；②提问细节很好，能让学生自己发散思维去动脑考虑问题；③每一个细节都衔接得很好，为新授课做基础；④新授课部分逻辑性很强，每个环节都具有目的性；⑤分组练习思考问题，能发挥学生的主动性；⑥细节指挥很到位；⑦对学生的品德教育很好。

冯艳军：课堂目标已达成，学生的衣服都很整齐，可见平时上课对学生的要求很到位，在讲解过程中示范很好而且很细心，在练习的时候学生展示较少，需要改进。

王加红：层次分明，动作示范很好，在讲解的时候也比较细致，能达到本节课的教学目标，在导入部分对青蛙跳与立定跳远的区别没有给学生讲解，教师有些习惯不是很好，"知不知道""能不能"等词句应少说。

颜宇宁校长：一堂好的体育课准备活动要充分，学生热身运动要到位。教师示范要细，要有正面的示范，也要有背面示范。老师语言要精练，各环节安排要适当，先讲分解动作再让学生展示，然后让学生自己找问，教师一一纠正。邓鸿老师这方面做得都不错，在练习的时候采取两人合作的方式很好，这样能互相看到对方的动作。在游戏比赛中能培养学生团结的精神。我觉得应多加一些小游戏能加深印象，提高课堂气氛，整堂课基本能达到教学目标。

【优点归纳】

1. 体育课结构合理，学生在运动前做了充分热身运动。
2. 教授体育课堂常规要求做到了常讲常要求，学生行为习惯好。

3. 教师示范干练，动作讲解精练，体育素养高。

【建议】

小学低段的体育应以游戏为主，在游戏中渗透立定跳远的方法、技能。

（整理执笔人：江峰，阆中市博树回族乡中心学校教导主任，阆中市骨干教师，多篇文章发表或获奖。）

议课记录

【教学内容】人教版四年级数学下册《分数能否化成有限小数的规律》

【授课教师】阆中市博树回族乡中心学校 张芸华

【观课老师交流】

杨善国老师：为了让学生参与，张老师采取了提问的方式，想把握学生的思维参与状况。可你发觉了没有，你提问涉及几个人呢？这其中，牟金津一节课就回答了四次，而有的学生却一次也没叫到。在日常的教学中，要关注学生回答参与率这一点。

王加红老师：张老师开课时让学生说分子是 1 的真分数，接着让学生把这些分数化成小数，学生把这些分数化成小数所用时间较长，造成本课前松后紧。如采用分组完成，就能节省一些时间，从而可以把更多的时间用在探究规律上。

江峰主任：张老师你让学生总结怎样判断能否化成有限小数的规律的方法时，学生用了好几分钟时间也没总结上来。对此，可以采取小组合作，让学生集中进行思考，然后师生共同讨论，总结规律。

蒲洪波校长：这节课，张老师没有激起学生的探究欲望，例题后可以再写几个数，让学生比赛，看谁能快速判断这些分数能否化成有限小数。一方面，可以在比赛中激发学生的学习欲望，另一方面，也可以为后面的找规律做好知识铺垫。

【本课优点】

1. 本课从猜测规律，验证规律，然后再推广到一般的规律，最后再到典型的分数中。主要是渗透从特殊到一般再到特殊的认识规律的思想方法，让学生在参与探究的同时掌握科学的学习方法。

2. 根据班上学生的情况，提问难度从低到高，促使学生真正地思考。把思维梯度降低了一部分，采取由特殊到一般再到特殊的思考方法来让学生探究规律。

3. 数学课的总结，特别是规律的总结是学生高级思维的表现，是教学的一个难点。这节规律课让学生思维参与到规律的探究、总结，培养了学生的语言归纳能力和探索创新能力。

【改进意见】

由分母是 1 的真分数直接到结论后，把预设时推广到一般规律的环节掉了，致使本节课在思维上不太严密。学生的思维更没有真正地融于规律的理解。很多意外的原因根源在于张老师想关注课堂问题的生成，却无相应的应变能力，在学生靠近主题时没有创造机会让学生去参与到对知识的验证中，从而错失学生参与的良机。在今后的备课中，要注重问题的预设和处理，多向老教师取取经。

（整理执笔人：阆中市博树回族乡中心学校江峰、王加红，二位均系学校骨干教师，学科带头人，均有文章发表或获奖。）

后记 在不断学习、思考中寻找幸福

读师范时，我特别欣赏斯霞、于漪等全国特级教师的课堂教学，觉得那简直是精湛的艺术！

我从 1994 年参加教育工作起，也就立志当一名优秀的课堂教学改革与研究者。

"心有多大，舞台就有多大"！从教仅仅 5 年时间，我的课堂教学改革与研究便在阆中全市小有名气，我成为小学语文"学科带头人"，从此便当上了学校教导主任、教科室主任；工作环境也由农村中心校变为城区一所南充市级示范小学——阆中师范附属实验小学校。24 年来，我除认真学习现代教改理论外，更虚心学习教育界老前辈、教育名家的教改理念与教学方法，苦苦探寻，终于走出了一条自己的教改之路。于是，我便成为"四川省教育科研骨干""南充市骨干教师"，连续两届被评为"南充市学科带头人"。

课堂教学改革带给我无穷的幸福，这让我有了一股按捺不住的冲动——我要成为一个学校甚至一个区域课堂教学改革的强力推手！

2013 年 8 月，躬耕于讲台快 20 年并从事学校教育教学管理与研究 15 年的我，被阆中市人民政府教育督导委员会、阆中市教育和科学技术局聘为阆中市保宁教育督导责任区督学，主抓教研教改。

说实话，十多年的努力虽然成就了我"四川省教育科研骨干""南充市骨干教师""南充市学科带头人"等名望，但要置身于有"全国历史文化名城""科举状元文化之乡"称谓的阆中腹地——保宁，推动 24 所公民办学校的教研教改，这让我既跃跃欲试，更觉压力山大。好在保宁教育督导责任区在推动教育教学改革，尤其是课堂教学改革方面一直是阆中的一面旗帜，在全南充名气不小。

保宁教育督导责任区是阆中市最大的教育督导责任区。其中，既有城市学校，也有农村学校；有规模达 3600 余名学生的学校，也有一个年级仅一个班，每个班仅几个学生的极小规模学校。学校虽千差万别、特色各异，但课堂教学改革却都一直没停步。特别是国家实施新的课程改革以来，在责任区党总支书记、主任岳大辉同志的指导与带领下，各校加强了对课程、课标的解读与研究，加大了课堂教学改革力度，教学改革成果累累，名优教师不断涌现。

上任第一天，岳大辉主任就郑重其事地交给我一个重大任务——要迅速了解责任区所有学校课堂教学改革的真实情况，认真研究存在的问题及其原因，然后研究制定出既符合教改理论又切合实际的高效课堂教学改革方案，迅速大面积推动学校课堂教学改革。

为了完成上述任务，2013年9至10月，岳大辉同志带领我们风雨兼程，跑完片区每所学校，全面听课查导学案，和老师们交心谈心。这两月，我认真写评课反思48则，写调查报告2份，写课改反思建议26条，同时，发放了调查问卷并访谈师生家长。通过调研，我们发现：课堂教学改革在部分学校的老师中仍然是"雷声大，雨点小"，教师急于完成教学任务而满堂灌，学生被动接受而恹恹欲睡的现象仍然存在。我们总结出阻碍课改深化的主要原因是"教师的盲目与被动"。"盲目"主要体现在老师们接受了大量的课改理论却没有实践的引导，学校规定了若干要求和教学模式却产生不了较为理想的效果，甚至上了课改"公开课""示范课"后又私下"热剩饭"，久而久之，老师们对"有效课堂"茫然而无所适从，甚至产生抵触情绪，更不要说"高效课堂了"；"被动"主要体现在为应付检查，老师们在不理解课改精髓的情况下不分课程特点便机械套用学校规定的课堂教学模式，看似热闹非凡的一堂课往往让人啼笑皆非，语文无语文味，数学缺乏逻辑思维。这样流于形式的"有效课堂"必然容易夭折！

为了解决现实问题，我认真研读《素质教育理论与实践》《怎样做一个不平庸的教师》《高效课堂九大范式》《说课听课与评课》《备课上课的理念与实践策略》等书刊，观看了全国特级教师大量课堂教学实录视频。"今天的教育缺失的不是理论、理念，恰恰是方法、操作，让理念落地，转化成课堂教学行为，才能让理念鱼游大海"，"高效课堂的灵魂是相信学生、解放学生、利用学生、发展学生"……教育专著中的许多经典之语给了我很大启发。

围绕"全面推行课堂教学改革，建立高效课堂，进而全面提升各学科教学质量"这一目标，我们迅速召集各校领导干部和课堂教学改革积极分子一起诊断"病情"，群策群力对症下药。

大家一致认为：必须将庞杂而零碎的各种理念、模式去粗取精，去伪存真，再创新课堂教学改革的"主旨理念"，构建起具有推广价值的主旨范式，促进课改理念向先进教学方式和学习方式的行动转变，鼓励和支持教师形成自我特色的高效课堂风格。

大家一致认为：2001年9月份，岳大辉同志提出课堂教学改革狠抓"三个关键"（三维目标的达成、先学后导的教学结构、"三为主"的教学方法）的基本理念必须一以贯之，但又必须与时俱进、传承创新。因此，我们再次审读各科的课程标准、新课改理论和学生发展核心素养，潜心研究魏书生、钱梦龙、窦桂梅等名家课堂教学之精髓，创新性地提出高效课堂教学"三个三"理念与操作范式，即突出与核心素养有机对接的"三维目标"（知识与能力、过程与方法、情感态度与价值观）的达成；抓好"三个关键"（先学后导、顺学而导的教学结构，促进学生自主、合作、探究学习的教学方式，现代与传统相结合的教学手段）；教学方法强化"三为主"（教师为主导、学生为主体、训练为主线）。

在"三个三"理念引领下，各校课改工作思路清晰、措施得力、方法灵活、工作实在、成效明显。我们又着力于名优教师的打造、特色高效课堂的进一步推广。

为了让我们的努力唤起更多老师对课堂教学改革的认同与归队，岳大辉主任提出了以"高效课堂之道"为选题，大力开展教改课题研究。

从 2001 年开始，近 20 年的课堂教学改革之路既漫长曲折又硕果累累。特别是近 5 年高效课堂的深入推行，名优教师更是层出不穷，课堂教学效益大面积提升。《高效课堂之道》一书也便瓜熟蒂落了。

这本书虽然是少数一些人在参与撰写、修订、统稿，但都是我们保宁责任区教育同仁心血和智慧的结晶。首先要感谢的是一直执着于教改的教育督导责任区主任岳大辉同志，他的"三个三"理念既有深刻的理论阐述，又有丰富的教学实践，是我们片区乃至阆中市里程碑式的教改成果。18 年来，岳主任这一课堂教学改革的主旨理念，对老师们专业素养的提升，对中小学课堂教学改革的深化，都起着并将持续起着积极推动作用。特别要感谢一线的校长和老师们，没有他们对保宁教育的敬业与担当，没有他们对课堂教学改革的躬耕与实践，就没有如此生动素材，就没有这本书的面世。

同时，要感谢四川大学出版社，从封面到内容，从文字到图片，无不彰显出他们的专业与精业，在此，衷心地感谢他们的辛勤劳动和付出！

对于高效课堂这个话题，在具体实践中都会面对一些挑战，都会承担一些风险，都会接受一些考验甚至批评。尽管如此，我们还是有勇气将其经验和教训呈现给大家，敬望读者朋友给予鼓励。但由于水平有限，书中的疏漏和错误肯定不少，还诚望广大读者批评指正，以帮助我们更好地实现理想课堂，服务师生成长。

李　睿

2018 年 7 月 16 日